启程

—— 北京中学基于课程改革的育人模式创新研究（上）

夏青峰　任炜东　编　著

北京出版集团公司
北京教育出版社

序 言

培育学校文化的种子

北京中学作为一所以"北京"命名的中学，自诞生以来，就引起社会广泛的关注，很多人都将它和另外两所名校"北京大学"及"北京小学"联系起来。实际上，北京中学是经北京市政府批准，由朝阳区政府创办的，于2013年9月2日正式开学，现在还处于小规模的实验办学阶段。

古今中外，每所学校都有它的历史使命与社会重托。现在，社会正处于全面深化改革的转型期，在这样的大背景下，北京中学的诞生也必然孕育着很多梦想，承载着很多希望。北京中学的办学定位是国际化、现代化、高品质。我们希望能将它办成一所具有北京风格、中国气质、世界胸怀的现代学校，能发展成为世界一流的中国名校。

作为一所学校，育人是它的核心使命。理想的北京中学一定能促进学生全面而自由地成长，使学生养成健全的人格，享有幸福的人生；还要让他们成才，成为推进社会文明进步的人，成为中华民族的栋梁。"享幸福人生，做中华栋梁"，是北京中学追求的育人目标。

培育好北京中学文化的种子，也是现在很要紧的事情。我们提出了"世界因我更美好"的价值追求，并将它作为校训，倡导"和而不同，乐在其中"的校风。我们希望北京中学能积极弘扬人文精神与科学精神，形成一种民主自由而又理性法制的文化，建立起现代学校制度，让校园成为师生的精神家园。

作为北京的一所中学，它理应服务于首都的建设和发展，理应有更大的创新勇气与使命，有更大的格局与更广阔的视野，积极探索符合时代要求与学生成长规律的新型育人模式，去带动首都基础教育的优质均衡发展，去影响全国乃至全世界育人模式的创新。理想的北京中学应成为首都教育改革与创新的典范。

文化基因的形成，对一所学校的建设和发展是非常重要的。文化是孕育在具体教育实践中的。北京中学从成立至今，进行了很多有价值的教改探索，从学会学习、学会共处、学会生活、学会创新这"四个学会"的角度去进行教改实验。我们希望孩子们能具有学习的兴趣、信心与能力，成为一个终身学习者。因此，学校的教学努力去适应并支持孩子的自主学习，探索个性化的、联系性的、体验性的学习方式，包括分层走班、分类走班、自修免修、学科整合、教学合一等；在学会共处方面，我们变规定为约定，实行校内民主，建立自治组织，培养集体精神，推进跨界交流，等等；在学会生活方面，我们着力培养学生的乐观心态、阅读习惯、健身习惯与优雅气质，开设国际舞、戏剧等课程；学会创新，是我们探索的重点，通过基于创意设计、项目学习、课题研究、实验操作、创客空间等基础上的创新实践，以及阅历课程、传统文化、互联网思维与国际视野等方面的拓展，我们着力培养学生的创新精神与能力。"四个学会"是一个整体的四个侧面，而这一切才刚刚开始，需要时间去进行安静而深入的探索。

一流的学校，就是那些最接近教育规律的学校。北京中学要朝着一流的学校迈进，就要努力地回归到教育的原点，不断地去探寻教育的规律。让自己安静下来，用心去观察、聆听、思考与探索教育的原点究竟在哪里以及教育的规律是什么，这是北京中学在办学的起始阶段，必须要做的事情。心越大，就越要守得住安静，耐得住寂寞，受得了冷落，经得起挫折。安静，才能听得见真理的声音。

北京中学校长　夏青峰

目录（上）

数学篇

英语篇

社会篇

总　论

谈创新型人才培养

◎夏青峰

北京中学是在北京市委市政府的批准以及直接关心指导下，由朝阳区委区政府创办的一所公办学校，于 2013 年 9 月正式成立。可以说，北京中学现在还是一个"儿童"，刚刚开始成长。

北京中学的创办，承载着推进首都教育区域高位均衡以及构建面向未来的理想学校的使命。在创办这所学校时，社会和领导都非常关注，并给其一个办学标准，即国际化、现代化、高品质，希望能按照这样一个标准去推进学校的发展。

一、着眼于未来，实现北京中学的历史使命

对于我校将来的建设，我认为：

第一，北京中学首先是一所学校。在学校的创办以及发展中，我们一定是把育人放在第一位的。无论北京中学将来会发展成什么样的状态，我们认为它首先要是孩子们喜欢的学校。在这所学校里，来到这里的人，包括这里的老师和这里的孩子，他一定要心情舒畅，老师要能享受学校生活，孩子们也要能享受学校生活，让这里能成为老师和孩子们心目中的精神家园。

第二，作为学校，它肯定是促进人、发展人、提升人的。所以，我们希望孩子们能够得到很好的发展。这种发展首先是一种全面的发展，如身体、品德、学业以及对美的追求、创新精神等。同时，孩子们又能够自由地发展，不断地把自己的个性、爱好、特长充分地发挥出来。

我校流行两句话：第一句是"让人成为人"，也就是说，让人性的东西真的在孩子身上得到良好的体现；第二句是"让自己成为自己"，意思是每个人都是独一无二的，有自己的爱好个性，让每个人成为这个世界上唯一的、最好的自己。

我校会始终将育人放在第一位。当然，社会对学校有很多期待。我们有幸成为北京中学的第一批教师，就要有责任和担当，让北京中学发挥好它应有的社会功能。而北京中学的成立和发展，能够对人类的教育事业发展、对中国创新人才的培养、对首都的社会经济建设有一定的作用，这是我们的希望。

我校的办学定位总结起来，即基础教育改革的基地、创新人才培养的摇篮、

中外教育交流的窗口。在这个基础上，北京中学的办学目标确定了：北京中学要成为一所具有北京风格、中国气质和世界胸怀的现代学校。我希望有一天，北京中学能成为世界一流的中国名校，这是北京中学全体教师共同的梦想。

二、立足于现实，规划北京中学的发展策略

在市教委、区教委的直接关心和领导下，我校确立了四个方面的发展策略：文化立校、民主治校、学术兴校、开放办学。

所谓文化立校，就是创办一所学校，创办一种文化。文化是一种柔软的、带有持久性的力量。通过文化的形成，促进学校的持续发展。从我校创办的第一天起，我就一直在思考，如何将学校发展成为百年名校。三年来，我校也是通过文化的影响促进师生的发展的。

这里所说的文化，主要包括两个方面：

一是根的文化。所谓根的文化，就是说目前是基础教育阶段，不能急功近利，要安下心来打好基础，包括人文基础和科学基础。人文方面，在中小学阶段，要把孩子身上那种善良的东西积淀深厚；科学方面，要把创新的思想培育给孩子，充分激活孩子的创意。这个阶段要求教师一定要安安心心地回到教育的原点，思考创新人才到底怎么成长，怎么发展。

二是信任的文化。教育上之所以会出现很多波折，本质上是源于不信任。所以我校强调，老师和学生、家长之间要相互充分信任，这种信任自然会影响家庭和社会，从而形成良好的和谐关系。

所谓民主治校，是说学校从创办开始，就不能是一个人、两个人或者几个人关起门来设计一个模式，然后大家按照这个模式走下去，这肯定是行不通的。教育最根本的是生长，而不是加工。教育生长的力量，来源于内在和主体，让每个参与其中的人，都能贡献自己的力量。学校从创立开始，先后成立了学术委员会、家长委员会、学生委员会，尝试多方议事的机制，促进民主办学，民主治校。

所谓学术兴校，就是说一定要按照规律去办事，要遵循社会发展的规律和人的成长规律，思考它们的结合点在什么地方，不能急功近利，不能太浮躁。

所谓开放办学，正如陶行知说的，不动用社会力量办教育是无能的。开放办学能够将各种资源引进来，打破围墙的边界，吸取各方力量，让学校和社会形成合力，这也是办学的关键要素。

三、为培养创新型人才所采取的策略

在创新型人才培养方面，我校也采取了一系列措施。自成立伊始，北京中学就把创新型人才的培养作为一个重要的内容推进。到底如何培养创新型人才呢？有人说，创新型人才应该是那些具有创新成果的人。但在我看来，在中小学阶段，

孩子的创新意识、创新需求特别旺盛，这个时候一定要帮助他们，将他们的创新意识激发出来，这样他们将来才会真正成为创新者。那么，什么是创新型人才呢？不能说搞大的发明创造的人才是创新型人才。生活中，每个公民都有这种创新精神，也都应该成为这种创新型人才。中学阶段，学生也有创新的东西。为发扬学生的创新精神，激发其创新意识，提高其创新能力，我校做了以下几方面的努力。

第一，树立正确的价值导向。一所学校，很多时候关注的是课程体系、教学体系、评价体系，但实际上，价值体系更为重要。我校的孩子一定要坚持社会主义核心价值观，一定要积淀深厚的中国优秀的传统文化，并涵养在心。通过校训、校风把价值观体现出来。经过全体教师的讨论，我校确立了校训——世界因我更美好。这句话听上去像一句广告词，但实际上，是要求学生将其根植于自己的内心。世界因我更美好，并不是说一定要做出多么惊天动地的事，而是一定要去改变这个世界。比如，地上有一张废纸，你捡起来了，因为你的这个小小的行为，世界变得更加干净一点儿了，这就是世界因我更美好。这个"世界"有大世界，也有小世界；这个"我"，有大我，也有小我。

我校的校风也来源于中国的传统文化，即"和而不同，乐在其中"。这是孔子的话。"世界因我更美好"更多强调的是价值观，而"和而不同"更多强调的是一种世界观。人如何立在这个世界上，如何和这个世界相处，包括与自我、与大家、与自然相处，就是和而不同。这是中国最传统，也是最具有智慧的文化。"乐在其中"强调的则是一种人生观。活在这个世上，一定要找到自己最感兴趣的事情。而这个追求的过程，也许是痛苦的，也许是艰难的，也一定会有挫折和困难，但我们都要坚持下去，不断地去追求它。

第二，营造宽松的氛围。创新型人才，一定不怕失败，不怕挫折，心中有安全感，能够不断地激发自己的好奇心，敢于表达自己最真实的思想。要营造宽松的氛围，首先是要建立良好的师生关系。师生关系好了，学生的心情自然舒畅，创意才有可能不断地被激发出来。

第三，丰富孩子的阅历。孩子具有创新意识，但如果没有很深的文化底蕴，这种创新意识也是难以被激发出来的，所以要让孩子多经历一些事情，多体验和学习一些东西，打牢基础。

第四，提供创新的平台。创新精神，一定是在创新实践中形成的，光讲创新是没有用的。要经常举办各种创新活动，用创新精神、创新意识去开展平时的学习、工作，创新精神才会发展。

第五，提供个性化的评价。只有个性化的评价，才会促进创新人才的培养。

1. 建立有效的评价机制

为促进创新型人才的培养，我校一直在探索有效的评价机制。如果没有有效的评价机制，创新型人才的培养就会受到制约。所以，在教育改革中，评价是最难的。对此，我校的做法是：

第一，个性化评价，就是对个体进行纵向评价。每个孩子都是不同的，不能拿一把尺子去衡量所有的学生让教师手中要多几把尺子。多一把尺子，就会多出一批人才。要善于发现孩子的优点，帮其改正缺点，对他的整个自我成长进行记录，比如这个阶段表现什么样，那个阶段表现什么样，建立个性化成长档案，等等。

第二，激励性评价。评价，一定要有激励性。激励性不在于你用什么语言，不在于你用什么手段，而在于孩子有没有通过你的评价而获得动力。举个例子，假如学校举行唱歌比赛，最终要评出一等奖一名，二等奖两名，三等奖三名。全校报名的有几百个学生，有的学生非常有兴趣报名参加这场比赛，结果发现自己不是唱歌的料，而且第一名就一个人，那么以后他就可能失去对唱歌的兴趣。所以，举办任何一场活动，都一定要想方设法去激励更多的孩子朝着他的目标前进。所以说，激励是非常重要的，尤其是教师对孩子的激励，因为一个人成功的最大障碍是他心目中的权威人物对他的否定。教师对这个孩子进行肯定，那么这个孩子就会获得动力；一旦教师对其否定，就很有可能阻碍孩子的发展。

第三，多元性评价。评价一定是多元的，方方面面的。在我们学校，有学业评价，也叫五星级评价，是针对每门学科进行的。每个学科的教师都要对每一个孩子写评语。所以期末的时候，我们学校的孩子不只拿到一份考试卷，还有一叠纸，每个学科，包括音乐、美术、技术、服务等，针对孩子的方方面面，都要有教师的评语和评价。为此，我们还有一个七星评比，即我是学习之星、劳动之星等。

当然，评价中还要包括学生的综合素质。总之，评价一定是个性化的、激励性的、多元性的，在这样的氛围中激励孩子成长、成才。

2. 构建良好的师生关系

师生关系不但对学生来说尤为重要，对学校教育也是非常重要的，只有有好的师生关系，才会有好的教育。那么，该如何构建良好的师生关系呢？其关键是教师的价值定位。教师要善于思考自己究竟该做些什么。在传统教育中，教师的任务就是将知识传授给学生，但是在当今信息化社会，孩子面临大量繁杂的信息，很多知识不是老师教的，而是学生通过其他渠道自己获得的。在某些知识方面，有的学生甚至走在老师的前面。

那么，在这样一个信息化时代，我们教师的功能究竟是什么呢？为此，我们归纳了几个词：

（1）信任。教师一定要相信孩子，这样孩子才会有动力激发创新意识和自身的潜能。因为信任孩子，教师才会放手，将孩子推到前面，自己走在后面。若教师不信任孩子，就会在各方面控制孩子，做什么都不放心。教师要从控制走向服务，主要来源于信任和尊重。我校成立三年多，我和教师交流最多的就是如何去信任孩子。

（2）发现。在信任的基础上，如何去发现孩子？当今时代，教师一个很重要的工作就是发现孩子，做一个细心的观察者，观察孩子的优点是什么，孩子的特长是什么，孩子的发展可能性在哪里。根据孩子不同的性格、不同的特点，有个性地去支持他、发展他，而不是不管你怎么样，我都教给你同样的东西。在我校，讲的最多的就是如何去观察孩子，然后将孩子的相关信息进行整理，以发现一段时间内孩子的特点。

（3）支持。教师发现孩子有什么发展的可能性，有哪些学习的需求，有哪些个性特长发展的需要后，要积极支持。这种支持包括方法上的支持，动力上的支持，资源上的支持，等等。

（4）引导。孩子现在还处在发展时期，很多方面需要我们教师的积极引导。

教师要在信任的基础上去发现，在发现的基础上去支持，在支持的基础上进行方向上的引导。

这三年来，我校全体教师围绕这四个词积极努力，建立了融洽的师生关系，师生之间形成了民主、平等、和谐的一家人局面。这样的氛围非常有利于激发孩子的创新精神。

3. 独特的课程设置

在学校里，教育的重要载体是课程。学校成立三年多，我们始终注重课程的设置，并形成了自己的特色，即课程的丰富性与选择性、系统性与贯通性、综合性与实践性。

在课程方面该如何促进创新型人才的培养呢？那就是全面而自由。所谓全面，就是要关注课程的丰富性；所谓自由，就是要关注课程的选择性。我校成立三年来，在全面而自由思想的指导下，我们将拓展课程构建成了五大系列：学院系列、阅历系列、雅趣系列、服务系列、健身系列。对于这五个系列，我们并不要求它们在逻辑上有多么严密，而是根据孩子的需要、社会的发展，一块一块地去完善它们。

（1）学院系列。我们从初中、高中甚至小学开始，就培养孩子持续关注、研究某一问题的兴趣和能力。假如有些孩子喜欢写诗，就举办诗歌会，促进他们持续地写下去。假如有些孩子对科学感兴趣，就支持他们从事各种科学研究，尽学校所能将各种资源引进来让他们开展研究。假如有的孩子说喜欢观察鸟，只要有空闲时间，我们就和他们一起带着望远镜去观察鸟的活动，并写下关于鸟的研究报告。我们希望孩子从现在开始，就能用一种发现的眼光、研究的眼光去关注这个世界，研究这个世界。所以我们不断地要求孩子、引导孩子写各种研究报告，就像写硕士论文、博士论文一样。虽然现在孩子还小，但我校很多学生已经写了很多各种各样的报告。

（2）阅历系列。"阅"就是想办法进来，对此我们也设有几个板块。比如阅读板块、表达板块等，让孩子去辩论，让孩子去演讲，以培养他们的表达能力。现在，我校的大多数孩子都不怵话筒，因为每个孩子都有机会站在台上，面对众人演讲。我记得第一次让孩子上台讲话，有些孩子发抖，有些孩子甚至哭了。但经过一段时间的练习，现在我校的孩子站在台上都能侃侃而谈。我校八年级的孩子，某年参加北京的高中辩论比赛，以及京津地区的高中辩论比赛，最终获得了冠军。我校初中的孩子和大学辩论队进行辩论，结果打败了好几所大学的辩论队，以及成人的辩论队，我校的孩子被评为最佳辩手。其实，只要多给孩子锻炼的机会，孩子的潜能就会被发掘出来。另外还有听的板块，我校会不定期邀请专家开展 BA 大讲堂活动等。

"历"就是走出去。对此，我们也有几种大课堂。

自然大课堂。三年来，我们不断地带孩子到深山老林去露营，夜里找一片森林，在那里搭帐篷、点篝火，让男孩子值夜，以培养他们的担当精神。此外，我们还带着孩子去攀岩，去做各种生物的研究，以及挑战自我的研究。

中华寻根之旅活动。我们希望孩子能体验中华博大精深的文化，但光有阅读是不够的，一定要亲身体验。因此我们开展了中华寻根之旅活动。三年来，我们去过陕西、河南、山东、江苏、浙江、重庆、四川、甘肃等地，进行中华文化的寻根之旅。我们带着孩子爬上泰山，走近西湖，到大海里游泳，在沙漠里行走，同时鼓励孩子作诗，并写各种研究报告。虽然其间有很多困难，但我们一直坚持着。

博物馆课堂。北京有很多博物馆，我们会带着孩子走进博物馆进行体验，还举行博物馆之夜活动，让孩子在晚上住进博物馆等。

此外，还有世界大课堂，我们带着孩子到美国等国家做访学活动。这些都是阅历课程系列。

2016 年北京的高考作文题目是关于"老腔"的。我校的孩子上次到西安正好采访过老腔，和老腔有面对面的对话。因为有亲身体验，所以很多孩子针对这一题目写出了高质量的作文。有的参加过高考阅卷的老师看到后非常惊讶，没想到这是小学生写出的高考作文。这些都是体验带来的学习力量。

（3）雅趣系列。我们希望孩子有对美的追求，有对美的感受，所以，学校在每周设置了两节话剧课，还有两节国标舞课。

（4）服务系列。鼓励孩子以服务的精神参与到社会生活当中，用自己的所学，服务社会。比如：做义工、志愿者等。

（5）健身系列。开设每天一个小时的体育课，每周五节。体育课是学科群的活动，比如喜欢打篮球，每天就有一个小时打篮球；喜欢打羽毛球，每天就有一个小时打羽毛球；喜欢练武术，那么每天就有一个小时练习武术。因为都是学生自己喜欢的，所以运动效果就非常好，运动量也就跟上了。而且还培养了学生终身运动的兴趣和能力，这对孩子的持续发展是有利的。

此外，在课程结构方面，我校设置了基础课程、拓展课程、潜能课程等，但核心是让学生生活丰富，让学生自由。虽然学校学生不多，但我校依旧为学生开设了一百多门选修课，还有各种各样的社团，目的是让学生在丰富的活动中发现自我，发展自我。

4. 个性化的学习方式

学什么很重要，怎么学更重要。现在的孩子在学习中等待的时间太长。因为课堂教学，班级授课制，很难因材施教。我们经常说，现在是基础差的学生在陪着成绩较好的学生学习，但实际上，很多时候是基础比较好的学生在陪着基础比较差的学生学习，这样相互等待，浪费了很多时间。为此，我校推出了三种学习方式。这三种学习方式是有机统一的，融为一体的。

（1）个性化学习。所谓个性化学习，是从机制上来说的，让孩子能够按照自己的特点和风格选择喜欢的学习内容，选择自己喜欢的学习方式，选择自己喜欢的进度向前推进。比如前面所提到的体育学习内容，就具有一定的选择性。当然，语文、数学、英语等学科也都具有选择性。而在学习方式上，我们不能要求每个学生都一样，因为每个人的风格是不一样的，有的人是独立性思维，有的人是依存性思维，有的人希望老师多讲一点儿，有的人则希望独立成分多一点儿。

我校也实行走班制，但这种走班不是按照分层走班，不是说成绩好的在一个班，成绩不好的在一个班，而是按照学习风格的不同进行走班，分别叫自修、研修、导修、讲修。如果你喜欢独立的成分多些，就可以选择自修班；如果你希望老师稍加点拨就行，可以选择研修班；如果你希望老师多讲一点儿，就可以选择导修班；如果你只喜欢听老师讲解，可以选择讲修班。每个班有成绩好的，也有成绩不好的，只不过风格是不一样的。

走进我校，你会发现，很多学生在早晨背着书包走进校园后，不一定是进教室，很可能是走进图书馆、自修室。通过申请，他可以一个月甚至一年不上语文课，或者这周不上英语课、数学课，等等。三年下来，自修班的孩子学习成绩都非常好，为什么？就是因为他们得到了解放，他们可以按照自己的进度去学习。

或许有人会说，这样的话，要老师干什么呢？其实老师在学生的背后所起的作用更大，也更辛苦。首先，要帮助学生制订并修订计划。你说你自修，那么一周之后达到什么目标，一个月之后达到什么目标，必须确定下来。其次，你的学习计划是什么，要进行评估和分析。再次，在学习过程中，一定会有某些地方学不会或者不懂的，这时就需要老师进行讲解。就像爬山，这个地方爬不上去了，老师就会制作各种梯子放在边上。这些梯子有长有短。而在学习的过程中，这种"梯子"就是微视频、微课程。我们会编制很多视频课程放在网上，方便学生自己去看。

还有一些地方，学生自认为懂了，但实际上并未真懂。就像看见一个山洞口，他只看到了洞口，就说我看见洞了，其实他并未看到洞里美妙的风景。这时就需要老师将他引向深处。这个深入引向就需要个性化的辅导和大课等来完成。

总之，学生按自己喜欢的方式去学习，会变得越来越主动，不管苦累，都是自己的选择，这就是个性化的学习方式。

（2）联系性学习。这一点更多的是从内容上来说的。当今社会，知识信息量太大，创新型人才必须学会在大量繁杂的信息中发现对自我有用的东西。要知道哪些对自己来说是有用的、需要的，自己是在哪里找到它的，这些东西之间有什么联系，等等。我们不能孤立地去学习知识，而是要把知识连成片，也就是"先见森林再见树木"。我们要带领孩子去学习这个知识点，引导孩子清楚这个知识点在哪个整体里，就像这棵树在哪片森林中。有了森林这种整体感觉之后，再联想与这棵树有关系的是哪几棵树，这些树木直接形成了什么样的结构。通过"先见森林再见树木"，脑海中会形成结构。所以，在学习方式上，我们很注重联系，注重系统和结构。

（3）体验性学习。所谓体验性学习，我们叫教、学、做合一，这是我国伟大教育家陶行知先生提出来的。用教的方式来学，用做的方式来学。走进我校课堂，你会发现老师更多的时候是在教室后面，学生则站在讲台上。"我"教别人，对"我"来讲就是最好的学习方式，大家相互来教。用做的方式来学，就是你要学习什么东西，不一定都是通过听，更要动手做，在做的过程中加深印象。我校的一些项目学习、以产品为导向的学习等，包括开设的 STEM、卡魅等方方面面的课程，动手的课程很多，目的就是推进孩子的有效学习。

在创新型人才培养方面，我校还有很长的路要走，北京中学的全体教职员工会继续探索和实践。

（根据 2016 年 6 月 17 日做客人民网访谈实录整理）

作者简介

夏青峰：

北京中学校长，朝阳区教委副主任，数学特级教师，华东师范大学教育博士，北京师范大学教育家书院兼职研究员。北京市优秀教育工作者。

变革学习方式，促进全面发展

◎夏青峰

促进中小学生的全面发展，是个系统工程。学校不仅要在"学什么"上做文章，还要在"怎么学"上下功夫。北京中学自 2013 年 9 月成立以来，就致力于积极变革学生的学习方式，努力促进学生的全面发展。

一、注重因材施教，推进个性化学习

当下的课堂学习中，学生相互等待的现象很普遍。"齐步走"的机制，让学生的很多时间都在等待中浪费掉了，课堂学习效益堪忧。同时，学生们的思维方式、学习风格是有差异的，而他们在课堂学习中却经常被要求以统一的方式去学习，而不是以自己喜欢的方式去学，学习效果也很受影响。如何解放学生，让他们能够按照自己最喜欢的方式、最适合的进度去学习，是学校需要关注与改进的。

在具体实践中，我们采用了"走班学习"的机制，但我们的"走班"不是依据学生学习成绩的好差或学习内容的深浅来进行分类的，而是根据学生学习方式的偏好来确定。每门学科的学习分成自修、研修、导修、讲修四种类型。自修班，主要是以学生自修为主，教师教的成分很少；研修班，教师教的成分相对多一点儿，但也是以学生之间的相互研讨为主；导修班，教师教的成分更大一些；讲修班，教师教的成分要大于学生自修的成分。学生自主选择进入哪种类型的班级进行学习。在推进这种根据学生学习方式不同而进行个性化学习的机制时，我们主要关注了以下几个问题：

1. 学生选班的确定

在自修、研修、导修、讲修四种类型中，学生自主确定究竟选择哪种类型进行自己的学科学习。但在选择正式确定之前，需要老师及家长的指导。首先，学校要对每个学生的学习风格、思维方式进行跟踪调查与数据分析，将调查分析结果提供给学生及家长参考，然后运用心理学的相关知识指导学生更好地发现、认识自己的思维方式、学习风格。同时，学校给予学生一定的"试学"时间，让学生在不同类型的课堂中进行学习，在实际的体验比较中找到自己最喜欢的学习类型。当然，即使在正式确定后，学生发现这种类型的学习并不适合自己，还是可以调换。这样，让喜欢自学的人可以在一起自学，喜欢听讲的人可以在一起听讲，而不是让成绩好的在一起，成绩差的在一起。

2.教师作用的发挥

每位老师的教学风格是不一样的，有些老师更喜欢给学生讲，而有些老师更喜欢让学生讲，很难说哪种风格的教学效果更好些。硬是让老师们采用自己不擅长的风格去教学，也是达不到好的效果的。学生的个性化学习，需要教师的个性化教学。我们在实际教学中，也让老师们去选择适合自己的类型进行教学。但不管是自修、研修，还是导修、讲修，教师的作用应更多地体现在"信任、发现、支持、引导"上，需要运用启发式教学，只不过启发引导的方式不一样。比如说，对于自修班的学生，如果选择的是语文、数学学科自修，那么语文、数学课他们就直接进图书馆或自修室进行自修，没有老师去给他们上课。那么老师在其中起到什么作用呢？自修班老师的职责主要体现在：

第一，与每个学生确定好个性化的学习目标与计划，指导每个孩子分析自己的学习基础，并以月为单位，制订好自己的月学习目标。自修班学生每月的学习任务、进度、内容都是不一样的，是根据自己的实际情况"量身定制"的，任务明确并量化，每位学生都与老师签订"当月学习协议"。教师还要指导学生制订出自己的月学习计划，比如一个月共有 20 节数学课，这 20 节数学课分别要学习什么内容、完成哪些任务，在上月底就要确定好。

第二，在学习困难处提供支持，并将学习引向深入。如同爬一座山，学生凭借自己的力量，很可能有人在某一处是爬不上去的，这就需要老师适时地提供支持。这种支持，不一定是用手直接去拉他，而是可以研发一些支撑性工具，在学生需要时，他们会想到运用这些工具。这些支撑性工具，我们更多的是以微视频、微课程方式提供。老师会预判学生可能在哪些知识点的学习上出现困难，提前录制好简便易用的微视频放在学校的学习资源网上。当自修遇到困难时，学生会主动在学习资源网上找到他们需要的帮助，老师们也会通过后台记录掌握学生在学习资源网上的学习情况。同时，还如同爬山，学生自己会看见一些洞口，但没有人引导，他们可能欣赏不到山洞里那些美妙的风景。也就是说要让学生的自修走向深入，教师还需要做好引导工作。通过大课讲座、个别辅导、线上交流等形式，让学生们能够进行深度的而非浅表层次的学习。

第三,进行学习的个性化评估与指导。根据每个学生的情况(学习基础、任务、目标等)，评估学生的学习过程、方法与效果，指导学生不断改进自己的学习计划与学习方法。对于一些需要加强的知识学习或能力提升，教师可给予一些特殊的指导。

3.信息媒体的运用

无论是自修、研修，还是导修、讲修，我们都充分运用信息媒体，以突破时空的界限，促进学生自由自主地学习。一是不定期地建立虚拟课堂。比如说今晚的某个时段，由老师（或同学）发起，大家在微信群（学习社区）里讨论某部小说的人物性格特征，学生自愿选择是否参与讨论，但讨论的过程是每位同学都能看见的，这样突破了时空的限制，课堂学习无处不在。即使是节假日，课堂学习随时都可以进行。二是网上的答疑辅导。以前教师往往就一道题跟十几个同学分别讲一遍，而现在是一道题在网上讲一遍，每个同学都能听到，很多时候不需要老师的讲解，同学之间的讨论就能把问题解决了。三是学习资源的分享。我们鼓励学生制作一些学习的电子化资料，放到网上与同学们共享。比如，学习《史记》时，每个学生用最美的声音读其中的一篇，录制后放到网上，大家就都能"听"《史记》了。

二、加强学思结合，推进联系性学习

世界是充满联系的，而我们学生的学习经常是孤立的。让学生学会学习，促进他们学思结合，需要让学生在联系中学习。尤其是在信息化社会的今天，让学生学会在大量繁杂的信息中找到相互关联的信息点并建立起知识的结构，以及让学生明白与世界连接的意义，显得更重要。

1. 先见森林，再见树木

以往的学习，很多时候要等到老师走进课堂开始讲课了，学生才知道今天要学习什么内容。至于为什么要学习这个知识点，这个知识点与其他知识点有什么关系，它处于知识体系中的什么位置，学生并不知道，也不关注。就如同走进一片森林，我们对其中的一棵或几棵树木精心研究，但这些树木处于森林中的什么位置，这些树木之间又有何种关联，我们很是茫然。这样的学习很不利于学生思维的发展。我们在教改实践中，积极地改变这种状况，努力在学科教学中做到：

（1）从整体入手。在学习一个知识点之前，先让学生明白这个知识点是在哪个知识体系与结构中，在哪个环节点上，给学生一个整体观念，"先见森林，再见树木"。

（2）确定相关。在这个整体里，搞清楚这个知识点是与哪些知识点有关联的，建立起不同知识点之间的联系与沟通。

（3）理解反思。深入学习理解这个知识点，思考这个知识点与其他相关联知识点之间的联系与区别。

（4）形成结构。注重"举一反三"与"举三反一"，并学会建立不同知识点之间的连接，把它们结构化与体系化。在很多学科的学习中，学生都画出了大量的形式各异的知识结构图来。

2. 在广泛的联系与比较中学习

我们积极引导学生在广泛的联系与比较中学习，不断提升他们思维的高度，扩展思维的"视野"。

（1）在教学中运用多版本教材。比如语文教学采用主题教学的形式，在探讨某一主题时，教师会引导学生从多个版本教材（包括其他资料与书籍）里将表现这一主题的文章都找出来进行泛读，并推荐几篇出来精读，从相同主题中比较出思想与方法的不同，从不同写作形式中提炼出相同的元素。这样，学生对文本的学习，不仅仅是过去的"仰视"，也有一定的"俯视"。在"俯""仰"之间，学生的思想会形成一定的高度与广度，学生的学习能力与思考能力也会得到提升。

（2）在教学中引发广泛的联想。比如地理课在讨论气候时，学生们就会联想到气候与生活、气候与性格、气候与饮食、气候与长相、气候与智商、气候与美女等话题，大家分工进行这些小课题的研究，并在课堂上进行分享。对一个知识点的学习，就能引发学生们对世界更加广泛的认知。

3. 探索跨学科的综合性学习

（1）积极发掘跨学科学习的载体。跨学科的综合性学习是一个教改热点，也是一个教改难题。如将思品、历史、地理综合在一起，为防止它们只成为一个"大拼盘"，就必须要找到一些能支撑它们综合起来的内容载体。我们在教学实践中积极地进行寻找与开发。比如"家庭迁移图"的研究，在北京读书的中小学生，很多人的父辈、祖父辈或者辈分更高的人，是从北京以外的地区迁移过来的，家庭都有着一定的迁移史，有些是从山东搬到东北又迁到北京，有些是从某省搬到新疆又来到北京，等等，每个孩子将自己的家庭迁移图画出来，然后绘制到一张班级家庭迁移图上。学生讲述伴随着家庭迁移发生在自己家族身上的故事，"闯关东""支边"等这些涉及政治、历史、地理等综合性知识的话题都会被引出来。这就是一个很好的跨学科综合性学习的例子。

（2）积极开展跨学科综合性学习的实践活动。我们开展了中英文双语阅读同本书的系列活动，学生在阅读名著的同时，再阅读它的翻译版（中文版或英文版），在相互的比照中总结、分享其中文化的差异。我们开设 STEM 课程，让学生在各种实践活动中将科学、技术、工程、数学等领域的知识综合到一起，来解决实际问题；开设 CAME 课程，将艺术、信息技术、工程等知识进行融合，让学生跨越知识的边界，综合性地运用知识。

三、加强知行统一，推进体验性学习

行是知之始，知是行之成。当下的中小学生学习方式还是略显单一，在知中求知多，在行中求知少。要促进学生的全面发展，必须丰富学生的学习方式，让学生在教中学，在做中学，达到陶行知先生提出的"教学做合一"。这里的"做"，不仅仅是动动手，它更多的是实践、研究、创造。

1. 在教中学

虽然每位老师的教学风格是不一样的，但学校还是鼓励老师尽可能地让学生"在教中学"。走进我们学校的课堂，绝大部分时间看到的都是学生们站在讲台上与师生共同交流与分享，结果学生与老师在其中都尝到了"甜头"。为提高学生们"教"的效益，老师们会注重以下几个问题：(1) 提前确认好任务，一般会提前一周由学生领好任务，以小组为单位，分工负责，要求制作好讲解时用的PPT；(2) 安排几个小组讲解相同的内容，有利于学生从不同角度输出信息与接收信息；(3) 小组集体上台，分工讲解，讲解后其他小组要与其互动，提出疑问并进行评价；(4) 老师不是评判者，而是组织者、引导者。

2. 在做中学

有些知识的学习，不需要多讲，让学生动手做一遍，学生对知识的理解远比听一遍要深刻得多。比如数学课上让学生用材料直接做出几何形体，地理课上让学生用橡皮泥做出中国的地形地貌，生物课上让学生做出各种生物模型，物理和化学课上让学生直接做各种实验，等等。需要注意的是，学生动手去做，不能总在执行老师的指示，不应该是由于老师让做才去做，而是要自己想着去做。如何做到这一点？学校关键要提供：(1) 动手的条件。如在教室、实验室、走廊、校园角落等地方多放置一些学生日常动手所需要的各种材料，学生想动手时就会很方便。而实际上，爱动手是学生的天性。衡量一所学校是否真正以学习者为中心，一个很重要的标志就是看这所学校有多少学材方便学习者使用。(2) 作品的展示。在校园里设立各种展示柜、展示台，让学生将动手制作的作品自愿展示出来与大家交流，让学生产生一种对自己成果的喜悦感。走进北京中学，校园里处处都有学生动手做出来的作品。在这种环境与氛围中，越来越多的同学喜欢用动手做的方式来学习。

3. 在创中学

我们既要解决传承的问题，又要解决创造的问题，但很多时候会发现，随着知识的增多，学生创造力反而在下降。我们指望学生在传承后再去创造，往往效果不佳。我们是否可以让学生在创造中传承，用创造的方式去学习呢？北京中学在此方面做了些探索。比如语文学习，尝试以写促学、以写促读。要学习诗歌吗？自己写写诗歌看，从仿写到创作，只有用心去写诗，才会真正体会到好诗的魅力。学习文言文、散文、小说都是如此。在此基础上鼓励学生创建个人的微信公众号，将自己的创作发布到公众号上与好友分享。数学学科积极开展数学建模活动；英语学科鼓励学生进行各种英语报刊创作、英语配音活动；信息学科组织学生参加编程大赛；戏剧学科组织学生进行各种创编的话剧演出；美术学科以设计为主线，组织学生进行建筑设计、电影设计、服饰设计、动漫设计等创作型学习。每门学科都会开展以产品为导向的创造性学习竞赛或展示活动。一旦学生创造的火花被激发，他们学习的热情就会高涨。

4. 在研中学

让学生在研究中学习，也是学校积极探索的一项内容，主要加强两个方面：第一是让学生在活动的策划中学习，每项活动的开展都由参与的学生自己撰写活动策划方案进行投标竞标，并接受公开答辩质询。学生完成了策划方案并通过了答辩，实际上是一个非常全面而深刻的学习过程。第二是让学生在课题的研究中进行学习，每个学生都需要参与一项课题的研究，并经历开题、研究、结题的过程，人人需要撰写研究报告。学生在其中学会了科学研究的方法，提升了学习与研究的能力。学校积极支持学生科研小组到大社会、大自然中去开展科学考察活动，积极支持学生走进高端实验室、走到科学家身边进行科学实验活动。很多小组几乎每周都外出活动，人文精神与科学素养在其中得到了很好的提升。

5. 在行中学

打破校园围墙的边界，建设蓝天下的课堂，让学生在行走中学习，是北京中学非常重要的学习方式。学校每学期都要开展"博物馆课程活动"，引导学生走进北京各大博物馆，与博物馆对话；每学期开展"自然大课堂活动"，组织学生露营、攀岩、越野等活动，让他们在大自然中学习与研究；每学期开展"中华文化寻根之旅活动"，三年半时间以来，学校组织全体学生体验过秦岭文化、中原文化、齐鲁文化、江南文化、徽州文化、巴蜀文化和敦煌文化，学生在游历的过程中开展了各种课题研究，写出了大量的研究报告与诗歌散文；每学期开展"世界大课堂活动"，组织学生到世界名校进行访学，在文化的比较中让学生拥有更为广阔的视野和更为浓厚的家国情怀。

为了每位学生全面而自由的成长 ①
——北京中学课程规划与个性化实施

◎任炜东

　　作为一所普通中学，在构建全面培养学生创新素质的新型课程体系，实践小规模办学的学习方式和教学方式变革的过程中，北京中学以促进每一位学生全面而自由的发展为目标追求，进行了系列改革实践。现整理成文与同行们探讨。

一、北京中学建设背景

　　北京中学（Beijing Academy，简称 BA）是 2010 年 12 月按照北京市政府的批示，北京市教委的工作部署，由朝阳区承办的一所普通中学。作为首都基础教育课程改革的一块试验田，到 2013 年 7 月，BA 按照国际化、现代化、高品质的要求，对国际国内知名学校进行了广泛调研和多次论证，形成了《北京中学小规模办学实验方案》。学校以开展"创新人才培养实验、课程教材改革实验、办学体制改革实验"为办学任务，按照"四步走"战略推进学校的整体办学，即：小规模实验阶段（2013.9—2016.8）、全面实验阶段（2016.9—2020.8）、深入实验阶段（2020.9—2023.8）、总结示范阶段（2023.8 以后）。② 本项研究以此为背景，聚焦北京中学小规模实验办学阶段课程规划与实施，为深化学校变革和引领学校发展提供可借鉴的具有标本意义的经验。

二、课程规划的理论与实践分析

1. 课程

　　"课程"在我国最早出现于唐朝。朱熹（宋）在《朱子全书·论学》中有"宽着期限，紧着课程"的论述，即指功课及其进程。在英语中，课程（Curriculum）最早由斯宾塞提出。最常用的解释源于它的拉丁词根"Currere"，意为"跑道"。

---

① 本文系北京市教育科研 2013 年规划课题"北京中学创新型人才培养课程改革实验研究"（课题编号：BBA13027）和首都师范大学"北京市中小学特级教师研修工作室"项目的研究成果之一。
② 参见北京中学小规模实验办学方案。

根据这个词源，最常见的课程的定义是学习的进程，强调有系统、有计划的学习活动。而派纳提出"在跑道上跑"的概念，认为课程是提供一种知觉、情感和思考的生活经验，是自我生命经验的建构。课程应强调对教育情境、历程的体验和感知，而不仅仅是目标、方案或学科构成的学习进程。

施良方教授总结的六种典型的课程定义是：课程即教学科目、课程即有计划的教学活动、课程即预期的学习结果、课程即学习经验、课程即社会文化的再生产、课程即社会改造。靳玉乐教授认为，课程作为学校教育系统的重要组成部分，作为实现教育目标的主要手段和媒介，其本质应是指在教育环境中，旨在使学生获得促进其身心全面发展的教育性经验体系。课程是教育者为学生提供学习的机会，教师应是课程的研究者、设计者、实施者，学生应是课程资源的提供者和课程知识的接受者。黄甫全教授则认为，课程是一种预期教育结果的重新结构化序列。课程内容作为一种教育化的文化，具有再生性、简洁性。

科林·马什列举出的六种课程定义是：课程即包含基本知识的永恒科目；课程即对当代生活最有用的科目；课程即学校负责的所有有计划的学习；课程即提供给学生的能在不同的学习场合获得一般技能与知识的学习经验总和；课程即学生运用计算机和互联网之类的网络系统进行建构的产物；课程即对权威的质疑和对人类处境的多维探寻。

2. 课程规划

泰勒要求在制订课程计划时回答四个问题：学校应该试图达到什么目的？提供什么教育经验才可能达到这些目的？如何有效地组织这些教育经验？我们如何才能确定这些目的是否正在达到？概况起来就是：目标、内容、方法、评价。

我国基础教育各学科课程标准的体例与结构则包括：课程定位（包括性质、理念、设计思路）、课程目标、内容标准、实施建议（教与学的建议、教材编写建议、评价建议、课程资源开发与利用建议）。马什提出，标准的课程规划过程应包括：课程框架，目标、学习结果和标准，选择和组织教学模式，学业评定、评分与成绩报告，课程实施。

在课程结构设计中还要考虑比例关系、空间关系、时间关系。要关注国家课程、地方课程、校本课程所占的比例，也要关注课程内部不同类型课程的比例；要处理好相邻课程成分和课程要素之间在课程目标和课程内容上的横向组合关系；要处理好不同学段的前后衔接和同一学段各类课程或活动项目的开设顺序。通过课程结构的优化，追求教育目标的最大化。

3. 课程实施

只有在面对学生真正实施时，课程才变为现实。课程实施是课程规划的价值保证。《关于深化基础教育课程改革进一步推进素质教育的意见》（2010）中指出，要大力推进教学改革。把教学改革作为深化课程改革的核心环节，使新课程的理念和要求落实到课堂教学中。《意见》强调，要根据学生的个性差异因材施教。

创设有利于学生积极参与的教学环境，保护学生的好奇心和求知欲，鼓励学生独立思考、主动学习。强调积极推进现代信息技术在教学中的科学应用，提高学生在信息技术环境中的学习能力，并鼓励教师积极探索和实验，形成不同的教学风格和特色。

帕森斯指出，影响课程成功实施的 12 个重要因素，包括：时间、变革的技术、认同学校文化、提供鼓励和奖赏、在工作中分担责任、释放变革的力量、一个合作框架、领导、认识系统层面的文化、政治的视角、赢得盟友、认识到个体的角色。麦克劳克林指出，课程实施不是传达先前已经认同的东西，而是商议和改善。必须从个体行动者的动机、信念和能力方面来制订实施方案。

4. 国际知名中学的课程建设特点

考察美国托马斯·杰斐逊中学、格罗顿中学，英国伊顿公学、哈罗公学，香港皇仁书院，上海中学等国际知名中学课程建设情况，可以发现其共性是有完善的课程体系，基本上都包括核心课程、选修课程，课程设置齐全，课程的基本模式是必修加选修，给予学生充分的自由和自主选课权利，同时形成了一些较有特色的品牌课程、个性化课程，鼓励学生成立社团、出版会刊、参与社会实践活动等，获得丰富充盈的成长体验。这些中学的课程建设具有以下几个特点：

（1）有明确的知识谱系（课程谱系），如上海中学的德育课程图谱、学习领域课程图谱与优势潜能开发课程期望图谱。

（2）重视学术水平，提供高水平课程，如托马斯·杰斐逊中学开设 14 门 AP 课程，人才培养与高校衔接紧密。

（3）核心课程和拓展课程互相补充，满足学生个性化需求，如美国菲利普斯高中开设有数学、英语、历史等核心课程，还有 50 多个运动项目作为学校的特色课程供学生选择。

（4）多数学校按照学分制进行管理，走班授课，小班教学，体现了学习的自主性和个性化。

（5）学生自主管理和选择能力较强，学校开设的体育、艺术课程门类繁多，社团活动和俱乐部活动丰富多彩，为学生的个性化发展提供了保障。

（6）国际化程度较高，开设多种外语课程、国际课程和国际访学课程，鼓励学生参加相应考试，打开通向国际知名大学的人才培养通道。

综上，学校的课程规划以学生为中心，以学生生动活泼地学习和全面自由地发展为目标，基于基础性、选择性、探究性、综合性、生活化、数字化的原则，通过优化课程结构、变革学习方式与教学方式、变革评价方式，开发多样化的课程资源，培养学生的责任感、创新精神和实践能力，为学生的未来人生奠基。学校整合国家课程、地方课程，自主开发校本课程，分类分层开设课程，为学生提供基础课程、拓展课程、高级课程。支持教师开设独特的课程，鼓励学生成立社团、参与社会实践活动，给予学生充分的自主选课机会，促进学生获得丰富充盈的成长体验。

三、北京中学的课程规划

1. 办学思想解读

我校"世界因我更美好"的校训，对课程建设与实施发挥着引领作用。首先，它是一种价值观的养成，是"立德树人"总要求的校本化体现。它分为五个层次：一是心中有他人，不给别人添麻烦，乃至己所不欲勿施于人；二是认识自己，努力做最好的自己，成就自己；三是推己及人，成人之美；四是勇于担当，服务社会；五是心系中华，胸怀天下。其次，它为各门课程提供了实施框架，为课程的融合奠定了基础。校训中所说的"世界"是我们身边的小世界，也是全球的大世界。"世界"既是课程的研究对象，又是学生的生活环境。通过课程、教学，通过学校、家庭、社会生活，人类文明在学生面前展现，构建起学生眼中、心中的世界。滋养学生的精神，丰富学生的心灵，发展学生的潜能，这是基础教育课程的功能。在此过程中，随着学生对"我"的认识，其自主能力、自信品格、自强精神得到发展。这里的"美好"是真善美的统一，追求美好、创造美好成为每个人一生的信条。而"因"体现的是一种责任承担。"更美好"则是人一生追求美好事物，追求卓越的过程。

以促进学生全面而自由的成长为课程建设理念。"全面"有两层含义：一是从培养目标讲，学校培养的是全面而自由发展的人，使学生在身心健康、品德发展、志趣高雅、学业优秀的基础上，形成良好的社会责任感、创新精神与实践能力；二是从脑的发展讲，通过丰富、多样的课程，使学生脑的各个区域在成长过程中得到开发，并适度链接，为创造思维打好基础。自由是人的发展的最高境界，要经历从他律到自律再到自觉与自主的过程。学校的课程建设与实施就是唤醒自觉、培养自主、追求自由的过程。

2. 课程体系构建

以"和而不同，乐在其中"作为校风，着眼于立体的人的培养，为学生的个性发展需求提供支持。分7个领域为学生系统设计必修与选修科目、模块，学习领域包括语言与文学、数学、人文与社会、科学、技术与工程、体育与健康、艺术，必修内容为

图1 课程结构设计

全体学生毕业的基本条件，选修内容针对学生个性化需求和学校特色建设设计。整合国家、地方、校本课程，关注学生的核心素养发展与优势潜能开发，设置基础、拓展、高级课程。编制各学科的《学科课程方案》，并据此进行课程资源的开发与实施，教学方式、学习方式的研究。

基础课程突出学科素养的发展，以国家课程为主，依据北京师范大学"中小学生学科能力表现研究"成果，聚焦学科学习理解能力、实践应用能力、创新迁移能力的培养，组织教学的实施与学习效果的评价。学科内关注知识的关联和各类型课程比例设置，三维目标的综合实现，小、初、高学段的有效衔接，探索单元式学习，以学科核心概念为抓手，适当调整、重组学科内容。学科间关注学习主题融合，关注跨领域、跨学科的相互关联与影响，探索主题式学习，以大概念为抓手进行跨学科综合，促进学生知识体系的结构化、系统化。整合历史、地理、思想品德课程，开设社会课程；整合物理、化学、生物课程，开设走进科学实验室课程；建设体育、艺术、技术学科的学科群，供学生自主选择课程，实现通排通选。

拓展课程从广度上实现门类性的拓展，突出领导能力、创新能力的发展，包括阅历、服务、雅趣三个系列，在丰厚文化底蕴、培养好奇心与想象力、艺术与审美熏陶、科学研究启蒙、社会实践体验等方面进行系统构建。阅历系列以"读万卷书，行万里路，听万家言，说万家事"系列内容为主要载体，旨在丰厚学生的文化底蕴，拓宽思路与视野，增强社会文化体验，开设讲堂、阅读、表达、游历等课程模块，融合社会大课堂活动，每月安排一次外出实践活动，每学年安排两次社会考察活动，培养文化认知能力和行动能力。服务系列以校园生活体验与社会实践活动为主要载体，让学生在各种活动中创造、行动、服务、合作，促进学生认识和欣赏社会公益工作，提供机会让学生为他人服务，提供挑战性活动培养学生的探索精神、自立精神、技能和兴趣，使学生在课余时间通过自身与团队的努力和行动赢得社会赞誉。雅趣系列以琴棋书画、舞蹈艺术、戏剧表演、创意设计、非遗传承课程模块为载体，旨在让学生感受艺术与审美的熏陶，发展学生发现美、感受美、表现美的能力，培养高雅气质，形成个人爱好与健全人格。

高级课程从深度上实现层级性的拓展，突出学生的优势潜能开发和特长发展，围绕潜能发现、兴趣聚焦、潜能开发、特长发展、志趣养成等方面，在科技、人文、体育方面进行特色构建。开设应用物理基础、生物工程基础、好玩的数学、智能控制等课程模块，对学生进行科学研究启蒙，提升学生的发现问题与解决问题的能力。研发创客课程（卡魅课程、创艺×无限大等），通过基于真实问题解决的探究学习、基于设计的学习，综合应用科学、技术、工程、艺术、数学，让学生在看似杂乱无章的学习情境中发展设计能力与解决问题的能力。开设高级运动课程，发展突出学生的专项运动技能。

学期实行"大小学段制"。每学年分为两个学期，每学期分两个大学段，中间设一个小学段,大学段 9 周,小学段 2 周。大学段以校内学习为主,小学段以学生自主活动、综合实践与社会考察为主。

图 2 学段设计

课时实行"长短课时制",设置 20、40、60、80 分钟的不同时长,满足不同课程开设的需要。体育、舞蹈每节安排 60 分钟,音乐、美术每节安排 80 分钟,演讲微课程每节安排 20 分钟,其他学科按每课时 40 分钟安排。

3. 教与学方式的变革

学校基于以学习为中心的理念,让学校真正成为学习的地方,让学生的学习有质的提升。学校遵循学思结合、知行统一、因材施教原则,探索实施单元主题教学、菜单式教学,实施个性化学习和综合性学习;建立导师制、团队教学等有效机制,运用数字化学习平台等学习资源系统,让每一个学生参与、互动、表达、思考、合作、体验,促进学生通过主动学习,亲身经历知识的发生过程与综合运用过程,对知识及学习本身产生兴趣,获得结构化的知识体系;着力培养学生的思维品质与学习能力、实践能力、创新能力。

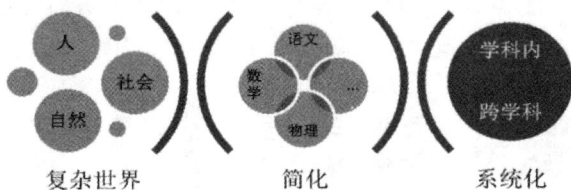

图 3 单元主题教学的设计理念

(1)单元主题教学。以单元学习设计为基础,整体规划学习计划、阶段学习任务和作业,开展单元主题教学。以"任务驱动,问题解决"为主要抓手,建立积极有效的自主学习机制。语文、英语、科学、社会等学科实施了单元主题教学。

以语文学科为例(来自 BA 房树洪、王守英老师),教学着眼于语文素养的整体提高向三个维度延展,围绕单元主题(内容和形式)进行群阅读教学,拓展视野,自主阅读,交流互启,点面结合,相互评量,从广度、深度、高度三方面提升阅读的效果。以六年级（上）为例，教学内容围绕 8 个主题展开：亲近自然；珍爱家园；善待动物；热爱祖国；感念真情；领悟大师；泛舟诗海；眷恋艺术。其实施模式为：目标与框架—计划与任务—学习与研讨—展示与交流—讲解与答疑—反馈与评价—目标与框架。选取七项评价内容，按照内容、次数设置评价标准和细则。评价内容包括：日常积累、项目作业、阶段调研、拓展阅读、写作训练、诵读竞赛、学习状态。以"积分—星级—奖励"的方式实施评价。配合单元主题教学，教师开了学习单。每个单元的学习单首先是确立核心问题，以"我们可以……"形成系列，围绕核心问题提出基本问题及解决的方法，然后用"我发现……"构成学习的基本框架，围绕文本解读、积累运用、质疑反思、类似感受、探索发现等多层次、多角度进行，最后以写作作为本系列的小结。单元主题教学丰富了上课的内容和形式，通过系列活动的开展，如读书报告、诗词诵读、演讲分享、主题辩论等，激发学生的学习兴趣，教师则及时给予有针对性和可操作性的指点，形式活了，效果更实了。

（2）菜单式教学。菜单式教学要求学科整合必修内容与选修内容，提供课程模块菜单，供学生自主选择学习，满足学生个性化需求，实行走班教学形式。体育、艺术、技术与工程领域建设了学科群，实施了菜单式教学。

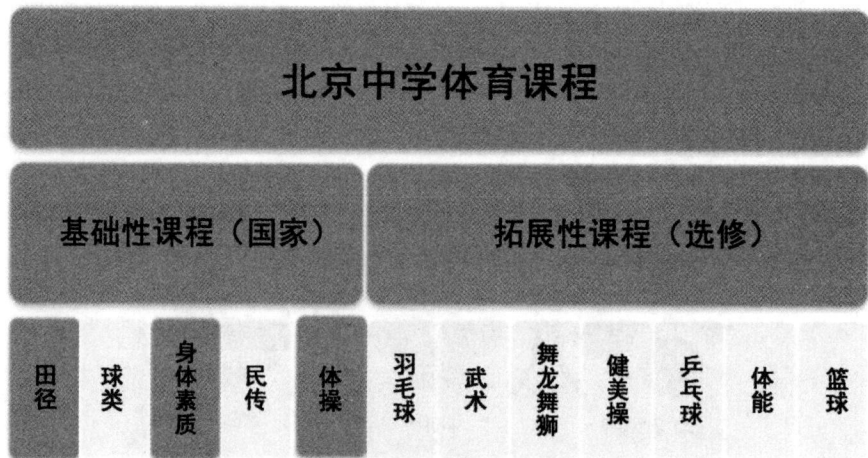

北京中学体育课程

基础性课程（国家） | **拓展性课程（选修）**

田径　球类　身体素质　民传　体操　羽毛球　武术　舞龙舞狮　健美操　乒乓球　体能　篮球

图 4　体育课程菜单

以体育课为例，体育教学探索"221 模式"，即在每周 5 小时的体育课程里，有 2 小时是国家体育课程的必修内容，培养学生的身体综合素质。有 2 小时是选修内容，有篮球、羽毛球、乒乓球、武术、舞龙舞狮、健美操、田径等多个项目，培养学生的运动爱好与习惯。对于有进一步发展需求的学生，提供中高级水平的训练课程，促进学生特长发展。还有 1 小时体能训练课，根据检测的学生身体素质数据，对学生进行个性化，有针对性的训练。

（3）个性化学习。个性化学习是学生主导的学习。学生是自己学习的拥有者，学习与学生的兴趣、才智、热情相结合，学生积极参与学习的设计，并为之负责，学生想学什么、怎样学得到尊重。教师的作用在于帮助学生制订目标，制订学习过程的指标；培养学生相应的能力，选择并使用相应的技术和资源支持及推动其学习；建立同学、专家、教师网络，指导和支持其学习。学生在以能力为基础的体系中掌握学习内容，可以根据对内容和技能的掌握监督自己的学习过程并反思内容，并开展为学习服务的测试。

学校在七年级语文、数学、英语教学中尝试实施走班制，开设讲修、导修、研修、自修四种类型的教学方式，学生学习的自主程度逐步提高。学生可以选择适合自己的学习方式展开学习，教师通过对学生的现有程度进行分析，指导学生设定适合的学习目标，明确评价方式，制订学习计划，提供资源或工具，做好学习评估。

教师借助信息技术开发学习资源，为学生自主学习提供支持。以科学教学为例，教师参考多个版本教材，开发贴近生活、具有时代性、可操作性强、效果明显的实验内容，师生共同制作微视频，开发电子教材，指导学生开展目标阅读，实现同步评价，如图 5（来自 BA 冯波、王志老师）。

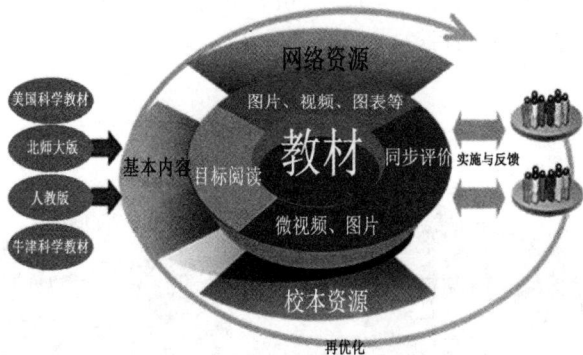

图 5　科学 iPad 学习资源的开发

（4）综合性学习。学生处在人、社会与自然构成的复杂世界当中，分科教学是基础教育的基本样态。面向未来培养适应 21 世纪需求的人才，需要在课程建设和实施过程中跨越学科边界，进行跨学科系统化的设计。为此，学校开展基于学生跨学科的综合性学习，其特征表现在联系性和体验性，关注知识的综合运用、能力的整体发展、课程间的相互沟通、理论与实践的紧密结合，突出学习过程中的自主性、趣味性、应用性和个体性。

以卡魅课程为例，课程以跨学科综合素质培养为目标，以设计为中心，由学生自己在计算机上绘制可直接加工的作品图纸，在激光雕刻机上加工，并完成组装。课程涵盖计算机设计、操作、数学和物理知识应用、科学探究、空间想象、机械结构设计，要求学生动手实践，在体验成功的过程中激发探究内在原理的动机。再如戏剧表演课程，学生们在专业人员的指导下，展开创作并确定适合自己的角色，学生中有的自己编舞，有的自己设计台词，还有负责舞美、音响的。经过一学期的排练，学生们在年度国际会议和新年联欢时先后推出了《融志》《群星璀璨》两个时长为40分钟的剧目，每个学生都登台表演，获得了一份人生体验。又如阅历课程，学校每学期中间安排两周小学段，以"读万卷书，行万里路"的学习方式，分四年设计了中华文化寻根之旅，在行进中，师生共同探寻中华优秀传统文化，塑造师生民族之魂。每次行前学生都要自由分组，可以申报志愿者，参加导游组、宣传组、生活组、管理组的志愿服务，也可以跟同学组成合作小组，开展课题研究。途中，学生要合作完成城市追踪、项目学习单和课题研究任务，志愿者则全程为同学们服务，做小导游、小记者、小督察、考评人，为此他们需要提前做大量的准备工作。返校后，学生们持续开展课题研究，并完成结题任务，形成的创新性学习成果在校内外各级平台上展示。

（5）数字化学习方式。互联网的发展正在改变我们的学习方式和生活方式。信息技术是学生的学习内容，更是学习的工具、生活的工具。学校通过丰富的学习资源，运用手持终端，提供学习平台，引导学生在真实的数字环境中，甄选软件、平台、信息资源，为我所用。

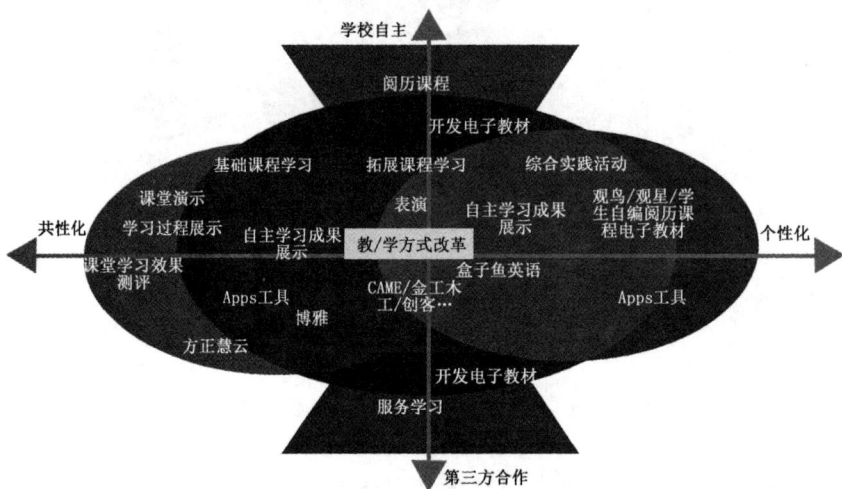

图6 数字化学习方式

为满足学习内容的多样性、丰富性、选择性，各学科教师积极开发电子教材，广泛使用APP工具，制作微视频，并指导学生自编学材。学校则积极引进数字化课程资源，以支持课程实施。科学学科、地理学科教师自己制作电子书，发布到Wiki平台上供下载，支持学生的自主预习。电子书不仅图文并茂，而且每一节都涉及阅读指导，插图、实验视频随时更新，将学生、教师的实验过程、成果插入书中，使学生不仅成为电子书的使用者，而且成为电子书的创作者。英语学科利用APP中的盒子鱼软件，支持学生的课外自主学习，并对学生的学习过程进行大数据追踪。这种方式使得学生普遍超越了课程标准规定的同级水平，在听、说、读、写方面得到了全面发展，如图7。诸如碳足迹计算器、中国国家地理、fotopedia-中国、噪音测量器等APP资源也同样支撑着学生各学科的课内外学习。数字化的学习方式为实现学生开放性学习提供了条件。

（6）实行导师制。实行"走班制"必然配合实行"学分制"和"导师制"。学生可以自选导师，导师指导学生完成个人学习规划、课程的选择，合理安排学习任务，选择学习方式，科学合理地安排自主学习的时间与进程。以"效率手册"及"我的成长故事"为载体，学生与导师进行对话。在校园里常常会看到导师与其辅导的学生在操场、在食堂的餐桌上开心地交流着。教师成为学生成长过程中的陪伴者、服务者、指导者。

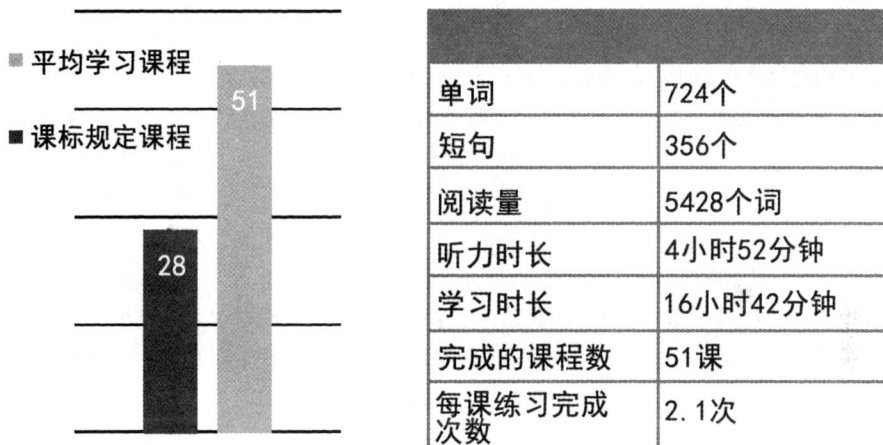

单词	724个
短句	356个
阅读量	5428个词
听力时长	4小时52分钟
学习时长	16小时42分钟
完成的课程数	51课
每课练习完成次数	2.1次

图7　学生英语课余学习情况

4. 课程评价

学校采用发展性评价，遵循激励性原则、多元化原则与个性化原则，实施学分制和星级评价制度。学校采用学分制对学生学习进行基本评价，学生的学分由基础学分、拓展学分、荣誉学分构成。学生获得的学分用于对学生的评价、毕业资格认定，以及各类评优奖励。学校鼓励学有余力或希望多方面发展的学生修习更多的选修课，获得更多的学分。

学校对学生的学习过程评价实施星级评价制度，按照不同学科、不同学习阶段，教师设计了评价项目，包括：项目作业、实验操作、研究报告、纸笔测验、口头表达、拓展阅读、成长表现（知识掌握、聆听他人、发表意见、承担责任）等。通过评价，教师把学生对评价结果的关注引向对学习过程的关注，对个人素质全面发展的关注。

四、北京中学课程建设的走向

本项研究把 BA 小规模实验办学阶段的课程规划置于当今课程改革的时代背景下，"以学习为中心"推进教学改革，创设有利于学生积极参与的教学环境，开展多层面个性化教学研究与实践，以多维的目标，获得增长知识的广泛途径，主动学习，多元评价，促进每一个学生的认知、能力、意志品质发展。通过批判性反思实践，促进教师将先进的教育理念与自身的教学实践相结合，使学校的课程改革成为一个动态的、渐进的持续过程。

本项研究以学生自主意识的唤醒为条件，通过课程规划与有效实施，来满足学生个性化的发展需要。但通过半年的教学实践反思，笔者注意到对学生的学业规划、自主管理方面的研究存在不足。许多情况下，课程的管理与实施者还是站在"教"而不是"学"的视角为学生建构教学环境，学生被自主的现象广泛存在。如何构建以学生为中心的课程，是下一步课程建设的核心问题。

本项研究的目标之一是通过以课程为载体，围绕未来人才素质结构，跨越学科边界，实现学科的有效融合。但在构建有利于学生全面而自由发展的素质结构，尤其是素质培养在学科层面的架构方面尚未深入，这是下一步重点要研究的问题。在此基础上，各学科要梳理课程目标、学科单元目标，研制学习资源包，为学生真正实现自主学习提供帮助。

当前，随着大数据时代的到来，网络对教育的冲击，对学习变革的巨大推动已经引起整个教育界的关注，在本项研究中同样涉及了数字化平台的构建与使用研究，个别学科、个别教师在数字化学习方面做了大胆的研究与实践，取得了较好的效果。下一步，随着学校数字平台的全面启用，笔者会进一步推进现代信息技术在教学中的科学应用，提高学生在网络环境中的学习能力，将人才成长规律与互联网工具结合起来，使学生有机会基于兴趣自主安排自己的学习。

作者简介

任炜东：

北京中学党支部书记，正高级教师，物理特级教师，教育部"国培计划"入库专家，教育管理硕士。被授予全国模范教师、北京市先进工作者等荣誉称号。

北京中学语文学科教研组

语文篇

北京中学语文学科本着"语文即生活""学习即成长"的大语文观，将"育人"作为根本目标，着力打造生活、课堂、文学与文化的多样观照，力图使学生有生活体验、语文能力、文学熏陶、文化积淀等多维度的收获。

遵循"八（版本）·六（主题）·三（系列）·三（整合）"的原则，形成北京中学语文教学体系，完成"54321母语教育任务"，营造自由而快乐的语文世界。

"自由"主要体现在以下几个方面："内容自由"，八种版本的教材按照主题随意推荐，任意组合，学生还可以推荐自己读过的与主题相关的文章；"形式自由"，PPT、小报、配乐、表演等方式皆可；"评价自由"，自己评、同伴评、家长评、老师评相互结合的星级评价体系。

"快乐"体现在以下几个方面："发挥特长"，共读探究、群读赏析、自读推介、读书报告、演讲辩论，总有一项适合你；"选点展示"，自己确定最有感觉的鉴赏点，在一种互动的氛围中交流提升；"见证成长"，在广阔的语文世界里，在轻松的学习环境中，真实体验成长的过程。

努力使语文成为学生了解灿烂文化、体会丰富情感、展现绚丽生活的平台，用语文基础性、人文性、综合性相结合的魅力，点亮学生的美好人生。

课程方案

语文学科课程方案 [①]

（六至八年级）

一、学科方向

语文是陪伴、激励、促进我们成长的良师益友。学习语文可以使我们有生活体验、语文能力、文学熏陶、文化积淀等多维度的收获，使我们的生活更宽（拓展国际视野）、更厚（培养人文情怀）、更真（映照物我风采）。

二、课程目标

第一，培养浓厚持久的读写兴趣，崇尚质疑探究的阅读精神，掌握学习语文的正确方法，养成学思结合的良好习惯。

第二，搭建提升语文素养的平台，使学生具有较高水平的可持续性发展的听、说、读、写、演的能力，完成"54321"母语教学计划（聆听讲座50小时，脱稿演说4小时，诗文背诵320篇，读书随笔20万字，课外阅读1000万字）。

第三，突出语文整体性和综合性的原则，培养与时俱进的媒介素养，激发想象力和创造潜能，创设语文实践的环境，培养学生在实践中学习和运用语文的能力。

[①] 《语文学科课程方案》参编人员：

房树洪　王守英　徐梦莹　呆振洪　全洪姝　黄佳佳　熊伟

	总目标	六年级	七年级	八年级
听	养成专注、耐心倾听的良好习惯，完整清晰地了解内容，快速准确地理解意思，善于从倾听中获取有益的信息，促进自身能力的提高。聆听专题讲座不少于50小时。	可以专注、耐心地连续倾听20分钟，了解说话人的主要意思。聆听专题讲座不少于10小时。	可以专注、耐心地连续倾听25分钟，完整清晰地了解对方说话的内容，快速准确地理解意思。聆听专题讲座不少于20小时。	可以专注、耐心地连续倾听30分钟，善于从倾听中快速捕捉有效信息，并筛选、获取有益的信息，促进自身能力的提高。聆听专题讲座不少于20小时。
说	能用普通话正确、流利、有感情地朗读课文；乐于参与讨论，积极发表自己的看法；表达自己的想法时要有中心、有条理、有依据；具备一定的演讲、辩论等能力，较好地运用口头语言进行人际沟通和社会交往。声情并茂地脱稿演说不少于4小时。	能用普通话正确、流利地朗读课文；能参与讨论，表达自己的看法，并做到表达有中心；能运用口头语言进行人际沟通和社会交往。脱稿演说不少于1小时。	能用普通话正确、流利、有感情地朗读课文；积极参与讨论，表达自己的看法，并做到表达有中心、有条理；具备一定的演讲能力，较好地运用口头语言进行人际沟通和社会交往。有感情地脱稿演说不少于1.5小时。	能借助语速、重音、停顿等，用普通话正确、流利、有感情地朗读课文；乐于参与讨论，积极表达自己的看法，做到表达有中心、有条理、有依据；具备一定的演讲、辩论等能力，运用口头语言进行人际沟通和社会交往时有一定的感染力。声情并茂地脱稿演说不少于1.5小时。
读	有浓厚持久的兴趣，能根据文本的特点和阅读的需求选择恰当的方法，能从阅读材料中快速捕捉有用信息，提高感受内容、体验情感、品味语言的水平，有较快的阅读速度（每分钟不少于500字）、广泛的阅读领域（不少于1000万字，包括多种题材和体裁）、独特的阅读收获。能借助工具书较好地理解浅易文言文，记诵积累诗文不少于320篇。	有一定的阅读故事的兴趣；能从阅读材料中捕捉有用信息，提高感受内容的水平；阅读速度每分钟为350～400字，阅读量不少于300万字，并有一定的阅读收获；能借助工具书理解有故事情节的短小文言文；记诵积累诗文不少于70篇。	有阅读故事和科普类书籍的兴趣，能根据文本特点和阅读需求选择恰当的方法，能从阅读材料中快速捕捉有用信息，提高品味语言的水平；阅读速度每分钟为400～450字，阅读故事不少于300万字，阅读科普作品不少于50万字，并有阅读收获；能借助工具书较好地理解记述自然山水、民间艺术及诸子言论的文言文；记诵积累诗文不少于100篇。	有浓厚的阅读兴趣，开始阅读哲思类的作品，并有自己的思考，摸索出适合自己、适合不同文体的阅读方法，能从阅读材料中快速捕捉有用信息，提高体验情感的水平；阅读速度每分钟为450～500字，阅读故事不少于250万字，阅读科普作品不少于50万字，阅读哲思类作品不少于50万字；能借助工具书较好地理解经典史书故事及名家思想等内容的文言文；记诵积累诗文不少于150篇。

续表

	总目标	六年级	七年级	八年级
写	能正确、工整地书写汉字,根据需要,运用恰当的内容和形式进行书面表达。内容具体,情感真挚,结构合理,语言得体。完成不少于20万字的读书笔记和随笔创作,养成自主写作的习惯。	能正确地书写汉字;书面表达有中心,内容具体,语言得体。完成不少于5万字的读书笔记和随笔创作,有自主写作的愿望。	能正确、工整地书写汉字;根据需要,运用恰当的内容和形式进行书面表达,内容具体,语言得体,情感真挚。完成不少于7万字的读书笔记和随笔创作,增强自主写作的意愿。	能正确、工整地书写汉字,并给人一种舒适感;根据需要,运用恰当的内容和形式进行书面表达,内容具体,情感真挚,语言得体,结构合理。完成不少于8万字的读书笔记和随笔创作,养成自主写作的习惯。
演	理解表演的要求和作用,将生活积累与作品感悟相结合,丰富生活的内涵,提高欣赏的水平,能合理地运用表情、动作、语言等较好地展示表演内容,具有塑造艺术形象的基本能力,培养内外兼修的气质。	理解表演的要求,将生活积累运用到表演中,台词流畅,塑造艺术形象达到形似的水平。	理解表演的要求和作用,对作品有一定的感悟,并能借助生活经验丰富作品的内涵,台词流畅,有感情,表情有变化,肢体舒展,能较好地传达出人物的神韵,自身气质得以提升。	理解表演的要求和作用,对作品的主题以及形象有自己的分析、理解,将生活积累与作品感悟能很好地结合,丰富生活的内涵,台词流畅,有感情,表情丰富,肢体动作自然、舒展,符合人物形象,表演能感染观众。提高自身的欣赏水平,气质内外兼修。

三、实施路径

1.构建主题单元

立足"自然、情感、游历、思想、艺术、寻根"六个主题,进行群文阅读;通过师生共荐的方式开展课外阅读;借助文言经典教学系列丰富文化内涵。

2.搭建交流平台

通过搭建群文赏析、美文推介、朗诵演讲、述评辩论、随笔创作、读书笔记、笔试口试、戏剧表演等平台,营造自由而快乐的语文世界。

3.实施多元评价

从习惯培养、积累运用、主题阅读、口语交际、美文鉴赏、笔下生活、质量调研、特长成果等方面进行评价,体现评价的过程性、全面性和客观性原则。

四、课程内容

年级及课时	课程类型及内容		
六（上）80 课时	基础课程	必修Ⅰ实验读本	自然——山水寄情（上）
			情感——亲情难忘（上）
			游历——文化之旅（上）
			思想——生活浪花（上）
			艺术——静态艺术（上）
			寻根——爱国爱家（上）
		必修Ⅱ古代诗文	自然（月、山、雪、梅、菊）主题诗词 50 首；文言文：短小的韵文、骈文、神话故事（见附录一）
	拓展课程	必修Ⅲ名著共读	培养学生的阅读兴趣，阅读故事性强、有可读性的文本（见附录二）
		选修Ⅰ经典诵读	《三字经》《百家姓》《千家诗》《笠翁对韵》
		选修Ⅱ选修课程	《西游记》、童话故事、汉字文化、语言趣谈
	潜能课程	选修Ⅲ社团活动	朗诵 1（声情并茂、形体表达）演讲 1（观点表达、逻辑清晰）
六（下）80 课时	基础课程	必修Ⅰ实验读本	自然——山水寄情（下）
			情感——亲情难忘（下）
			游历——文化之旅（下）
			思想——生活浪花（下）
			艺术——静态艺术（下）
			寻根——爱国爱家（下）
		必修Ⅱ古代诗文	自然（风、柳、雨、兰、竹）主题诗词 50 首；文言文：短小的历史故事、成语寓言故事（见附录一）
	拓展课程	必修Ⅲ名著共读	培养学生的阅读兴趣，阅读故事性强、有可读性的文本（见附录二）
		选修Ⅰ经典诵读	《三字经》《百家姓》《千家诗》《笠翁对韵》
		选修Ⅱ选修课程	《西游记》、童话故事、汉字文化、语言趣谈
	潜能课程		朗诵 2（观摩名家、原创展示）演讲 1（同六年级上学期）表演 1（基本功：发音吐字，情感把握）创作 1（记叙类）

年级及课时	课程类型及内容		
七（上）80课时	基础课程	必修Ⅰ实验读本	自然——科学探索（上）
			情感——友情珍贵（上）
			游历——交流之窗（上）
			思想——人生哲理（上）
			艺术——动态艺术（上）
			寻根——民俗文化（上）
		必修Ⅱ古代诗文	情感（田园、思乡、爱国、边塞、爱情）主题诗词50首；文言文：自然山水、民间艺术（见附录一）
	拓展课程	必修Ⅲ名著共读	运用正确的阅读方法，阅读各类篇幅较长、有一定思想性的文本（见附录二）
		选修Ⅰ经典诵读	《论语》《孟子》《世说新语》
		选修Ⅱ选修课程	《水浒传》、神话传说、楹联赏析、传统节日
	潜能课程	演讲2（情感丰富，关注文采）辩论1（观点鲜明，语言精练，逻辑层次清楚）表演2（解读中心，分析人物）创作2（诗词散文类）	
七（下）80课时	基础课程	必修Ⅰ实验读本	自然——科学探索（下）
			情感——友情珍贵（下）
			游历——交流之窗（下）
			思想——人生哲理（下）
			艺术——动态艺术（下）
			寻根——民俗文化（下）
		必修Ⅱ古代诗文	情感（送别、思乡、哲理、咏物、记法）主题诗词50首；文言文：自然山水、民间艺术（见附录一）
	拓展课程	必修Ⅲ名著共读	运用正确的阅读方法，阅读各类篇幅较长、有一定思想性的文本（见附录二）
		选修Ⅰ经典诵读	《论语》《孟子》《世说新语》
		选修Ⅱ选修课程	《水浒传》、神话传说、楹联赏析、传统节日
	潜能课程	演讲2（情感丰富，关注文采）辩论1（观点鲜明，语言精练，逻辑层次清楚）表演2（解读中心，分析人物）创作2（诗词散文类）	

续表

年级及 课时	课程类型及内容		
八（上） 80 课时	基础 课程	必修 I 实验读本	自然——生态和谐（上）
			情感——爱情如歌（上）
			游历——发现之路（上）
			思想——科学精神（上）
			艺术——人生艺术（上）
			寻根——国学经典（上）
		必修 II 古代诗文	唐诗专题(王维、李白、杜甫、白居易、李商隐)50 首； 文言文：经典史书（见附录一）
	拓展 课程	必修 III 名著共读	积累独特的阅读感悟，阅读各类思想性更强的文本 （见附录二）
		选修 I 经典诵读	《诗经》《左传》《战国策》
		选修 II 选修课程	《三国演义》、科幻小说、戏曲艺术、文学简史
	潜能 课程	演讲 3（声情并茂，气氛感人） 辩论 2（善于倾听，反击有力） 表演 3（熟悉剧本） 述评 1（新闻敏锐，辩证思考） 创作 3（论述思辨类）	
八（下） 80 课时	基础 课程	必修 I 实验读本	自然——生态和谐（下）
			情感——爱情如歌（下）
			游历——发现之路（下）
			思想——科学精神（下）
			艺术——人生艺术（下）
			寻根——国学经典（下）
		必修 II 古代诗文	宋词专题（豪放派、婉约派的不同作家）50 首； 文言文：名家思想（见附录一）
	拓展 课程	必修 III 名著共读	积累独特的阅读感悟，阅读各类思想性更强的文本 （见附录二）
		选修 I 经典诵读	《诗经》《左传》《战国策》
		选修 II 选修课程	《三国演义》、科幻小说、戏曲艺术、文学简史
	潜能 课程	演讲 3（声情并茂，气氛感人）辩论 2（善于倾听，反击有力） 表演 3（熟悉剧本） 述评 1（新闻敏锐，辩证思考）创作 3（论述思辨类）	

注：

1. 必修Ⅰ使用《北京中学实验读本》，每册分为六个主题单元，再配上必修Ⅱ的文言读本和《腹有诗书气自华》，阅读、记诵一起推进。必修Ⅲ阅读每月推荐的共读名著及自选的作品，用读书笔记和读书报告的形式进行交流。

2. 选修Ⅰ为经典诵读，供学生自读时间诵读使用。选修Ⅱ为选修课程，每学期四门课，分文学和文化两个系列。选修Ⅲ为社团活动，对有潜能的学生进行重点培养。每学年第二学期相关课程重复开设，供学生自由选择。

3. 表中所列内容，研修、导修、自修班的同学可根据具体情况有所侧重。

五、教学方式

1. 研讨探究

以学生自主探究学习为主，老师做好组织、评价和指导工作。

2. 交流评价

根据学习内容和要求，课堂上进行展示交流，师生在评价中达成目标。

3. 全面均衡

展示形式涵盖听、说、读、写、演五个方面，展示过程中，既要顾及群体的全面参与，又要关注个人的均衡发展。

4. 多种班型

在相同主题教学的前提下，自修、研修、导修等不同班型，在学习过程、学习要求、教学方式、学科活动等方面都有所不同。

项目 \ 类别		自修班	研修班	导修班
学习过程	阅读	精读（1）+群读（10）+荐读（7）+课外展读	精读（2）+群读（8）+荐读（5）+课外展读	精读（3）+群读（4）+荐读（3）+课外展读
	写作	创作（1）+随笔（3）+读书笔记（3）	随笔（3）+读书笔记（3）	随笔（2）+读书笔记（2）
学习要求	阅读	制订可行的自修计划，展示有创新、有亮点	相对独立地完成拓展学习任务，展示"135"（1个鉴赏点、3分钟、5张幻灯片）	合作完成拓展学习任务，能围绕核心鉴赏点，清晰表明自己的想法
	写作	有独立创作的能力和水平	读书笔记以书评为主，交流、推荐、点评随笔	读书笔记以心得为主，学习借鉴优秀随笔

续表

类别 项目	自修班	研修班	导修班
教学方式	以学生自修、教师评价答疑为主	以学生自主探究、教师点拨为主	以学生合作探究、教师引导为主
学科活动	演讲、辩论、述评等	演讲、辩论、表演等	演讲、朗诵、表演等
选课要求	五星以上评价	四星以上评价	三星以上评价

注：

1. 学习过程中的"阅读"：精读、群读、荐读、课外展读分别指根据单元训练目标细致研读，学生对教师推荐的单元主题阅读篇目有选择地阅读交流，将自己读过的文章推荐给其他同学，课外自由阅读并完成读书笔记。括号中的数字是一个主题单元的最低完成量。

2. 学习过程中的"写作"：随笔和读书笔记每篇不少于500字。

3. 星级评价标准是对学生语文学习过程的综合评价（见"评价机制"）。

六、主题活动

每学年开展两大主题活动，各年级根据具体情况，活动可以有所侧重，也可以跨年级组织活动。

第一学期（11月）的主题：语言和文学的魅力。第二学期（5月）的主题：传统文化。

主题活动	校内	校外
六年级（上）	诗文朗诵、作家讲座	参观作家故居
六年级（下）	汉字听写大赛	走进胡同
七年级（上）	辩论演讲，知名记者、编辑访谈	报社、出版社
七年级（下）	传统节日、专家讲座、戏剧节（跨学科）	观看戏曲、相声、话剧
八年级（上）	文学阅读周	参观文学馆、图书馆
八年级（下）	传统文化"一站到底"	相约博物馆

七、评价机制

1.评价原则

过程评价与终结评价、参与评价与实效评价、成人评价与学伴评价相结合。

2.评价要素

(1) 习惯培养。

出勤情况、用具准备、倾听态度、记录整理、反馈交流等，每项评为优 +，积 12 个币值；评为优，积 11 个币值；评为优 –，积 10 个币值；评为良，积 9 个币值；评为良 –，积 8 个币值。

(2) 积累运用。

基础训练、背默诗文、反馈矫正等，评为优 +，每次积 5 个币值；评为优，积 4 个币值；评为优 –，积 3 个币值；评为良，积 2 个币值；评为良 –，积 1 个币值。

(3) 口语交际。

演讲、朗诵、辩论、互动交流、口语检测等每项评为优 +，积 12 个币值；评为优，积 11 个币值；评为优 –，积 10 个币值；评为良，积 9 个币值；评为良 –，积 8 个币值。

(4) 主题阅读。

自然、情感、游历、思想、艺术、寻根六个主题单元，每单元群读赏析、自读推介、演讲朗诵各一次（其中"游历"单元与小学段结合），参加一次活动，积 2 个币值；按要求完成任务，积 3 个币值；在交流中获得好评，积 4 个币值。

(5) 美文鉴赏。

从读书报告（每月一次）和读书笔记（平均每周一篇）两方面评价。参加一次读书报告，积 2 个币值；在展示中获得好评，积 3 个币值。平均每周完成读书任务（阅读不少于 5 万字，笔记不少于 500 字），积 1 个币值；评为优 –，积 2 个币值；评为优，积 3 个币值；评为优 +，积 4 个币值。

(6) 笔下生活。

随笔、创作、征文等，按时完成一篇，积 1 个币值；评为优 –，积 2 个币值；评为优，积 3 个币值；评为优 +，积 4 个币值。

(7) 质量调研。

阶段（包括期中、期末等）质量调研，每 10 分积 2 个币值。

(8) 特长成果。

在各级竞赛活动中，参加一次，积 2 个币值；获得三等奖，积 3 个币值；获得二等奖，积 4 个币值；获得一等奖，积 5 个币值。区级以上竞赛再给予相应币值的奖励。

3.评价结果

(1) 单项星级。

每项积够 10 个币值，可授予一星，以此类推，直至五星。

(2) 综合星级。

累计获得的单项星级达到 32，获得五星评价；累计获得的单项星级达到 28，获得四星评价；累计获得的单项星级达到 24，获得三星评价；累计获得的单项星级达到 20，获得二星评价；累计获得的单项星级达到 10，获得一星评价。

八、课程成果

1. 课程改革类

语文课程规划、《北京中学实验读本》《腹有诗书气自华》、文言经典系列、相关的选修课讲义、星级评价等。

2. 课堂教学类

优秀教学设计、活动方案设计等文字和图像资料。

3. 学生成果类

主题演讲、读书报告、美文赏析、自读推介、随笔创作等文字和图像资料。

4. 课题研究类

优秀案例、论文等。

九、教研机制

1. 教学、研发、整理协调进行。

2. 量化工作内容，评定工作效果。

3. 每两周进行一次听、评课交流活动。

4. 每月开展一次主题教研活动。

5. 积极推进教科研工作的有效开展。

6. 有效推进教研组之间的合作。

十、资源需求

1. 作家进校园、外出参观实践、比赛奖品、服装道具等。

2. 教材作品出版、印刷等。

附录一：必修Ⅱ古代诗文——文言文

六年级（上）

朗读短小的韵文、骈文，如《三字经》《笠翁对韵》《中华成语千句文》《陋室铭》《答谢中书书》等，理解主要内容。侧重了解"铭""书"等文体。朗读短小的神话故事，如《夸父逐日》《共工怒触不周山》等，感知人物形象。

六年级（下）

朗读短小的文言历史故事，如《咏雪》《伯牙绝弦》《陈太丘与友期》《伤仲永》《木兰诗》《河中石兽》等，从不同角度感知形象，洞察情感。朗读短小的文言成语故事及寓言故事，如《孙权劝学》《智子疑邻》《塞翁失马》《狼》《自相矛盾》《郑人买履》等，了解成语的出处及意思，明白寓言的寓意。

七年级（上）

朗读侧重自然山水的文言文，如《三峡》《记承天寺夜游》《与朱元思书》《小石潭记》《岳阳楼记》《醉翁亭记》《湖心亭看雪》《满井游记》《观潮》等，了解作者经历，品味作者情感。侧重了解"记"这种文体。朗读有关民间艺术的文言文，如《口技》《核舟记》等，了解民间文化。

七年级（下）

朗读诸子百家的部分言论，如《虽有嘉肴》《〈论语〉十二章》《大道之行也》《得道多助，失道寡助》《生于忧患，死于安乐》《庄子与惠子游于濠梁》《望洋兴叹》《公输》等，了解儒家、道家、墨家的主要思想及代表人物。

八年级（上）

朗读经典史书中的部分作品或片段，如《隆中对》《唐雎不辱使命》《曹刿论战》《邹忌讽齐王纳谏》《陈涉世家》《祖逖》《扁鹊见蔡桓公》等，理解人物形象，感受其思想品格；了解所涉及的成语及意思并会运用；了解相关史书（如《史记》《资治通鉴》《左传》《战国策》《三国志》等）的历史、文学地位。

八年级（下）

朗读部分名家有思想有见解的名作，如《爱莲说》《桃花源记》《五柳先生传》《马说》《捕蛇者说》《送东阳马生序》《出师表》《灵乌赋》等，了解作者对人、对事的看法。侧重了解"说""表""序""赋""传"这五种文体。

附录二：必修 Ⅲ 名著共读

六年级：培养学生的阅读兴趣，阅读故事性强、有可读性的文本。

六年级（上）

1.《草房子》曹文轩

2.《夏洛的网》[美]E.B.怀特

　　《海鸥乔纳森》[美] 理查德·巴赫

　　《小王子》[法] 圣·埃克苏佩里

　　《安徒生童话》[丹麦] 安徒生

3.《城南旧事》林海音

　　《腰门》彭学军

4.《鲁滨孙漂流记》[英] 笛福

六年级（下）

5.《繁星》《春水》冰心

6.《昆虫记》[法] 法布尔

　　《时代广场的蟋蟀》[美] 乔治·塞尔登

　　《叶永烈讲述科学家故事 100 个》叶永烈

7.《西游记》[明] 吴承恩

8.《中华民间艺术大观》张仃

　　《俗世奇人》冯骥才

七年级：运用正确的阅读方法，阅读各类篇幅较长、有一定思想性的文本。

七年级（上）

1.《如何阅读一本书》[美] 艾德勒　[美] 范多伦

2.《亲爱的安德烈》龙应台

　　《傅雷家书》傅雷著，傅敏编

3.《童年》[苏] 高尔基

　　《人类群星闪耀时》[奥] 茨威格

4.《飞鸟集》[印] 泰戈尔

七年级（下）

5.《伊索寓言》[希腊] 伊索

6.《骆驼祥子》老舍

7.《钢铁是怎样炼成的》[苏] 奥斯特洛夫斯基

8.《水浒传》[元末明初] 施耐庵

八年级：积累独特的阅读感悟，阅读各类思想性更强的文本。

八年级（上）

1.《朝花夕拾》鲁迅

2.《契诃夫短篇小说选》[俄]契诃夫

3.《三国演义》[元末明初]罗贯中

4.《汤姆·索亚历险记》[美]马克·吐温

《海底两万里》[法]儒勒·凡尔纳

八年级（下）

5.《名人传》[法]罗曼·罗兰

6.《红岩》罗广斌、杨益言

7.《海子诗全编》海子著，西川编

8.《培根随笔》[英]弗朗西斯·培根

研究论文

优化学习方式　重构语文课程

◎房树洪

　　北京中学语文学科本着"语文即生活""学习即成长"的大语文观，将"育人"作为根本目标，着力打造生活、课堂、文学与文化的多样观照，力图使学生有生活体验、语文能力、文学熏陶、文化积淀等多维度的收获，努力使语文成为学生了解灿烂文化、体会丰富情感、展现绚丽生活的平台，用语文基础性、人文性、综合性相结合的魅力，点亮学生的美好人生。

　　经过六年级一年的教学实践，教师发现学生的阅读兴趣普遍很高，阅读速度普遍很快，阅读感受普遍丰富，阅读之后衍生出了许多写作成果，比如读书笔记、随笔创作等。七年级开始，我校实行选课走班制，为学生的学习生活延展了更加广阔的空间。教师通过多种途径实施教学，力争为学生营造一个自由而快乐的语文世界。

一、重构学习主题花园

　　主题教学是根据国家课程实施的水平目标，以语文的核心能力为抓手，确定主题系列，以主题为线索，对学科内容进行适当的调整、重组和开发。每个系列重点研读一至两篇文章，按照目标、方法、探究、展示、解疑、评价等基本流程，建立积极、有效的自主学习机制，从教师引领示范到教师提供拓展素材、学生自主探究，再到学生完全自主地去选择素材。开展主题教学体现了学习领域水平目标达成的针对性，知识技能教学的连贯性和生本化、生活化等特性，将整个教学置于具体的生活情境之中，有利于学生对知识技能的意义建构，重视学生技能的综合运用的实践体验，提高学生理解与运用知识和技能的能力。

我校语文教学遵循"六·三·三"的原则，即构架六个单元、铺设三个系列、激活三重整合，形成北京中学语文教学体系，完成"54321母语教育任务"，即50小时聆听讲座、4小时脱稿演讲、320篇诗文背诵、20万字笔记习作、1000万字的拓展阅读。

1. 构架六个单元

围绕"人本"这个中心话题，按照"人与自我、人与社会、人与自然"的相互关系，确定自然、情感、游历、思想、艺术、寻根六个单元教学主题，每个教学主题分别设立小主题——自然：山水寄情、科学探索、生态和谐；情感：亲情难忘、友情珍贵、爱情如歌；游历：文化之旅、交流之窗、发现之路；思想：生活浪花、人生哲理、科学精神；艺术：静态艺术、动态艺术、人生艺术；寻根：爱国爱家、民俗文化、国学经典，每学期根据学生的学习情况有所侧重，能力训练层级化。

2. 铺设三个系列

系列一　诗词歌赋：编辑北京中学语文读本《腹有诗书气自华》，每学期制定5个专题，每个专题10首诗，共50首诗，配上适当的说明、师生的配图及书法作品。

系列二　名家名作：每学期举办专题讲座，每次讲座由一位作家引领一种文学样式，进行较为系统的讲解和研讨。六年级上学期，李白（诗歌）；六年级下学期，莫泊桑（外国小说）；七年级上学期，苏轼（词曲）；七年级下学期，曹雪芹（古典小说）；八年级上学期，鲁迅（现代文学作品）；八年级下学期，莫言（当代文学作品）。

系列三　名著导读：推荐启蒙、思想、文学等类名著的阅读，每月师生共读一部书，三年共读24部中外名著。每部书安排导读和助读，分成走近、赏析、领略三个层级，逐级推进。

3. 激活三重整合

前后整合。综合梳理人教、北京、苏教、鲁教、鄂教、沪教、北师大、粤教八个版本的教材，根据单元主题，确定讲读篇目（分精讲篇目和略讲篇目）、群阅读篇目，形成单元主题文库。单元主题重点研读课的基本流程：整体目标与框架—学习计划与任务—自主学习与研讨—对话交流与展示—适时讲解与答疑—效果检测与评价—新问题与新任务。建立积极有效的自主学习机制。

内外整合。在第一重整合的基础上，师生精选与单元主题教学在主题、写法、内容等方面相关联的其他文章，拓展学生阅读的量和面，主要有三种方式：学生推荐自己读过的印象深刻、颇有感触的文章；教师推荐每月共读的一部书；学生平时阅读的其他书籍。

大小整合。大学段教学与小学段教学进行有效的整合，根据学校四年游历西北、中原、齐鲁、江南、巴蜀等地方的课程整体设计，推荐相应的文学读物，形成唐前文化、大宋风情、古都韵味、醇厚积淀等专题，延展语文学习的长度、宽度、高度和深度。

学习内容的选择和赏析的过程就是师生齐心协力、携手成长的过程，这个主题花园只有方向，没有边界，花开花落是形式，花艳花香是主旨。

二、践行互动学习方式

1. 优化小组合作学习

以 3 ～ 4 人为一个小组，作为日常学习和交流展示的基本单位，小组成员考虑性别、性格、特长等因素进行合理搭配，小组内有分工，重合作，取长补短，共同进步。教师注重对学生的学习过程及学习成果的指导和评价，从"教"学生的教师向"导"学生的导师转化，落实探究、创新等能力的培养。

2. 丰富交流展示形式

充分利用现代化教学手段，推进学习内容的高效完成。学习查找、搜集、选择、整合信息的方法，善于将不同的信息归纳整理，为我所用。六个单元主题讲读文章主要采用课堂探究式学习的方式，激活思维，交流体会。学生通读群阅读文章，选择最有感触的文章做较为详细的批注，小组交流后推选代表进行班级展示。然后每名学生再自荐一些读过的与之内容、风格等相近的文章，制成小报在班级推介。诗词歌赋通过诵读、朗诵、背默等方式，感受古典诗词的独特魅力。聆听专题讲座，主要通过写感受或研究报告的方式进行交流反馈。每月共读一部书，通过读书报告的形式，交流读书心得，展示独特感悟。学生平时阅读的其他自选书籍，主要通过读书笔记的方式，记录阅读过程，积累阅读智慧。制定小学段学习切实可行、行之有效的研究性学习方案，用学习单的方式，真实体现语文与生活外延契合的特点。另外，交流的方式也可以是多种多样的，小组交流、全班展示、利用约课的机会与老师进行个别交流等。

3. 融合选修自修效果

选修课是学生可以根据自身情况进行合理选择的课程，可以多选，也可以少选，但不能不选。开设三个系列的选修课程：选修Ⅰ供需要夯实基础的学生选修，主要包括积累与运用、现代文阅读、文言文阅读及习作训练等；选修Ⅱ供需要提升技能的学生选修，主要包括朗诵、演讲、辩论等口头表达能力的训练及时事新闻的述评等评论能力的训练；选修Ⅲ主要包括社团、表演、创作、专题等方面的内容，让学生在听、说、读、写、演等方面有更大的提高，将学生创作的诗歌、散文、小说、戏剧作品结集出版。其中，专题选修指根据教师的专业特长、学生的兴趣爱好开设讲座研讨类的课程，如"《水浒》人物趣谈""儒家思想的现实意义""成语（俗语、格言）趣谈""生活中的语言"等。自修则是给自学能力较强的学生以更多的自主权，让他们可以更合理地安排学习任务。

三、实施多元学习评价

1. 学分导引

学分包括基础学分、拓展学分、荣誉学分等，根据必修、选修、自修等课程的课时、内容等赋予一定的学分，按照学生的完成情况评定不同的学分，学生需要达到一定的学分，才能完成学习任务。

2. 星级评价

按照过程评价与终结评价、参与评价与实效评价、成人评价与学伴评价相结合的原则，从习惯培养、积累运用、主题阅读、拓展鉴赏、笔下生活、阶段调研、特色鼓励等方面对学生的学业能力和学科素养进行客观、全面、综合的评价。按照学生展示交流的情况，全程记录，适时点评，给予相应的分值，每项积够一定分值，可授予一星，以此类推，直至五星。累计获得的单项星级达到相应的标准，获得五、四、三、二、一星评价。

3. 奖励助力

我校开展朗诵、演讲、辩论、征文、汉字听写大赛等各种活动，为学生提供丰富多彩的展示交流的平台，鼓励学生发展特长，形成自己的风格，进行个性提升。每项比赛都有细致的评价标准，聘请教师和学生组成评委会，在获奖学生的引领下，学生都能在原有基础上有所提高。

总之，我校高度重视学习内容对兴趣的有效激发，学习流程对状态的持续吸引，学习方法对习惯的有效培养，学习结果对思维的深刻启迪，努力营造自由而快乐的语文世界，让语文真正成为陪伴、激励、促进学生成长的良师益友。

作者简介

房树洪：

语文学科高级教师，朝阳区学科带头人，区兼职教研员，区高评委及中考命题库成员。多篇教育教学论文获国家、市、区级奖，并在专业期刊发表。曾获市优秀教师、优秀班主任、基本功大赛一等奖等荣誉，最大的愿望就是孩子们都能够幸福成长！

iPad 让语文走进生活

◎王守英

摘　要：当今时代信息技术飞速发展，教育也面临着现代化挑战。随着 iPad 等工具的引入，网络学习资源和平台随时随地被搭建起来，游戏、微信、微课在点、线、面不同方位上起到激发学生的兴趣、促进学生自主学习、实现"语文即生活"的大语文观的作用。

关键词：iPad；语文学习

　　近年来，随着信息化进程的提高，教育与信息化的结合越来越紧密。笔者所在的学校立足于新的学习方式的变革，改进教与学的方法，力求提升学生自主、自由学习的能力。为了配合信息化教学进程，学校为每位学生配备一部 iPad，每个班级配有 iMac 及多媒体设备，校园网络覆盖无死角，为网络教学提供了全方位的技术支持。iPad 的引入，不仅仅是教学手段的更新，更多的是教学理念和学习方式的变革。

　　笔者经过一年半的实践证明，iPad 的引入在语文学习中发挥了巨大的作用。下面，就从点、线、面三个角度来谈谈自己的实验和体会。

一、点点繁星照夜空——以点激趣

　　此前，曾有专家对中学生不喜欢的科目进行过调查，结果令语文老师尴尬。其实，从语文学科自身的特点来说，语文的确没有数学习题结果来得快，没有物理实验玩得爽，没有英语学科走得远……很多学生不喜欢语文，一方面是因为语文是母语，不学也能会说会用；另一方面是一些教材选的文章老、旧，与此同时，新鲜的电子书又随处可见，甚至微信中一个发送、一篇心灵鸡汤文或大部头的名著也分秒呈现。课堂上再含英咀华似的学习，学生的兴趣自然没那么高。

　　作为语文教师，笔者也深感语文教学任重道远。人们通常说积沙成塔、集腋成裘，语文中的词语、成语积累在平常。通常，语文老师会要求学生随文学习或者养成积累的习惯，但也有部分学生习惯难养成，不免在作文中出现"理屈词穷"的窘相。

眼见此种情况，笔者在 iPad 上下载了网上比较流行的"成语连连猜"的闯关游戏，利用课前三分钟时间，每次猜 10 个成语，每周利用两个课前三分钟玩。在游戏之中，学生不知不觉就将 20 个成语收入囊中。有时，学生做得好，老师就奖励他们可以继续闯关；有时，学生的兴趣被激发起来，就在课后自发地去练习。后来，学生渐渐地根据规律自己编题，自己绘画，与同学分享。学生充分展开自己的想象力，把多种事物画在一个画面上，通过空间的不同组合，形成多个成语。有的学生一幅 A4 纸的画面中，居然各处勾连，形成近 20 个成语，这大大地拓展了学生的思维方向。游戏式的学习，让学生的成语积累量与日俱增，也调动了学生的学习热情。

为了培养学生敏锐的观察能力，笔者开始利用 iPad 的拍照功能，在校园的各个角落选取新鲜的事物拍摄下来，让学生猜照片出自哪里，引领学生关心生活。有时笔者还会要求学生给照片加一个特殊的或者吸引人的题目，或者简要描述画面内容，等等。图片的拍摄地点，从学生司空见惯的食堂一角，到校园里熟视无睹的长条板凳，再到楼道旁偶尔更换的文化宣传报道，无所不有。素材来自于身边，但学生往往会不在意；风景是熟悉的，但那些司空见惯了的事物更容易在匆匆间被忽略。在这种闯关式的游戏中，学生变得越来越注意观察，关注身边，眼中有物。

iPad 的加入，让语文课成了学生的期盼点和训练营，学生不再讨厌语文课，他们会期待今天的语文课会出现怎样的奇迹，他们也逐渐地关心起身边的事物：关心校园里新挂了几盏灯笼，关注操场上显示屏有什么新闻，关心从办公室到教室有多少个台阶。总之，学生的眼睛里有了鲜活的事物，语文课也成了他们的期待。他们说，语文课是我们在一起做美好的事情。

兴趣是学习的基础，兴趣也是最好的老师，点点游戏环节给语文的夜空带来了光明。

二、行行小树连成林——线穿群读

阅读教学是语文学习中的重要组成部分，笔者所在的学校采用"主题单元"的形式进行语文学习，每个"主题单元"在选定主题的情况下，教师主讲一篇或以单元导读的方式引领学生学习，然后以学生个人或小组合作的方式进行"群文阅读"，之后，教师、学生共同推荐与主题相关的时文或美文，交流分享。

"群读"就是群文阅读。在群文阅读中，为了教会学生略读、精读等不同的读书方法，也为了方便学生随时交流、补充，避免纸上交流的滞后性，笔者通常采用 iPad 推送的方式，一个小组有一个微信群，一个班级又在一个大的微信群中。小组之间的合作交流不会影响其他组的意见，每个小组可以选择主课文，对自己选择的文章重点进行自学、合作。

一次，在讲解人教版六年级下册第二单元"民风民俗"主题单元时，笔者结合单元其他课文，布置了菜单式作业，学生自由分组，自选角度，可从服饰、饮食、建筑、方言、信仰、节庆等方面探究某地民风民俗。同时,笔者推荐《中华传统文化》读本中的文章做材料依托。

随后,学生运用网络资源自主学习,将收集来的资料分类、筛选、整理,变成自己理解的思维导图,用简单明了的方式,录成十分钟以内的"微课",报告自己的研究成果,呈现研究前的分工、研究中的合作以及材料的汇总和讨论、研究后的成果报告。

"微课"学习的内容可能是单一的,但是学生收集来的网络素材是丰富多彩的,他们在筛选、分割、整理的过程中,链接、总结后再分享。研究汉服的,以汉服为一条线串起服装文化;研究饺子的,用饺子连起中华饮食的博大精深;研究北京方言的,通过方言来学习中国文字后面的发展。如此一来,iPad 界面上的一条条线连起来,大大地展开了语文学习的界面。

信息技术的引入,大大拓展了学生的阅读面,也使得学生在单位时间内获得的信息成倍地增加。虽同在一个班级内,但由于各个小组的任务、研究点不同,一组组的信息就像一行行的小树一样,形成一片森林,知识的海洋慢慢铺展开来。

三、台台好戏演生活——以面评价

把课堂还给学生,让学生成为课堂的主人,是现代语文教师的追求。教师利用 iPad 的随时记录和传输功能,把语文课堂无限扩展为生活的空间,引领学生在课堂内、微信平台上、校园网络上进行学习、交流,开展活动,评价反思。

我们在学习"走近自然"主题单元后,学生对人与植物、人与动物、人与自然想作进一步探究,他们关注了校园内的小菜园里的生态系统,关心起家里养的巴西龟、孔雀鱼等。

于是,我们打破学科界限,利用研学课中所学的知识,联系生物科目教师,开展"微课题"研究。学生根据兴趣,自主选点,自由组合,成立研究小组,选择自己关注的某个方面问题进行深入调查研究,从不同角度、不同侧面体现单元主题。

有的学生结合生物课上所学,开展"××中学小菜园生态链的研究",通过观察小菜园中的植物、动物,绘制包括人在内的"生物链",进一步体会到"每个个体在自然界都有不可或缺的作用"。还有的同学对自己家中养的巴西龟和孔雀鱼进行研究,通过与有经验的饲养者交流和查阅资料,体会到"每种生物都有自己独特的生活特征",人类应该尊重它们,敬畏生命,否则,巴西龟的放养带来的"生物入侵"危害,恐怕也会如现在的"水葫芦"那样惨痛。

学生运用微信平台,创设个性化的微课、微视频。他们把自己研究过程中的采访视频、观察视频、阶段性研究成果录成小视频,边录制边讲解,俨然成了一个个小专家。

运用微信平台,借助微视频,学生了解到每个小组的研究过程,学习的平台被拓宽，同时，学生的回复、点赞、评价，又进一步推进学生的研究学习进程。学生也知道了自己的研究水平和学习程度，教师的评价也不只是在研究终结后，过程性的评价更促进学生的个性学习，也让学生越来越喜欢这种学习方式。

"语文即生活"，这是语文学科的内涵。课堂只是语文的一个舞台，而通过iPad的引入，学生在生活的舞台上运用所学知识，提升自主学习能力，真正地实现了个性化的学习方式。语文与生活、文化紧密地联系在一起，才是语文素养的积淀。

总之，数字时代的教师，合理地运用技术，有助于变革学习方式，有助于实现"以人为本"的个性化学习，打破学科边界，改进学习方法，提升学生自主学习能力，把语文学习延伸到生活中，为学生的未来发展和终身学习打下坚实基础。

【参考文献】

[1] 房树洪. 优化学习方式　重构语文课程 [J]. 北京教育，2015（05）：42-44.

作者简介

王守英：

语文高级教师，北京师范大学教育硕士，朝阳区语文学科带头人、骨干班主任，北京市"师德标兵"。主持多项省市级研究，多篇论文发表于国家核心期刊，指导学生参加国际青少年科技创新大赛、全国首届原创科普剧比赛成绩优异，喜欢分享，乐于创新。

教学案例

我给先哲做专访

——《庄子》《孟子》的比较阅读

◎黄佳佳

扫描二维码
获取更多相关信息

一、指导思想与理论依据

　　中华民族的传统文化是我们丰富宝贵的民族财富。《义务教育语文课程标准》中提到，要让学生"认识中华文化的丰厚博大，汲取民族文化的智慧"；《北京市中小学语文学科教学改进意见》也提出了"在教学中重视对国学经典文化的学习，重视历史文化的熏陶，加强与革命传统教育的结合，使学生了解中华文化的悠久历史，增强民族文化自信和价值观自信，使语文教学成为涵养社会主义核心价值观的重要源泉之一"的要求。因此，在语文教学中，引导学生关注中华民族的传统文化并思考其现实意义是教师的一项重要工作。

　　在学习方式的变革上，《义务教育语文课程标准》对语文学习提出了一定要求，"能主动进行探究性学习，激发想象力和创造潜能，在实践中学习和运用语文"；《北京市中小学语文学科教学改进意见》也提出了"初中阶段要扩大学生阅读视野，提升学生的思维品质"和"通过与课内古诗文相关联的作品，增加学生国学经典的阅读数量，提倡整体阅读、主题阅读、比较阅读"的要求，这为本次《庄子》《孟子》的比较阅读"专题设计提供了理论依据。

二、教学背景分析

1.教材分析

目前我们使用的人教版教材以单篇阅读为主，教材中涉及庄子和孟子的只有五篇选段：《惠子相梁》《庄子与惠子游于濠梁》《得道多助失道寡助》《生于忧患死于安乐》《鱼我所欲也》，在此基础上开展《庄子》和《孟子》的比较阅读是有着局限性的。在教材的基础上，教师需要给学生一定量的课外补充，才能让学生系统和典型地了解庄子和孟子的思想。

2.学情分析及教学方式的选择

八年级的学生在文言文的积累上处于能够阅读浅易文言文的水平，阅读整本《庄子》《孟子》势必有难度。基于此，在挑选文章组成此次专题阅读时，需要关照到学生的阅读兴趣，减少学生对文言文阅读的畏难情绪。我在两部书中挑选了趣味性强的小段组成了《庄子》《孟子》专题阅读，比如"曳尾涂中"、"曹商得车"、"庄子妻死"、"涸辙之鲋"、"浑沌七窍"、"无用之用"、"攘邻之鸡"、"良人乞祭余"、"庄暴见孟子"……这些小故事或幽默讽刺，或现实取譬，深入浅出。

八年级的学生又有着强烈的参与意识和竞争意识，在教学中，调动学生这些方面的积极性非常重要。因此，在课程的准备阶段我在课外文段的选择上又给学生稍稍加了难度，让学生给一些小段点上"句读"，兼顾了趣味性和挑战性。在本课的教学过程中，主体采用小组合作的方式，让学生小组讨论、沟通，在此基础上表达看法。

3.教学手段说明、技术准备

本班学生中，傅钰婷同学对服装设计有着强烈的兴趣爱好。因此，本节课所使用的主要教学辅助材料，是傅钰婷同学根据自己的理解，为庄子、孟子设计的服装。同时，教师要准备小组所用的彩笔，为课堂涂色环节做准备。

4.前期教学状况、问题、对策

在本次课堂教学之前，学生已经完成了《庄子》《孟子》的专题阅读，掌握了20多个《庄子》和《孟子》中的小故事，但对两书的内容缺乏高度的认识，所以有必要开展此次课程的教学；学生对两书的手法认识不一，需要老师进行点拨。

学生在学习过程中曾经反馈：我们学文言文到底有什么用，学习现代人的文章能够了解别人的思想，加深自己的认识，文言文我们现在也不使用了，学习它有什么用呢？面对这样的认识误区，我们有必要让学生认识到古人的作品是我们的民族财富，其文学性、思想性毫不逊色于现代作品，更不乏现实意义。所以有必要在课堂上开展传统文化现实意义的探讨和交流。

三、教学目标与重点、难点设计

1. 教学目标

知识与技能:在《庄子》和《孟子》专题阅读的基础上,与文本充分展开对话,对比两书在内容上和手法上的不同之处,初步领悟两书所代表的道、儒两家之异。

过程与方法:以小组交流为主,扎根文本,勾连现实,在思想碰撞、互相切磋中质疑探究,加深领悟,共同提高。

情感态度与价值观:

(1)联系现实生活、体验人生、关注社会热点问题,思考并汲取《庄子》《孟子》中的民族精神和民族智慧;

(2)用现代的观念和发展的眼光批判性审视古代作品的内容和思想倾向,培养学生独立思考、质疑探究的思维习惯。

2. 教学重点

(1)从内容和手法上初步领悟两书所代表的道、儒两家之异;

(2)联系现实生活、体验人生、关注社会热点问题,思考并汲取《庄子》《孟子》中的民族精神和民族智慧。

3. 教学难点

用现代的观念和发展的眼光批判性审视古代作品的内容和思想倾向,培养学生独立思考、质疑探究的思维习惯。

四、教学过程

教学进程	教师活动	学生活动	教学资源指导策略
一、导入	在前阶段的学习中,我们进行了《庄子》《孟子》的专题学习。我们要看某一学派的主张,不能只着眼于某一个小段,而要站在一定的高度进行纵向审视,从中提炼出的思想主张才具有典型性和代表性。	倾听。	回顾所学,方法指导点拨。
二、我给先哲设计服装	1. 今天,我们再让自己的视野换一个角度,让我们一起穿越到两千多年前的战国时期,给庄子和孟子做个专访。 余秋雨曾在《黑色的光亮》中写到:诸子百家的了不起,就在于它们被选择成了中国人的心理色调……我觉得孔子是堂皇的棕黄色,近似于我们的皮肤和大地……它使其他颜色更加鲜明……是宇宙天地的始源之色。	1. 按要求小组讨论。 (1)结合专题阅读,从二者思想或文章风格、手法的角度进行对比。	1. 小组讨论交流意识的培养。

教学进程	教师活动	学生活动	教学资源指导策略
二、我给先哲设计服装	在我们的阅读中，哪几篇给你留下的印象最深刻？这几篇里的庄子和孟子有什么不同？如果让你选择一种颜色来形容，他们各自应该是什么颜色？（我们班的服装设计师傅钰婷同学专门给庄子和孟子各设计了一套服装）请以小组为单位进行讨论，给这两套服装设计颜色。 预设参考： (1) 主张：庄子淡泊名利，顺应自然、通达生死，无用之用、顺应天性。孟子：礼义廉耻、舍生取义，砥砺身心、忧患治国，勤勉为政，推恩于民、与民同乐。 (2) 手法：《庄子》机智善辩、想象奇特、善用讽刺；《孟子》思路严谨、现实设喻。 2. 阶段小结。	(2) 在横线上写上阐述理由的关键词。 (3) 结合专题阅读中的具体内容阐释理由。 2. 展示小组涂色，并阐释理由。 3. 傅钰婷同学阐述设计服装时对服装的风格和色彩的设想。	2. 化抽象为具象，从色彩角度入手，对比两书在内容上和手法上的不同之处。
三、先哲有话说	1. 如果有一天，庄子和孟子来到我们现在这个世界，你觉得两位先哲会更关注哪些人、哪些事呢？或者我们更需要谁呢？ 请结合我们自身的生活实际，或关注我们身边的新闻热点，或思考现代社会中的我们有哪些困惑……小组讨论，给出你们的答案。 预设： 【褚时健、屠呦呦与黄晓明、雾霾……】 (1) 孟子：国家统治者，阐述得道多助、舍生也要取义的道理；贪官，与民同乐，用不义的手段达到富贵利达之人；天将降大任，鼓励那些为自己打拼和奋斗，生活中遇到坎坷之人。 (2) 庄子：汲汲于功名利禄的人要淡泊名利；心态不好的时候，庄周的顺其自然。 2. 阶段小结：中国的儒家思想，是在社会这个尺度上，要求我们担当；而道家思想，是在生命层面上，要求人重视精神的自由和超越。担当是我们的社会责任，超越是我们的生命境界。	按要求完成小组任务： 1. 用小标题形式概括事件，写在纸条上。 2. 小组讨论说明为何我们更需要庄子/孟子，选择一名同学做代表，阐述原因。	1. 联系现实生活，体验人生，关注社会热点问题，思考传统文化中的民族精神和民族智慧。

续表

教学 进程	教师活动	学生活动	教学资源 指导策略
四、我对 先哲有话 说	1. 读了庄子和孟子的作品后，有没有哪些思想或者手法你并不同意？如果有这样一个机会，让你和庄子或孟子对话，你有什么话要对两位先哲说？ 预设： 孟子的迂回进谏，能不能直接一些。 庄子的太无为和太顺其自然，是否忽略了人的努力，不够积极进取。	课下阅读参考资料，并写出自己的思考。 鲍鹏山《庄子，在我们无路可走的时候》 于丹《〈庄子〉心得》。	补充资料，拓宽视野。
五、本课 结语	易中天在《百家讲坛》栏目《我读经典》系列中的开场白是这样说的："我们今天阅读经典，阅读先秦诸子，不过是为了帮助我们自己思考人生，获得智慧。读孔得仁，读孟得义，读老得智，读庄得慧，读墨得力行，读韩得直面，读荀得自强。"在我们读《庄子》和《孟子》之后，我期待着能和同学们一起，阅读更多的诸子散文，从中获得智慧。	1. 思考与提升。 2. 对下一阶段学习的期待。	总结点拨，下一阶段学习兴趣的引导。

五、学习效果评价设计

首先，本专题的学习让学生在课本单篇阅读的基础上有了课外多篇阅读的补充，为比较阅读的开展积累了一定量的文言文，学生在阅读的基础上培养了文言语感，更加系统地了解庄子和孟子的思想。

其次，借助设计服装和涂上色彩，让学生们结合庄、孟二者手法和内容上的异同点进行阐述，关注到了学生设计服装的特长，调动了孩子们小组合作的积极性，激发了孩子们的想象力和审美力，将抽象的思想化为具象的色彩，适应初中阶段学生的认知水平。从学生对色彩的选择和阐释中，我们可以了解到学生基本上掌握了儒、道两家学派的不同。

最后，让先哲穿越至今，为现实生活中苦恼的人们提出建议，调动了学生观照现实的意识，让学生思考传统文化在现实生活中的意义，让传统文化在现实生活中落地生根。

六、教学反思

1. 广泛阅读与兴趣激发

鉴于目前教材中单篇阅读的局限性，我挑选了趣味性强的小段，比如"曳尾涂中""曹商得车""庄子妻死""涸辙之鲋""浑沌七窍""无用之用""攘邻之鸡""良人乞祭余""庄暴见孟子"……给学生一定量的课外补充。这些小故事或幽默讽刺，或现实取譬，深入浅出，有利于学生文言语感的培养，有利于学生系统地了解庄子和孟子的思想。

2.个性发掘与具象学习

如果直接比较《庄子》和《孟子》的差异，会枯燥无味，出现教师一言堂或者某个学生一言堂的结果。那么，沟通在哪儿体现？合作在哪儿体现？学生的兴趣会不会被打消？课堂会不会索然无味？如何让枯燥的文言变得生动活泼？如何保护十几岁孩子的想象力？我采用了让同学们给庄子、孟子设计服装，并给这两套服装涂上色彩的方式，让学生们结合二人手法和内容上的异同点进行阐述。借助设计服装和涂上色彩，激发了孩子们的想象力和审美力，并将二者抽象的思想化为具象的色彩。

3.落地生根，现实与传统互动

为了让学生认识到学习文言文的重要性及现实意义，在课堂上我设计了"让庄子和孟子来到现实社会，去解决问题"这样一个环节，这样就能让孩子们将视野从古代关注到现实，关注到身边的生活。

在此基础上，我用"给先哲做访谈"的形式，将色彩和现实意义两个环节有机勾连。整个阶段的教学从单篇阅读到专题阅读，又从专题阅读到比较阅读，关注学生特长，关注个性化学习；激发了学生的想象力和审美力；让传统文化在现实生活中落地生根，让我们初中的孩子们能够不抵触、不畏惧地顺利和两千多年前"接轨"。

作者简介

黄佳佳：

语文一级教师，北京师范大学硕士，朝阳区优秀青年教师。善于研究，勤于梳理，在国家、市、区级期刊上发表论文20余篇。乐于探索和实践新的教学模式，期待能够用有特色的语文课让孩子们喜欢语文，热爱语文。

《从百草园到三味书屋》教学设计

◎ 全洪姝

一、教学目标

第一，通过为图片排序，了解学生对课文内容的掌握程度。

第二，通过小组同学展示思维导图，引导学生从环境、人物、事件、情感四个方面，深入理解课文内容，加深对写人记事的散文中赏析角度的理解。

第三，通过辩论，深入体会作者的感情。

二、教学重点

第一，通过为图片排序，了解学生对课文内容的掌握程度。

第二，通过小组同学展示思维导图，引导学生从环境、人物、事件、情感四个方面，深入理解课文内容，加深对写人记事的散文中赏析角度的理解。

三、教学难点

通过辩论，深入体会作者的感情。

四、教学过程

1. 检查预习

学生为下列七幅图排序，并讲讲每幅图的内容。教师了解学生对课文内容的掌握程度。

2.学生分享思维导图

(1) 学生以小组为单位，交流自己的思维导图。

(2) 小组选出思维导图制作比较好的同学，分享自己的思维导图。

（每小组展示完后，教师点评，或其他组同学提问或点评）

3.教师引导学生了解写人记事散文的赏析角度

教师用知识树的形式呈现写人记事散文的鉴赏点。

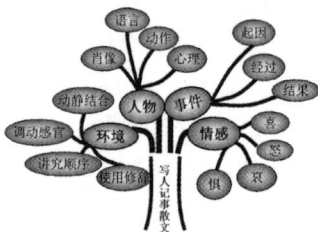

4.辩论

正方：作者更喜欢百草园。

反方：作者更喜欢三味书屋。

5.布置作业

(1) 结合三味书屋的内容，用"不必说……也不必说……单是……"的句式造句。

(2) 查阅资料，看看鲁迅在三味书屋里还发生过什么事情。

6.板书

五、教学反思

近期，北师大"教师情感表达与师生关系建构"项目组来我校听课，其间，我做了《从百草园到三味书屋》的展示课。课后，项目组成员针对项目主题进行的评课，给了我很多启发，让我在后面的授课中做了一定的调整，也让我切实意识到：教育是慢的艺术。

《从百草园到三味书屋》这堂课的设计，最初分为三个环节：一、通过为图片排序，了解学生对文章内容的预习和整体掌握情况；二、让每组学生选出代表分享自己的思维导图，教师总结写人记事散文的知识点；三、通过辩论，让学生深入体会作者的情感。

第一个环节的推进比较顺利，只是学生在排序时出了一点儿错误，我及时指出了错误所在，引导学生要在排列图片前认真读图片中的文字。课题组成员在评课时指出：图片排序中出现的问题老师不必总结，可以引导学生自己发现错误原因，自己总结。他们的点拨，让我意识到，我在此环节有点儿心急了，总想着在预算时间内完成自己的阶段任务，重视的是课堂任务的推进而非学生的发现，没将"教育"放在首位。

到了第二个环节，原本计划让每个小组推选自己小组思维导图做得最好的同学上台展示，结果学生提出，不要找代表，而是将每位同学思维导图中最好的部分展示出来，小组同学一起展示。我同意了，对课堂进行了调整，同时心里盘算着：原计划五个人（班里五个小组）的展示，现在变成了全班每个人都要参与，后面的辩论是否也要去掉？果不其然，展示的过程中，第一个小组的同学花去了很长时间，后面小组展示时，时间就显得仓促了。于是，整个展示过程中，每个小组展示完，我便自己进行了简单的点评，没让其他同学质疑和评价。因为，我想把节省下来的时间给我事先准备的那棵知识树——对写人记事散文知识点的总结，让整堂课显得更完整。此刻，我心中装的依然是"课"，而不是"人"，想的依然是"任务"，而不是"教育"。课题组成员在评课时肯定了我尊重学生的思想，及时调整课堂内容的做法，但同时指出，教育是慢的艺术，老师可以让课堂推进得再缓慢些，从容些，让学生自己的发现再多些，师生之间情感的交流再充分些，不必为了完成任务而压缩时间。这让我豁然开朗，内心暗暗谴责自己，教了 20 年的书，怎么还没学会让学生做课堂真正的主人？

在对思维导图展示环节进行评课时，课题组成员注意到了两个细节：一、一位同学在展示之前，捂着自己的思维导图不让其他小组成员看，说自己做得不好，在语文学习上很不自信，但老师在观察课堂的过程中没有注意到这一点；二、另一位同学在展示时，本来老师已经对他们小组的成员说展示完可以回去了，但是，他突然说还有要补充的内容，于是就接着补充了文中"绅士"一词与现代的"绅士"的区别。他补充完后非常自信和得意，但老师显得着急些，没有注意到学生的情绪，而是指出了他补充资料中一个名词——"资本时期"的错误，没有对他进行及时的点评和表扬，这位同学显得非常失落。听了课题组成员的评课，我不得不叹服，他们真的很敏锐，观察课堂细致入微，而作为讲课老师的我，因为急于求成，反而本末倒置，忽略了对课堂的整体观察和对细节的敏感，重点关注了自己的内心而不是学生的情绪。这一切，不单是着急惹的祸，究其根本，还是因为教师没有意识到：教育是慢的艺术，要给学生更宽阔的成长空间，更宽松的课堂氛围。所以，在另一个班级上同一内容的课时，我进行了调整。

我保留了让学生为图片排序的环节，修改了展示思维导图的方式。从原来的让学生拣自己感兴趣的知识点做成思维导图，调整成每个小组领一个知识点（知识点分成了环境、事件、人物、情感四个方面），针对这个知识点，绘制思维导图，然后小组展示。小组展示的过程中，除了老师点评，其他小组的成员也进行点评和提问，让生生之间、师生之间的互动更多些，交流更充分些，对教材的解读更细致些。小组展示，一堂课没有进行完，我就再给一堂课。这样慢下来，从容地探究，课堂氛围也不显得那么紧张了，学生的主体地位也更好地彰显出来了。至于辩论的环节，在研修班上展示课时我就果断地把它调整到下一节课了。在导修班，也是给了学生一节课的时间，让他们加上自己查阅的课外资料，结合文章的内容，进行了充分的辩论（辩题：正方——作者更喜欢百草园；反方——作者更喜欢三味书屋）。

教育是慢的艺术，在课堂教学中，速度慢一点儿，让学生享有充分的鉴赏品味和质疑发散的时间，让师生多一些充分探讨的时间，让老师多一点儿对学生鼓励和认可的时间，学生的激情才能被充分调动，主体地位才能得以彰显，从而真正成为课堂的主人。

[专家点评]

江西省特级教师周卫华：

老师的语文素养很好，既有微观的解读，又有宏观的引导。但是讲课的节奏和语言表达都快了点儿，最后还拖了堂。其原因在于老师急于呈现自己的东西——知识树，所以整堂课不够精致。

课堂省略了学生互评的环节，教师对学生的点评也不够，非常少。

图片排序，有一个女生将一张图排错了顺序，教师可以引导学生发现错因，不必自己说出来。

有的学生走到了老师的前面，展示对"怪哉"一事和"绅士"一词的查阅成果。查阅"绅士"一词的孩子，是在老师让交流思维导图时现查出来的，分享的时候小组同学都说完了，老师让小组成员回去，他才临时进行的补充，补充完之后很得意。但老师急于赶进度，明显着急了，在他分享完后，没有及时表扬，而是指出了他"资本时期"一词的错误，他显得很失落。老师的课堂还是不够机智，应该讲到哪儿就是哪儿，给学生充分的点评和表现的时间。

教师没有关注到每一个孩子。有一个孩子在小组成员交流思维导图时，捂着自己的思维导图不让其他同学看，明显不自信。小组的其他成员说你的分段挺好的，他在展示时具体展示了捕鸟的动作，老师却没有点评，对这种不自信的同学老师观察不够。

北师大在读博士钟芳芳：

教师发现了学生的闪光点很欣喜，并且能及时调整课堂，按照学生的思路推进课堂，以学生为本，很灵活。但我也看到了教师的困惑：课堂预设没有完成。

文学需要引领，教师的点拨不可少，所以，学生的思维导图和知识树的呈现并不是肢解课文。

刚开始老师让学生为图片排序的时候，班里同学不够积极，有个孩子举手，老师说："你试试。"这是对学生的鼓励，也给予了孩子自信。

有个学生在小组同学分享完之后，老师让小组回去的情况下，申请讲解"绅士"一词，虽然时间很紧，但老师允许了，能够做到以孩子为主体。

老师让一个女生示范一下"拗过去"这个动作，女生没有抗拒，说明师生关系平时构建得比较和谐。

第一组的同学在分享思维导图时，有个女生说："老师，我觉得我们的分享有点儿乱。"老师说："你们分享得挺有逻辑。"教师给孩子适时的鼓励，可以增强其自信。

教师在讲课时将现代网络语言融入其中，如"度娘""熊孩子"，语言的情感场存在了，人与人的交流就顺畅了。

建议：1. 有两位同学都把"菜畦"读成了"菜洼"，教师应该区分一下。2. 教师从语言文字逼近画面，应该让学生在深刻体验的基础上充分阅读后再分析理解。如百草园的景物一段，可以让学生先大声朗读然后再分析。3. 知识树的呈现，如果一幅幅地展现出来，可能更清晰、更美。

全洪妹：

　　高级教师，朝阳区中学语文学科带头人，朝阳区中学语文兼职教研员，多次承担过区级研究课及教材分析。参与过北京市 BDS 录像课的录制，录像课《陋室铭》被中国教师研修网采用。有多篇论文在市、区级或国家级刊物上发表。多次参与编写市、区级或国家级读物。热爱语文，手不释卷，读文读史读生活。坚持写作，笔耕不辍。性格灵动不足，但认真踏实，善思考，肯钻研。希望凭微薄之力，传承中华文化，启迪学生的心灵，激发他们的梦想。

作者简介

学科特色活动

"轻叩诗歌的大门"综合实践活动方案

◎果振洪　周　洋

扫描二维码
获取更多相关信息

一、活动说明

　　生活中处处有诗歌。天真的儿歌、朴素的民歌、韵味十足的古诗词等常常在我们耳畔回响……

　　我国是一个诗歌的国度。最早的诗歌总集《诗经》，已经有两千多年的历史，从古至今涌现出屈原、李白、杜甫、郭沫若等许多伟大的诗人。世界上其他国家也都有伟大的诗人：拜伦、海涅、普希金……他们的优秀诗篇，为各国人民所传颂。

　　"十一"假期里，我们六年级的同学们一起"轻叩诗歌的大门"，通过网络、书籍、报刊搜集剪贴等途径集结了不同类型的诗歌，并对诗歌进行鉴赏。我们把搜集到的诗歌自己排版，设计封面、目录和插图装订成册。在"轻叩诗歌的大门"系列活动中的"诗海拾贝"活动里，我们每个人搜集了 9 首诗歌，六年级总计 480 首。我们把这些诗歌按照不同的标准进行了分类，其中包括中国诗、外国诗，古体诗、现代诗，田园诗、边塞诗，等等。有的孩子还对每种诗如何鉴赏做了总结。每位同学从他人搜集出的诗中选一首自己最喜欢的进行鉴赏、交流。孩子们在鉴赏他人诗歌的过程中不仅积累了大量诗歌，还学会了如何欣赏诗歌。

后期我们进行了欣赏诗歌、朗诵诗歌以及创作诗歌的活动，并把孩子们创作的诗歌集结成册——《与诗同行》，进行展示。

二、主题活动背景

何其芳曾说："诗是一种最集中地反映社会生活的文学样式，它饱含着丰富的想象和情感，常常以直接抒情的方式来表现，而且在精练与和谐的程度上，特别是在节奏的鲜明上，它的语言有别于散文的语言。"这个定义性的说明，概括了诗歌的几个基本特点：第一，高度集中、概括地反映生活；第二，抒情言志，饱含丰富的思想感情；第三，丰富的想象、联想和幻想；第四，语言具有音乐美。

为丰富课堂教学，培养学生的文学趣味，激发学生的学习兴趣，提高学生的艺术欣赏水平，我们结合六年级语文教材中语文园地六综合性学习"轻扣诗歌的大门"，引导学生走进丰富多彩的诗歌世界，让学生通过搜集整理诗歌、欣赏诗歌、朗诵诗歌、写作童诗等活动，进一步了解诗歌，感受诗歌的魅力。

三、教学活动目标

1. 引导学生联系实际，自主合作进行综合性语文学习活动。
2. 激发学生诵读中华经典的情趣，培养他们随时积累语言素材的习惯。
3. 训练学生运用语言的灵活性、敏捷性，提高学生鉴赏语言的能力。
4. 培养、增强学生的民族自信心和自豪感。

四、活动的实施

第一阶段：开题活动（包括设计研究方案，确定活动方式）。

第二阶段：实践活动（调查学习、搜集资料、诗配画、制作手抄报、表演）。

1. 通过多种途径，搜集诗歌或记录当地的民歌、童谣，以及有关诗歌的知识和故事。
2. 按照一定的类别，对搜集到的诗歌进行整理、归类。
3. 欣赏自己喜欢的诗歌，大体把握诗意，体会诗人的感情。

第三阶段：交流评价活动（根据小组初步整理出来的成果，小组之间互相交流、评价，促进成果的进一步完善）。

1. 举行诗歌朗诵会。
2. 根据学生兴趣，开展写童诗、诗歌知识竞赛、合编小诗集等活动。

第四阶段：成果展示活动（由小组汇报评选出自创诗歌优秀作品，进行班级或年级自创诗歌展示）。

第五阶段：学生在活动后写下自己的心得体会。

以下是本次活动中部分学生作品的展示：

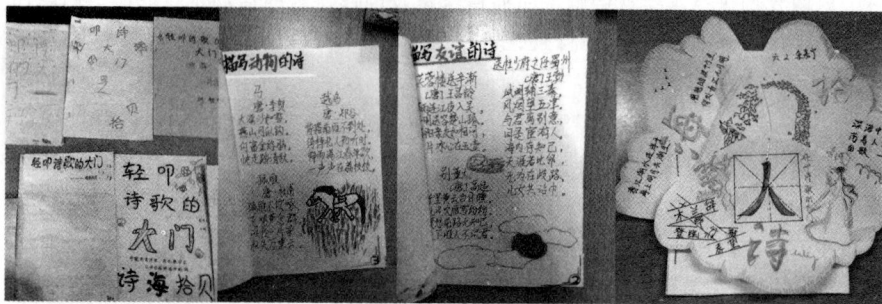

学生搜集整理的诗歌

学生把搜集到的诗歌归类整理成小诗集,里面有一首首小诗,有的还配上了精美的图案呢!

学生在欣赏他人创作的诗歌

附录一：学生自创诗歌展示

蝶恋花

郭睿恩

醉花娇艳红胜火，
彩蝶戏飞四月天。
唯恐春去秋又来，
愿留春色人世间。

思 乡

郭睿恩

孤卧松下圆月悬，
忽闻笛声远处随。
故园之曲音入耳，
思乡不知何时回。

日落园

郭睿恩

日落雁低飞，
潮起海映霞。
浪奔金沙岸，
怒放层层花。

舟入仙境

郭睿恩

泛舟江上水如天，
雾落云起青山间。
烟波朦胧似仙境，
顺流直上入云边。

天净沙·秋

贾博岩

晚霞映照无边，
鸟儿归宿飞檐，
日照窗帘隐现。
月垂思念，
友亲团聚谈天。

秋

张辰响

红枫黄叶雁南飞，
霜草金菊几时回。
夕阳掩映孤村里，
老树落鸦轻烟愈。

天净沙·塞外

史明宇

五百日夜思念，
三千朝夕留恋。
眼前白雪茫茫，
身后家园，
城府荷花片片。

雄鹰

刘胤锴

傲立——稳如碑，定如松
翱翔——疾如影，快如风
遮天巨翼穿云直上

盘旋，锐利天眼鸟瞰众生
追日，应三足神鸟之召
展翅，奔九尾朱雀之邀

下猎狐兔，上击猛雕
喙嗜血，爪存毛
傲骨嶙峋铁铮铮
劲翮摩天掠苍茫

刚翎劲羽
遨游九霄之上

神奇的手

陆蕙乔

妈妈的手
是一双神奇的手

妈妈的手
可以把白净的米
变成香喷喷的饭

妈妈的手
可以把彩色的毛线
变成漂亮的新衣

妈妈的手
可以让脏乱的屋子
变得温馨而整洁

妈妈的手
可以让心情低落的我
变得开心起来

我爱妈妈的手
爱她那双神奇的手

愁

吕云起

月光下,
那西出阳关无故人的离愁。
将会,
被时间打磨,
渐渐变得光滑如许。
月色中,
浅水旁,
静静地,

停泊成一叶，
沉思的小舟。

浪 花
于婧涵

浪花是个淘气的小娃娃，
不信你瞧，
我在沙滩上堆的那座小沙堡，
她"哗"的一下——
就给弄没啦！

宝 贝
张雨晨

爸爸妈妈有个宝贝
整天整夜捧在手里
这个宝贝就是手机
我同样也是
爸爸妈妈的宝贝
为什么
他们不多陪陪我呢
要是我也变成手机
就好了

天净沙·秋词
刘人玮

墨山绿树白花，
幽草独卧江鸭，
溪亭落日渐下。
一舟一翁，
烟雾笼罩人家。

农家春景

刘人玮

田家春农桑，
男儿插秧忙。
妇童携箩筐，
饷田去南冈。

灯

刘人玮

灯，是一面旗
引我前进，一路征程；
灯，是一团火
给我温暖，伴我前行；
灯，是母亲的目光
给我自信，让我坚强；
灯，是老师的教诲
让我顿悟，使我聪慧。

希望

张朔宁

我不甘默默消亡
心中永远憧憬着远方
也许并不现实
但如海鸥未失去生的希望
飞不动了
翼可以化成桨
这样，至少不会随波漂荡

逐 梦

张朔宁

暴风雨已然开始
船在雨中挣扎
浪在疯狂地吼

如往来的游子
眼神中全是故乡
雁的眼中则是希望

暴风总会停
游子也会归家
梦从未断
我们在路上

问秋风

张朔宁

秋风问我几时还，
俯首无言但引怀。
我问秋风何所见，
黄花似为故人开。

故地游

张朔宁

夕阳西下旧地游，
芳草萋萋曲径幽。
不知旧友在何为，
一轮秋月映我心。

月的哀愁

石一

月的碎片
坠落在窗前
向我诉说
月的哀愁
清晨晶莹的露珠

无 题

石一

风中坠落
无助是我的泪
压抑是我的歌
破碎
爆发
怒放的花

读《1984》有感

石一

自由的面具已揭开
无人哀悼
更多人把面具戴上
没有锁链
也没有谎言
黑色的语言像死水一般沉寂
人们哭泣着庆祝伟大的胜利

春，你早！

曹天潼

我深知，你是伊始的希望——
"一年之计在于春，一日之计在于晨"，

那春天的早晨岂不如金子一般珍贵？

我在这春的早晨，
踏上林荫小道，
远处小山有淡淡的轮廓，
那分明是太阳神的游行队伍。

春，你早！
幽幽的小溪曲曲折折地弯去，
顺着河的目光望向天空，
赏花踏青的好日子，
花儿朵朵立了良久。

春，你早！
人高兴时，
在你的暮影翠微中品茶饮酒，
不饮自醉。
文人骚客莫不是因你而赋诗作画？

春，你早！
夜幕降临，
世界仿佛并未安静下去——
既无夏日的吵闹，
又无秋日的悲寥。
可以吗？独自望着星星，
令人沉醉。

春，你早！
你那润物的细雨，
纷飞着，
抚摸着。
万物的根源！
或许需要报答你吧。

春！
春！

春！
我认真地爱着你，春。
春，
你有希望，有生机；
你有花，有草；
不堪回首的往事随你轻柔的风吹散，
你那温温的、甚至滚烫的心灵深处，
有最优美的旋律！

春，
你的舞姿曼妙，
惊艳着四季；
春，
你的歌声浑厚，
滋养冰霜的后裔。

春！
春！
春！
我深深迷恋着你，
春！
我想赤裸着拥抱你，
可以吗？
或许不用试探，
因为你早已张开双臂，
迎接一只小虫，
一缕青烟，
一点初阳。

春！
春！
春！
你还是钢铁巨人，
行动着，
把秋的气息播种，
孕着秋的萧瑟，

孕着一片浓情，
孕着蜂的蜜，
蚕的丝。

春，你好！
我愿永葆童心，
和你一起欢呼，
和你一起走尽世间繁华。

梅

肖瑜玥

莫道冬日无颜色，
万里白中一点红。
不与百花竞相放，
傲然独立山崖中。

附录二：学生活动体会

（六年级刘人玮）在这次活动中，有一首词令我印象十分深刻，就是李煜的《相见欢》：

无言独上西楼，
月如钩，
寂寞梧桐深院锁清秋。
剪不断，
理还乱，
是离愁。
别是一番滋味在心头。

这首词我原来只会背后几句，有一天无意中看到了，就萌生了背下来的念头。背下来后，我并不知足，一心想知道这首词的意思。明白了意思，我又问自己：李煜为什么要写出这么凄凉的词呢？我上网搜了一下李煜的生平和故事，了解了这首词的写作背景：李煜是南唐后主，他即位的时候，宋太宗已经称帝三年了，李煜年年进贡，岁岁称臣，以为可以保全性命，但宋太宗依旧将他抓了起来，后来将他毒死。我挖掘出了许多知识，十分高兴。最后，我还对此词进行了赏析，彻彻底底地把这首词学透了。

（六年级范欣馨）俗话说"书中自有颜如玉"，这话不假，但我想说"诗中自有白马堂"。没有心灵的呼唤，是不可能写出诗的。这一次，我们把所有的精力投入到这里，把一切想流露的东西表达出来，把一切不满发泄出来，把一切才华展现出来，还给自己一个真实的"我"。我们不需要华而不实的骈体文来迷惑自己，也不需要用不喜欢的语言来强迫自己，在这方寸土中，我们肆意挥洒笔墨。"岂是丹青费较量"，我们尽情挥洒，尽情畅游，甚至于意犹未尽，仍想再三提笔，肆意发挥一次。

（六年级刘福齐）在以"月"为主题的诗歌分享中，大家通过说相声、唱歌、展示 PPT 等不同形式呈现了以"月"为主题的诗歌。在活动中，我们不仅学习了以"月"为主题的诗歌，还了解到月亮在古诗中的叫法，理解了诗人是如何用月亮表达自己的情怀的……这让我们学会了如何通过读诗来品味诗人的内心情感。

在自创诗歌阶段，我们尝试自己写诗。虽不能做到平仄韵律齐整，但也能表达出我们的内心情感，让我邀游于诗海之中，着实做了一回诗人。

（六年级张辰响）以前，在我的印象里，诗就是"方方正正，押韵好听"的几句话。然而，这次的学习让我改变了这个想法。

活动是从背诗开始的，先是语文书里的诗歌，再是《文苑芳菲学思齐》里的诗词，我们逐渐步入了诗的殿堂。当我们进入氛围后，第一个实践学习开始进行了——制作小诗册，做完后赏析学习，随后就轮到自创诗集啦！看着手里的两本小诗集，自豪感油然而生。自己出诗歌小卷，也更丰富了我们的知识。

（六年级段沛原）虽然有时你不知道写什么，但一刹那，突然你就有了灵感。顺着这个灵感，往下写，你会发现，越写越想写，写得也越来越好。下面，是我认为自己写得比较好的一首现代诗：

曙 光

是金子，总会发光，
是鲜花，总会绽放，
是雄鹰，总会翱翔！
人生那样漫长，
必然会经历不少风霜。
但那风霜，
终会被毅力磨光。
展开翅膀，
看清自己的方向。
经历迷茫，
迎接属于自己的曙光！

这首现代诗，是我偶然看到一篇励志文章有感而发，挥笔写下的。

最后，我觉得我有必要谢谢我的老师：老师要不是您让我做"诗海拾贝"，我可能不会自创诗，我也不会知道自己有这个能力，谢谢您！

（六年级史明宇）首先，我们完成了"诗海拾贝"这一个版块。大家在网上搜集自己喜欢的诗歌，抄写下来并装订成册。大家各有所爱，搜集到的诗也各不相同。每个人都介绍不同种类的诗歌，可以让我们在这个活动中获得的知识更加丰富、全面。但大家的中心思想与结构却是不同的。古代诗与现代诗两大版块把"诗海"分成了两部分，而后，又分成中外两个部分，方便我们更快速地拾取"贝壳"——诗歌中的精华。我们不仅仅要读诗，而且要体会诗中的感情与作者真正想表达的内容。

（六年级李柏睿）中国是诗歌的国度。从诗歌中，我们可以感受到"大漠孤烟直，长河落日圆"的雄奇壮观，"但使龙城飞将在，不教胡马度阴山"的英雄豪气，"举头望明月，低头思故乡"的思乡情感……

在这个单元中，我们去摘抄诗歌，解释、赏析诗歌，甚至自创诗歌。比如我摘抄的宋代伟大词人苏轼写的《水调歌头》，一开始我是不会背的，但我在做作业时发现了这首词，非常喜欢，就把它背了下来，还练习着联系背景去解释、赏析它。这种方法让我们在学到知识的同时，深深感受到了诗歌的魅力，真是一举两得！

作者简介

果振洪：

语文高级教师，北京市市级骨干教师，朝阳区学科带头人。曾获北京市优秀教师、朝阳区教育劳动奖章、朝阳区优秀教研组长等荣誉。探索通过课内学习与学科活动、课外名著阅读、习作练笔相结合的方式，把课堂还给学生，把语文还给生活。著有个人专辑《寻找梦中的桃花源》，主编《让真话在真情中闪光》习作文集。

周洋：

语文教师，中国传媒大学硕士，热爱教育，喜欢创作，痴迷戏剧、电影。曾创作小说、话剧、电影、京剧多部，整理改编京剧、昆曲剧本，参与电视剧编剧，指导学生自编、自导、自演话剧等戏剧作品。参与从国家级到市级多个科研项目，发表论文多篇。

教学随笔

关于提问技巧的一点儿思考

◎熊　伟

扫描二维码
获取更多相关信息

　　和孩子们一起进到北京中学的课堂已有一段时间了，北中的孩子们能说能演，很有表现欲，每次布置展示作业都能看到他们的精彩表现，这充分显示了孩子们课下的认真准备。可是有时候我在课上问一个具体问题，孩子们的表现却让我失望——不是争先恐后地举手发言，而是一片沉默。我听过六年级的语文课，六年级的孩子课堂氛围还是很积极很热烈的，怎么经过一年，孩子们就沉静了呢？这个问题一直困扰着我。我和老师们私下聊过，提到过孩子们的年龄问题，孩子越大越不爱举手发言。也许有这方面的因素，但我认为这不是决定性因素。我发现一个至关重要的问题，那就是是否在适当的时候提出指向性明确的优质问题决定了孩子们能否主动举手发言。

　　首先，提问需要有一定难度。等孩子们思考一小会儿有人理清楚思路了，他们才会举手发言。问题太简单，孩子们脱口而出，这不是提问，而是群答；问题太难，孩子们思考时间过长，造成课堂冷场，或者孩子们思考之后没有头绪，或者没有把握，他们也不会举手回答，而是处在观望状态。

　　其次，提问应该提那些易引起争论的开放性问题。提的问题如果是有难度的知识性问题，必然会考倒一批孩子。毕竟每个孩子的知识储备不同，知识性问题一般都是唯一答案，孩子如果不知道就答不上来。所以应该适当设计一些可能会引起争论的开放性问题，而其他一些小问题可以当作澄清性问题，是为回答开放性问题服务的。比如学习《伟大的悲剧》一课，先让孩子们梳理斯科特的行程，然后填表格。这种问题是在文章中找答案，没有难度，属于知识类，只要给学生充分的时间，学生都能回答，不会因意见不一致而争论。但是课堂上填表费时间，所以我认为这种问题可以设置成预习作业，课上不必浪费时间梳理，学生可以直接说出答案。我在思考如何设置问题时，恰巧前两天学校有个辩论赛，辩题是"是否应该以成败论英雄"，这给了我灵感，于是我设置的问题是"你们觉得斯科特是英雄吗？"这个问题有不同的答案，会引起争论，回答这个问题不仅仅要回答是英雄或者不是英雄，而且需要回答理由。那么这个过程中必然会带出一系列问题，比如：斯科特做了些什么，也就是之前梳理的知识，斯科特一行人有什么样的精神品质，他的成功与失败如何界定，等等。通过讨论这一问题的内容就很丰富了。

再次，提问应该有清晰的内容关注点，要求清楚具体，让孩子们知道该思考什么。这一内容关注点应该与必须掌握的知识点相关，应该与浓缩这一课程或学习单元的核心内容相关。比如说诗歌赏析到高中一般是学生们难以攻克的难点，如果我们讲解一首古代诗歌时，似是而非地让学生赏析一下，随便说，学生就不知道该说什么。我在六年级的课堂上学到了小组合作的学习方式，一组四个同学，对一首古代诗歌的赏析从四个方面进行：解诗题、知诗人、明诗意、悟诗情。四个同学分工合作，然后展示汇报。这需要对学生进行前期训练，他们的分工才能明确。当然如果没有系统训练过这种合作分工方式，就在提问时提具体要求，比如请从诗人表达的感情方面对下面这首诗歌进行赏析，学生也能理解这是要悟诗情。

如果每次课都能通过提几个方向性问题来促进孩子思考，就能给孩子搭建支持他们学习的脚手架。脚手架会让我联想到粉刷匠，他们必须通过梯子或者类似脚手架的东西才能够到比较高的地方。那么，作为老师，我们也可以把问题作为脚手架来帮助学生们达到思维和学习的更高水平。要具体根据学生的学情提出有质量的问题。在提问的艺术方面，我还是个初学者，还需要努力研究与探索。

作者简介

熊伟：

文学博士，一级教师，任教八年级语文。从教三年，参加两次国际教育培训，把先进的教学理念运用到教学实践中，积累点滴经验，冲破思维束缚，开展各项课堂活动，营造学生喜欢的课堂环境，带领学生参加朗诵和作文比赛均取得优异成绩。从教期间，积极参与各级公开课，获得区级教学技能展示一等奖。她信奉"读书润泽生命"，愿意和孩子们一起行走在读书的成长之路上，和孩子们一起体会"没有比脚更长的路，没有比人更高的山"。

"诞生精彩观点"理论与我的教学实践

◎黄佳佳

达克沃斯说："我把智力发展的本质理解为精彩观念的诞生，而这一点在很大程度上依赖于拥有精彩观念的机会……帮助学生产生、遵循和发展自己的观念。"——只要帮助学生说出来，不管他的观念对错，都在帮助他的智力发展。

这让我想到我在语文教学中的一点做法，本学期，我在北京中学九年级语文组带领大家开展了《史记》的专题学习。在学习活动中，我们一直思考在学习方式上做出变革，力图让学生在体验式、整合式、实践操作、创作生成等方面做出我们的特色。我们在以下两个方面践行达克沃斯的"诞生精彩观点"理论。

一、课前准备

在学习《史记》之前，我们进行了《史记》好声音招募。此次招募的同学，要选择一篇阅读篇目进行诵读，作为其他同学学习《史记》的音频范读文本。借助喜马拉雅平台，学生可以在朋友圈分享朗读的《勾践灭吴》等作品，并在班级群中分享留存。学生早读可以听，在上学放学路上也可以听。

在诵读的基础上，与学校广播台合作，利用中午的广播时间，播放学生朗诵的文本。通过这些方式给学生搭建展示的平台。在这个过程中，学生要对文本进行初步预习并熟悉文本。而真正读得好的同学，一定是在文本熟读的基础上，对其中的故事情节、人物形象进行了一定的分析与解读，这样才能读出韵律与情感。我们确实发现了精彩——发现了学生的好声音，发现了流畅自然、声情并茂的好声音。

二、课堂

在课堂上，我采取了设置主导问题的方式，比如在《越王勾践世家》这篇文章中，我设置了三个主导问题，期待通过这三个问题，激发学生的热情，为学生诞生精彩观点创造情境：

1. 勾践、范蠡、文种、夫差、伍子胥……在《越王勾践世家》中纷纷出场，请选择一个人物，以第一人称的视角，来给大家讲述勾践灭吴的故事。

2. 从这些人物中，请选择一个最触动你的人物，为其创作一首诗词。

3. 苦心人，天不负，卧薪尝胆，三千越甲可吞吴；有志者，事竟成，破釜沉舟，百二秦关终属楚。对联上句，讲的是越王勾践卧薪尝胆的故事。越王勾践"苦身焦思，卧薪尝胆"，砥砺身心，当然是其"吞吴"的原因之一，但显然不是全部。读了《越王勾践世家》，你还能找到哪些原因？请梳理文章，在纸上总结归纳。

这些问题的设置能够激发学生的积极性，帮助学生拓展思维，考虑到了学生语文学习的各种兴趣和能力，提炼概括能力、表演能力、诵读能力、创作能力……提问题的原则，是基于文本，为学生搭建能够展示并获得认可的舞台。

达克沃斯的诞生精彩观点理论中的"拓展性临床访谈"提到：这种方法的本质是去倾听学习者，并让我们的学生告诉我们他们的思想。这种理念不再把教学理解成为教师讲解、学生倾听的过程。恰恰相反，教学是学生讲解，教师倾听的过程。这种教学就是提供让学生诞生精彩观点的。

课堂的三个环节，每个小组都展示出了自己的特色。讲故事组有角色扮演，一个小组的学生进行了合理的想象和续写；一个小组发挥自己的特长，给自己的故事配上画，并且其中一位同学一人饰演两个角色，知道揣摩人物心理和性格，变换语气。对原因进行阐释的小组，做到了对文章内容的细致梳理与高度概括，分析层层深入。进行诗词创作的小组，一个小组创作相对成熟，并派一名写字漂亮的同学写出了本小组的词作；另一个小组创作相对欠缺，但他们借鉴了宋词创作软件，教师借机让这个小组向同学们介绍了这种软件。

在这个过程中，教师要做一个敏锐的观察者。这个观察并不是一定要对学生的表现做出定性的评价，而是重在发现问题、发现优点这样的课堂，才会不断有精彩诞生。

作者简介

黄佳佳：

语文一级教师，北京师范大学硕士，朝阳区优秀青年教师。善于研究，勤于梳理，在国家、市、区级期刊上发表论文20余篇。乐于探索和实践新的教学模式，期待能够用有特色的语文课让孩子们喜欢语文，热爱语文。

轻叩诗歌大门，聆听童心吟唱

——开展综合性学习"轻叩诗歌大门"活动有感

◎呆振洪

　　说心里话，自从人教版教材实施以来，对综合性学习活动的思考一直不很充分。原因很简单，第一，不涉及到考试内容；第二，课时安排虽有，但迫于其他教学任务完成的压力，总会不自觉地挤占了它的时间。因此虽然历经几个来回的五六年级教学，但一谈起综合性学习活动就有点儿模糊茫然不清晰的感觉，甚至有点儿心虚。

　　今年是正式来到北京中学的第一个年头，也是自己第一次带自己的六年级两个班。好久没做班主任了，多少有点儿压力，但老话说"压力就是动力"，真的不假，刚开学，我就像打了鸡血似的往上冲。

　　由于北京中学是改革实验校，教师对教材是可以根据单元主题重新组合教学的。因此在完成了第一单元——"亲近自然"单元后由散文自然就引出了散文诗歌，即六年级上册第六单元的综合性学习《轻叩诗歌的大门》。这一次我是把它当作真正的学习重点内容来对待的。具体说来是这样几个阶段：

　　第一阶段：阅读经典诗歌，召开诗歌朗诵会。为了从兴趣入手不让孩子有为难情绪，我们推荐孩子们去读《20世纪中国诗歌选》，在名家名篇的熏陶感染下，孩子们对诗歌有了表象的了解和认识。在自读自悟的基础上开启班级诗歌朗诵会，把孩子内在的晕染的灵感、对诗歌的理解用朗诵的形式积淀、内化、表达倾吐出来，在班级中形成浓浓的诗情画意的诗歌氛围。不到两节课的班级诗歌朗诵会在孩子们抑扬顿挫、起承转合的饱满情感中缓缓结束了。我更加清楚、深刻地了解孩子对语文、对文学、对诗歌的喜爱之情是多么的纯真和向往。一首首经典诗歌、一位位伟大的诗人，都如同春雨点点滴滴滋润了我和孩子们的心田。

　　在诗歌朗诵会中，大部分孩子朗诵的都是名家诗篇，这是他们初次正式直面接触诗歌。他们的兴趣刚刚被激发，一切都在萌芽中，因此还没有到自创诗歌的时候，胆量还需要有后盾做支撑才行。因此在诗歌朗诵会之后，我们正式学习诗歌单元，也就是第二阶段——鉴赏诗歌，这也是我突然领悟出来的。教材本单元安排了四首古体诗歌，四首现代诗歌，除了旨在让孩子了解古体诗歌、现代诗歌的异同之外，还停留在读懂意思读出感情吗？那这和以往的古诗学习又有何不同呢？我又仔细研读了教材，发现在古体诗歌的篇章中除了从理解诗意的角度去引导学生读懂诗歌外，还站在鉴赏诗歌的角度来引领孩子们去体会诗歌的魅力。如《春夜喜雨》的鉴赏教材就是作为一个很好的范例呈献给孩子们的，有了这个样板，老师就应该让孩子们学习如何把读懂诗歌与鉴赏诗歌相融合，自我感悟其中的味道。后面的元曲就是要求学生尝试自己鉴赏诗歌！因此学习鉴赏诗歌是六年级学习诗歌较以往的不同之处，也是本单元教学的重点和难点。后面的现代诗歌浅显易懂，它的编排目的又是什么呢？通过研读教材我发现，除了让孩子们感受古体诗歌、现代诗歌的不同之外，更重要的是潜移默化地引导学生从教材现代诗歌中发现诗歌的内容可以是多种多样的，除了写景也可以写动物、写人物、写心情、写新的发现等。形式也可以不拘一格，较古体诗歌来说现代诗歌更加自由、随性，易于表达自己的思想感情。因此在学习这部分内容时，教师就可以有意识地结合我们教学参考书附录中的关于诗歌的类型和写法，比如明喻法、排比法、拟人法、夸张法等渗透诗歌的创作方法和激发孩子的创作欲望，搭建桥梁让孩子们在"摇摇摆摆"中开始进入第三阶段，即尝试创作诗歌的成功与喜悦了！

第三阶段：学生诗歌的自我创作阶段及赏评阶段。有了前期的熏陶和学习，学生已经开始尝试自己写诗歌了。借此机会，我又上了一节诗歌鉴赏课，让孩子们把自己的诗歌和大家互相交流，从优秀诗歌中学习新的灵感去审视自己的诗歌创作。很感谢全洪姝老师，她结合群文阅读尝试补充了一节《借助写作手法，表达诗歌赞美之情》的诗歌自创赏评修改课。从名家名篇鉴赏到读同学们身边的诗歌鉴赏再到修改自己或重新创作的诗歌。这样一节大密度、大容量的课，孩子们学习得津津有味，乐此不疲，为诗歌创作完美收官。

第四阶段：我让孩子们就诗歌的发展、演变及名家名篇，尝试自己出文学常识竞赛题，开展诗歌知识竞赛活动，极大地扩充孩子的专业知识素养。这些知识涵盖诗歌发展的宽度和广度，远远超出了小学六年级的课标要求。以头脑风暴的形式为孩子献上了一场精神的盛宴。

第五阶段：学习写好活动总结。这也是六年级第一次正式学习写总结这种实用性文体，因此教师要予以重视，不能草草而过。学会写总结既是对教师教学情况的一个真实的反馈，也是学生自己的收获和反思，在日后的学习和工作中都是受益无穷的。写到此处，孩子们令人欣喜的的总结还历历在目呢！"'俗话说，书中自有颜如玉'，这话不假，但是通过《轻叩诗歌的大门》，我更想说，没有发自内心地呼唤，是不可能写出优美的诗的语言的。""虽然有时你不知道自己在写什么，但是突然的一刹那，似乎你就有了灵感。顺着这个灵感写下去，你就发现越写越好……"。

两个星期将近十节课，在某些人看来，我们可能做了很多拖沓无聊的事情。但是只有当局者才知道这其中的乐趣与收获！无论对孩子还是教师本人，只有完整经历了这个活动过程才懂得这是一件多么有意义的事情！走进其中，牵着孩子的小手叩响诗歌的大门，聆听这一首首诗歌传递出来的童声吟唱，与孩子们一起哼唱来自心灵的天籁之音，那是怎样地令人心醉！看到真实而又纯真的文字，你的眼前就会浮现出那么多可爱而又让你油然而生敬意的张张笑脸。那是真实的、与你共同存在的、有着无比珍贵价值的宝贝！

作者简介

昃振洪：

语文高级教师，北京市市级骨干教师，朝阳区学科带头人。曾获北京市优秀教师、朝阳区教育劳动奖章、朝阳区优秀教研组长等荣誉。探索通过课内学习与学科活动、课外名著阅读、习作练笔相结合的方式，把课堂还给学生，把语文还给生活。著有个人专辑《寻找梦中的桃花源》，主编《让真话在真情中闪光》习作文集。

学生作品

七彩云南

◎八年级　侯佳骐　指导教师：徐梦莹

生活在雾霾笼罩下的北京，很少见到人们能够悠闲地、漫无目的地走着，每个人的脚步都是紧张的、急促的。在如此紧张的生活节奏下，我们一路向西，去一个相隔北京两千千米的七彩世界，体会边疆的慢生活。

彩云之南，万绿之宗，这里是人间的天堂。相比北京，云南虽然面积不大，但地势相差很大，每天都演绎着风花雪月和春夏秋冬。实在无法找到合适的辞语来描述这片土地的神秘与美丽。只是，一丝迷蒙，几分清静，静下来的心渗透了独特的七彩。

云南，不同民族，不同风情，不同地势，不同人文，不同的地方带给我们的是不同的颜色。

要说黑色，我认为应该是昆明的九乡溶洞吧。正如黑色带给我的感觉：自然的神秘、历史的庄重，这里几千年来滴水石穿。漫步在这里，就像来到《西游记》里的水帘洞，不是一番梦境，而是一番仙境；就像刘禹锡笔下的洞庭湖，不是一番清脆，而是一番俊美。自然的甘泉冲刷着石壁敲击的石底，"哗——啦，哗——啦"。与现代的灯光完美结合，色彩斑斓，耀人夺目。大自然的鬼斧神工造就了这赏心悦目的瑰宝，让我们不得不叹服。

要说云南的一大特色，在我心里，那便是蓝色与白色相辉映的大理。一路上，空气有点儿稀薄，但景色很辽阔。远眺，一层若隐若现的薄雾笼罩着群山，烟波袅袅。无法饱览全部的洱海，剔透得如一块蓝水晶。走到洱海边，空气变得温柔，面对苍山，背对洱海，还有什么比这更惬意的？白雪覆盖的苍山，令人心旷神怡，与大理温暖的中午交相辉映。太阳总是淘气地和苍山躲猫猫，时而从苍山山脉间的缝隙间照射出来，使得平静的湖面霎时波光粼粼；时而躲藏在苍山后面，云雾缭绕中夹杂着难以言表之美。

从双廊回到大理古城已经是傍晚。夜色呈金黄色，不是因为那些具有清代特色的建筑，也不是因为耀眼的路灯，而是每家的屋檐下都挂着火红色的灯笼，透出淡淡的金黄。这不但不会影响古城的夜，反而更能渲染一份独有的幽静。漫步在古城，路上行人穿梭，小店依旧营业。店主很悠闲，没有人吆喝。正是这样，才让人觉得很美。

第二天，我们来到另外一个古城——丽江，不同的生活，不同的夜。

丽江古城，它是比金黄色更深的一种深棕色。古城很热闹，宽敞的两条石子路旁半载着溪水淅淅沥沥地流淌。建筑无不古色古香，一家接着一家充满文艺的店面，一如既往地无人吆喝。这不得不让我们站定，挨家挨户地看个透。虽然店面很平凡，但每个人都能沉浸其中。这里没有大城市的喧嚣，只有那样的棕色，并带有古朴的气息和宁静。这应该就是"小桥流水人家"了。

丽江的另一个地方——玉龙雪山，神圣、简洁。远观，傲然耸立的山峰上点缀片片冰川。缆车缓缓向上，渐渐揭开了雪山的面纱。一座座冰川，并未让人感觉到寒冷，反而觉得自己离太阳又进了一步。喜欢抓一把雪攥在手里，虽然在阳光下它们融化得很快，但存留在手里的冰冷，诉说着雪山的庄严。站在山顶，眺望远方，太阳是那么柔和，云朵也如棉花糖一般。山脚下是丽江普通的平民人家，一排排房屋被雪山映衬着。纳西族的屋顶是清一色的青瓦，中间勾勒白边，让人仿佛置身于梦幻的世界。这，是云南的白色！

当海拔降低到 600 米，气温骤然上升。从雪山的冰川雪地再到热带原始森林，翻新的一切正描述着一个独特的云南。

这，也是云南行最难忘的一站——灰色的野象谷。西双版纳的早上很凉，浓密丛林盘缠的各种藤蔓，参天的古树，遮挡着刚刚露脸的阳光。晨雾弥漫在眼前，空山新雨后的泥土味儿，神秘、宁静。让人没有想到的是，小象会站在溪水边迎接我们。这些可爱的小象雕塑非常逼真。树懒成双成对地趴在树上，伸着懒腰，好像很不愿意入镜似的。我们站在木桥上，脚下"哗——啦，哗——啦"传来溪水飞奔的声音，仿佛也描绘着野象谷的生活。憨态可掬的大象们训练有素。坐在它们长长的鼻子上，像是坐在摇篮里摇着，闭上眼，那样的安静，舒适。这就是野象谷，这就是西双版纳带给我的轻松，让我忘却心中的烦恼。

这次旅行，走过很多地方，它们都是那么的美。

无论是昆明的温暖，还是西双版纳的炎热；

无论是大理的寒冷，还是丽江的刺骨；

无论是彝族的淳朴，还是白族的舒缓；

无论是纳西族的优雅，还是傣族的热情；

都在述说着一个七彩的云南！

暖心暖自然

◎七年级 张 简 指导教师：熊 伟

在这个蔚蓝的星球上，存在着无数生命，有大有小，有强有弱，人类也是其中的一员，大家共同生活在自然家园里。人类是如此的渺小，却有着很多动物朋友，从猫、狗到鲸鱼、大象。对待自己的朋友和兄弟应该给予温暖和友善，然而，这些生灵面对的却是人类朋友的各种猎杀。

2016年2月1日，新浪、腾讯等新闻网站上发布了这样一则消息，六名在山林中肆意捕杀上百万只鸟的犯罪嫌疑人被判了刑。在他们捕获的小鸟中有许多都是野生保护动物，有些还是很稀有的物种，一车一车的小鸟，一动不动。他们有人说捕鸟是为了卖钱，也有人说只是为了玩或者喂自己的宠物。

中国有近万只黑熊成了"胆熊"。它们自三岁开始就被关在一个狭小的笼子里，不得动弹，有一根管子从腹部直穿进熊胆，胆汁汩汩流出。而这些黑熊则疼得惨嚎，甚至把自己的内脏都抓烂、拉扯出来。而那些人为了防止黑熊的伤口愈合，增加胆汁量，竟然不停地挑拨伤口，用针扎熊胆。就这样，一天两次，持续十几年，一直到黑熊惨死为止。于是许许多多的黑熊都会把自己的孩子生生咬死。

这样的事情不胜枚举。

国家确实采取了很多措施保护动物，但人类总会为了自己的利益不惜伤害动物朋友，从未想过动物也和我们一样，也是血肉之躯。你想象过你被朋友开膛破肚、疼得惨叫，或者狠心把自己的孩子生生杀死的场景吗？你忍心吗？如果不忍心，就请不要残害同我们一样拥有血肉之躯的动物朋友。

也许有人会说人类能驾驭自然，但我们不能否认，是自然养育了我们。我们班级的班训是"心中有他人，做一个暖心的人"，不要以为自然只是大山，自然只是草原，自然也是生命，地球也有灵魂。暖了地球母亲，也便暖了整个世界。

我们现在还是孩子，可能会对餐厅菜单上的一些野味儿有好奇心，但是我们应该克制不去品尝它们。当我们走在路上的时候，看到脚边爬过一条小虫，也请忍住不要踩死它，因为这也是生命。

就是这样，一传十，十传百，温暖能在每个人心间蔓延，渐渐染蓝了灰色的天，染绿了荒芜的沙漠，养活了孤独的鱼鸟，点开了枯萎的花草。就像病毒可以传染，善良当然也可以传播。请善待你房檐上看着不顺眼的马蜂窝，还有邻居家对着你大叫的小狗。

我很开心，因为又有许多濒危物种被拯救了——至少不是一直压抑着人心了。

老腔出新韵

◎六年级　许瑞宸　指导教师：全洪姝

"华阴老腔一声喊！"2017年春晚的舞台上，一声高亢的唱腔震惊了全场，伴随着吉他、钢琴等现代乐器，与传统的锣鼓、唢呐，甚至还有一条板凳和砖头的敲击声，谭维维用摇滚的节奏，唱起了陕西黄土高原那山旮旯的老腔，为现场和电视机前的观众们演绎了现代摇滚与古老秦腔的完美结合。这次表演令人耳目一新，十分成功，各大媒体争相报道，在社会上也引起了不小的轰动，也使原来鲜为人知的老腔走出深山，让人们认识并喜欢上了它。

不得不说，老腔之所以红，是因为有谭维维的倾情演唱以及老腔与摇滚的完美结合。相比老腔而言，现代的通俗音乐更能被我们接受，而老腔与这些音乐结合在一起，无疑为老腔添上了一抹更加绚丽的色彩。

有的新闻说："如果没有谭维维，苍凉的老腔你还听不听？"说真的，我会听，但我未必喜欢听，慷慨激昂的腔调再加上陕西特有的口音，唱出了世间百态，也唱出了陕西人放荡不羁的性格，就是这样一种文化，一种戏曲，传唱了几百年，也流传了几百年。可是时代总是在前进，人们的追求也在改变，像老腔这样悠久古老有地域特色的文化，要想与时俱进，不被时间的流沙埋葬，需要与现代文化接轨，做些创新性的改变。而音乐中同样豪放的摇滚无疑是最好的选择。

然而，有的人也在质疑这种变化，怕一些古老的文化因为这种创新改变而失去原来的味道。可是像老腔这样与音乐属性类似的摇滚相结合，就像是老树开出了新花，只要它的文化底蕴还在，形式的改变只会让它更受人欢迎，那么它的变化就是成功的。

放眼现在，像故宫的文创产品也纷纷翻新。故宫的宣传画上，有摆着剪刀手pose的康熙、面露微笑又搞怪的雍正，还有了彩色胶纸、文化T恤等小纪念品，特别受追捧。故宫还开发了多个APP，开通了微信公众号、官方微博账号等，这些现代化的技术与有着悠久历史的故宫结合在一起，让人感受到了不一样的传统文化和独特有趣的历史韵味，达到了意想不到的效果。

所以说，传统文化固然好，是我们中国人的魂，是我们中国五千多年的文化积淀。但是随着时代的变迁，我们还是要对传统文化做些创新性的改变，这不是对传统文化的不尊重，而是为了让传统文化能焕发出夺目光彩，走向世界而进行的尝试和努力。就如同老腔唱出新韵，赢得了精彩的掌声。

附录一：学生自创诗展示

千秋之下说项羽

韩路懿　指导教师：李　慧

风行峦兮清风灵，过眼云兮落太平。
秦帝王气没骊陵，项刘争霸神龙行。
高祖降世盘蛟龙，项羽起义天地铮。
沛县刘邦开盛世，会稽项家涌万英。
怀王之约分天下，二王齐意咸阳行。
高祖先取函谷关，籍公盛怒宴鸿门。
项庄樊哙皆勇武，高祖轻骑逃天夭。
楚汉争霸峰云起，鸿沟轻信败逃亡。
万人层围乌江旁，千进千出项家郎。
江东父老皆涕零，天尽亡时奈若何。
高祖称王志成城，项公豪气比鲲鹏。
从容自刎重敌中，千古流芳九洲同。
时人皆恨胜者帝，却记英豪陨滔滔。
千秋功过后人评，可怜乌骓虞姬情。

史记·咏范蠡

沈柳含　指导教师：向新良

寒秋露已凉，竹桨轻翻浪。
当年霸西越，谁能比疏狂。
功成识进退，急流知雪藏。
陶朱曾三徙，争得好景长。
留侯谋千里，未料陷无常。
古今王侯相，多少得终丧？
何如隐姓名，身退莫张扬。
扁舟一叶卷，独来嗅暗香。
功名付西子，汗青佳话传。
故人若相访，且将碧波荡。
蒹葭接苍茫，烟雨归仙乡。

临江仙·赞毛遂

周星羽　指导教师：向新良

利锥不得处囊中，
何处安放锋颖？
世间少有凌世才，
三年无人问，
唯有自图名。

拔剑而起论天下，
气吞百万雄兵。
古今豪士当如此，
莫笑吾狂负，
赤血总难平！

三国志·颂诸葛

周彦均　指导教师：向新良

当年羽扇弄东风，
裂岸惊涛乱火中。
百万残兵灰烬处，
三分赤壁一岸雄。

（师曰：周生申请别咏三国之人物，余忖度良久，微笑许之。遂出佳作如此篇！）

北京中学数学学科教研组

数学篇

　　北京中学数学课程面向全体学生，着重研究每一个学生的需要及其发展的可能性，强调学生发展的主体性、主动性。课程内容包含基础性课程和拓展性课程。基础性课程以激发学生学习兴趣、学习动机为出发点，力求全面提升学生的数学素养；拓展性课程以知识拓展、抽象思维和推理能力培养、特长培养为核心，着力于学生问题意识、应用意识和创新意识的培养，以及学生实践能力的提升，力求适应学生个性发展的需要。教学形式上，为满足学生的不同需要，采取导修、研修和自修相结合的走班制方式，并辅以微视频、项目学习等多种学习方式，为学生的数学学习带来多样的体会。

课程方案

数学学科课程方案 ①

（六至八年级）

一、学科方向

通过立体的课程框架、丰富的教学方式，以培养具有北京精神、中国气质、世界胸怀的学生为目标，在数学教学中通过基础课程的教学和拓展课程、潜能课程的实施，教会学生如何学习、共处、创新和生活。

二、课程目标

1. 总目标

（1）获得适应社会生活和进一步发展所必需的数学基础知识、基本技能、基本思想、基本活动经验。

（2）体会数学知识之间、数学与其他学科之间、数学与生活之间的联系，运用数学的思维方式进行思考，培养学生的创新精神。

（3）了解数学的价值，提高学习数学的兴趣，增强学好数学的信心，养成良好的学习习惯，使学生具有自主学习的能力。

① 《数学学科课程方案》参编人员：

申海东　王来田　赵生初　侯雪宁　胡悦　于晓青

2. 分学段目标

六年级

（1）理解百分数、有理数、单项式、多项式等有关代数式及一元一次方程等的概念，体验从具体情境中抽象出数学符号的过程；掌握分数的乘法、除法，有理数的加、减、乘、除、乘方等运算（包括估算）技能；探索具体问题中的数量关系和变化规律；掌握用代数式、方程表示数量关系及求解一元一次方程的方法。

（2）探索圆、扇形、圆柱、圆锥等基本几何图形中的图形元素的数量关系、位置关系及基本特征；掌握圆的半径、圆柱与圆锥的高的测量；掌握圆柱表面积与体积、圆锥体积的计算方法；形成初步的空间观念。

（3）经历数据收集、整理和分析的过程，掌握扇形统计图、折线统计图等数据处理的技能，培养有效获取信息的意识与能力。

（4）初步形成通过实例探索数学结论的思维方式，在多种形式的数学活动中，发展合情推理与演绎推理的能力；在解决数学问题的过程中，培养学生克服困难的勇气、发现问题和提出问题的意识与质疑精神，使学生养成良好的数学学习的习惯，体验数学的价值。

七年级

（1）理解实数、分式、一元一次方程与二元一次方程组、不等式与不等式组等概念；掌握整式乘法、分式运算、二次根式的运算技能，提高学生借助具体问题的数学背景，抽象出数量关系、变化规律及数学符号的能力；掌握用整式、分式、一元一次方程与二元一次方程组、不等式与不等式组进行表述的方法，体会模型思想。

（2）探索并理解线段、射线、直线、平行线、三角形等基本图形的基本性质与判定、图形中图形元素的位置关系及图形的平移与轴对称，掌握基本的证明方法，进一步发展空间观念，初步建立几何直观。

（3）体验数据收集、处理、分析和推断的过程，理解抽样方法；体验用样本估计总体的过程，理解频率。

（4）初步形成借助实例及数学背景探索数学结论的思维方式，培养发现问题、提出问题的意识与能力，培养学生合情推理与演绎推理的能力。

八年级

（1）理解一元二次方程、函数、一次函数、反比例函数、二次函数等概念；掌握一元二次方程的解法，一元二次方程根的判别式及根与系数的关系，一次函数、反比例函数、二次函数解析式的确定方法；感受一次函数与一元一次方程与二元一次方程组的关系；体会模型思想。

（2）探索并理解平行四边形、圆及正多边形等基本图形的基本性质与判定，图形中图形元素的位置关系及图形的旋转、图形的相似及三角函数，进一步熟悉基本的证明方法，发展空间观念，建立几何直观。

（3）借助收集、整理得到的数据，体验平均数、众数、中位数、方差的统计意义，掌握计算简单事件概率的方法。

（4）进一步发展借助实例及数学背景探索数学结论的思维方式，培养学生发现问题、提出问题的意识与能力，培养学生合情推理与演绎推理的能力。

三、实施路径

通过数学课程体系促进学生全面、自由、个性地发展。

（1）通过国家课程，达到国家课程标准的目的。

（2）通过拓展课程，激发学生不同的数学兴趣，达到拓展数学视野的目的。

（3）通过潜能课程，为在数学上有特别兴趣的学生提供支持。

四、课程内容

1. 国家课程

学段	章	节	课时
六年级 第一学期（94）	**六上** 第1章 分数乘法（12）	1.1 分数乘法	6
		1.2 解决问题	5
		整理和复习	1
	第2章 位置（3）	位置	3
	第3章 分数除法（11）	3.1 倒数的认识	1
		3.2 分数除法	9
		整理和复习	1
	第4章 比（4）	比	4
	第5章 圆（13）	5.1 圆的认识	2
		5.2 圆的周长	2
		5.3 圆的面积	5
		5.4 扇形	1
		整理和复习	2
		确定起跑线	1
	第6章 百分数（9）	百分数（一）	9
	第7章 统计（2）	扇形统计图	2
	第8章 数学广角（2）	数与形	2
	第9章 总复习（4）	总复习	4
	六下 第1章 负数（2）	负数	2
	第2章 百分数（5）	百分数（二） 生活中的百分数	5
	第3章 圆柱与圆锥（9）	3.1 圆柱	6
		3.2 圆锥	2
		整理和复习	1
	第4章 比例（15）	4.1 比例的意义和基本性质	4
		4.2 正比例和反比例	4
		4.3 比例的应用	5

续表

学段	章	节	课时
六年级第二学期（69）		整理和复习	1
		自行车里的数学	1
	第5章数学广角（3）	鸽巢问题	3
	第1章有理数（19）	1.1 正数和负数	2
		1.2 有理数	4
		1.3 有理数的加减法	4
		1.4 有理数的乘除法	4
		1.5 有理数的乘方	3
		数学活动小结	2
	第2章整式的加减（8）	2.1 整式	3
		2.2 整式的加减	4
		数学活动小结	1
	第3章一元一次方程（19）	3.1 从算式到方程	4
		3.2 解一元一次方程（一）——移项与合并	4
		3.3 解一元一次方程（二）——去括号与去分母	4
		3.4 实际问题与一元一次方程	5
		数学活动小结	2
	第8章二元一次方程组（12）	8.1 二元一次方程组	1
		8.2 消元——解二元一次方程组	4
		8.3 实际问题与二元一次方程组	3
		8.4 三元一次方程组解法	2
		数学活动小结	2
	第9章不等式与不等式组（11）	9.1 不等式	3
		9.2 一元一次不等式	4
		9.3 一元一次不等式组	2
		数学活动小结	2

学段	章	节	课时
七年级 第一学期（72）	第4章 几何图形初步（16）	4.1 几何图形	4
		4.2 直线、射线、线段	3
		4.3 角	5
		4.4 课题学习与制作长方体形状的包装盒	2
		数学活动小结	2
	第5章 相交线与平行线（14）	5.1 相交线	3
		5.2 平行线及其判定	3
		5.3 平行线的性质	4
		5.4 平移	2
		数学活动小结	2
	第6章 实数（7）	6.1 平方根	3
		6.2 立方根	2
		6.3 实数	2
	第7章 平面直角坐标系（7）	7.1 平面直角坐标系	3
		7.2 坐标方法的简单应用	3
		数学活动小结	1
	第10章 数据的收集、整理与描述（10）	10.1 统计调查	3
		10.2 直方图	3
		10.3 课题学习：从数据谈节水	2
		数学活动小结	2
	第11章 三角形（7）	11.1 与三角形有关的线段	2
		11.2 与三角形有关的角	3
		11.3 多边形及其内角和	2
	第25章 概率初步（11）	25.1 随机事件与概率	3
		25.2 用列举法求概率	3
		25.3 用频率估算概率	3
		数学活动小结	2

学段	章	节	课时
七年级 第二学期（72）	第 12 章 全等三角形（11）	12.1 全等三角形	1
		12.2 三角形全等的判定	6
		12.3 角的平分线的性质	2
		数学活动小结	2
	第 13 章 轴对称（14）	13.1 轴对称	3
		13.2 画轴对称图形	2
		13.3 等腰三角形	5
		13.4 课题学习最短路径问题	2
		数学活动小结	2
	第 14 章 整式的乘法与因式分解（14）	14.1 整式的乘法	6
		14.2 乘法公式	3
		14.3 因式分解	3
		数学活动小结	2
	第 15 章 分式（15）	15.1 分式	4
		15.2 分式的计算	6
		15.3 分式方程	3
		数学活动小结	2
	第 16 章 二次根式（9）	16.1 二次根式	2
		16.2 二次根式的乘除	2
		16.3 二次根式的加减	3
		数学活动小结	2
	第 17 章 勾股定理（9）	17.1 勾股定理	4
		17.2 勾股定理的逆定理	3
		数学活动小结	2

续表

学段	章	节	课时
八年级 第一学期（77）	第18章 平行四边形（15）	18.1 平行四边形	7
		18.2 特殊的平行四边形	6
		数学活动小结	2
	第19章 一次函数（17）	19.1 变量与函数	6
		19.2 一次函数	7
		19.3 课题学习选择方案	2
		数学活动小结	2
	第20章 数据的分析（12）	20.1 数据的集中趋势	6
		20.2 数据的波动程度	2
		20.3 课题学习体质健康测试中的数据分析	2
		数学活动小结	2
	第21章 一元二次方程（13）	21.1 一元二次方程	1
		21.2 降次——一元二次方程的解法	7
		21.3 实际问题与一元二次方程	3
		数学活动小结	2
	第22章 二次函数（12）	22.1 二次函数的图像和性质	6
		22.2 用函数观点看一元二次方程	1
		22.3 实际问题与二次函数	3
		数学活动小结	2
	第26章 反比例函数（8）	26.1 反比例函数	3
		26.2 实际问题与反比例函数	3
		数学活动小结	2

学段	章	节	课时
八年级 第二学期 (61)	第23章 旋转 (9)	23.1 图形的旋转	2
		23.2 中心对称	3
		23.3 课题学习 图案设计	2
		数学活动小结	2
	第24章 圆 (16)	24.1 圆	5
		24.2 点和圆、直线和圆的位置关系	5
		24.3 正多边形和圆	2
		24.4 弧长和扇形面积	2
		数学活动小结	2
	第27章 相似 (14)	27.1 图形的相似	2
		27.2 相似三角形	7
		27.3 位似	3
		数学活动小结	2
	第28章 锐角三角函数 (12)	28.1 锐角三角函数	6
		28.2 解直角三角形及其应用	4
		数学活动小结	2
	第29章 投影与视图 (10)	29.1 投影	2
		29.2 三视图	4
		29.3 课题学习 制作立体模型	2
		数学活动小结	2

2. 选修课程

时间	课程	内容	目标
六上	好玩的数学	针对中小衔接	激发兴趣为主
六下	身边的数学（1）	主要以本学期教学内容为主	针对中考增加深度和广度
七上	身边的数学（2）	主要以本学期教学内容为主	针对中考增加深度和广度
七下	身边的数学（3）	主要以本学期教学内容为主	针对中考增加深度和广度
八上	身边的数学（4）	主要以本学期教学内容为主	针对中考增加深度和广度
八下	身边的数学（5）	主要以本学期教学内容为主	针对中考增加深度和广度

五、教学方式

1. 教学方式

（1）基于微视频的自主学习。

（2）基于自主阅读的自主学习。

（3）基于问题背景的探究性学习。

2. 走班设置

类别 ＼ 项目	自修	研修	导修
学习内容	1. 至少完成规定的学习任务； 2. 自主完成每个单元知识网络的梳理； 3. 课外必读中小学数学教育报及相关数学期刊； 4. 阅读与学科相关的推荐书籍； 5. 通过阅读至少写出一篇数学小文章	1. 至少完成规定的学习任务； 2. 自主完成单元知识网络的梳理； 3. 课外必读中小学数学教育报及相关数学期刊； 4. 阅读与学科相关的推荐书籍	1. 至少完成规定的学习任务； 2. 在教师指导下完成单元知识网络的梳理； 3. 课外必读中小学数学教育报； 4. 阅读与学科相关的推荐文章

续表

类别 \ 项目	自修	研修	导修
学习要求	1. 积极、主动、出色地完成学习任务； 2. 通过学习写出每个章节的学习经验、学习认知与思维发展等体会。	1. 能积极、主动、出色地完成学习任务； 2. 通过学习写出学习经验、学习认知与思维发展等体会	1. 在教师指导下，自觉、主动地完成阶段学习； 2. 通过学习写出学习经验、学习认知与思维发展等体会
作业要求	1. 进阶式习题 A、B、C 组全做； 2. 自觉、主动、及时思考作业出现错误的原因并改正错误，建立错题本	1. 进阶式习题 A、B、C 组全做； 2. 自觉、主动、思考作业出现错误的原因并改正错误，建立错题本	1. 进阶式习题 A、B 组全做，C 组选做； 2. 及时总结作业出现错误的原因并改正错误，建立错题本
教与学的方式	教师答疑	教师答疑为主；平均授课时间一般为课时的 15%~20%；以自主学习为主。	教师点拨为主；平均授课时间一般为课时的 20%~30%；以自主探究与合作学习为主
测试要求	参加阶段调研；参加有关的数学竞赛；参加学科拓展测试	参加阶段调研；参加有关的数学竞赛；参加学科拓展测试	参加阶段调研；自愿参加有关的数学竞赛；参加学科基础测试
学科活动	参加所有数学活动	参加所有数学活动	参加所有数学活动
选课要求	星级评价为五星	星级评价为四星或五星	星级评价为一、二、三、四星

六、主题活动

名称	内容	参与年级	实施人
项目学习	几何初步——家居制作平面 直角坐标系——寻宝	六年级 七年级	各年级 任课教师
数学讲堂	走进创新——数学的奥秘	所有	外聘专家
数学竞赛	北京中学"数学竞赛"	所有	各年级 任课教师
数学阅读分享	数学经典系列丛书	所有	各年级 任课教师

七、评价机制

1. 月星级评价

姓名	课堂表现及考勤	课后作业	错题本	数学竞赛	微视频观看记录	章节网络图	月评价

2. 基于月度累积的学期星级评价

序号	项目名称	评价内容	评价时间	评价占比
1	作业	日常作业	每天	25%
2	章节概念图	章节概念图	章节开始前	5%
3	章节检测	测试题	章节末	20%
4	期中检测	测试题	期中	20%
5	期末检测	测试题	期末	30%

八、课程成果

1. 国家课程同步微视频资源。
2. 国家课程同步进阶式习题。
3. 数学拓展课程教材的编辑。
4. 创办北京中学的数学报。

九、教研机制

1. 为保证教学进度的一致性，年级备课组每天活动，主要内容为说课、备课、讨论教材等。

2. 为了把握学科整体走向，数学教研组隔周活动，主要内容为反馈学生学习情况，交流对教材的分析。

3. 为了推进教学方式的变革，数学教研组每月进行一次主题研讨。

十、资源需求

专家进校指导，学生数学竞赛，数学图书购买。

研究论文

中学数学教学创新能力培养的策略

◎申海东

新课程标准强调，在数学课堂教学中，要加强学生思维创新能力的训练，促使学生形成良好的思维习惯。在教学过程中，教师要借助数学教学内容，从学生已有的经验出发，让学生抓住问题的关键；让学生在解决问题的过程中拓展发散思维；让学生在解决问题的过程中，找到解决问题的兴趣，调动学生的表现欲望和探究欲望，使学生在解决问题的活动中表现自己；让学生在发现问题、解决问题的过程中，提高自己的创新能力。

数学作为一门科学性学科，是促进学生全面发展的重要组成部分，与人类社会的发展息息相关。数学教育既要使学生掌握现代生活和学习中所需要的数学知识与技能，更要发挥数学在培养人的理性思维和创新能力方面不可替代的作用。所以，在教学过程中，教师要鼓励学生自己发现和提出问题，要让创新贯穿于整个数学学习过程。

一、鼓励学生发现问题，培养创新意识

随着新课程改革的发展，数学课程标准指出，一切教师活动要围绕着学生进行，教师要把学生放在主体地位。要培养学生的问题意识，提高学

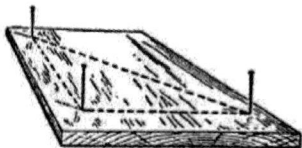

生的创造能力。然而，学生已经习惯了对教师的依赖，已经习惯了接受教师整理好的知识，甚至即使有些学生提出不同的观点，发现新问题，也会被教师无情地压下去，致使学生不愿意去探究新的方法，不愿意表达自己的想法，等等。所以，在教学过程中，教师要转变自己的观念，重视培养学生的创新意识，鼓励学生在学习数学的过程中发现问题，给学生营造一个"发现问题—提出问题—解决问题"的环境，提高学生的创新意识。

二、激励学生在生活中发现问题，并寻找方法

生活中处处有数学知识，数学与生活有着密切的联系，而且数学教材在内容选择上也非常注重与生活的联系，有助于学生体验、理解与探索。在教学过程中，教师要引导学生将生活中的问题抽象成和数学有关的问题，使学生在发现生活中存在的问题后，发挥自己的创新能力，找到解决这些问题的方法。

例如，在生活中要想测量一根旗杆的长度、测量河的宽度等，都可以借助三角形的相似。测量河面宽度的方法很多，这里只举一个最简单的例子。

我们可以利用等腰直角三角形的性质，自己制作一个简单的小仪器三针仪。三针仪很容易制作，只需要一块木板和三枚大头别针。在随便什么样的木板上甚至在有一面光滑的树皮上，画出一个等腰直角三角形，然后把三枚大头别针钉牢在这个三角形的三个顶点上。如果在制作的时候，手头没有三角板，无法绘出正确的直角，也没有圆规，无法绘出等长的两边，那么你可以把一张纸片先对折一次，再横过来对折一次，就得到直角了。这张纸片同时还可以代替圆规，来量出相等的距离。

譬如，我们站在河的一岸上的点 B 处，想不过河就测出河面 AB 的宽度。测量的时候，你站在岸边的某一点 C 处，把制作好的三针仪放在眼前，用一只眼向外瞄去，使 A、B 两点恰好都被三针仪上 A'、B' 两枚大头别针所遮住。显然，这个时候你站立的位置恰好是在 AB 的延长线上。现在，保持三针仪的位置不变，眼睛沿三针仪上 B'、C' 两枚大头别针的方向向前望去（和刚才所望的方向垂直），找到某一点 D，被 B'、C' 两枚大头别针所遮住。这就是说，这个 D 点的位置就在和 AC 线相垂直的直线上。之后，把一个橛钉在 C 点上。然后带着你的三针仪离开 C 点沿 CD 线走去，直到在 CD 线上找到这样一点 E，使你从那里能同时看到大头别针 B' 恰好遮住 C 点的木橛，而大头别针 A' 恰好遮住 A 点。这就是说，你在河的两岸上找到了一个三角形 ACE 的三个顶点，其中 C 角是个直角，$\angle AEC$ 等于三针仪的一个锐角，也就是等于直角的一半。很显然，$\angle A$ 角也必然等于直角的一半，因此 $AC=CE$。这样你如果量出了 CE 的距离（可以用脚步度量），就可以知道 AC 的距离，然后减去 BC，就测出河面的宽度了。

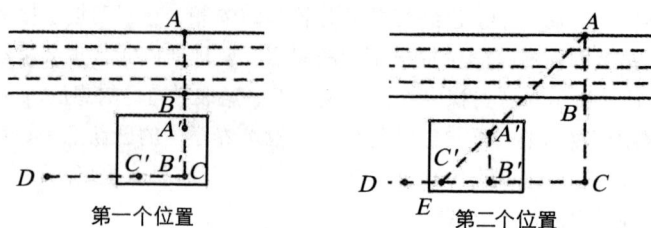

第一个位置　　　　　　　第二个位置

所以，在学习过程中，要让数学知识回归生活，让学生切实感受到在生活中能探究数学理论，以提高学生学习数学的兴趣。

三、探究问题，培养学生的求异思维

"一千个读者就有一千个哈姆雷特"。其实，不论哪门学科都一样，看问题的角度不同，思考问题的方式不同，势必会形成不同的思路。在数学学习中，每个知识点之间都有着十分密切的联系，学生思考的思路不同，找到的解题思路也就不尽相同，尽管有的方法比较麻烦，有的方法比较简单，但结果是一样的。所以，在解题过程中，教师不要随意否定任何学生的学习方法。相反，教师要鼓励那些采用新方法的学生，让学生在得到鼓励的同时，积极地探究问题，提高学生的求异思维，使学生得到更好的发展。

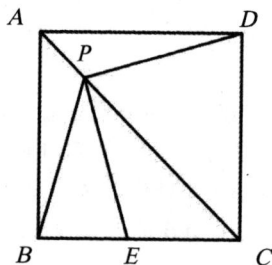

例如：如图，P 是正方形 $ABCD$ 对角线 AC 上一点，点 E 在 BC 上，且 $PE=PB$.

（1）求证：$PE=PD$；

（2）连接 DE，试判断 $\angle PED$ 的度数，并证明你的结论。

此题的第一问通过全等很容易就可以证得，第二问判断 $\angle PED$ 的度数，并证明结论的过程中方法就不是单一的，每个学生解决问题的方法就可能不一样了。

方法一：可以直接利用四边形的内角和等于 $360°$，求得 $\angle PED = 45°$。

具体证明如下：

证明：$\because$ 四边形 $ABCD$ 是正方形，

$\therefore \angle BCD = 90°$。

$\because \triangle PBC \cong \triangle PDC$，$\therefore \angle PBE = \angle PDC$。

$\because PE=PB$，$\therefore \angle PBE = \angle PEB$。

$\therefore \angle PEB = \angle PDC$。

又$\because \angle PEB + \angle PEC = 180°$，

$\therefore \angle PDC + \angle PEC = 180°$。

$\therefore \angle EPD = 360° - (\angle BCD + \angle PDC + \angle PEC) = 90°$。

又$\because PE=PD$，

$\therefore \angle PED = 45°$。

方法二：延长 EP 交 AD 于点 F，可证$\angle FPD = 90°$，再由等腰直角三角形的性质可得$\angle PED = 45°$。

方法三：过点 P 分别作 DC、BC 的垂线，利用全等可得$\angle EPD = 90°$，再由等腰直角三角形的性质可得$\angle PED = 45°$。

由上题可以看出，直接证明或添加不同的辅助线，导致学生的解法不相同。所以，在教学过程中，教师要积极开阔学生的思维，鼓励学生用多种方法解决问题，培养学生的创新意识，引导学生多角度、全方位地观察问题、分析问题，找到解决问题的最佳途径。这样有利于培养学生灵活处理数学问题的能力，从而提高学生的创新能力。

四、在评价中鼓励学生质疑

有人曾经说："教学的艺术并不只是在于传授，而是在于鼓励、唤醒和鼓舞。"由此可以看出，在教学过程中，教师不仅是知识的传授者，还扮演着欣赏者的角色。教师要学会欣赏学生，学会发现学生的闪光点，并对其进行鼓励的、肯定的评价，让学生在教师的鼓励和肯定的评价中，培养质疑的意识。而且，教师在学生提出问题之后，不管是简单的问题还是以前强调过的问题，都要给予全面客观的评价，让学生在民主、和谐的环境中找到探究学习的兴趣点，培养学生的质疑精神，促进学生思维的发展。

教学中关注创造性解决问题能力的培养并不意味着排斥一般性问题的解决，更不排斥知识的获取与传授。相反，创造性地解决问题需以它们为基础。获取新知识本身也是解决问题的过程，因为它也是填补新知识与认知结构中的旧知识之间的空缺的过程。创造力的培养不否定知识的掌握，培养创造性问题解决的能力，也不否定一般问题解决能力的培养。

关注培养创新精神与问题解决能力的教学，还需要求教师营造民主、宽松、开放的学习环境，发挥学生的主体性，尊重个性，弘扬创新；提倡质疑提问，学会多维度思考问题，鼓励别出心裁；引导学生参与实践活动，走出课堂，走向生活，以便学会开创未来。

【参考文献】

[1] 陈琦，刘儒德.当代教育心理学：第2版[M].北京：北京师范大学出版社，2007.

[2] 吕传汉，汪秉彝.再论中小学"数学情境与提出问题"的数学学习[J].数学教育学报，2002，11（4）.

[3] 毛建国.新课程与"情境－问题"为伴[J].数学通报，2006，45（11）.

作者简介

申海东：

　　数学高级教师，朝阳区学科带头人，区兼职教研员。系统开发录制微视频，多次承担市级录像课，教育教学论文20多篇获市级以上奖项，10多篇发表于市级、国家级刊物。辅导学生多次在国家级、市级竞赛中获奖，并获得"金牌教练员"称号。

如何用运动变化的观点认识初中
几何课程中的几何变换与三角形全等

◎赵生初

一、用几何变换的观点认识几何课程是数学发展的本质体现

古埃及人在丈量土地的实践中积累起来的几何知识"出口"到希腊，经泰勒斯、毕达哥拉斯、柏拉图、欧几里得等人的"加工"，开创了以几何为核心内容、以论证为主要方法、以《几何原本》为主要代表的论证数学的典范。以《几何原本》为代表的古希腊数学将逻辑学引入几何，开创了用定义、公理（也包括公设）、定理来阐释几何的公理化逻辑论证的先河，使以逻辑推理能力为主要表现的理性精神得到显现。

但是古希腊几何却缺乏对于运动的阐释，尽管欧几里得在《几何原本》的第Ⅰ卷证明命题4[1]（相当于我们现在初中几何课程中的三角形全等的SAS判定及全等三角形的性质）时已经明确意识到几何图形的讨论需要借助"移动""叠加（或重合）"等运动变化的思想，但《几何原本》并没有真正建立起运动变化的观念，整个《几何原本》并没有从图形运动变化的角度来认识几何图形及几何问题。《几何原本》中关于几何图形的数量及位置关系的讨论完全是通过静止地、技巧地构造三角形全等的方法来展开的。

数学的历史发展表明，在解析、分析及集合论、群论的基础上发展起来的几何变换可以有效地解决传统欧氏几何课程中的上述不足。把几何变换引入传统欧氏几何既能保持欧氏几何在论证上的优点，又能很好地克服欧氏几何因缺乏运动变换的观念而带来的困难。

1872年，克莱因在《爱尔兰根纲领》中将几何变换用于认识欧氏几何，促成了人类对几何本质的深刻认识："一种特定的几何学就是研究图形在一个特定的变换群下维持不变的那些性质的学问。例如，平面的欧氏几何，是那些图形性质在旋转、平移、镜射以及相似性下维持不变的研究。因此，当两个三角形全等时，如果由一个对称、一个平移、一个旋转，以及可能是一个镜射的组合，其中一个

可以变换到另一个。"[2]"根据我于《爱尔兰根纲领》中提出的基本原则，几何学中的不同方向采用的起始公设就可以这样来表征，即它们都是处理某个简单的线性变换群的不变理论。"[3]

对于集合 S 和它的一个变换群 G，对于 S 中的两个子集 A、B，如果存在 G 中的一个变换 f，使得 $f(A)=B$，那么就称集合 A 与 B 等价，记作 $A \Leftrightarrow B$。由于"$\Leftrightarrow$"满足反身性、对称性和传递性，因而"$\Leftrightarrow$"构造了一个等价关系。于是，我们就可以对集合 S 按"$\Leftrightarrow$"进行分类，所有等价的子集归为一类，而不等价的子集则归于不同的类，集合 S 中的每个元素都恰好归于一个类。这样集合 S 就可以称为一个空间，这个空间中的每一个元素就可以称为一个点，它的子集则称为一个图形。等价的图形归于同一个等价类，于是同一类里的所有图形所共有的几何性质和几何量就是这个变换群下的不变性与不变量。反过来，图形在这个变换群中一切变换下的不变性和不变量必定是同一个等价类中一切图形所共有的性质。

于是，利用变换群的观点来讨论或研究相应的几何学：对于给定的一个集合及其在此集合上的一个变换群，则在这个空间内对于此群的所有不变性及不变量的讨论或研究就称其为这个空间中的几何学，且称这个群为这个几何学所对应的变换群。这样，一个变换群就相应地有一个在此群作用下的不变性与不变量理论所构成的几何学。在射影变换下构成射影几何，在仿射变换下构成仿射几何，在正交变换（或等距变换）下构成欧氏几何。

由于欧氏平面上的正交变换构成群，因此可以利用正交变换建立合同（全等）概念，即一个图形与经过正交变换所得到的对应图形合同。这样两个图形之间的合同关系自然具有反身性、对称性和传递性，因此两个图形之间的合同关系是一个等价关系。于是，欧氏平面上的所有图形都可以根据这个关系来进行分类，所有合同的图形属于同一个等价类，这样欧氏几何就成为研究同一等价类里一切图形所共有的性质的学科，图形关于正交变换群下的不变性、不变量所构成的所有命题就自然构成欧氏几何的研究内容。

可见，从几何变换的观点来认知几何，不仅几何的本质能够得到深刻的揭示，而且从几何变换的观点出发来揭示几何，还能很好地沟通几何与现代数学的联系，有力地消除欧氏几何的"孤岛"效应，亦如史宁中所说："……把变换的思想讲了，……这样就（能）克服两个缺点：知识陈旧和不直观的问题。"[4]几何变换的思想拓宽了我们认知初中几何课程的视野，用几何变换的方法来处理初中几何课程是"把教学建立在现代数学的思想基础上，使中学课程的风格和语言接近于现代数学的风格和语言，使学生的思维向现代数学思维发展"[5]的一个显著体现，已经越来越受到重视。

用几何变换来处理初中几何课程在 21 世纪各国的几何课程中都得到了普遍认同，英国（1999）、中国（2001）、俄罗斯（2003）、德国（2003 - 2004）、荷兰（2004）、法国（2008）、美国（2010）、澳大利亚（2011）等国先后公布的课程标准或相关文件都明确规定了有关几何变换的课程内容[6]。

二、如何阐释初中几何课程中的几何变换

1. 叠合是阐释初中几何课程中的几何变换的有效手段之一

由于初中学生的认知水平、心理、生理、知识基础等多方面的限制，在初中阶段不可能完全地用现代数学中的变换方法来彻底改造初中数学中的几何课程，但从希尔伯特的《几何基础》来看，可以借助初中学生能够理解，也能接受且易于操作的叠合（或重合）来实现初中几何课程中的几何变换，而且这样处理课程同样具有几何变换的内在本质。

我们完全可以从希尔伯特的《几何基础》中的公理化思想出发，借助《课程标准》中所规定的基本事实或公理中的前五个（见附录），借助图形的叠合来实现初中几何课程中的几何变换。

"叠合"可以当作初中几何课程中一个"原始概念"。一方面，叠合的思想或方法借助学生的生活经验和操作实践完全可以被学生所接受；另一方面，从群论的角度来看，叠合本身也满足反身性（一个图形自身与自身能够完全叠合）、对称性（甲图形与乙图形能够完全叠合在一起，那么乙图形显然也能够和甲图形完全叠合在一起）和传递性（甲图形和乙图形能够完全叠合在一起，乙图形和丙图形也能完全叠合在一起，那么甲图形和丙图形显然也能完全叠合在一起）。这说明两个图形之间的叠合是一个等价关系。

这样就可以对欧氏平面上的图形按叠合进行分类，所有等价的图形归为一类，不等价的图形则归于不同的类，欧氏平面上的每个图形都恰好归于一个类。此外，图形叠合能保证恒等变换（即一个图形在原地不动）、一次变换的逆变换（即一个图形由第一个位置运动变化到第二个位置后能够与这个位置上的图形叠合在一起。反过来，这个图形从第二个位置运动变化到第一个位置依然能够和第一个位置上的图形叠合在一起）及变换的合成（连续实施两次几何变换后依然能够使得第一个位置上的图形和第三个位置上的图形叠合在一起）均成立。这样借助叠合所实现的几何变换自然构成群。

这样，借助图形的运动变化所实现的图形的叠合完全符合变换群意义下的几何学。因此，初中几何课程完全可以在这样的方式下讨论几何变换前后图形与图形之间的不变性和不变量。

事实上，如果把几何图形看成点的集合，那么一个图形经过轴对称、平移、旋转等运动变化，前后的两个图形之间完全能够建立起点与点之间的一一对应关系，进而构成一一变换，而所有一一变换正好组成变换群。

2. 用叠合阐释初中几何课程中的几何变换的意义

线段的长短比较、角的大小比较、三角形全等都可以借助图形的叠合来帮助

学生认知，于是原本静止的图形就可以借助动手操作（如借助折纸来认识轴对称，通过纸片的转动来认知图形的旋转，通过纸片的推动来认识图形的平移）或可视化动态教学软件的演示（如《几何画板》《超级画板》可以生动形象、直观地演示图形的轴对称、旋转、平移）来帮助学生认识两个图形之间的叠合。这样关于几何图形及其性质的认识、关于几何问题的论证就可以变静止为运动，在操作、演示的过程中直观、形象地帮助学生借助几何变换来认识，既让学生观察了几何变换的过程，又让学生在观察、实践中实实在在地体会到了几何变换前后图形的叠合及其相应的几何变换下所存在的几何不变性与不变量。同时，在操作、演示的过程中结合《课程标准》中公理或基本事实 1～5 还能进行推理或论证训练，培养学生的理性精神，把几何变换过程中所揭示出的有关合情推理的结果与几何论证有机地结合起来。

三、如何用几何变换的思想认识初中几何课程中的三角形全等

1. 如何用几何变换的思想认识两个全等三角形之间的重合

一般来说，初中教科书中都只是简单地指出"能够完全重合的两个三角形叫做全等三角形"，但是到底如何才能实现处于任意位置上的两个全等三角形之间的重合呢？下面，我们从几何变换的角度来讨论。

（1）仅借助轴对称来实现两个全等三角形之间的重合。任意两个全等三角形，都可以借助不超过三次轴对称使得其中一个三角形与另一个三角形完全重合。如图 1，$\triangle ABC$ 和 $\triangle A'B'C'$ 是同一平面内的两个全等三角形，且 $AB=A'B'$，$BC=B'C'$，$AC=A'C'$。由于 A 和 A' 是一对对应点，于是在作线段 AA' 的垂直平分线 s_1 后作 $\triangle ABC$ 关于直线 s_1 的对称三角形 $A'B_1C_1$，于是有 $A'B_1=AB$，进而有 $A'B_1=A'B'$，$AC=A'C_1$；现再次作线段 B_1B' 的垂直平分线 s_2（显然 s_2 必然经过 A'），并作 $\triangle A'B_1C_1$ 关于直线 s_2 的对称三角形 $A'B'C_2$，于是 $A'C_1=A'C_2$，从而 $A'C_2=A'C'$，同理有 $B'C_2=B'C'$。

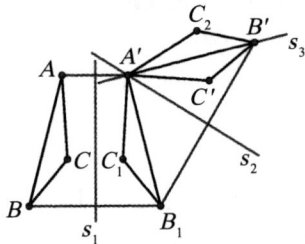

图 1

由于 $\triangle A'B'C_2$ 与 $\triangle A'B'C'$ 有两点 A' 与 B' 重合，因此如果 C_2 与 C' 不重合，那么由 $A'C_2=A'C'$ 及 $B'C_2=B'C'$ 知 C_2 与 C' 关于直线 $A'B'$ 对称；

这样△$A'B'C_2$与△$A'B'C'$关于直线$A'B'$对称，于是将△$A'B'C_2$沿直线$A'B'$再作一次轴对称就能有效实现与△$A'B'C'$重合。这表明两个全等三角形其中的一个经过三次轴对称变换就可以与另一个实现完全重合。

如果C'与C_2已经重合，甚至B_1已经与B'重合，则只需要经过两次甚至仅一次轴对称变换，即可将其中的一个三角形与另一个三角形实现完全重合。

（2）借助平移、旋转或轴对称实现两个全等三角形之间的重合。为了便于后面的叙述，我们先引用如下两个关于三角形排列的基本概念。

对于两个全等三角形来说，如果一个三角形的三个顶点与另一个三角形的三个顶点不仅排列顺序相同，而且排列方向也相同，那么我们称这样的全等三角形为第一类全等三角形。比如经过旋转或平移所得到的两个三角形总是第一类全等三角形，因为A,B,C和A',B',C'在排列时都是逆时针方向或都是顺时针方向。

两个全等三角形，如果它们的三个顶点之间的排列顺序相同，但排列方向相反，那么我们称这样的全等三角形为第二类全等三角形。比如，经过一次轴对称变换所得到的两个三角形就是第二类全等三角形，因为A,B,C按逆时针方向排列时，它们的对应点A',B',C'却按顺时针方向排列。

第一类全等三角形或者借助平移或者借助旋转即可实现第一个三角形与第二个三角形之间的重合。而第二类全等三角形或者借助先平移再轴对称可以实现这两个三角形之间的重合，或者借助先旋转再轴对称可以实现两个三角形之间的重合。

如图2，设△ABC和△$A'B'C'$是同一平面内的两个全等三角形，A、A'，B、B'和C、C'分别为它们的对应点。为了叙述方便，暂没有画出第三对对应点C与C'。

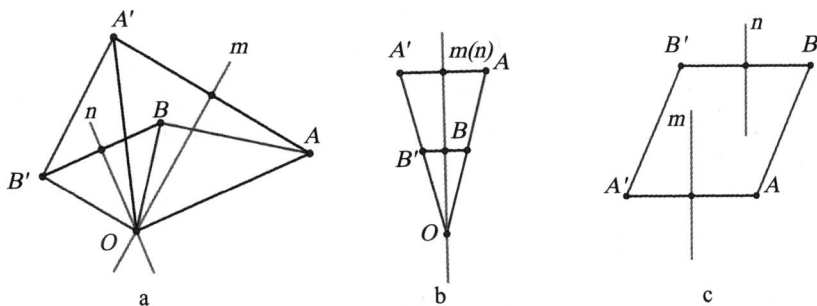

图2

连接AA'，BB'，并分别作它们的垂直平分线m和n，当这两条垂直平分线相交时设其交点为O，如图2-a。因$OA=OA'$，$OB=OB'$，且$AB=A'B'$，故△$AOB \cong$△$A'OB'$，于是$\angle AOB=\angle A'OB'$，从而$\angle AOA'=\angle BOB'$，这表明以O为中心，以$\alpha=\angle AOA'=\angle BOB'$为旋转角把$A$，$B$分别旋转至$A'$，$B'$。

如果线段 AA' 和 BB' 的垂直平分线 m 和 n 重合，如图 2-b。于是 AA' 和 BB' 平行，AB 和 $A'B'$ 关于 m（或 n）对称，直线 AB 和 $A'B'$ 交于 m（或 n）上的一点 O，绕点 O 以 $\alpha=\angle AOA'$ 为旋转角把线段 AB 旋转至 $A'B'$。

如果线段 AA' 和 BB' 的垂直平分线 m 和 n 平行，如图 2-c。这时 AA' 和 BB' 平行，且 AB 和 $A'B'$ 也互相平行，这时沿 AA' 方向就可以把 AB 平移至 $A'B'$。

上述三种情况说明，经过旋转或平移能够使得全等的 $\triangle ABC$ 和 $\triangle A'B'C'$ 的一组对应边 AB 与 $A'B'$ 重合。

下面再结合第三对对应顶点 C 和 C' 讨论当 $\triangle ABC$ 与 $\triangle A'B'C'$ 之间方向相同与不同时，如何最终实现从 $\triangle ABC$ 到 $\triangle A'B'C'$ 的变换。

如果 $\triangle ABC$ 和 $\triangle A'B'C'$ 是第一类全等三角形，那么经过前面所说的旋转或平移后 C 即变为 C'，如图 3-a、图 3-b、图 3-c。也就是说，只需要借助一次旋转或一次平移即可实现两个三角形之间的重合。

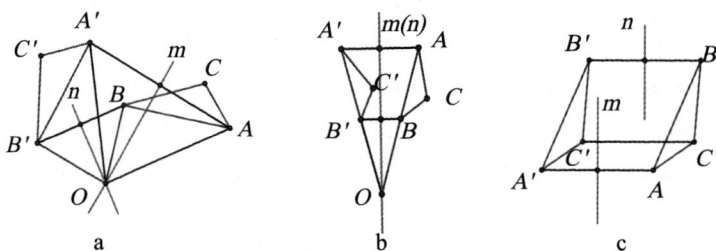

图 3

如果 $\triangle ABC$ 和 $\triangle A'B'C'$ 是第二类全等三角形，经过旋转或平移 C 即变为 C''，可以证明这时 C'' 是 C' 关于直线 $A'B'$ 的对称点，因此在此基础上再作一次关于直线 $A'B'$ 的轴对称变换即可将 C'' 变为 C'，如图 4-a、图 4-b、图 4-c。也就是说，先借助一次旋转或一次平移后再作一次轴对称变换即可实现两个三角形之间的重合。

上述两个定理实际上也清楚地说明如何作两个全等图形之间所存在的对称轴、旋转中心及旋转角或平移方向与平移距离。

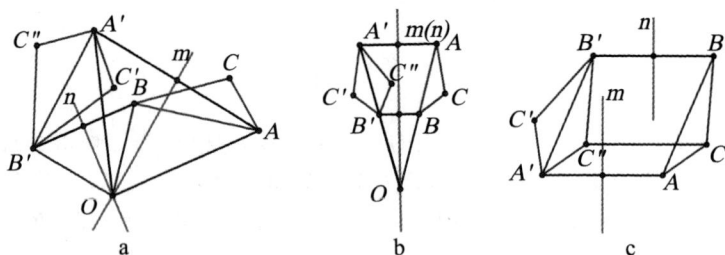

图 4

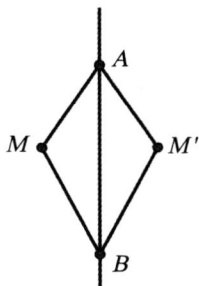

图 5

如图 5,设这两个全等图形有两个二重点 A 和 B,这样直线 AB 上的任何一点都是二重点。设 M 和 M' 是不在直线 AB 上的任意一对对应点,于是 $AM=AM'$,$BM=BM'$,连接 MM',于是直线 AB 垂直平分 MM',因此 M 和 M' 必关于直线 AB 成轴对称,由于 M 和 M' 是这两个图形上的任意一对对应点,因此这两个图形关于直线 AB 成轴对称。

2. 如何用几何变换的思想认识三角形全等的判定条件

(1) 几何变换与 SAS 全等判定。

为了简化讨论,我们先讨论按两边及夹角在同一个平面内所作的 $\triangle ABC$ 和 $\triangle A'B'C'$ 之间的全等。为了讨论的有序展开,我们根据 $\triangle ABC$ 和 $\triangle A'B'C'$ 在同一平面内的不同位置分布来考虑:

第一种可能的分布:$\triangle ABC$ 和 $\triangle A'B'C'$ 在同一平面内,其对应边 AB 和 $A'B'$ 重合,第三个顶点 C 和 C' 在边 AB 或 $A'B'$ 的同侧,如图 6-a;

第二种可能的分布:$\triangle ABC$ 和 $\triangle A'B'C'$ 在同一平面内,其对应边 AB 和 $A'B'$ 重合,第三个顶点 C 和 C' 在边 AB 或 $A'B'$ 的异侧,如图 6-b;

第三种可能的分布:$\triangle ABC$ 和 $\triangle A'B'C'$ 在同一平面内,其对应边 AB 和 $A'B'$ 的一个顶点 A

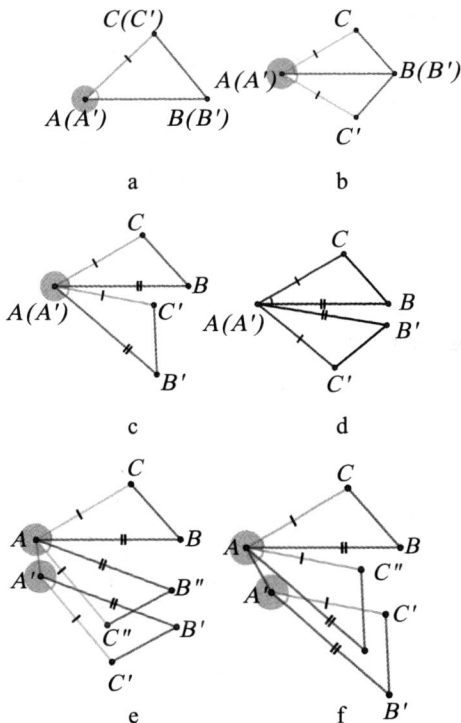

图 6

和 A' 重合，而其余部分均不重合，如图 6-c 或图 6-d;

第四种可能的分布:△ABC 和△$A'B'C'$ 在同一平面内,其对应边 AB 和 $A'B'$ 没有公共点,如图 6-e 和图 6-f。

下面,我们先来证明图 6-a 中的情况:由于∠BAC=∠$B'A'C'$,AB 和 $A'B'$ 重合,且 AC 和 $A'C'$ 均在 AB 的同旁,因此射线 AC 和射线 $A'C'$ 重合,又因 AC=$A'C'$,于是 C 和 C' 重合,这样△ABC 和△$A'B'C'$ 重合,当然△ABC≌△$A'B'C'$。

在图 6-b 中,由于 AB 和 $A'B'$ 重合,∠BAC=∠$B'A'C'$,AC=$A'C'$,且 AC 和 $A'C'$ 分别位于 AB 的两旁,因此△ABC 和△$A'B'C'$ 关于直线 AB 对称,因此△ABC≌△$A'B'C'$。

在图 6-c 中,由于 A 和 A' 重合,且∠BAC=∠$B'A'C'$,于是∠$B'AB$=∠$C'AC$,又因为 AB=$A'B'$,AC=$A'C'$,所以△ABC 可以看成是△$A'B'C'$ 以 A 为旋转中心,逆时针旋转 α (α=∠BAB') 后得到的,因此△ABC≌△$A'B'C'$。

对于图 6-d 中的情况,则先将△$A'B'C'$ 旋转使得 $A'B'$ 与 AB 重合后即变成图 6-b。而图 6-e 或图 6-f 中的情况,则先将△$A'B'C'$ 沿着从 A' 到 A 方向平移到 A' 与 A 重合,即变成图 6-d 或图 6-c 中的情形,因此这时也有△ABC≌△$A'B'C'$。

综上所述,当两个三角形满足两边及其夹角对应相等时,这两个三角形全等。

(2) 几何变换与 ASA 及 AAS 全等的判定。

类似于 SAS 的讨论,并结合两条直线相交只有一个交点,即可得到证明 ASA 判定方法的正确性,借助三角形内角和即可将 AAS 转化为 ASA,从而使 AAS 的正确性得到证明。限于篇幅,这里就不再表述了。

(3) 几何变换与 SSS 全等的判定。

由于此时的两个三角形没有角对应相等,因此无法直观地借助角相等及角的叠合来验证这时的两个三角形全等,但可以借助"在一个三角形中,等边对等角"把边相等转化为角相等。

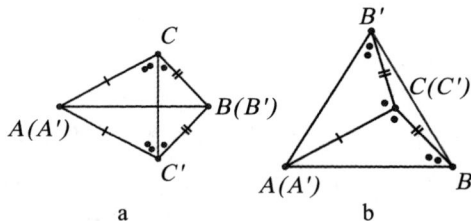

图 7

如图 7-a,在 △ABC 和 △$A'B'C'$ 中,AB=$A'B'$,BC=$B'C'$,

$AC=A'C'$，且其对应边 AB 与 $A'B'$ 重合，连接 CC'，则 $\angle ACC'=\angle AC'C$，$\angle BCC'=\angle BC'C$，于是 $\angle ACB=\angle A'C'B'$，这样由 SAS 知 $\triangle ABC\cong\triangle A'B'C'$。

同理，可证图 7-b 中的情形。至于其他各种情形，适当借助平移、旋转等即可将其变成图 2 中的情形或正好与 $\triangle ABC$ 重合，问题得证，限于篇幅这里就不再一一叙述了。

（4）几何变换与 HL 全等的判定。

如图 8，在 Rt$\triangle ABC$ 和 Rt$\triangle A'B'C'$ 中，$\angle ACB=\angle A'C'B'=90°$，且 $AB=A'B'$，$BC=B'C'$。由前面的讨论可知，不论这两个直角三角形在同一平面上处于何种位置，最终借助平移、旋转或对称，总可以使得 BC 和 $B'C'$ 重合；同时，由于 $\angle ACB=\angle A'C'B'=90°$，因此 A, C, A' 三点在同一直线上，这样在 $\triangle AA'B$ 中，由 $AB=A'B'$ 知 $\angle A=\angle A'$，进而 $\angle ABC=\angle A'B'C'$，于是不论是借助 AAS 还是 SAS 判定方法均有 Rt$\triangle ABC\cong$ Rt$\triangle A'B'C'$。

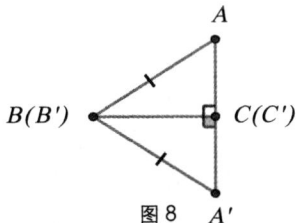

图 8

四、回顾与反思

毋庸置疑，一百多年前克莱因在《爱尔兰根纲领》中所倡导的用几何变换来认识几何的思想，随着时代和数学的发展，应该进入初中几何课程。但是一百多年来，包括克莱因在内，世界各国用几何变换的思想来组织初中几何课程的实践过程却并不是一帆风顺的。虽然我国自 2001 年起已经在初中几何课程中开始有关几何变换的课程编排、教学实践、教学评价，但这并不等于说，我国对于几何变换观点下的初中几何课程已经得到了有效的实施。

因此，我们认为，几何变换在初中几何课程中的地位如何，初中几何课程中的几何变换到底如何实现，如何用几何变换的观点来认识初中几何课程，几何变换是否可以用于几何论证，几何变换与全等三角形的定义、三角形全等的判定之间的关系如何，教学实施过程中教师又是如何看待和实施几何变换观念下的初中几何课程等等一系列的问题都值得我们去做深入细致的思考与研究。

本文重点回答了几何变换的本质、如何用几何变换的思想认识初中几何课程中的几何变换、如何用几何变换的思想认识两个三角形之间全等等有关几何变换的基本问题，这是初中几何课程的教学实践中有效开展几何变换观念指导下的几何教学特别需要回答的最基本的首要问题。

上述问题的回答，很好地解决了初中几何课程中与几何变换的认知起点，有力地回避了借助三角形全等来认识几何变换，又借助几何变换来认识三角形全等的逻辑循环，特别给三角形全等的定义提供有力的几何变换的基础。上述回答无疑有益于初中数学教师认识几何变换，有益于几何变换的基本观念在初中几何课程中的实践与探索，相信能在一定程度上促进我国初中几何课程的建设。

五、附录

2011 年版《数学课程标准》中的基本事实或公理：

公理或基本事实 1. 两点确定一条直线；

公理或基本事实 2. 两点之间线段最短；

公理或基本事实 3. 过一点有且只有一条直线与已知直线垂直；

公理或基本事实 4. 两条直线被第三条直线所截，如果同位角相等，那么这两条直线平行；

公理或基本事实 5. 过直线外一点有且只有一条直线与这条直线平行；

公理或基本事实 6. 两边及其夹角分别相等的两个三角形全等；

公理或基本事实 7. 两角及其夹边分别相等的两个三角形全等；

公理或基本事实 8. 三边分别相等的两个三角形全等；

公理或基本事实 9. 两条直线被一组平行线所截，所得对应线段成比例。

【参考文献】

[1] 欧几里得，著.兰纪正，朱恩宽，译.几何原本：第 2 版［M］.西安：陕西科学技术出版社，2003:5-6.

[2][美] 齐斯·德福林，著.洪万生，等，译.数学的语言：化无形为可见［M］.桂林：广西师范大学出版社，2013:209.

[3]F.克莱因，著.李培廉，译.数学在 19 世纪的发展：第二卷［M］.北京：高等教育出版社，2011: 前言.

[4] 史宁中.《平面几何》改造计划［J］.数学通报，2007（6）:1.

[5] 斯托利亚尔.数学教育学［M］.北京：人民教育出版社，1984:2

[6] 曹一鸣，主编.十三国数学课程标准评价（小学、初中卷）［M］.北京：北京师范大学出版社，2012.

[7] 希尔伯特，著.江泽涵，朱鼎勋，译.几何基础：第二版［M］.北京：科学出版社，1987.

[8] 傅章秀.几何基础［M］.北京：北京师范大学出版社，1984.

[9] 项武义.基础几何学［M］.北京:人民教育出版社,2001.

[10] 孙福元.初等几何变换与作图不能问题［M］.北京:人民教育出版社,1985.

[11] 亚格龙.几何变换［M］.北京:北京大学出版社,1988.

[12] 胡杞,周春荔.初等几何研究基础教程［M］.北京:北京师范大学出版社,
     1998.

[13] 陈绍菱,傅若男,王敬赓.高等几何［M］.北京:北京师范大学出版社,
     1994.

[14] A.H.柯尔莫戈洛夫.苏联十年制学校教材几何:6-8年级［M］.北京:人民
     教育出版社,1981.

作者简介

赵生初:

　　数学高级教师,理学博士,多篇论文在核心期刊发表。被认知有序、合乎规范的数学折服;喜欢同孩子们一道思考规则建立的合理性、有效使用规则带来的好处;喜欢学校的育人环境、追求品质的教育理念,愿为学校的发展奉献智慧与力量。

（注:本文另外三位作者分别是人民教育出版社的白成友,四川省平昌中学的谭长平,北京市海淀实验中学的卢秀敏。）

教学案例

《比的基本性质》教学设计

◎王来田

一、教学目标

第一，通过观察比较，学生自主迁移，引发猜想，发现问题，提出问题。

第二，通过自主探索，理解和掌握比的基本性质，沟通比和除法、分数之间的联系。

第三，培养学生迁移能力，并使学生认识知识之间是存在内在联系的。

二、教学重点

理解比的基本性质。

三、教学难点

体会化简比与求比值的不同。

四、教学过程

1.观察比较,发现问题

(1)出示。

$6÷8=(6×2)÷(8×2)=12÷16$

$6÷8=(6÷2)÷(8÷2)=3÷4$

$\frac{6}{8} = \frac{6÷2}{8÷2} = \frac{3}{4}$

$\frac{6}{8} = \frac{6×2}{8×2} = \frac{12}{16}$

(2)提出问题。

看到这两组式子,让你想到了什么?

(3)继续追问。

怎样知道我们的猜想是否正确呢?

2.自主探索,验证猜想

第一,明确探究要求:比,到底有没有这样的性质呢?请你先独立思考,并用自己的方式来验证,完成之后在小组内交流。

第二,学生探究,教师搜集资源。

第三,小组交流。

第四,集体研讨:比,到底有没有这样的性质,请你说说自己的思考和发现。

第五,提高认识:通过研究,你现在能确定地说一说你对比的发现吗?

3.实际应用,解决问题

(1)运用比的基本性质可以做什么呢,请你自学课本例1。

①自学例题:把下面各比化成最简单的整数比。

$15:10$ $\frac{1}{6}:\frac{2}{9}$ $0.75:2$

②交流分享:运用比的基本性质可以做什么,有什么需要注意的?

(2)你知道"黄金比"吗?请把自己搜集到的黄金比的信息和大家交流一下。

4.全课小结,布置作业

[专家点评]

北京中学副校长、数学特级教师高玉黛:

已经听过王老师的很多课了,他训练学生有一整套的方法,怎么思考,怎么表达,都有自己的想法,我非常佩服。

有的课很热闹,却没有思维,而本节课老师充分信任学生,发挥学生主动性,把知识作为载体,培养学生的迁移能力。老师在课上没有生硬地去教,而是顺着知识的关联,引导学生自己去思考,自己去发现,自己去验证。我们看到课堂上展现出来的学生的训练有素的状态,都是王老师平时逐渐训练的结果。

王老师在课上通常不会说太多的话，总是把话语权交给孩子，培养学生倾听、思考等能力。他的课，既仰望星空，高端，显大气，又脚踏实地，实在，接地气，真的非常厉害。

北京中学数学特级教师李俊平：

王老师平时训练有素，今天才会精彩呈现。学生的核心素养和关键能力，怎么培养？教材中的数学知识怎么建构？我们看到王老师在这节课上，能从知识的体系中自然而然地、清楚明白地把比的性质让学生自我发现和探索。今天的课上，问题是学生自己发现，自己提出的，同时也是自己研究，自己总结的。研究过程中，从特殊到一般，不完全枚举的方法对后续学习和提高大有好处。

王老师注意运用评价，评在方法，评在思想，评在情感。总结的时候，也把机会留给孩子，培养孩子们的抽象概况能力。在这节课上，学生既会感到学的知识越来越多，同时也会感到学的知识越来越薄。

作者简介

王来田：

研究生学历，中学高级教师，北京市市级骨干教师，北京中学"学生最喜爱的教师"，吴正宪小学数学教师工作站成员，北京市小学数学教师专业研修项目指导教师，北京师范大学教育学部课程与教学研究院教学实践专家，教育部国培专家，并应邀在北京、重庆、广东等地做教学交流。每天，王老师最高兴的就是背着双肩包走进学校，走进课堂。当学生的兴趣和好奇心被引发，自信心和自主性被"唤醒"，那是他最得意、最幸福的时刻。

学科特色活动

《北京中学数学报》

设计理念：《北京中学数学报》致力于传播数学文化，激发学生学好数学的兴趣，开拓知识视野，为学生提供数学学习的丰富资源，提高学生的学习能力，培养学生良好的数学阅读素养。

《北京中学数学报》每两个月刊发一期。

编辑：申海东　胡悦

编委：李瀚云　王敬雯　左其馨　申奥　吴雨锋

附：《北京中学数学报》文章摘选

我眼中的数学

◎六年级　许瑞宸　指导教师：王来田

看到"数学"两个字，你想到了什么？无聊？枯燥？

我认为，数学是充满魔力的，因为数学不仅仅是教我们知识，更多的，是教我们学习方法和逻辑思维能力。这让我想到了这个寒假我奶奶跟我说的一段话："学好数学，你的逻辑思维会更好，头脑会更发达。像我都快70了，每次遇到棘手的问题，还总是能想到一些出人意料的办法呢。"所以我们学好数学，就像开拓了一片新天地，我们遇事时，脑子会更清晰、更有条理。这就是数学带给我们的好处啊！

数学的魔力不仅仅体现在这个方面，其实在这看似极普通的自然数里面，也有着无穷的魔力。古希腊的毕达哥拉斯对自然数很有研究，他就好比一个挖宝师，每次"探索"都能发现新的宝藏。当他将这数不尽的奇珍异宝的一部分挖掘出来并呈现在人类面前时，人们就被这数学的美震撼了。

毕达哥拉斯将自然界和谐统一于数。他认为，数本身就是世界的秩序。他的名言：凡物皆数。在一次集会上，一位学者提出了疑问："在我结交朋友时，也存在着数的作用吗？""朋友是你灵魂的倩影，要像 220 与 284 一样亲密。"望着困惑不解的人们，毕达哥拉斯解释道，"神暗示我们，220 的全部真因子 1，2，4，5，10，11，20，22，44，55，110 之和为 284；而 284 的全部真因子 1，2，4，71，142 之和又恰为 220。这就是亲密无间的亲和数。真正的朋友也像它们那样。"人们为毕达哥拉斯的妙喻折服了，更为这"你中有我，我中有你"的美妙的亲和数惊呆了，震撼了。

相信看到这里，你已经感受到数学的神奇了吧，所以说数学并不枯燥，反而非常有趣。数字就像一杯咖啡，闻着有些苦涩，但如果你用心品尝，它就是一杯佳饮。所以，只要用心学，我们是会看到数学的神奇的！

鞋店里的思考

——关于选购鞋子的数学模型研究

◎七年级　李　佳　白银河　指导教师：赵生初　侯雪宁

　　摘　要：本文提出了在鞋店中选购鞋子时所涉及的现实问题，通过建立数学模型找到了解决方案，将数学学习运用到实际生活当中。

　　关键词：鞋长；尺码；关系式；数值

　　生活中，鞋子是必不可少的物品之一。鞋子从古时的几块毛布，发展成了草鞋、木鞋等种类，直至今天的各式各样的漂亮且舒适的鞋子。到了现代，鞋子不但是一种保护脚的工具，而且一点点攻进时尚圈。由于每个人的脚都不一样大，因此为了方便客户，鞋码诞生了，成了一种计量鞋子大小的单位。

　　对于正处在生长发育时期的青少年，脚会随着年龄的增长逐渐变大。正是由于这样的不确定性，挑鞋子的时候就需要更加细心了。有些人对于自己的脚长并不了解，也不了解自己在成长一年后，脚长的增加会给鞋码增加几码。这就使得在买鞋的时候，为了能挑选一双合适的鞋，售货员不得不给他翻箱倒柜找连续数字鞋码的鞋子，一双一双试，甚是麻烦。这不仅让顾客浪费掉很多时间，还给鞋店的经营带来一定的影响。另外，若其中一个试穿者患有足部疾病，就有可能传染给另外的试穿者，产生一定的危害。

　　针对以上问题，我们研究出了相应的解决方法。第一步是寻找几双不同尺码的鞋子，以"鞋码"与"鞋长"为列建立一个表格，然后分析表格，创建一个有关鞋码（y）与鞋长（x）的一次函数关系式，利用表格中的信息依次代入求解一次函数关系式，得到鞋码与鞋长的关系。第二步，由于青少年的脚每年都会增长，因此鞋码也会随之增大。我们先假设一个青少年一年中脚长增加 1 cm，再设原来的脚长、原来的鞋码，利用关系式，求出这个青少年一年中的鞋码增大数。之后，我们可以假设增加 1.5 cm，再进行求解。

　　有了这两个步骤，我们再从中猜测脚长的增加与鞋码增大的比例关系，最终设出字母（脚长增大数字），找出在单位时间内，鞋码增大与脚长增加之间的比例关系。这样就能让家长、青少年在挑选鞋子之前知道自己的鞋子增大了几码，在购买鞋子的时候更加快捷。

我们通过这些步骤得出了结论，这些结论并非是普普通通的结论，它们可以改变中国鞋店的现状。若每一个顾客在购买前都能够先做一下这样的计算，那么就能够出现这样一系列改变：改变顾客的传统思想，改变鞋店里的鞋的遭遇，改变某些鞋店的卫生情况。这是我们青少年有能力去思考的。

一、数学模型之一

我们的第一步是找到七双不同尺码的运动鞋，以"鞋码"与"鞋长"为列建立一个表格，然后分析表格，创建一个有关鞋码(y)与鞋长(x)的一次函数关系式，利用表格中的信息依次代入求解关系式，得到鞋码与鞋长的关系。我们测量的方法是先将两把直尺尽可能与鞋子内侧对齐，并且两把直尺平行，将测量直尺与任意一根直尺垂直，零刻度线对准一头，读数。以下是我们测量得出的结果：

鞋码（欧码）y	鞋长（内）x/cm
33	21.5
34	21.95（四舍五入为 22.0）
35	22.5
37	23.5
38	24.05（四舍五入为 24.0）
39	24.5
40	25.0

数据采集完成后，我们需要思考一下这个有关 x 与 y 的数量关系的式子应该选择哪类。第一，很明显，我们可以知道每一种鞋码都有且只有一种鞋长，反之，一种鞋长也只对应一种鞋码。类似这样的关系，我们知道鞋码与鞋长之间应当具有确定的函数关系。第二，鞋码的增大与鞋长的增加应当呈现一种不变的比例，那么我们就可以确定这是一个一次函数，图像为一条直线。既然我们确定了这个函数的种类，那么我们就可以做出有关鞋码(y)和鞋长(x)的一次函数关系式：

设一次函数解析式 $y=kx+b$，

将表内数据代入，得出

$21.5k+b=33\cdots$ $22k+b=34\cdots$ ② $22.5k+b=35\cdots$ ③ $23.5k+b=37\cdots$ ④ $24k+b=38\cdots$ ⑤ $24.5k+b=39\cdots$ ⑥ $25k+b=40\cdots$ ⑦

以上是一个有关 k 与 b 的二元一次方程组，我们可以用解二元一次方程组普通的消元法去解方程。但是要解这么多的方程，还是很困难的。因此，我们可以通过简单地找规律发现：每当 k 的系数（也就是 x）增加 0.5，方程右边（也就是 y）就会随之增加 1。由这样的规律，我们不难得出：

$$0.5k=1$$

从而得出 $\hspace{4cm} k=2$

将 $k=2$ 代入原方程中，

得出 $\hspace{4cm} b=-10$

我们也就得出原一次函数的解析式为 $y=2x-10$。

通过实际的测量与数学模型的建立与计算，我们最终得出了第一步的结论，也就是鞋码（y）与鞋长（x）的关系为 $y=2x-10$（鞋码 $=2\times$ 鞋长 -10）。

二、数学模型之二

我们若想知道脚增加的长度与鞋码增大的码数之间的比例关系，就应当先设几个数，再推测这个关系。

先假设一个公共条件：甲的原来脚长是 25.5 cm（此假设中，鞋长恰好等于脚长），那么代入公式，鞋码 $=2\times$ 鞋长 -10，得鞋码 $=2\times25.5-10=51-10=41$（码），也就是穿 41 码的鞋（欧码简称码，下同）。

若甲一年后发现脚长增加了 1 cm，那么他的鞋码增大了多少？

解：若脚长增加了 1 cm，那么他现在的脚长是 $25.5+1=26.5$（cm）。将其代入公式，得现在鞋码 $=2\times26.5-10=43$（码），那么甲的鞋码相比一年前增大了 $43-41=2$（码）。

若甲两年后发现脚长增加了 1.5 cm，那么他的鞋码增大了多少？

解：若脚长增加了 1.5 cm，那么他现在的脚长是 $25.5+1.5=27$（cm）。将其代入公式，得现在鞋码 $=2\times27-10=44$（码），那么甲的鞋码相比两年前增大了 $44-41=3$（码）。

通过这两个假设的条件，我们知道了：

当脚长增加 1 cm 时，鞋码增大 2 码；

当脚长增加 1.5 cm 时，鞋码增大 3 码。

通过这两组数据，我们不难发现，鞋码的增大数字是脚长的增加数字的 2 倍，由此我们猜测这两个变量的增长呈现的比例关系（脚长：鞋码）为 1/2。

我们不妨将所有的假设条件全部变为字母，也就是：甲的原来脚长是 x cm，那么代入公式，鞋码 $=2\times$ 鞋长 -10，得鞋码 $=(2x-10)$（码）。若一年后甲的脚长增加 y cm，求鞋码的增大数字。

解：依题意，我们可以求出现在甲的脚长为 $(x+y)$ cm，那么根据公式，求出现在鞋码 $=2(x+y)-10=2x-10+2y=$（原来鞋码 $+2y$）（码）。

计算完了，我们整理一下，可得结论：当甲的脚长增加 y cm 时，甲的鞋码增大 $2y$ 码，那么脚长增加：鞋码增加 $=y/2y=1/2$。这符合我们之前的猜想。

因此，得出第二步的结论：在单位时间内，脚长增加（cm）：鞋码增加（欧码）=1/2。

结 语

每一个小小的数学模型都可以是改变人们习惯或理念甚至社会现状的一颗螺丝钉，我们不能将这颗螺丝钉丢掉。有关鞋子的问题，我想，没有多少人会去用心思考，因为整个社会的生活越来越便利，服务体系越来越完善，公民权利在扩大，生活越来越美好，以至于很多人变得懒惰，不愿意去计算。而在买鞋这样的简单的生活中，将懒惰的代价转嫁到鞋店里。由于不愿意计算，绝大多数人不知道自己穿什么码的鞋子，从而在鞋店里一双鞋一双鞋试，结果给自己、给鞋店甚至其他顾客带来了不良影响。

这样的数学模型，虽然没什么难度，但是有实际用处。本文中，我们使用的数学理论主要有二元一次方程组和一次函数这两块内容。所用理论并不多，并且很多时候我们也只是纯理论地做题。我们可以通过在鞋店里类似这样的一些想法，对实际问题做出假设，设出解析式，运用一些数学方法，来得出解析式，并且将关系式说清楚、说明白，就足够了。

我们倡导一种"先算后买"的态度，并且为了更加简易，我们给出的结论一般都是一个整式或者一个标准的比例（如1/2）。这能够节省购买者在实际应用中思考关系式的时间，如只需要进行小学四年级的四则运算即可找出自己对应的鞋码和增大的鞋码。正所谓"赠人玫瑰，手留余香"，我们希望我们的行动能够给大家带来便利；我们更加希望大家能够养成"先算后买"的习惯，让自己的购物更加快乐，更加舒畅，更加便捷，更加放心。

如何更合理根据教师评价选出先进学生

◎九年级 左其馨 指导老师：申海东 胡 悦

摘 要：在三好学生、先进少年等各种评选中，常常都要求学生"德智体美劳"全面发展，但通常由于各种原因，没有办法合理进行评选。通常只根据成绩一项来决定，虽然成绩对于评选结果起一定作用，但是未免有些以偏概全。更合理地根据教师评价选出先进学生，实际上就是找到更加公平、全面的评价标准与方式，使评选更加公平，使评选结果更容易被接受。

关键词：合理；全面；评价方式

学校经常评选各种奖项，如先进学生、三好学生等，通常这些项目的评选不会把学生的成绩作为唯一的评判标准，还要加入对品德、体育、审美、劳动等方面的评价。由于条件限制，身体素质、思想品德等方面没有像学科成绩一样的评价方式，这些方面虽然是评价条件之一，但是没有统一的考试来判断，所以多数学校通常不会过多考虑。因此许多同学都觉得评价标准很有道理，但是由于执行困难，所以实际评价大都不够公平：明明评价中有体育这一项，但是成绩不是很优秀的学生哪怕体育满分都没有办法参与评选；而成绩优秀的同学即便体育不是很好也可以参与评选，甚至可能当选。类似的情况还有很多。为此，根据对选出的几组例据的分析，我们将用数学方法来解决问题，使评选中的"不公平"现象减少，使评选更加合理。

一、模型的建立

假设现在有甲、乙、丙三名同学参与某活动评选，评价标准有 A、B、C、D、E 五项。五项的负责老师分别给参选同学在自己负责的项目下打分。打分情况如下表所示：

	A	B	C	D	E
甲	95	84	96	91	97
乙	93	94	93	93	92
丙	92	83	99	87	94

现有几种方案：

方案一：取每名同学的最高得分为最终得分，如下表：

	A	B	C	D	E
甲	95	84	96	91	97
乙	93	94	93	93	92
丙	92	83	99	87	94

由此可知，应选丙。

方案二：取每名同学的最低得分为最终得分，如下表：

	A	B	C	D	E
甲	95	84	96	91	97
乙	93	94	93	93	92
丙	92	83	99	87	94

由此可知，应选乙。

方案三：取每名同学的平均分为最终得分，如下表：

	A	B	C	D	E	平均分
甲	95	84	96	91	97	92.6
乙	93	94	93	93	92	93
丙	92	83	99	87	94	91

由此可知，应选乙。

以上三种方案汇总如下表：

	A	B	C	D	E	平均分
甲	95	84	96	91	97	92.6
乙	93	94	93	93	92	93
丙	92	83	99	87	94	91

然而，大家都觉得甲更应该当选，显然上述三种方案都不合理。

不合理的原因可能是负责 A、B、C、D、E 五个项目的五位老师没有办法做到一样严格，所以在 A 上拿到分数要比在 C 上拿到分数难，但是每位老师对三名同学在同一项目上是同样严格的，所以，甲、乙、丙三名同学在同一项目上的名次代表了他们在同一项目上的先进程度。

基于上述情况，我们可以重新制定评选方案。我们可以把分数统计表换成名次记录表，如下表所示：

	A	B	C	D	E	总和
甲	1	2	2	2	1	8
乙	2	1	3	1	3	10
丙	3	3	1	3	2	12

由于名次越高，代表名次的数字越小，所以名次相加所得的总和就最小（如

上表所示)，甲同学名次总和为 8；乙同学虽然平均分最高且最低分最高，但是名次总和却略逊于甲同学；丙同学虽然有最高分，但名次却是垫底的。

根据这个评价方式，我们可以得出最接近于公平的答案。

二、模型的应用

我们可以用同样的方法评选三好学生：

	品德	体育	成绩	审美	劳动	平均分
甲	95	84	96	91	97	92.6
乙	93	94	93	93	92	93
丙	92	83	99	87	94	91

	品德	体育	成绩	审美	劳动	总和
甲	1	2	2	2	1	8
乙	2	1	3	1	3	10
丙	3	3	1	3	2	12

我们发现，成绩最好的丙同学由于其他科目没有取得理想的成绩而没能当选，而甲同学有突出的方面并且没有非常差的科目，因此最终当选。

我们也可以用同样的方法来判断很多事情。例如：一名同学，化学只有 80 分，英语有 120 分，语文同样有 120 分，但被当选的难度大得多。我们评价一个人成绩时，要对比名次而不是分数，否则，用化学的优秀（68 分）和英语的优秀（102分）来对比，不是有点欺负人吗？

结 语

我们发现，很多情况下，对不同事物，我们没有办法统一评判，如果非要统一判断，不仅强人所难还有失公正。但是，保持公平评判同一事情，一般人还是可以做到的。那在这种情况下，绝对公平的是什么？那就是同一项目的名次。

就是这么简单，我们根据评选先进学生的不同条件分别进行排名，并根据名次总和排列得出最终成绩，避免了抽取某一项标准评价或者选择最高分、最低分对比可能出现的以偏概全的情况，以及由于某一项评价太过严苛以至于拉低平均分的可能性，或者是基数不同却要统一计算出现的不公平的情况。

由于每一项的评价标准一样，所得的名次不会错误，继而评价标准得到统一，最后的评选可以公平地包括所有方面。

《可怕的科学·经典数学系列：寻找你的幸运星——概率的秘密》读后感

◎七年级 谢 佳 指导教师：王来田

今天，我阅读了《可怕的科学·经典数学系列：寻找你的幸运星——概率的秘密》一书。

看到这个书名，我很是不屑，数学能有多可怕，是"加减乘除""混合运算"，还是所谓的"分数""概率"，又或者是那个百分之几的可能性预算？这么简单的知识还要探究秘密？我怀着一种看笑话的心理开始阅读这本书。

翻开第一页，"被遗忘的沙漠里的一天"，我在心中默念这一章节的标题，然后开始了阅读。这一章节描述了一个很有意思的小故事，但我还是忍不住默默吐槽，明明和数学毫无关联。看到结尾时，我才发现，这个故事是一个"导读"，它将我们引进了一场关于数学的"丛林冒险"。

很快，我对这本书产生了兴趣，开始逐字逐句地阅读。这本书中的每一个故事及配图都是那么有趣，而故事后的总结也总会让我明白些什么，觉得前面的故事不单是有趣，还别有深意。于是，我在看故事时，总会绞尽脑汁地思考，这个故事想阐述哪些关于概率的知识呢？但只有在看到后面的知识总结时，我才会恍然大悟，原来是这样啊！

书中每个知识点后的思考题，都很奇怪，很不可思议，或者说……很难，但结果总是很出人意料。这让我不禁大呼遗憾，自己怎么没想出来呢！后来的每一道题，我总会认真地思考，每想出一点眉目，我的信心便会多一份，解题的想法便更坚定。当发现自己的答案与书中的答案一致时，我内心的激动都无法用语言形容了，成就感十足。我不停地向父母炫耀，对此父母哭笑不得。

这本书让我学到了很多，它完全颠覆了我心中"概率"的形象，让我认识到了一个新的"概率"。原来看似枯燥的概率也能这么有趣！

这时我才发现，数学真是的可怕的，但这种可怕，并不是说数学很难，而是出于一种内心的对数学的"敬畏"。因为数学远远比我们想的要复杂，但就是如此复杂的数学，让生活变得简单便捷。数学，真的很神奇。生活中处处有数学，每一个看似不经意的动作、事物，其实都蕴含着深刻的数学道理。

　　无论前路如何，我们终会在数学这条路上走得更远……

中小衔接阶段数学自主学习的
思考与实践

◎王来田

　　在北京中学，有一位夏青峰校长，他带领着一群教育工作者，提出了"世界因我更美好"的价值追求，并开展课程改革实验，这些设计与实践，无不源于对理想教育的追求。我作为北京中学的一员，最高兴的就是每天来到学校，通过探索，试图创造出教育教学的新经验，让孩子们体验良好的数学教育。

　　众所周知，两次国际测试，上海得了两次第一。在此之后，中国教育再次引起国际的关注，国外教育机构纷纷来到中国，他们很想知道为什么中国的教育那么卓越。美国哥伦比亚大学、英国爱丁堡，包括作为世界各国教育发展最大的外部资金支持者——世界银行，都对中国教育所走的路给予了充分的肯定。

　　但是，在测试中有一项要素是"问题解决能力"，我们是全球倒数第二。我们发现，在国际测验中，我们的孩子纸笔测试很好，但独立创造性往往不如西方国家。

　　成绩和问题都摆在面前，我们该怎样解决？

是的，当别人渴望向我们学习的时候，我们的老师也在思考，如何能在继承传统教学优势的同时，创新教学方式，从而弥补我们创造性缺失的不足。这传达了我们对优秀的数学教育的追求。

在实践中我们也深深感受到，对"阶段式自主学习"教学方式的这种探索，也是一件很难的事情。

在本学期数学选修课的最后一节课，每个学生自主学习、自主开发魔术，然后表演魔术。40分钟，每个学生踏踏实实自主学习，然后两个人合作演练，最后竟有几个学生成功地表演了魔术。之前只有6次课的学习，学生在魔术中体会了数学的魅力，更能做到自主学习、成功分享。在这么短的时间内做得这么好，超过了我的预期。我相信，这得益于日常教学中自主学习的实践。那么，在中小衔接阶段数学教学实践中我们做了哪些自主学习的尝试呢？

一、课堂教学中实验"阶段式自主学习"方式

北京中学给了每一位教育者极大的自主权，我也得以按照自己喜欢的方式上课。受益于班级和学生的特点，我可以大胆变革学习方式，调整学习内容。我们在寻找那条朝向"去那没有去过的地方"的路径，追寻"未来理想教育"。

"阶段式自主学习"包括独立自主的阅读学习、小组内交流、集体的分享与研讨、有梯度的进阶式训练、章节梳理等。

二、掌上课堂——基于移动终端的线上微课

你会发现，我们教的学生中间，总会有一些孩子，难题不用多讲，他们自己也能学会；与此同时，也会有一些孩子，讲一遍、讲两遍还是不会。

面对差异，我们该怎么办？基于这种个性化的需求，我们创新自主学习方式，"微视频"走进了我们的教学。利用软件，我们把难题（进阶式训练里每天都会有拓展训练）录制成微课，提供给需要帮助的孩子。他们可以根据需求，想什么时候看就什么时候看，而不必担心老师没有时间；想看几遍就看几遍，而不必担心旁人的眼神。

微课谁来录呢？我鼓励好学生来录。

为什么他们录？首先，能给班级录课，是一种能力，也是一种荣耀和鼓励；其次，能把知识讲给别人听，那也是非常好的学习方式，对他们本人掌握知识有着很好的促进作用。

在掌上课堂的平台上，每个学生都是我的助手，我也是每个学生的助手。

三、章节网络图，知识梳理的好方法

章节网络图，就是学生自己个性化梳理的知识网络图，我们一个学期大概安排 4 次左右。

章节网络图有什么意义吗？元旦前的一天，北京市教委发言人李奕委员，走进了北京中学的数学课堂。课堂上，在对学生们的几幅章节网络图研讨之后，我提出了这样的疑问——现在想起来很冒险的一个问题：从开学到现在，一个学期了，4 次章节网络图了，每次都花去一些时间，弄这么个东西有用吗？我直接给大家梳理一个标准的，难道不好吗？

学生的回答是：这是我自己梳理的，是我们用心做的、自己建立的知识系统，每个人是不同的。

学生的回答说明了一切。

从他们后期的知识梳理来看，他们的梳理更加简洁、具体、实用。

四、针对"自己"的错题本

传统教学优势之一就是科学的训练！训练是为了熟练地掌握，"熟能生巧"表达的就是这个意思。但是同时，熟也能生笨、生厌。事实说明，训练也需要精确定位，定点出击。因此，面对全体，我们有进阶式训练；面对个体，我们有针对学生自己的错题本。

所以，每天数学课的第一件事就是针对整体的作业进行讲评，即针对典型错题进行分析。每个星期的周末，每位学生会针对自己的典型错题进行整理。

五、基于移动终端的远程交流与互动

科技的发展要求教学也能继往开来，跟上时代的节拍。自主学习，鼓励学生来自线下、线上的质疑。传统的课上和课间质疑，直接有效；与此同时，结合北京中学每个孩子人手一个移动设备这一情况，我们开展了基于移动终端的远程质疑及研讨方式。这种线上交流与掌上课堂一样，成为对传统线下教学的有利补充，它具有灵活、即时、方便等特点，深受师生喜爱。

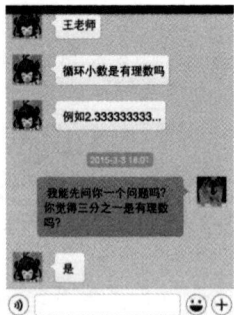

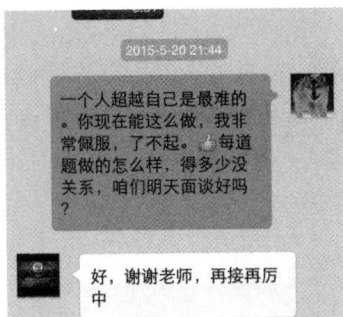

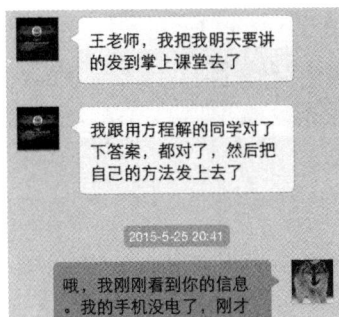

线上与线下教学的协同效果中，最令我欣慰的，就是教师能按照自己认为更有意义的方式去教学，能用自己对教学的热爱，让自己的学生也爱上数学，你能清晰、强烈地感受到他们对老师的信任、对数学的倾向。这种成就，让你更能感受到做教师的美好，还有什么比这更能让一位老师高兴呢？

在中小衔接阶段数学自主学习的教学实践中，让学生学会学习、学会创新，是我的努力目标。创建未来理想的课堂，让我坚定而快乐地行走在探索教育教学规律的道路上。

作者简介

王来田：

研究生学历，中学高级教师，北京市市级骨干教师，北京中学"学生最喜爱的教师"，吴正宪小学数学教师工作站成员，北京市小学数学教师专业研修项目指导教师，北京师范大学教育学部课程与教学研究院教学实践专家，教育部国培专家，并应邀在北京、重庆、广东等地做教学交流。每天，王老师最高兴的就是背着双肩包走进学校，走进课堂。当学生的兴趣和好奇心被引发，自信心和自主性被"唤醒"，那是他最得意、最幸福的时刻。

学生作品

北京地铁 10 号线惠新西街南口站
高峰时期最佳停靠时间分析

◎七年级 李思让 罗旭阳 指导老师：赵生初 侯雪宁

摘 要：本文从北京地铁 10 号线出现的停靠时间不合理的现象出发，在保证拥有最佳停靠时间的前提下，构建地铁 10 号线惠新西街南口站高峰时期最佳停靠时间的数学模型，分析地铁在工作日、周末和春节前后高峰时期的停靠时间，为地铁 10 号线在不同时间高峰时期的停靠时间的设置提供了相关依据。

关键词：10 号线；地铁站；高峰时期；人流量；停靠时间

2014 年 11 月 6 日晚高峰，33 岁的河北籍女子潘女士，在北京地铁 5 号线驶往天通苑北方向的惠新西街南口站，被夹在闭合的安全门和车门中。随后车子开动，潘女士被挤后跌落站台，经医院全力抢救无效后，于当日 20 时 20 分死亡。

对于上述事件，相信很多人都有所耳闻。而看到这则新闻，我们不禁思考：是什么原因造成了这样的事故？

北京地铁 10 号线是北京整个地铁系统中非常重要的线路之一，沿线不仅经过了主城区（朝阳区、海淀区、丰台区等），还经过 CBD 区域，同时有许多换乘站与其他地铁线路连接，是很重要的交通枢纽路线，也是北京地铁里最繁忙的线路之一。经过考察，我们发现，在乘坐地铁时，许多人抢上抢下，在地铁门要关闭并发出警报声时跳到车厢内。为什么会有这样的情况出现？这是因为地铁在站内的停靠时间不够充裕、不够合理，所以，要保证人们乘坐地铁时的安全，以避免再发生上述类似情况，地铁在站内应有足够的停靠时间。

因此，我们决定构建一个地铁 10 号线惠新西街南口站高峰时期地铁最佳停靠时间的数学模型，来讨论如何在保证最佳停靠时间的同时也能保证乘客的安全与交通运输的方便。

一、模型分析

1.设置开门时间的两个前提

（1）保证停靠最短时间。

纵然长时间停靠能保证人们有足够时间进出车厢，但也要节约时间，来增加发车量以方便乘客。虽然长时间开门，进入车厢的乘客会增加，但适逢高峰期车厢内必定会拥挤，所以我们选择建立模型并计算安全情况下最短开门时间。

（2）保证所有乘客都可以安全进出。

我们并没有考虑上下车同时进行的情况，因为如果上下车人数太多，门的宽度不足以允许上下车同时进行，那么这样建立出的模型可能不合理。由于整辆地铁车厢太多，无法一一记数，所以我们选择计量上车人数最多的三节车厢，确保这三个车厢的人上下完后，其他车厢也基本上下完毕。

2.模型构建

上下车的时间单算，考虑到两个时间：上车总时间和下车总时间。我们设开门总时间为 x，建立模型 1，开门总时间 x＝上车总时间＋下车总时间。

（1）上车时间。

假设我们只计算一节车厢，高峰时期上车时间与上车的人数有直接关系。

$$总数 = 份数 \times 每份数量$$

这里的总数就是高峰时期一节车厢合理上车时间，份数为上车的人数，设为 y'，每份数量也就是一个人按平常速度从门外等车线完全进入地铁门内的时间，设为 t'。

建立模型 2，10 号线惠新西街南口站高峰时期一节车厢上车时间与上车人数的关系：

$$上车时间 = y' \times t'$$

（2）下车时间。

同上所述，高峰时期下车时间也与下车人数有直接关系。

$$总数 = 份数 \times 每份数量$$

这里的总数就是高峰时期一节车厢合理下车时间，份数为下车的人数，设为

y''，每份数量也就是一个人按平常速度从地铁门内完全走出地铁门的时间，设为t''。

建立模型3，10号线惠新西街南口站高峰时期一节车厢下车时间与下车人数的关系：

$$下车时间 = y'' \times t''$$

（3）开门总时间。

∵ x（开门总时间）=上车总时间+下车总时间

又∵上车总时间=y'（上车人数）×t'（单人上车时间）

下车总时间=y''（下车人数）×t''（单人下车时间）

∴ x（开门总时间）=y'（上车人数）×t'（单人上车时间）+ y''（下车人数）×t''（单人下车时间）

综上所述，建立模型4，10号线惠新西街南口站高峰时期开门总时间与上下车人数的关系：

$$x=y' \times t'+y'' \times t''$$

二、数据记录与分析

在地铁站，我们考察了工作日以及周末人数最多的车厢的上下车平均人数。

首先，选择人数最多的三节车厢，并统计上车与下车人数。最后在连续统计3次后，得出平均值：工作日早高峰时期惠新西街南口站一节车厢平均上车人数为42人，下车人数为15人。晚高峰时期一节车厢平均上车人数为34人，下车人数为12人。周末的早与晚高峰时期各测3次，得出周末早晚高峰平均上车人数为17人，下车人数为16人（因早晚高峰基本无差距，所以放在一起）。

我们用秒表测得10个人进入车厢内的时间为4秒，则每个人进入车厢的平均时间为0.4秒。同理，10个人的下车时间为5秒，则每个人的下车平均时间为0.5秒。

三、地铁10号线惠新西街南口站高峰时期地铁最佳停靠时间分析

1. 工作日

根据文献资料与我们的亲身考察，发现地铁10号线的高峰时期一共有两个时间段，分别为7:30到8:30的早高峰时期与17:30到19:00的晚高峰时期。在这两个高峰时期内，地铁站内用"摩肩接踵"来形容一点也不夸张。但是在地铁运行期间，中午的地铁站却十分冷清。所以，我们选择了早高峰时期与晚高峰时期这两个时间段来分析地铁10号线惠新西街南口站的最佳停靠时间。

（1）7:30到8:30。

在这个时间段内，地铁站中的人群基本为上班族。因为大多数公司的上班时间在8:00到9:30，许多人为了环保或其他原因选择乘坐地铁上班。惠新西街南口站又是换乘车站，因此有许多人在惠新西街南口站乘坐地铁10号线或换乘其

他路线上班。根据实地考察后的数据分析，我们发现工作日在惠新西街南口站人数最多的地铁车厢，平均有 15 人下车，42 人上车，人均上车时间为 0.4 秒，下车时间为 0.5 秒，因此在本段时间内，地铁最佳停靠时间如下：

$$x=y'\times t'+y''\times t''$$
$$=42\times0.4+15\times0.5$$
$$=24.3（秒）$$

所以在早高峰时期，地铁在惠新西街南口站的最佳停靠时间为 25 秒。

（2）17:30 到 19:00。

这个时间段是上班族的下班时间，车站内的人群也基本为上班族。这段时间内的惠新西街南口站同样十分拥挤，上车的平均人数为 34 人，下车的平均人数为 12 人，上车与下车的平均时间与早高峰时期相同。因此在晚高峰时期内，地铁最佳停靠时间如下：

$$x=y'\times t'+y''\times t''$$
$$=34\times0.4+12\times0.5$$
$$=19.6（秒）$$

所以在晚高峰时期，地铁在惠新西街南口站的最佳停靠时间为 20 秒。

从以上分析可以看出，周一到周五，不同的时间段由于人数不同，所需要的地铁停靠时间也不同。合理设置地铁停靠时间，既满足了乘客需要，又可以减少不必要的时间浪费。

2. 周末

周末时的惠新西街南口站，人不是很多，人群也基本以家庭为主。周末，人们通常会以家庭为单位外出游玩。惠新西街南口站附近有元大都遗址与中日友好医院，周末时会有人乘坐地铁来这里游玩或就医，但人流量并不是很大。人数最多的车厢上车人数早晚平均为 17 人，下车人数平均为 16 人。根据以上数据，地铁停靠最佳时间如下：

$$x=y'\times t'+y''\times t''$$
$$=17\times0.4+16\times0.5$$
$$=14.8（秒）$$

所以在周末，地铁在惠新西街南口站的最佳停靠时间为 15 秒。

3. 特殊节假日

春节对于中国老百姓来说，是最重要的节日。但在北京，祖籍是北京的人少之又少，所以春节前后北京会出现空荡荡的景象。据我们在腊月二十七与正月初五的实地考察，发现惠新西街南口站在春节前后的乘客十分少。

（1）春节前。

春节前，很多人都会提早回老家。所以，在腊月二十七之后，地铁站的工作人员与乘客都大量减少。腊月二十七的早高峰与晚高峰时期平均上车人数为 4 人，下车人数为 2 人。春节前时期，地铁 10 号线惠新西街南口站最佳停靠时间分析如下：

$$x=y'\times t'+y''\times t''$$

$$=4\times0.4+2\times0.5$$

$$=2.6（秒）$$

所以在春节前，地铁在惠新西街南口站的最佳停靠时间为 5 秒。

（2）春节后。

因为人们对于家的依赖与公司开始上班时间晚，都是初八开始上班的因素，人们往往会晚一些回北京工作。我们在正月初五进行了实地考察，发现地铁站内的人也很少。早高峰时期平均上车人数为 17 人，下车人数为 6 人。晚高峰时期平均上车人数为 20 人，下车人数为 8 人。春节后，地铁 10 号线在惠新西街南口站的最佳停靠时间分析如下：

①早高峰。

$$x=y'\times t'+y''\times t''$$

$$=17\times0.4+6\times0.5$$

$$=9.8（秒）$$

所以在春节后早高峰时期，地铁在惠新西街南口站的最佳停靠时间为 10 秒。

②晚高峰。

$$x=y'\times t'+y''\times t''$$

$$=20\times0.4+8\times0.5$$

$$=12（秒）$$

所以在春节后晚高峰时期，地铁在惠新西街南口站的最佳停靠时间为 12 秒。

结 语

从以上的分析中，我们可以得出一个结论：在工作日、周末及春节前后这些不同的时间段，地铁 10 号线惠新西街南口站的停靠时间是有规律的。为保证最佳的停靠时间，同时保证乘客的安全与交通运输的方便，地铁 10 号线需要根据实际情况来设置不同时期不同地铁站的停靠时间。在工作日，也就是最繁忙的一段时间，要根据每一站的客流量大小来决定延长或者缩短地铁的停靠时间。周末相对工作日来说客流量较少，所以应根据实际情况缩短停靠时间。而春节前后则是客流量最少的时候，所以要适当减少每站的停靠时间。

目前，地铁已经成为人们出行中重要的交通工具之一。地铁相对打车来说费用低，相对公交车来说节省时间。在交通工具越来越便宜，越来越快捷的同时，乘客的安全和交通运输的方便也应该被重视。本文仅对北京地铁 10 号线惠新西街南口站高峰时期的停靠时间进行了分析，其实在北京地铁中还存在许多等待我们去解决的问题，比如发车的间隔时间、始发时间和结束时间、车厢座位设置等。这需要我们在实际生活中根据地铁各个线路的实际情况，科学合理地设定。

北京中学英语学科教研组

英语篇

　　21世纪需要世界语言和国际视野，而英语作为世界语言，越来越成为人们开启世界之窗、打开机遇之门、拓展思想之路的生存必需工具。英语课程既要培养学生适应当前社会的能力，又要面向未来，持续发展。英语学习就是这样一个开发智力、陶冶情操、发展个性、提高修养的过程。

　　北京中学的英语课程由中外教师合作参与课程设计，以国外原版教材为依托，以培养学生核心素养为标准，宽领域、多渠道地开设了十余门基础课程和拓展课程。英语课程的多元化、系列化和弹性化态势既是我校英语改革成果的体现，又为课程的进一步改革注入了活力。

　　经过近四年的探索，北京中学的英语教师团队摸索出"中外教师合作教学模式"，原汁原味的英语学习环境保障了语言学习的地道性、真实性。文化在语言习得中得到渗透，语言在文化体验时得到掌握。中西合璧，优势互补，在课内外最大可能地创造英语学习的情境和效果。学生真正成为学习的主体，iPad等成为学生重要的辅助学习工具，跨学科基于项目的学习（PBL）也在悄然展开。英语不再枯燥、晦涩，因为，我们始终遵守最重要的学习准则——HAVE FUN！

课程方案

英语学科课程方案 ①

（六至八年级）

一、学科方向

北京中学英语课程注重培养学生的批判性思维、综合人文素养、跨文化交际能力、多元文化意识及理解能力。通过英语学习，学生形成良好的综合语言运用能力及英语自主学习能力，从而全面提高综合人文素养。

二、课程目标

英语课程分为初阶、中阶及高阶三个阶段。初阶通过学习相关话题，鼓励学生在语境中体会和发现语言规律；中阶在深化话题内容的基础上，帮助学生进一步系统化语言知识，强化语言技能；高阶为学生提供专业英语或分类英语学习方向，根据学生不同的语言学习兴趣和成长需要，进一步发展学生的综合语言运用能力。

---

① 《英语学科课程方案》参编人员：

周亚楠　史晶　赵帅　谢菲菲　　万静　吴玥

1.初阶目标

级别	技能	标准表述
六年级	听	1. 能识别不同句式的语调，并根据语调的变化，体会句子意义的变化。 2. 能听懂学习活动中连续的指令和问题，并做出适当的反应。
	说	1. 能在朗读、背诵、交流等口语活动中做到语音、语调基本正确。 2. 能就熟悉的话题在英语交际中进行简单的交流。
	读	1. 能读懂简单的故事和短文并抓住大意。 2. 能初步使用简单的工具书。 3. 课外阅读量应累计达到 6 万词以上。
	写	1. 能正确使用常用的标点符号。 2. 能参照范例写出简单语篇。
七年级	听	1. 能听懂接近自然语速的日常交际对话或简单故事，识别主题，理解情节发展，获取主要信息。 2. 能听懂连续指令并据此完成任务。
	说	1. 能使用正确的语音、语调表达相应的语义。 2. 能独立引出话题，并进行几个话轮的交谈。
	读	1. 能运用基本阅读策略，如找出相关信息、猜测生词、理解事件发生的顺序及人物行为等进行有效阅读。 2. 课外阅读量应累计达到 12 万词以上。 3. 能使用英汉词典等工具书，促进阅读理解。
	写	1. 能正确使用标点符号。 2. 能在教师的帮助下按照常规写作步骤，包括小组讨论、起草草稿、修改作文等，完成简短文段的写作。
八年级	听	1. 能根据语调和重音理解说话者的意图。 2. 能听懂有关熟悉话题的谈话，并能从中提取信息和观点，记录简单信息。
	说	1. 能在情景对话、英语短剧练习中做到语音、语调自然，语气恰当。 2. 能就简单的话题提供信息，表达简单的观点和意见，参与讨论，并能进行适当的自我修正。
	读	1. 能根据不同的阅读目的，运用简单的阅读策略，如事实推断、理解句子之间的逻辑关系、预测等获取信息。 2. 课外阅读量应累计达到 17 万词以上。 3. 能利用纸质或网络工具书进行阅读。
	写	1. 能使用常见的连接词表示顺序和逻辑关系。 2. 能独立起草短文，并在教师的指导下进行修改。

2.中阶目标

听	说	读	写	词汇量
能抓住演讲、辩论、报告等较长发言的内容要点，理解讲话人的观点和意图，判断对方的态度。	能够在交际中恰当地表达自己的情感，就国内外普遍关心的话题用英语表达自己的态度和观点。	能阅读英文原著，使用多种参考资料，解决较复杂的语言问题，培养广泛的阅读兴趣和良好的阅读习惯。	能够详细生动地描述情景、态度和情感，文体恰当，用词准确地阐述自己的观点及评述他人的观点。能够填写各种表格，如个人简历、申请表等。	认识4 500个英语单词，掌握3 000个单词。

三、实施路径

1.学法

（1）小组合作学习：包含课上学习、讨论、展示，课下项目作业。

（2）自主学习：课下听、读的积累，iPad学习区内的教材，形成良好的英语学习习惯。

（3）探究学习：真实任务驱动，以任务的完成带动语言学习。

2.活动

（1）英语文化周。

（2）英语出校园活动。

（3）演讲比赛。

3.具体安排

六年级

基础课程：一周4课时，3节团队教学，1节口语。

词汇：课上，每课至少8个词，每周4节课。

听：课上，母语为英语的人正常语速授课，40分钟／日，160分钟／周。课下，《典范英语》《新概念》，10分钟／日。

读：课上，每周精读课400词。课下，《典范英语》2万词，课外阅读20本原版小说。

写：每周2篇小短文，400词／周。

七年级

基础课程：一周5课时，4节团队教学，1节口语。

词汇：课上，每课至少8个词，每周5节课。

听：课上，母语为英语的人正常语速授课，40分钟／日，200分钟／周。课下，《典范英语》《新概念》，20分钟／日。

读：课上，每周精读课500词，每周1次阅读指导。课下，《典范英语》2万词，课外阅读 20 本原版小说。

写：每周 3 篇小短文，600 词 / 周。

八年级

基础课程：一周 5 课时，4 节团队教学，1 节口语。

词汇：课上，每课至少 8 个词，每周 5 节课。

听：课上，母语为英语的人正常语速授课，40 分钟 / 日，200 分钟 / 周。课下，《典范英语》《新概念》，20 分钟 / 日。

读：课上，每周精读课 600 词，每周 1 次阅读指导。课下，《典范英语》2 万词，课外阅读 20 本原版小说。

写：每周 3 篇小短文，800 词 / 周。

4. 导修、研修的实施

导修英语与研修英语的课程与教学比较：

	导修	研修
听力方面	课堂听力练习形式：提供两至三个选项进行选择。课堂听力练习内容：主旨题、细节题居多，少量推测题。	课堂听力练习形式：给问题，直接回答问题，培养记录信息的能力。课堂听力练习内容：推测作者意图等深层方面的题目比重较大，包含少量主旨题、细节题。
口语方面	重复高频词汇较多，课堂设计搭建更细的支架。	更多使用低频词汇，课堂设计搭建的支架会少一些。
阅读方面	课外阅读量：3 万个词以上；规定阅读篇目：每周至少读 3 篇，确保每天 200 词的阅读量。	课外阅读量：5 万词以上；规定阅读篇目：每周至少读 5 篇，确保每天 300 词的阅读量。
写作方面	侧重语言、词汇的使用恰当与否。	侧重内容、句型的丰富。

导修英语与研修英语的教学过程和策略比较：

		导修	研修
课前设计		调动、鼓励、支撑	空间、能力、拓展
课堂实施	时间分配	教师讲授时间长	学生自主使用语言时间长
	评价方式	课堂纪律管理记分表	课堂参与记分表学生互评
课后作业		阅读、听力篇目少，重在习惯养成	阅读、听力篇目多，重在能力培养
课后辅导		基础为主	拓展提高

四、课程内容

1.各学段教学内容安排

时段及其课时	基础课程		拓展课程	潜能课程
	必修I	选修I		
六年级（上）51课时	Unit 1	Introduction 6 课时	TV and movies	Speech
	Unit 2	People and places 4 课时		
	Unit 3	Problems and advice 4 课时		
	Unit 4	Family 4 课时		
	Unit 5	Animals 4 课时		
	Unit 6	Weather 4 课时		
	Unit 7	Environment 8 课时		
	Unit 8	Food 8 课时		
	Unit 9	Fashion 9 课时		
六年级（下）44课时	Unit 1	Revision 4 课时	TV and movies	Speech
	Unit 2	Appearance and personality 8 课时		
	Unit 3	Comparisons 7 课时		
	Unit 4	Direction 7 课时		
	Unit 5	TV and movies 3 课时		
	Unit 6	Technology 5 课时		
	Unit 7	Sports 4 课时		
	Unit 8	Festivals 6 课时		

续表

时段及 其课时	基础课程		拓展课程	潜能课程
七年级 （上） 57 课时	Unit 1	Introduction 4 课时	Reading club	STEM 课程	Speech
	Unit 2	Ways of life 8 课时			
	Unit 3	Community 8 课时			
	Unit 4	Experience 9 课时			
	Unit 5	Education 9 课时			
	Unit 6	Literature 7 课时			
	Unit 7	Crime 8 课时			
	Unit 8	Natural disasters and extreme weather 4 课时			
七年级 （下） 63 课时	Unit 1	Introduction 4 课时	Reading club	STEM 课程	Speech
	Unit 2	Medicine 10 课时			
	Unit 3	Communication and technology 10 课时			
	Unit 4	Pop culture 9 课时			
	Unit 5	Radio and podcasts 5 课时			
	Unit 6	Soap operas 5 课时			
	Unit 7	People and lifestyles 10 课时			
	Unit 8	Natural world 10 课时			

续表

时段及其课时	基础课程		拓展课程	潜能课程
八年级（上）（下）75课时	Welcome section	Review 5课时	Drama	STEM 课程	Speech
	Unit 1	Communication 5课时			
	Unit 2	A true friend 5课时			
	Unit 3	A working life 5课时			
	Unit 4	Live forever 5课时			
	Unit 5	Reality TV 5课时			
	Unit 6	Survival 5课时			
	Unit 7	Good and evil 5课时			
	Unit 8	Be honest 5课时			
	Unit 9	The truth is out there 5课时			
	Unit 10	Mysterious places 5课时			
	Unit 11	Love 5课时			
	Unit 12	Regret 5课时			
	Unit 13	Hopes and fears 5课时			
	Unit 14	Happiness 5课时			

2. 课标话题对应表

（1）初阶英语课程。

序号	新课标大纲项目表	校本教材单元	校本课程大纲话题项目
1	个人信息 Personal background	G6S1-2 G6S2-2 G6S2-3 G7S1-1 G7S2-7 G7S1-2 G7S1-4	People and places Appearance and personality Comparisons Introduction People and lifestyles Ways of life Experience
2	家庭、朋友与周围的人 Family, friend and people around	G6S1-4 G7S1-3 G7S2-3	Family Community Communication and technology
3	居住环境 Living environment	G6S1-3 G7S1-3 G7S2-7	Problems and advice Community People and life styles
4	日常生活 Daily routines	G6S1-9 G7S1-2 G7S1-5	Fashion Ways of life Education
5	学校 School	G6S2-3 G7S1-5	Comparisons Education
6	个人兴趣 Personal interests	G6S2-3 G7S2-4 G7S2-5 G7S2-6 G7S2-8 G7S1-4	Comparisons Pop culture Radio and podcasts Soap operas Natural world Experience
7	情感与情绪 Feelings and moods	G6S2-2	Appearance and personality
8	人际交往 Interpersonal communication	G6S1-3 G7S2-3 G7S1-7	Problems and advice Communication and technology Crime
9	计划与安排 Plans and arrangements	G6S2-4	Direction
10	节假日活动 Festivals, holidays and celebrations	G6S2-8	Festivals
11	购物 Shopping	G6S1-9	Fashion
12	饮食 Food and drinks	G6S1-8 G7S1-2	Food Ways of life

序号	新课标大纲项目表	校本教材单元	校本课程大纲话题项目
13	卫生与健康 Hygiene and health	G6S1-8 G7S2-2	Food Medicine
14	安全与救护 Safety and first aid	G7S2-2 G7S2-3	Medicine Communication and technology
15	天气 Weather	G6S1-6 G7S1-8 G7S2-8	Weather Natural disasters and extreme weather Natural world
16	文娱与体育 Recreation and sports	G6S2-5 G6S2-7 G7S2-4 G7S2-5 G7S2-6	TV and movies Sports Pop culture Radio and podcasts Soap operas
17	旅游与交通 Travel and transport	G6S1-2 G6S2-4 G7S1-2	People and places Direction Ways of life
18	通讯 Communications	G6S2-6 G7S2-3	Technology Communication and technology
19	语言学习 Language learning	G6S1-3 G7S2-3 G7S1-5 G7S2-4	Problems and advice Communication and technology Education Pop culture
20	自然 Nature	G6S1-5 G6S1-6 G7S1-8 G7S2-8	Animals Weather Natural disasters and extreme weather Natural world
21	世界与环境 The world and the environment	G6S1-2 G6S1-5 G6S1-6 G6S1-7 G7S1-8 G7S2-8 G7S2-7	People and places Animals Weather Environment Natural disasters and extreme weather Natural world People and lifestyles
22	科普知识与现代技术 Popular science and modern technology	G6S2-6 G7S2-3 G7S2-7	Technology Communication and technology People and lifestyles
23	历史与社会 History and society	G6S2-8 G7S2-7	Festivals People and lifestyles
24	故事与诗歌 Stories and poems	G7S1-6 G7S2-6	Literature Soap operas

（2）中阶英语课程。

序号	新课标大纲项目表	Eim 课单元	Eim 课程大纲话题项目
1	个人信息 Personal background	EiMS-1 EiM1-1,5,13 EiM2-5 EiM3-3,11	Countries and Nationalities; Hobbies and Interests; Jobs and Fields of work; Personality; Talking about age; Appearance
2	家庭、朋友与周围的人 Family,friend and people around	EiMS-3 EiM1-13 EiM3-2,11 EiM4-2	Family； Friends and Enemies; Personality adjectives
3	居住环境 Living environment	EiMS-4,10 EiM1-WS EiM2-8	Places; House and Furniture; Homes
4	日常生活 Daily routines	EiMS-7 EiM1-2 EiM3-3	Talking about routines; Housework; Days of the week; Working life
5	学校 School	EiM1-1	School subjects
6	个人兴趣 Personal interests	EiMS-2,7,9 EiM1-1 EiM2-WS EiM3-5	Likes and Dislikes; Hobbies
7	情感与情绪 Feelings and moods	EiMS-8 EiM1-12 EiM2-6 EiM3-12, 13,14 EiM4-13	How you feel; Feelings; Having fun; Regret and Anger; Fears; Happiness
8	人际交往 Interpersonal communication	EiM3-1	Body language
9	计划与安排 Plans and arrangements	EiM1-1,2, 8,9	Plans,future life; Arranging to meet and make plans
10	节假日活动 Festivals, holidays and celebrations	EiMS-11 EiM1-8,11	Months of the year and seasons; Holidays and activities
11	购物 Shopping	EiMS-11 EiM1-WS	Shopping for clothes; In town and shopping
12	饮食 Food and drinks	EiMS-6 EiM1-6	Ordering food; Food and Drinks
13	卫生与健康 Hygiene and health	EiMS-5,9 EiM1-6 EiM2-11 EiM4-13	Parts of the body; Sports; Fitness; Medicine; Health and Medicine

续表

序号	新课标大纲项目表	Eim 课单元	Eim 课程大纲话题项目
14	安全与救护 Safety and first aid	EiM1-10	Survival
15	天气 Weather	EiM1-10	Weather
16	文娱与体育 Recreation and sports	EiMS-2,9,12 EiM1-4 EiM2-2,10 EiM4-1,11	Singers and bands; Sports;Sports equipment; Music;Musical instruments
17	旅游与交通 Travel and transport	EiM1-8 EiM4-12	Travelling activities; Travel verbs
18	通讯 Communications	EiM2-12	Computers and Internet
19	语言学习 Language learning	EiM1-7 EiM2-4 EiM3-1 EiM4-9	Language learning; B.E and A.E; Body language
20	自然 Nature	EiMS-5,11 EiM2-7 EiM4-12,13	Pets;Seasons;Disasters; Geographic features;Animal behaviour
21	世界与环境 The world and the environment	EiMS-1 EiM2-3,7 EiM3-6 EiM4-6	Countries and Nationalities; Environment;Environmental issues;Global issues
22	科普知识与现代技术 Popular science and modern technology	EiM2-1,12	Inventions ; Information technology
23	历史与社会 History and society	EiMi-1,3,13 EiMS-3,5,12 EiM2-13 EiM3-10	Famous people;Hero;Events; Mysterious places
24	故事与诗歌 Stories and poems	EiM3-7	Stories

3. 课标语法对应表
（1）初阶英语课程。

年级	语法项目
六年级（上）	名词 代词 连词 构词法 动词时态 （一般现在时，一般过去时，一般将来时） 动词短语 句子结构 There be

续表

年级	语法项目
六年级（下）	形容词比较级、最高级 一般过去时和过去进行时的比较 祈使句 非谓语动词 动词短语 并列句 宾语从句（直接引语与间接引语） 时间状语从句
七年级（上）	名词、代词、数词、介词、介词短语、连词、形容词、副词、动词、动词短语、构词法、非谓语动词、现在完成时、过去进行时、简单句的基本句型
七年级（下）	名词、代词、数词、介词、介词短语、连词、形容词、副词、动词、动词短语、构词法、非谓语动词、现在完成时、一般现在时、一般过去时、过去进行时、简单句的基本句型、被动语态

（2）中阶英语课程。

编号	新课标大纲语法项目	EiM 课程单元	EiM 课程大纲语法项目
1	名词		
	可数名词及其单复数	EiMS-6;EiM1-6	Countable nouns
	不可数名词	EiMS-6;EiM1-6	Uncountable nouns
	专有名词	EiMS-1	Countries and Nationalities
	名词所有格	EiMS-3	Possessive
2	代词		
	人称代词	EiMS-2	Object pronouns
	物主代词	EiMS-3	Possessive adjectives
	反身代词		
	指示代词	EiMS-6	this/that/these/those
	不定代词(some,any,no)	EiMS-11	one/ones
	疑问代词	EiMS-1	Question words：who, what, how old, where
3	数词		
	基数词	EiMS-WS, 4	Numbers
	序数词	EiMS-12	Ordinal numbers and dates

编号	新课标大纲语法项目		EiM课程单元	EiM课程大纲语法项目
4	介词和介词短语		EiMS-4 EiMS-11 EiM1-3,11 EiM3-9	Prepositions of place Prepositions : at,in,on in spite of
5	连词		EiM3-2 EiM3-9	Time conjunctions : as/then/as soon as although/even though
6	形容词（包括比较级和最高级）		EiMS-14 EiM1-7,10 EiM2-2 EiM2-8 EiM5-5	Comparison of adjectives Comparatives and Superlatives ; too+adjective Intensifiers too much/many, not enough Adjective order
7	副词（包括比较级和最高级）		EiMS-7 EiM1-10 EiM2-2 EiM3-9 EiM4-4 EiM5-5	Adverbs of frequency Adverbs Intensifiers with comparatives however Adverbs and adverbial phrases Position of adverbs
8	冠词		EiMS-WS,6 EiM2-7 EiM3-13	a/an,the,zero articles
9	动词的基本形式	系动词	EiMS-1, 2	The verb be(singular) ; The verb be(plural) ;
		及物动词和不及物动词		
		助动词		
		情态动词	EiMS-9, 11 EiM1-5,9, 11,13 EiM2-3, 9 EiM3-3, 4, 9, 10, 12 EiM4-8, 12 EiM5-1, 10	can/can't(ability) ; can/can't (asking for permission); have to/don't have to; will/won't; must/mustn't; should/ shouldn't; will/won't; might(not)/may(not) for prediction; had better/should/ought to; Future predictions; Present deduction; Past deduction; didn't need to/needn't have Deduction and probability

续表

编号	新课标大纲语法项目		EiM 课程单元	EiM 课程大纲语法项目
	时态	现在进行时	EiMS-10 EiM1-2, 8 EiM3-3	Present continuous ; Present continuous for ; activities/future arrangements Present perfect ; simple vs. continuous
		一般现在时	EiMS-3, 7 EiM1-1,2	Present simple : positive and negative ; Present simple ; (positive and negative ; Q and A)
		一般过去时	EiMS-12,13 EiM1-3,4 EiM2-1	Past simple : was/wasn't, were/ weren't; regular and irregularverbs ; Past simple (be, regular and irregular verbs; Q and A) ; Regular and irregular verbs ; questions and short answers
		一般将来时	EiM1-9,11	Intentions and predictions
		过去进行时	EiM2-1	Past continuous
		现在完成时	EiM1-14 EiM2-4, 6,10 EiM3-1,2	Present perfect : ever/never ; Present perfect simple : just/ already/ yet; for vs. since ; Past simple vs. Present perfect simple
		过去将来时	EiM5-2	Future in the past
		将来进行时	EiM4-6	Future continuous
		过去完成时	EiM2-13 EiM5-6	Past perfect tense
	被动语态	被动语态	EiM4-12	Passive report structures
		一般现在时	EiM2-5	Present simple passive
		一般过去时	EiM2-7	Past simple passive
		一般将来时	EiM3-6	Future passive
	非谓语动词	非谓语动词(动词不定式作宾语、宾语补足语、目的状语) 动词不定式 动词 -ing 形式 动词 -ed 形式	EiM3-7 EiM5-10 EiM4-14 EiMS-9 EiM4-12	Gerunds and infinitives Causative have Clauses of purpose Participle clauses

续表

编号	新课标大纲语法项目		EiM 课程单元	EiM 课程大纲语法项目
	动词短语		EiM1-3,11 EiM3-4,10,14 EiM4-9	Phrasal verbs ; Multi-word verbs : come up; come down Phrasal verbs review
10	构词法	前缀、后缀	EiM2-13,14 EiM3-7	Noun suffixes : -r, -er, -or, -ist, -ation, -ment -ity/ -ness/ -ion
		转化		
		合成		
		派生		
		缩写和简写		
11	句子类型	句子种类	陈述句（肯定式和否定式）	
		疑问句 （一般疑问句、特殊疑问句、反意疑问句）	EiMS-3, 5 EiM1-1 EiM2-4 EiM4-10	Do/Does …? Why …? Because… Question tags
		祈使句	EiMS-4, 8	Positive imperatives; Negative imperatives
		感叹句		
12	简单句的基本句型	主语 + 系动词 + 表语		
		主语 + 不及物动词		
		主语 + 及物动词 + 间接宾语 + 直接宾语		
13	并列复合句			
14	主从复合句	宾语从句	EiM3-10,11 EiM4-11	Indirect questions; Reported speech verb + what-clause
		状语从句	EiM1-12 EiM2-3,12,14 EiM3-4 EiM4-5,14 EiM5-8	if/when… if/unless first conditional ; second/third conditional Conditionals review; Result clauses with so/such (that) ; Alternatives to if

续表

编号	新课标大纲语法项目		EiM课程单元	EiM课程大纲语法项目
		定语从句（能辨认出由that,which, who引导的限制性定语从句，并能理解句子的意思）	EiM2-11 EiM3-13 EiM4-1,10	Defining relative clauses； Non-defining relative clauses； Relative clauses review； Reduced relative clauses
		主语从句	EiM4-2 EiM5-3	What clause Cleft sentences with what
		表语从句	EiM4-2	
15	间接引语		EiM2-14 EiM3-11 EiM4-3 EiM5-7	Reported speech review
16	省略		EiM5-13	Ellipsis
17	倒装		EiM5-14	Negative inversions
18	强调		EiM5-3	Cleft sentences with it
19	虚拟语气		EiM2-12,14 EiM3-4,8, 12 EiM4-5 EiM5-8,12	Second,third conditionals； Mixed conditionals； Past tense with hypothetical meaning

4. 选修课设置说明

	课程	设置目的
六年级	影视英语	激发学生的英语学习兴趣，初步培养学生的影视鉴赏能力。
七年级	英语阅读	七年级开设了研修班、导修班，所以学生的自主学习能力、学习习惯的培养成为七年级的重点，同时，英语阅读也是中考的重要部分，为中考做阅读量累积的准备。
八年级	英语戏剧表演	戏剧表演兼具培养学生多方面的能力，是一门可以培养学生综合语言运用能力的课程。在该课程中，学生的文学鉴读能力、跨文化交际能力、口头表达能力、审美能力、表演能力、创新能力等都会得到发展。

五、教学方式

1. 中外合作。

2. 必修、选修课程结合。

3. 跨学科项目教学。

4. 课型：按听、说、读、写、词汇、语法、活动、复习去设置，注重技能培养。

5. 课程实施：以话题为单位，以真实的、地道的、贴近生活的素材教授词汇，以实际交流、表达为目的去教授语法，以学生需求去滚动编排、扩展语言知识，以用英语做事情去完成语言知识的内化、能力的转化，以用英语做事情的效果去检验知识运用的水平和等级。

六、主题活动

1. 英语文化周 (12.21—12.25)

展示内容：英语学科阶段学习成果。

日期	内容	时间	过程	效果	校方支持
12.21	各国文化巡展	12:30 至 13:30	1. 每班自选一个国家并研究其文化特色及习俗，并与本国文化进行比较。 2. 通过展板和实物展示。 3. 班级间参观及交流。	拓宽学生的跨文化视野，增强学生的爱国情感，培养学生的研学能力，加强学生的交流学习能力。	相应材料及设施
12.22	学科竞赛	12:30 至 13:30	1. 年级间互相出题竞赛。 2. 内容不限，可以包含时事、常识、脑筋急转弯、谜语。 3. 学生主导，有参赛者和评委两种角色。	调动学生的英语使用的积极性，增强合作与竞争意识和跨学科学习能力。	时间保障
12.23	学校追踪	12:30 至 13:30	1. 以小组为单位，根据小组任务单在学校内完成任务。 2. 以最快的时间和最佳的效果完成任务，并照相或拍下视频为证。 3. 老师评价。	调动学生运用英语的积极性，增强合作与竞争意识和跨学科学习能力。	1. 时间保障 2. 地点保障 3. 道具准备 4. 安全保障
12.24	综艺展示	12:30 至 14:20	1. 每个年级选派优秀英语节目进行展示，歌曲、戏剧、诗歌朗诵、配音等。 2. 评选并发奖。	激发学生的英语学习兴趣，增强合作意识，增加舞台表演经验，体验成功，促进英语学习。	1. 领导参与指导 2. 协调各年级时间 3. 配合舞台设置 4. 准备奖品

续表

日期	内容	时间	过程	效果	校方支持
12.25	圣诞、新年寄语	8:00 至 17:00	1.在巨幅画布上用英文写下圣诞与新年愿望及对朋友与师长的寄语。2.午间滚动播放圣诞乐曲。	同过圣诞，展望新年。	1.巨型画布和彩笔 2.广播室支持播放英语歌曲

2. 英语出校园

每学期安排一次英语出校园活动，打破年级限制，凸显学生兴趣，给学生提供真实的语言体验学习和运用机会。活动安排如下：

1.参观中国日报社（体验编辑、校稿、排版与印刷《21世纪英语》报纸）
2.欣赏英语话剧（根据近期各大剧院的档期安排，选择合适剧目）
3.高校英语之旅（与北师大等高校学生团体合作联谊，参观校园，交流英语）
4.新书发布会（参加一次图书馆、书店英文图书的发布分享会活动）
5.走进使馆
6.外教协助联系的其他相关英语活动

3. 每月演讲

七、评价机制

1. 评价方式

（1）学生互评和组评。

孩子在相互的交流和合作中可以取长补短，更有效地内化所学内容，并且在自然状态中灵活地使用所学内容，促进学生合作学习和自主学习能力的提升，有利于综合语言技能的提升。

（2）过程性评价。

激励学生积极参与学习过程，在课堂活动和师生交流中体会、理解语言的真正含义，正确使用语言。课堂评价以及课后评价关注学生学习情况，更关注学生积极参与、享受学习的乐趣和过程，关注每个学生学习的积累和点滴进步。

（3）总结性评价（五星评价）。

北京中学 2014—2015 学年度第二学期课程学习星级评价表

	评价项目	自评	组评	师评	总评
一、课堂表现	听讲				
	发言				
	笔记				
	小组合作意识				
	主动帮助他人				
	评估标准：以观察课堂表现和教师白板的积分为评估对象 ★善于倾听教师指令和同学发言 ★积极举手，勇于发言 ★记录笔记完整、清晰、有条理 ★在完成个人任务后，主动帮助他人 ★小组活动中主动承担责任，有沟通和合作意识				

	评价项目	自评	师评	总评
二、活动展示	Creativity 生活创意			
	Subject Report 学科反馈			
	Reading Cards 读书报告			
	Project-Based Learning 基础项目学习			
	100-Word Test 我当考官			
	Module Poster 模块海报			
	English Speech 演讲比赛			
	评估标准：以展示作品和展示视频为评估对象 ★：完成任务 ★★：按时完成所有任务 ★★★：按要求完成所有任务，格式正确 ★★★★：任务完成质量较好，入选班级优秀作品，被展示 ★★★★★：任务完成质量优秀，入选年级或校、区、市级评比			

续表

	评价项目	自评	师评	总评
	作业文件夹			
三、周作业	评估标准： ★：未完成现象超过四次 ★★：未按时提交现象四次以内 ★★★：每次按时完成 ★★★★：每次按时完成并能用红笔订正 ★★★★★：每次按时完成，用红笔订正并找教师复批			

	评价项目	自评	师评	总评
四、拓展学习	Good English 典范英语			
	New Concept 新概念英语			
	Authentic Reading 原版阅读			
	评估标准： ★：基本完成学习量（每周至少两篇） ★★：能流畅读出课文 ★★★：能理解并背诵课文 ★★★★：绘声绘色地将课文背诵下来 ★★★★★：小组创意表演课文内容			

	评价项目	师评		总评
五、阶段测试	周检测			
	期中质量监测			
	期末模拟监测			
	期末质量监测			
	评估标准： ★：60 分以下 ★★：60—69 分 ★★★：70—79 分 ★★★★：80—89 分 ★★★★★：90—100 分			

六、特色加分	1. 活动时间_____ 活动内容_____ 2. 活动时间_____ 活动内容_____ 3. 活动时间_____ 活动内容_____ 评估标准： 每参与一次活动，加★； 在活动中有积极发言，再加★。 此项最多不超过 5 星。
评价结果	1. 单项星级：自评占 30%，他评占 30%，教师评价占 40%。 2. 综合星级：总计 80 颗星，累计获得的单项星级达到 70 颗，总评 定为五星，以此类推。60—69 颗星，四星；50—59 颗，三星；40—49 颗，两星；40 颗以下，一星。

续表

评价项目	自评	师评	总评
教师寄语： 签名：		学期综合评价星级：	

（4）档案袋评价。

每班开学初选取低、中、高水平的三个孩子进行 BISS 前测，经过一学期的追踪，在期中、期末分别再进行测试，记录孩子的成长过程。

八、课程成果

1. 六年级上下校本研发教材。

2. 七年级上下校本研发教材。

3. 《中外合作教学模式下的中外教师优势互补研究》课题下的优质资源课。

4. 资源整理：基础成果、创新成果、特色成果。

九、教研机制

1. 创建"团结、协作、创新、钻研"的英语组氛围。

2. 教学、教研相结合。

3. 坚持听评课，每两周一节。

4. 备课组、教研组活动相结合。

5. 积极参加 BISS 及区教研活动，保证教学理念上的统一。

十、资源需要

1. 教材

（1）English in Mind B1 学生用书：80 本，教师用书：12 本；

（2）English in Mind B2 学生用书：80 本，教师用书：12 本；

（3）English in Mind B3 学生用书：80 本，教师用书：12 本；

（4）English in Mind B4 学生用书：80 本，教师用书：12 本；

（5）English in Mind B5 学生用书：80 本，教师用书：12 本。

2. 学科活动

舞台，服装，道具，奖品，专家聘请。

3. 教师培训

购置专业书籍，专家指导，出国培训。

4. 引进演讲课程

演讲艺术。英语公共演讲与高效交流。

研究论文

英语分层课程与教学的设计与实施

◎赵 帅 谢菲菲

扫描二维码
获取更多相关信息

一、实施分层课程教学的目的

在面向全体学生教学的同时，我们要关注每个学生个体，尊重个体差异。但是在实际教学中，我们发现，学生的英语基础参差不齐，而且在认知能力、学习态度、学习习惯和学习方法等方面也存在显著的差异。随着学习难度的不断加大，这种差异会越来越明显，最终导致出现"优等生吃不饱、中等生提不高、困难生跟不上"的局面。那么，在现行大班授课制的条件下，如何弥补一个教师难以面对众多有差异的学生这种教学的不足，实现大面积提高教学质量的目标呢？这就迫切需要教师摒弃传统"一刀切"的教学模式，实施分层教学法，以适应学生日益扩大的个性差异，使每个学生都能得到充分的发展。

所谓分层教学，指的是教师按照学生的智力水平、学习成绩以及非智力因素等指标，将学生分成不同的层次进行教学，使学生分层提高。其实质就是要客观地面对学生的差异，采取科学的手段，对之进行主动的干预和调适，促使每一位学生都能在自己的能力范围内获得最大限度的进步与发展。

我校初中从六年级开始，在实际教学中我们发现，同一个班的学生，在英语课上的表现可谓良莠不齐：有的学生口语表达非常流利，有的学生在正确发音上还存在着不小的问题；有的学生能够很好地跟老师互动，有的学生不能完全听懂老师的课上语言。这样导致的学习结果就不言而喻了。针对这个问题，我们经过讨论，最终决定在班内进行分层教学。经过一段时间，我们发现学生的成绩都在不同层面上有了一定提高。所以在七年级时，为了学生全面、个性地发展，学校实施分层设课、选课走班教学探索的办法，分为自修、研修、导修和讲修。

二、英语研修与导修的区别

1. 分层依据

在分层教学之前，我们为学生提供了选课指南，在选择方面，学生具有主动权。在学生需要的情况下，教师可以提供参考意见（如表 1 所示）。

2. 实施原则

为了确保完成英语课程标准中所要求的初中毕业达到五级能力标准及满足不同学生的英语学习需求，在分层中，我们的原则是"两同""四不同"。"两同"为每节课的教学目标最低要求一致，所教授的内容一致；"四不同"主要体现在听力、口语、阅读和写作教学过程和方式中（如表 2 所示）。

表 1　学生选课指南

		自修班	研修班	导修班	讲修班
能力要求	听力	能听懂有关熟悉话题的谈话，并能从中提取信息和观点；能听懂接近自然语速的故事和叙述，理解故事的因果关系；能针对所听语段的内容记录简单信息。	能听懂接近自然语速、熟悉话题的简单语段，识别主题，获取主要信息；能听懂连续的指令并据此完成任务。	能根据语调变化，体会句子意义的变化；能听懂学习过程中连续的指令和问题，并作出适当的反应。	能听懂课堂活动中简单的提问；能听懂常用指令和要求，并作出适当的反应。
	阅读	能理解段落中各句子之间的逻辑关系；能找出文章中的主题，理解故事的情节，预测故事情节的发展和可能的结局；能根据不同的阅读目的运用简单的阅读策略获取信息；课外阅读量应累记达到 8 万词以上。	能从简单的文章中找出有关信息，理解大意；能根据上下文猜测生词的意思；能读懂简单的个人信件、说明文等应用文体材料；课外阅读量应累记达到 5 万词以上。	能读懂简单的故事和短文并抓住大意；能初步使用简单的工具书；课外阅读量应累计达到 3 万词以上。	能读懂教材中简短的要求或指令；能借助图片读懂简单的故事或小短文，并养成按意群阅读的习惯；能正确朗读故事或短文。

续表

		自修班	研修班	导修班	讲修班
学习内容（每周）	听力	精听（2）+泛听（5）+原声电影（1）	精听（2）+泛听（4）+原声电影（1）	精听（1）+泛听（3）+原声电影（1）	精听（1）+泛听（2）+原声电影片段
	阅读	精读（1）+泛读（5）+荐读（2）+悦读（3）	精读（1）+泛读（5）+荐读（2）+悦读（2）	精读（1）+泛读（4）+荐读（2）+悦读（1）	精读（1）+泛读（3）+荐读（1）+悦读（1）
学习要求	听力	制订可行的自修计划	出色完成学习任务	较好完成学习任务	自觉完成学习任务
	阅读	制订可行的自修计划	诵读每周1篇，读书汇报每周1次，读书笔记每周2篇	诵读每周1篇，读书汇报每周1次，读书笔记每周1篇	诵读每周1篇，读书汇报两周1次，读书笔记每周1篇
作业要求	听力	家长反馈单记录完整，能理解和记录细节信息，并能复述主要内容	家长反馈单记录完整，能理解和记录细节信息	家长反馈单记录完整，理解段落大意，并记忆核心词汇	家长反馈单记录完整，理解大意
	阅读	复述或表演阅读内容，并根据文章内容发表观点	复述或表演阅读内容，回答阅读中的深层次问题	复述或表演阅读内容，回答阅读中的细节问题	复述或表演阅读内容，记忆阅读中的生词

根据学生的需求及选课情况，我们只开设了研修班及导修班。

表2　导修英语与研修英语的课程与教学比较

	导修	研修
听力方面	课堂听力练习形式：提供两个或三个选项进行选择。课堂听力练习内容：主旨题、细节题居多，少量推测题。	课堂听力练习形式：给问题，直接回答问题，培养孩子记录信息的能力。课堂听力练习内容：推测作者意图等深层方面的题目的比重较大，包含少量主旨题、细节题。
口语方面	重复高频词汇比较多，在整个课堂设计上，支架会搭得细点儿。	更多使用低频词汇，在整个课堂设计上，支架就会少点儿。

续表

	导修	研修
阅读方面	课外阅读量：每学期 3 万词以上。 规定阅读篇目：每周至少读 3 篇，确保每天 200 词的阅读量。 课堂阅读练习形式：提供两个或三个选项进行选择。 课堂阅读练习内容：主旨题、细节题居多，少量推测题。	课外阅读量：每学期 5 万词以上。 规定阅读篇目：每周至少读 5 篇，确保每天 300 词的阅读量。 课堂阅读练习形式：给问题，直接回答问题，培养孩子记录信息的能力。 课堂阅读练习内容：推测作者意图等深层方面的题目的比重较大，包含少量主旨题、细节题。
写作方面	侧重语言、词汇的用的恰当与否	侧重内容、句型的丰富

三、如何实施分层课程教学

导修英语与研修英语的教学过程都包括四个基本环节，但每个环节的具体实施过程和策略有所不同（如表 3 所示）。

表 3　导修英语与研修英语的教学过程和策略比较

		导修	研修
课前教学设计原则		调动、鼓励、支撑	空间、能力、拓展
课堂实施	教学方式	教师讲授时间较长	学生自主使用语言时间较长
	评价方式	课堂纪律管理记分表	课堂参与记分表 学生互评
课后作业		阅读、听力篇目少， 重在习惯养成	阅读、听力篇目多， 重在能力培养
课后辅导		基础为主	拓展提高

1. 课前教学设计

在导修班，我们发现那些英语学习略显吃力，成绩不佳的学生，要么是对英语学习的兴趣不高，要么是自己英语水平低听不懂全英文的课堂语言，要么是太安静、太紧张、太羞于张口。为此，对于每节课的引入部分，我们就会为他们设计 Running dictation，Bingo 或者 Taboo 这类的活动形式，让他们能够在课堂中动起来，缓解紧张的心理，轻松地投入学习。在设计时，我们也会有意识地加大控制性练习的比例，降低半控制性和自由训练的比例。

而针对研修的学生，他们的注意力和有效学习时间都相对比较好，每节课的引入部分，我们常以 Brainstorm 和 Discussion 的形式开展，为他们创造更多与同伴相互交流的机会以及与同伴相互学习的平台。

2. 课堂实施

导修与研修的课堂实施教学方式有所不同。比如词汇课，在导修课堂上教师教授环节的时间就要长于研修；写作课，导修课堂上教师在学生写作前用更长时间搭设台阶。研修课堂则将更多的时间归还给学生，让学生拥有更多使用语言的时间。在研修课堂上，我们会设计更多挑战性的任务，以任务驱动带动学生综合语言运用能力的提升。由于研修课堂上学生常较快地完成基本教学任务，所以此时，我们会开辟每天五分钟的项目学习和研究的时间。比如我们与物理教师合作开展一个学科整合的项目学习活动：以小组为单位，设计自己的太阳系模型，里面会有物理的一些基础概念，会有数学的比例知识等，最重要的是整个交流学习过程是用英语展开的，将英语作为一个工具，自然而然地融入到学生的学科学习中。

这里以一节写作课为例具体说明分层课程的课堂教学实施情况(如表4所示)。本节课为第二单元"科技与传媒"的第七课，是关于电子邮件的写作课。其教学目标为学生能够对正式、半正式、非正式的邮件有一个基本理解，同时能向旅游中心写一封邮件询问所需信息。

表4　一节写作课的导修与研修课堂教学过程比较

教学环节	导修	研修
任务布置	告诉学生本节课他们将要给下次度假目的地的旅游信息中心写邮件。通过三个问题引导学生快速明确任务。第一题为"你想去哪里？（发挥想象，可以是外太空）"第二题为"为什么你们想去那里？"第三题为"你们打算去做什么？"	
知识铺垫一邮件类型	讲授什么是正式的邮件，什么是半正式的邮件，什么是非正式的邮件，并配有范文让学生了解它们的不同。预计学生可能区分不开半正式的邮件。发给学生两封邮件，让学生阅读后判断哪一封是正式的，哪一封是非正式的邮件，然后让学生思考给旅游信息中心写邮件是用哪种形式，最终学生一致认为应用半正式的邮件。	把三篇文章以句子为单位裁成小条，让学生以小组合作的形式将句子拼成三篇文章后，再判断三篇文章的文体是什么。这个活动很具挑战性，要求学生达到对以上三篇文章的理解，同时还要就其正式、非正式、半正式文体做判断，让学生不仅仅知道三种表达形式的区别，而且通过该活动进一步深入理解其不同。

续表

教学环节	导修	研修
知识铺垫二 邮件优劣	发给学生两篇邮件，让学生快速阅读后，选出"好邮件"和"差邮件"。	
知识铺垫二 邮件优劣	教会学生如何写一封"好邮件"，我将这些技巧剪成小条，每两个人分一套，让他们讨论并将这些小条分为"Dos"和"Don'ts"。这个环节不仅训练了学生的阅读能力，在学生的讨论中，也训练了他们的口语能力，这样做的目的是降低难度，增加语言支撑。	只给学生一个空表，鼓励学生通过范例文章的阅读、小组讨论归纳出要点，最后教师统一梳理答案。这样做的目的是调动学生已有知识，为学生提供更多讨论机会，培养学生的批判性思维。
知识铺垫二 邮件优劣	跟学生一起把"好邮件"的结构写在白板上： 1.写明你要写给谁； 2.表明你的身份，还有你来自哪里； 3.阐明你想要了解的信息； 4.以加粗字体的方式将你要了解的信息以问题的形式写在邮件里。	无此环节
写作任务	布置写作任务	布置写作任务

在课堂管理方面，导修班的学生可能也存在一定的问题，所以我们会在白板上为小组打分。当他们出现纪律问题或讲中文时，会对他们小组进行扣分。当他们太羞于开口，不积极举手回答问题时，通过小组加分的鼓励方式也能得到很好的效果。在研修班，小组评价主要是为了鼓励学生更多地参与、讨论，同时除了老师评价以外，为学生提供更多同伴互评的机会。对于导修班的学生而言，他们不太喜欢同伴互评，但研修班的学生对此持积极态度，对于同伴评价充满信心，这能帮助他们自发地去了解自己语言上的优势和劣势，从而更好地调动他们进一步学习的主动性。

同时，在同一种班型下，也存在个体差异。因此，我们进行了混合编组，让每一位学生在学习过程中都能成长。比如说在学生小组交流核对答案的过程中，就该题目掌握稍薄弱些的学生可能是说出答案的人，就该题目掌握稍好的学生可能是做出判断的人，就该题目掌握最好的学生可能是做出解释的人，那么学生在同班型下也找到了自己的增长点。

3.课下作业及帮扶

我们每周布置的周作业，均体现课程分层的区别（如表5所示）。

表5　导修英语与研修英语的作业比较

	泛读	荐读	悦读	泛听
导修班	三篇	Good English	自选一篇	二篇
研修班	五篇		自选二篇	三篇

另外，还有老师给予个别的学生课后辅导，比如，研修班老师更多关注学生自主学习能力的培养和学习习惯的形成。为此，教师会把办公室书柜中的原版书籍开放给学生，会带领学生去图书馆帮助其选书，会与学生开展师生共读活动，会分享 TED 演讲共听共讨论。导修班老师会在学生参加完社团后，在办公室里对潜能生进行个别辅导，还会在每天中午午休时间，对导修班的后八名学生进行整体辅导等。

四、实施效果

分层教学实施一个学期以来，同学们由刚开始的困惑到适应再到现在的喜欢。其优势已经初步显示出来。同学们的综合语用能力、多元文化理解能力、交流合作能力、创新思维能力和学习兴趣都得到显著提高。

1.数据分析

表6　区统测分层前后四项技能得分率对比

区统测	听	说	读	写
分层前研修	95%	80%	94%	90%
分层后研修	96%	82%	96%	94%
分层前导修	86%	69%	89%	82%
分层后导修	91%	75%	93%	86%

表6是六年级期末分层前区统测四项技能得分率与七年级期末分层一年后区统测四项技能得分率的对比。统考成绩证明了我校学生的基础知识扎实，很好地掌握了国家课程。分层后研修班和导修班的学生的四项技能都得到了提升，且缩小了研修班和导修班的成绩差距。

表7　校考分层后研修和导修四项技能得分率

校考	听	说	读	写
分层后研修	94%	82%	92%	92%
分层后导修	82%	75%	85%	84%

表7是分层后校内统考中导修班和研修班的四项技能得分率，这个数据说明我校的研修班和导修班的差异明显，相差10个百分点左右。研修班在拓展知识

和能力方面的确体现出了差异性。

2. 学生变化

下面我以几个具体的案例来说一下我校开展分层教学以来学生的变化。

Tony 同学，六年级期末英语成绩排名全校 71 名，这次期末评估提升了 38 名。Tony 是导修班的同学，他好胜心强但是基础比较薄弱。在导修班学习的这一学期中，明显地看出他的努力。他课上总是积极举手，并总能得到几次发言的机会，这大大地增强了他对学习英语的自信心，使他更加爱学英语，更愿意在英语课上下功夫。

Clement 在上学期期末英语成绩排名 74 名。这个孩子性格活泼，表达能力不错，也勇于表达自己的观点和意见。同时他的新异的小点子也很多。他的基础不算很好，但是能表述出自己的想法。他在原来混合能力班级中，自信心不强，总是担心在英语水平高的同学面前和老师面前出错，因此课堂表现一般，参与小组讨论的积极性也一般。这学期，学校实行走班制，根据孩子英语综合素质和水平分层教学。课堂教学设计、课堂教学的实施，以及课后作业等都根据孩子的能力水平和认知特点进行调整。经过一段时间的训练，他能够在课堂上很快理解新授内容，积极参与小组活动，并在互动中充当重要角色，英语水平得到较快提升。

Jam 现在是研修班的学生，一个老师眼中的理科男。其实他的英语底子并不薄，分数也比较理想，但就是那么不显眼，很少在面向全体教师和同学的舞台上展示自己。在老师的鼓励和支持下，他参加了在北中的第一次英语演讲比赛，并且取得了第二名，这给他带来了很大的自信。从此，他课上参与听讲更投入了，爱读书的他又参加了学校首届读书分享会并做了分享。现在的他成绩越来越好了，这学期区内统测英语得了满分，校内成绩也从六年级时的 27 名上升到现在的 20 名。

五、存在的问题及解决的措施

1. 不同班型缺少交流学习机会

分层教学开展后，不同班型的学生在英语学科学习中没有交集，缺乏交流等问题凸显，亟需通过文化活动课、演讲、读书等一系列活动的设置，不定时将班型打通，搭设互相学习的平台。

2. 同一班型下学生仍存在个体差异

即使在同一种班型下，学生也存在个体差异，如何更好地发展每个学生的语言运用综合能力，发掘其潜能，让每一位学生在学习过程中都能成长，这也是我们面临的另一个有待思考的问题。除了进行混合编组、上课搭建平台外，我们也将尝试课下的互助小组活动，以缩小个体差异。

【参考文献】

[1] 陈丹萍 . 高中英语分层教学的研究 [J]. 基础英语教育，2006（4）.

[2] 彭璐燕 . 分层教学模式在高中英语课堂中的应用——以熊岳高中为例 [D]. 大连：辽宁师范大学，2013.

作者简介

赵帅 ：

英语一级教师，朝阳区优秀青年班主任。曾获北京市初中英语教师教学基本功大赛二等奖，论文曾获国家级一等奖。积极参与"构建中外合作教学新模式，提升学生英语能力实践研究"和"教师情感表达与师生关系构建"课题研究。

谢菲菲 ：

英语一级教师，朝阳区骨干教师，曾获北京市初中英语教师教学基本功大赛二等奖。曾受邀赴美参加 TESOL 国际研讨会并做主题发言。参与"教师情感表达与师生关系构建""学生学习方式变革与创新思维培养""北京市基础教育在线学习"等课题研究和课程研发。

iPad 在中学英语课外学习使用有效性的研究

◎吴 玥

摘 要：本文以英语的课外学习为重点，介绍了通过任务的设置，引导学生运用 iPad 进行课堂之外的英语学习的一些做法，分析了 iPad 使用的优势及问题，希望能为广大教育工作者和学生家长提供参考和借鉴，并引发进一步思考和探索。

关键词：iPad；中学英语；课外学习；自主学习

一、问题的提出

iPad 已经进入了中国人的日常生活，越来越多的中国家庭将 iPad 作为一项孩子的教育投入，希望通过使用 iPad，给予孩子更多的学习资源并加强学习效果。如何最大程度地将 iPad 运用到中学英语的学习中，尤其是课内外相结合的应用中，并加强学生学习的主动性，改变学生的英语学习模式，提高学生自主学习能力，切实提高英语学习效果，是本文要重点探讨的内容。

二、iPad 在英语课外学习中的实践探索

在使用 iPad 进行英语课外学习的过程中的具体操作方面，笔者主要在引入 App 学习软件、倡导合作学习模式、创建共享学习空间、使用其他学习资源及鼓励资料检索几个方面做了一些尝试。

1.App 学习软件

在英语常规学习与课堂内容相结合方面，笔者尝试使用了多款英语学习 App，其中很值得推荐的是 Brainpop 学习 App（见图1）。

图1 Brainpop 学习使用情况

　　根据每周学习主题不同，笔者尝试在软件中找到与课堂所学内容相关或延伸的视频资源。例如单元主题是健康（Health），学生可以提前观看并学习软件中的吸烟（smoking）有害健康的视频。学生自己提前学习视频，了解词汇，完成相关习题的学习任务，并将其作为一项常规学习项目，让学生在课前就对相关内容进行了解和熟悉。完成相应习题，并将结果发送给老师作为作业的提交。此类作业形式生动，内容有趣，受到学生的喜爱。

　　此外，笔者还推荐一些其他应用，比如英语趣配音、dub me 等配音软件，前者可以就软件上的视频资源进行配音并在好友之间分享；后者可以自选视频，删除声音后自行创造性配音。这些学习软件极大地激发了学生的学习兴趣，提高了学生的口语表达能力，使其感受语言表达的情绪及情感状态，是学生写作能力和自主创作能力提升的有效途径。

2. 合作学习

　　笔者在布置课外学习任务时，同样注重项目作业（Project work）的使用。北京中学作业安排以周作业形式布置，就英语学科而言，教师通常会结合本周及下周所学内容，把作业分为常规作业、复习作业和新课作业三项，将学习任务提前一周下发给学生，并注明下周上交时间。其中新课作业或复习作业均会涉及项目作业，项目作业常需要学生通过团队合作，运用所学语言知识，完成一个项目或解决一个问题。这也是英语学科的作业特色之一（见表1）。

表 1　英语项目作业布置范例

	完成内容	所需时间	上交时间
项目作业	挑选 Simpson 动画片段，为其配音。 具体要求：1. 以英语学习小组为单位完成。2. 录音时长：1 minute<x<2 minutes 。3. 根据所选内容，每人完成一到两个角色的配音，整个录音要合理、富有逻辑。4. 用 A4 纸提交录音稿，并附 5 个听力理解问题及答案。 5. 录好音频，并提交音频文件。	60分钟	4月13日 （下周一交）

　　项目作业分为独立完成的项目作业和合作完成的项目作业。表1中是一个需要合作完成的课后项目作业，要求以小组为单位，完成对一个视频的对话创作及配音。通过此类合作项目作业的设置，让学生在课堂之外继续进行交互学习和彼此支持，实现互助互补，加强合作意识，强化学习效果。

　　以此次听力项目作业为例，每个小组的学生首先要讨论选定配音的视频，然后进行头脑风暴，根据画面编写对话，一人记录。内容成型后，根据每人的音色和表达特点，分配角色和语言进行配音，完成作品。根据每人的不同专长和特点，有的小组中也有人专门负责后期添加音乐和特别音效，进一步加强配音效果。小组成员分工合作，共同完成一份作业，突破了个人独自学习语言的局限性。从课余随机访谈也了解到，学生认为使用 iPad 进行英语课外学习，学习形式多样，资源众多，能够选择适合自己的学习方式，能够加强学习效果，获得成就感。对于使用 iPad 小组合作完成项目作业，学生认为通过多次项目作业，小组成员在完成项目作业过程中能够做到明确分工，充分利用时间，不仅提高了合作效率，同时也加强了小组成员的合作意识和团队精神。

3. 共享学习空间

笔者通过使用 Trello 应用，创设班级以及小组共享学习空间，帮助学生在课后更好地互助和合作学习（见图 2）。

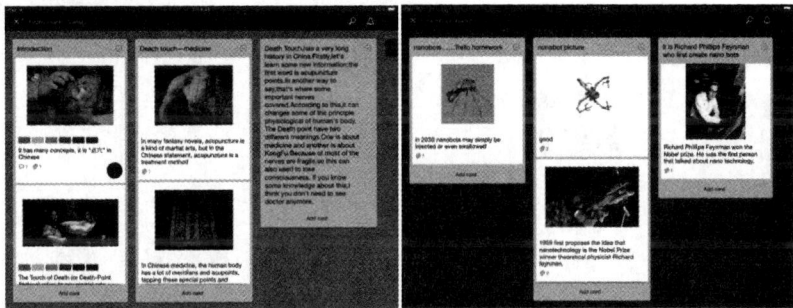

图 2　Trello 应用情况

学生申请帐号后，以小组或班级为单位创设一个展板，可以就感兴趣的内容或老师布置的相应学习任务搜索图片、视频、文字资料并进行排版和展示，所有同学搜索和制作的相关内容集合成一个展板，从不同角度展现个人对同一话题的不同理解和知识积累。这是一种非常好的预习或梳理复习的形式。

同时，在共享空间内，大家可以相互留言，相互评价。老师也可以加入共享空间，不仅起到监督作业完成情况的作用，更可以与同学就学习内容进行互动，是一种非常有趣的学习体验。

4. 其他学习资源

除了上述方式，笔者鼓励学生使用 iPad 下载推荐的工具书及 iBooks 阅读书籍和有声书籍，充分利用 iPad 所提供的海量学习资源。iPad 工具书主要包含英汉、汉英词典，所收罗的词条非常丰富，语言内容更新较快，查询方便即时。iBooks 中亦可以下载大量电子英语书籍，登陆亚马逊有声书籍网站可以购买大量有声书籍，使用 iPad 进行听取并配合阅读。

5. 资料检索

iPad 作为最为方便的资料检索工具，在学生的课外英语学习中同样发挥着重要作用。笔者尝试课前让学生对与所学话题相关的感兴趣的方面进行资料检索，自主学习并整理成微课，提供给班级其他同学学习（如图3）。

为保证学生在资料检索过程中的目的性和高效性，笔者提前对检索内容进行设定，即与单元内容相关的自己感兴趣的其他话题，同时细化要求，要求检索一篇适合课堂阅读的200词左右的短文，选择3到5个单词给出图片及解释帮助同学理解，并在短文后设置相应的问题检查阅读效果，最后设计一个基于此内容的小活动。另外，笔者推荐了相应检索网站，例如必应(www.bing.com)、雅虎(www.yahoo.com)等更适合检索英文资料的网站，以提高学生检索效率。

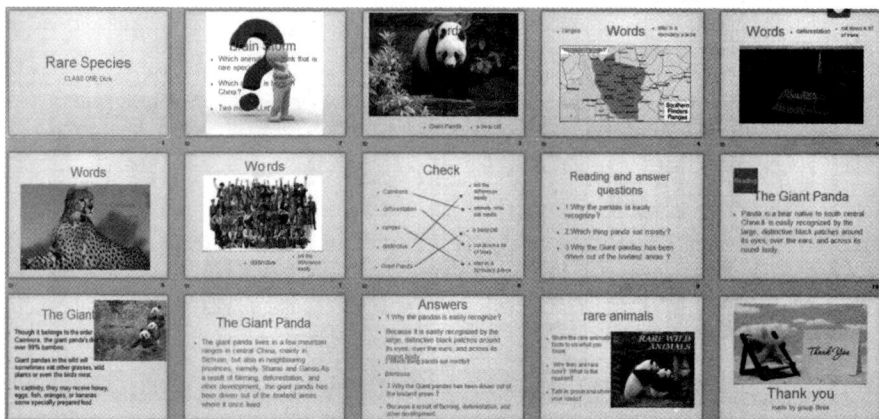

图3　基于 iPad 的英语课外学习情况

三、基于 iPad 的英语教学成效分析与思考

1. 基于 iPad 的学生英语学习参与情况

对学生使用 iPad 进行英语课外学习的追踪研究的主要实施阶段集中在2014至2015学年第二学期，即2015年的2月至7月，研究对象是北京中学七年级研修一班学生（共21人），期间通过周作业形式对学生使用 iPad 进行课外学习情况、学习成果数量统计，如下（见表2）。此外，在2014至2015学年第二学期暑假假期中，据不完全统计，虽然假期作业没有英语配音的作业要求，但班级半数以上同学通过 iPad 进行了自主英语配音活动，多数完成的作品达到5到10个。另外，通过对班级特定学生的跟踪调查，研究实施期间，学生使用 iPad 阅读原版电子书或使用 iPad 下载或收听有声书的文字量最高可达20万词以上。

2. iPad 应用于中学英语课后学习的优势分析

教育部《基础教育课程改革纲要（试行）》中明确指出，新课程应"逐步实现学生的学习方式的变革"，"在实践中学习，促使学生在教师的指导下主动地、富有个性地学习"。因此，教师需要善于改变传统的教学模式，通过借助新的教育媒介和教育工具，积极引导学生运用新型的学习方式和创新的思维方式去主动获取知识。通过课前准备指导及课后作业的布置，引导学生使用 iPad 进行英语课外学习，促进学生学习方式的变革，具体而言，主要通过以下几个方面实现。

（1）提高兴趣。根据对学生的访谈和调查，学生在进行课外学习活动时，对可以使用 iPad 进行学习活动有明显的兴趣。究其原因，首先，学生在使用 iPad 学习时，需要使用到生动有趣的教育App，语言呈现方式主要是动画或故事。其次，完成的语言任务可以通过网络上传共享，更具有交互性。最后，使用 iPad 检索资料方便学生接触到更多的真实环境中的语言资源。以上几点均有利于提高学生的英语学习兴趣。

表 2　基于 iPad 的周作业学习完成情况统计

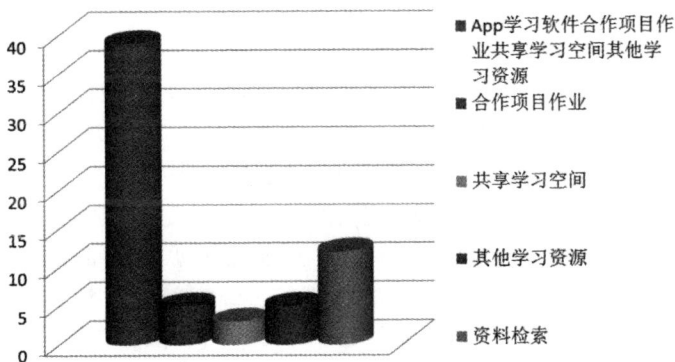

表 3　基于 iPad 的学生英语学习成果统计

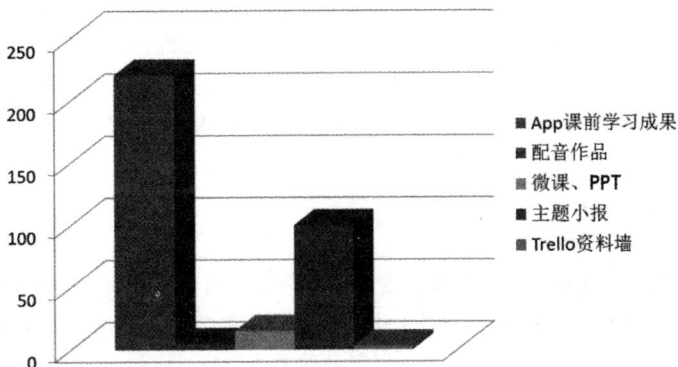

（2）翻转课堂。iPad 任务的布置主要分为课前准备指导及课后作业的布置。学生使用 iPad 进行英语课外学习，一方面要求学生使用 iPad 完成与课程内容相关的课前任务和课后作业，着重突出通过周作业的布置，让学生针对近期将要学习的相关话题进行资源上的准备和任务上的准备，激活或丰富背景知识，并通过任务的参与主动形成学习需求。另一方面，也要求学生借助 iPad 完成语言学习的常规性作业，以课堂内容的学习延伸为基础，注重语言学习习惯的养成，以促进学生学习方式的变革。

（3）合作学习。将 iPad 的使用引入学生的英语课外学习，使得很多任务的设置能够实现小组合作化，让学生在课堂之外仍然共同进行交互学习和彼此支持。通过分层分组的具体实施，真正实现不同性格特点、不同知识层次、不同学习模式的学生的合作学习和互助学习，一定程度上提高了学习效果，增强了学习动力。

（4）交流分享。初中阶段的学生有强烈的同伴交流和认同需要，因此非常热衷于社交类网络产品。在课外学习中使用 iPad 就很好地利用了这一点，将很多任务设置成交互性，并提供共享和交流空间，鼓励自由交流和相互评价，满足了学生的需求，提高了学生展示和互动的积极性。除此以外，也为学生和老师深入有效地交流提供了平台，使老师在参与学生进行课后学习活动时，不仅起到监督作用，更突出了平等交流，对思想和语言使用的碰撞起到一定的作用。

3. 在英语课外学习指导中恰当应用 iPad 的思考

iPad 在英语课外学习中的使用有提高学生学习兴趣，促进师生间交流，促进学生之间合作及改变学生学习方式变革的优点，但根据初中学生的具体学习情况，学生仍处于心智不完全成熟的阶段，缺乏自我控制和管理能力，深层分析、加工、辨别信息的能力不足，因此在 iPad 的具体使用过程中，仍存在一些问题，主要凸显在使用的时间管理及使用效率两个方面。

（1）规范基于 iPad 英语学习的时间管理。处在初中阶段的学生缺乏自我约束和管理能力，在 iPad 的使用过程中，容易受游戏、网络或社交产品等与学习无关，甚至干扰学习任务完成的一些因素的影响，而此类因素与学习活动交织在一起，家长和老师比较难以辨别和控制。此外，学生也容易出现使用 iPad 完成任务效率较低、使用时间过长的问题，由于不同学生的学习速度不同，也很难做出统一限定。解决此类问题的关键在于找到基于 iPad 的时间效率管控程序，比如 Casper 等程序的使用可以使教师无需通过终端或后台操作，而是通过自己的设置就能完成对不同学生学习时间的监督及调整。

（2）提高基于 iPad 英语学习的学习效率。学生在使用 iPad 的过程中，会接触到大量信息，并不是所有信息都适合学生作为学习内容，这点在使用 iPad 进行资料检索时尤为明显。比如让学生使用 iPad 检索和学习核心词汇，学生极有可能检索中文信息或者与其语言能力不相符合的英语信息，从而导致学习效率不高。针对这一问题，笔者在实际课外学习任务布置的过程中，尽量推荐一些适合学生检索的网站或适合学生使用的 App，并对任务要求更加细化。但如何更好地解决 iPad 在课外学习使用中的问题，以及更充分地开发其使用潜力，还需要进一步探索和研究。

【参考文献】

[1] 教育部 . 全日制普通高级中学英语课程标准（实验稿）[S]. 北京：北京师范大
学出版社，2001.

[2] 张韦刚 . 初中生自主学习英语能力的培养方式初探 [J]. 教育管理，2015（3）.

[3] 王祥、徐羽 .《iPad 应用与中学英语教学探研录之——以课后学习环节为中心》.
[J]. 科技信息，2011 年第 26 期 .

作者简介

吴玥：

北京外国语大学英语语言学硕士。曾获全国
新课程比赛特等奖，全国中小学公开课电视展
示活动一等奖，参与编写录制仁爱版中学英语课
本教辅音像材料。着重研究高中英语课堂中与听
说读相结合的英语写作教学方法，并发表论文。

教学案例

A New Girl 教学设计

◎周亚楠

What is the main focus of the lesson？ （Reading, Listening, Writing, Speaking, Grammar, Vocabulary, Review）

Listening

Language Points - English Expressions -

You're not supposed to	... the kind of thing ....
... in the middle of	Have a look ....
What do you reckon?.	No wonder ....

Learning Objective(s): What will the students be able to do by the end of the lesson？

By the end of the lesson students will be better able to .../ By the end of the lesson students will have ...

· Decode and use certain English expressions

· Use expressions through use of acted dialogue

[Optional] Teachers' Personal Objectives (for Professional Development)

By the end of the lesson we will have developed our ability to... / By the end of the lesson we will have tried/experimented with...

Further experimenting with acted dialogue

Drilled intonation in use of English expressions

Timing	Stage & Aim of Stage	Procedure (indicate T1 or T2) (incl. details of any differentiation)	Interaction	Materials
3 mins	Lead-in	T1: Introduce unit title using PPT – You are going to listen to some children talking. Here are some pictures. What do you think the story is going to be about ? What is happening ? *WRITE THESE Qs ON BOARD BEFORE LESSON.* T2: You will discuss in groups. Feedback Ss: Discuss and feedback.	T-Ss S	PPT
6 mins	Pre-teach vocabulary	T1: Pre-teach new vocabulary T2: CCQs **Company** – what are these three symbols ? Do lots of people work for them ? What is another word we could use to describe all of these ? CCQ – Is BJA a company ? What other companies can you name ? **Jealous** – Does this girl look happy ? Why do you think she might be unhappy ? Is there a word we use to describe how we feel when we want something someone else has ? CCQ – If I told (pick a student) that he/she never has to do homework again, would you be jealous ?		

Timing	Stage & Aim of Stage	Procedure (indicate T1 or T2) (incl. details of any differentiation)	Interaction	Materials
6 mins	Pre-teach vocabulary	**During** – This might be your day (PPT). There are lots of things you might do in your day. (reveal sentences) What word can we use to talk about things that happen while time is passing ? CCQ – What do we do during class ? Is it OK to go to sleep during the lesson ? Can you say "I did this during the last five minutes ? " (no) **Hang on** – What is this man doing ? What do you think he might be saying ? What is another phrase we could use if we want something / someone to wait ? CCQ – If you were leaving and I wanted to ask you something, would I say hang on ? Ss – choral drilling	T-Ss Ss-T	PPT
5 mins	Gist listening	T1: We are now going to listen to the story. Here are the people in the story(PPT, GO THROUGH NAMES WITH Ss) and as you listen I want you to think about these <u>TWO</u> questions (on PPT). T2: Choose 2 Ss to read questions to class. Play listening **ONCE**. Ss listen and feedback (not on PPT).	T-Ss S	PPT AUDIO
10 mins	Listening for detail	T1: In the story we heard lots of new English phrases (reveal one using PPT). On this worksheet are six phrases from the story. In your groups, look at the worksheet and quickly discuss what you think these phrases mean (1 MIN), and then we will listen to the story again, and then check them together. T2: How many questions ? How many answers do you mark ? Ss – Discuss, read, listen and, feedback.	T-Ss S	

续表

Timing	Stage & Aim of Stage	Procedure (indicate T1 or T2) (incl. details of any differentiation)	Interaction	Materials
6 mins	Recognition / consolidation	T1: You now have a worksheet and need to complete 4 dialogues using these phrases – USE PPT. T2: Try to complete the worksheet by yourself, and then we can look together. Help run feedback using PPT – Ss read sentences aloud in chosen / volunteering pairs. Ss – Complete the worksheet. Peer check and feedback.	T-Ss S	PPT WS
10 mins	Free practice	T1: Do you remember in the listening that Natsumi had a problem at school？ What was her problem？ What advice could we give her to solve her problem？ We now want you to help solve some problems. You are going to work in 3s / 4s and make a dialogue to act using our new phrases. **Ask Ss what they can see in the pictures**. One of you will be the student describing their problems; the others will ask about the problem, respond and give advice. DEMO BETWEEN T1 AND T2. (possible demo, below, using broken window picture) T2:Instructional Checking Question – Are you going to work together？ Will you try to use today's new phrases？ Will you act the dialogue at the end？ Problems need your advice! Step 1 Choose a role: ●The problem girl/boy; ●Parent of the problem girl; ●Good friend of the problem boy Step 2 Make a conversation with these expressions: ■... not supposed to ... ■... in the middle of ... ■What do you reckon? ■... the kind of thing... ■Have a look... ■No wonder... Step 3 Act the conversation out! Be positive and friendly! **DEMO DIALOGUE** A: I broke the window at school today. It was awful. B: How did it happen？ A: I was playing football and I kicked it too hard. B: Oh no, **you're not supposed** to play football too close to the school you know; that's **the kind of thing** that will get you in real trouble.	Ss-Ss	PPT

续表

Timing	Stage & Aim of Stage	Procedure (indicate T1 or T2) (incl. details of any differentiation)	Interaction	Materials
		A: Yes, I know. The English teacher was really angry. He was **in the middle of** an English lesson when it happened. B: Really? Oh no. What did he say? A: He called me into the class and said "**Have a look** at this" and then showed me a computer. The football had broken that too. I felt terrible. I think I might give him some money to repair it. **What do you reckon**? B: That seems like a good idea. Wow. **No wonder** he was so angry. A: I know. I won't play football near school again!		

教学反思

一、教学设计特色说明

1. 以学生为中心

我和搭档 Chris 合作刚两个月，就承担了校长团来校听课的任务。在备课时，考虑到对传统学校的教学要有一定的参考意义，就选择了区内教材同期同步的话题——solving the problem and giving suggestions。在教研员赵文娟老师的指导下，这节课以学生为中心，40 分钟内 STT（学生话语时间）约占 2/3，教师围绕目标层层递进设计了活动，把要掌握的学习任务很好地暗含在活动中，为学生搭建好适合他们认知规律的台阶，让学生们一步一步完成语言输出的活动。最后一个环节的任务卡是擅长美术的学生手绘的，而场景就是中学生遇到的真实问题，如早恋、浪费粮食、打架等。

2. 教学目标的达成度高

本课的实际教学效果达到了预计目标，学生的有些表现甚至超出了我的预想。例如，角色表演时每位同学都积极参与活动，人人有话可说，且语言输出就是五个目标习语。这也说明，通过前面几个环节，学生自身的知识已经储备好了，每个人都有发挥的空间。

3. 关注语言习得（MSF）

学生对生词的学习需要一个过程，具体步骤：学生观察图片—教师 Elicit[用描述性语言引导学生说与其相关的词汇而非直接告诉学生，提问 CCQ（概念核对问题）确定学生正确理解生词的意思（目的：掌握生词意思 Meaning）]—某个学生猜出单词发音或教师读出单词（目的：掌握生词发音 Sound）—教师出示单词（目的：掌握生词拼写 Form）。

4.培养学生学以致用的能力

语言的学习需要不断地练习，本节课最后的角色卡将学生带入到语言运用的情景中。卡片上不仅有角色说明，还有语言支持，为完成任务提供了保障，避免了绕开本课重点泛泛而谈。

二、改进建议

1.中外教师的教学语言可以再精炼，特别是中教，以争取更多的时间给学生。

2.对于德育渗透，本课还是涉及了许多，特别是最后一个活动。但是，北京中学的学生很少有这么严重的现象，所以教师如何正面引导是值得继续探索的话题。

课后点评

英语特级教师、教育部国培专家易仁荣：周亚楠老师和外教 Chris 上了一节精彩的中外合作教学下的听说课。两位教师在课前进行了精心准备，课堂上扬长避短，配合默契，是一节洋为中用，以中为主的具有较强创新意识的英语课。

这节课围绕主题设计了语言输入和语言输出的教学活动，重点突出，由浅入深，层层递进。教学活动既有对目标语言的认知和理解，又有对听力文章的层层理解，最终落实到 4 个真实情境下语言的运用。通过角色表演，完成了教学目标，学生的语言学习和思想品德都得到了提高。我认为这节课的活动设计切合学生实际，关注了学生英语语言素养和合作意识的培养。活动设计有可操作性，可以被他人学习和借鉴。

作者简介

周亚楠：

英语高级教师，朝阳区骨干教师。曾获北京市初中英语教师教学基本功大赛二等奖。开展分层教学模式研究、中外合作教学研究，主持朝阳区课题《中外合作教学中教师优势互补的实践研究》，个人论文获市、区级一等奖。

2016 年春天英语学科周活动方案

◎ 英语组

扫描二维码
获取更多相关信息

一、活动背景

"一年之计在于春",春天给人以无限活力和希望。在这樱花烂漫的季节,北京中学三个年级的全体学生和 14 位中外教师共同迎来了第一届英文学科周"ENGLISH WEEK"。

二、活动目标

"搭建英语平台,展示学生风采,活跃校园氛围,提高语言素养"一直是我们北中英语中外合作教学的目标。首届英文学科周将课上所学与课下生活实际紧密联系,从兴趣出发,联系生活,借助学科周每日主题活动,加强我校学生的英语思维意识,更能领略西方传统文化,结交更多益友,掀起英语语言学习热潮。

三、活动宗旨

激发学生对英语交流的欲望,为学生英语素养的发展提供机会,让学生学英语、用英语、爱英语，在活动的过程中，充分展示自己，获得成就感。

四、活动主题

SPRING 春。

五、活动要求

1. 坚持全员参与、点面结合。让学生在做中学、玩中学、乐中学。让不同层面的学生都能在活动中得到不同的发展。

2. 利用课余时间进行动员宣传。学校英语组提前一个月将设计好的各式英文宣传页粘贴在学校教学楼门厅、走廊、食堂餐桌的纸巾盒上，营造浓厚的活动氛围。

3. 突出各年级学科发展的共性与个性，设计跨年级活动，分梯度开展。根据学生实际，做到以学生为本，紧密结合我校中外合作教学特色，注意充分利用外教资源，调动学生参与的积极性，发挥学生的创造性，拓展学生思维，结合各年级语言储备，展示"春"这一主题的英文诗歌、才艺等。

六、活动内容及意义

活动时间：教学第八周 2016 年 4 月 11 日—4 月 15 日。

活动日期	活动内容及简介	活动意义
周一	【Opening Ceremony 开幕式】 活动地点：操场 活动时间：9:50—10:20 1. 升旗仪式 　中英双语主持 2. 国旗下发言 　各年级学生代表双语发言 3. 学唱英语周主题曲 　外教 Lina、赵帅老师带领全校三个年级学生分声部唱响英文歌曲	正式宣布英文学科周的开幕。
	【Spring Concrete Poems 春天有形诗歌创作】 活动地点：各班教室 活动时间：随堂 ◆中外教师设计一节"春"的主题英文诗的创作课。 ◆通过英文诗歌欣赏、音乐和图形的想象，学生当堂进行创意写作，并用代表春天图形的彩纸呈现与内容相关的诗歌。 ◆课下，同学们按年级制作诗歌展板。各年级利用校园餐厅、图书馆、教学楼等地方自由展示并交流学习。	培养学生用英语发现美、欣赏美、歌颂美，通过美术图形与英文文字的结合，激发学生的创作欲望，实现多感官、跨学科的能力培养。

活动日期	活动内容及简介	活动意义
周二	【Spring Word Search 春天词汇大搜索】 活动地点：315 英语办公室 活动时间：12:30—13:00 ◆七年级中外教师团队合作设计与春天有关的单词搜索游戏 5 个，每个印制 30 份，放置在办公室。 ◆同学们利用课间，两两自由组合，在 3 分钟内找出 10 个有关春的单词即为获胜。 ◆当天教师公布获奖名单，并发放奖品。	通过限时搜词游戏，锻炼学生的专注力。在主题下搜词，激活已有词汇库，有助于拓展词汇量；同时同伴互助，培养学生的合作意识。
周三	【Scavenger Hunt 校园寻宝】 活动地点：校园各个角落 活动时间：12:30—13:00 ◆七年级中外教师团队设计英文任务单（即宝藏），每个任务单都需要小组在特定的校园场所完成。完成后，下一个宝藏隐藏的地方要有暗示，因而形成连贯的任务链。 ◆四人一组 20 分钟内完成校园寻宝。每个任务单需要组内合作完成英语采访、拍照、录像、回答问题等，完成后提交"宝藏"给老师。 ◆当天教师公布完成寻宝任务的同学，颁发奖品。	培养团队意识、促进英语的高效交流和表达；将英语渗透到校园的每个角落，甚至食堂的厨师、图书馆的老师、操场上的同学等，锻炼学生的交际能力。
周四	【Talent Show 英文才艺展示】 活动地点：报告厅 活动时间：13:00—14:30 ◆各年级英语办公室提前一个月张贴才艺报名表，其中包括班级、姓名、才艺类别、节目名称、节目时长等。 ◆六年级中外教师团队提前一周针对各年级报名同学的才艺进行审核，提出改进建议和创新点，鼓励跨学科、联系实际生活的创意点子。 ◆提前两天走场，各年级活动穿插进行，主持人写稿。 ◆活动当天，各年级师生提前到场，增加台上台下的互动。	通过搭建才艺展示舞台，学生学习英语的自信得到提升，英语与歌曲、舞蹈、科学实验、演讲、器乐演奏等跨多学科、多领域的才艺展示也更好地激发学生学习英语的兴趣。全程由学生组织、排练、主持，锻炼学生的领导力。

续表

活动日期	活动内容及简介	活动意义
周五	【Spelling Bee Competition 拼词大赛】 活动地点：阶梯教室、报告厅 活动时间：12:30—13:00 ◆根据比赛难度，设置 Gold 和 Silver（金、银）两个级别，赛前一个月，自愿报名。 ◆八年级中外教师团队根据六、七、八年级教学实际授课中的生词，设计比赛环节、比赛制度。 ◆为保证每场小组之间实力相当，小组采用各年级混合编排。 ◆一周前，所有参赛小组会得到一份词汇单作为参考，涵盖 90% 的课内词汇，10% 的课外词汇。 ◆现场根据外教的英文定义拼出单词，对于拿不准的单词，可以请求裁判给出例句解释，限时 30 秒讨论，拼写正确，得一分；依次累计，得分最高的小组为冠军。 ◆现场颁奖，金、银两个级别。	通过竞赛，提高学生单词记忆的准确性，同时增强学生用英文解释英文、用词缀学习拼写的意识，巩固了课内知识，拓展了课外词汇量。

VOBA 北中之声英语广播

——用兴趣点燃学生学习的热情

◎指导老师：谢菲菲

扫描二维码
获取更多相关信息

> 其实，每一个孩子心中都有学习语言的火星，作为老师，我们需要找到那枚火星，给它氧气和空间，让它熊熊燃起。
>
> —— 谢菲菲老师

语言的学习依靠的是长期的积累，课上学习时间是非常有限的，所以如何调动学生课下学习的主动性就非常重要。谢菲菲老师经调研，发现学生对于英语广播非常热爱，于是，她带领 2016 届的三位学生一起创办了这个英语网络电台 VOBA（Voice of Beijing Academy）。学生们希望用声音记录下他们丰富多彩的校园生活，菲菲老师也希望用这个广播见证学生们的成长。每一期节目的选题与制作都是老师和学生利用课余时间一起商量完成的，主题有关于学生校园生活的，如露营、阅历课程等；也有关注学生迷茫困惑的，如新生如何适应学校问题等；还有涉及中华文化的，VOBA 希望用英语去介绍、去传播中华文化，如《史记》人物的介绍、长城的介绍等。VOBA 广播的发布吸引了大批学生的加入，目前队伍已经壮大到 30 余人。每期广播时长十几分钟，但一般需要两周甚至更长的时间才能制作完成，要经过选题讨论、英语写稿、修改稿件、练习读稿、录制广播、广播合成发布等众多环节，但这些时间背后正是所有语言教师们所期盼的学生浇不灭的学习语言的热情。

VOBA北中之声
Voice of Beijing Academy

请在微信公众号中搜索VOBA北中之声

国际书法比赛作品

◎指导老师：万静　史晶　梁芳等

2016 International English Handwriting Competition
2016 国际英语书法大赛【初二&高二比赛用纸】

请用黑色钢笔或签字笔抄写以下英文，字体不限。（30分钟）

Weary with toil, I haste me to my bed,
The dear repose for limbs with travel tired,
But then begins a journey in my head
To work my mind when body's work's expired;
For then my thoughts, from far where I abide,
Intend a zealous pilgrimage to thee,
And keep my drooping eyelids open wide,
Looking on darkness which the blind do see;
Save that my soul's imaginary sight
Presents thy shadow to my sightless view,
Which like a jewel hung in ghastly night,
Makes black night beauteous and her old face new.
Lo, thus, by day my limbs, by night my mind,
For thee, and for myself, no quiet find.

Weary with toil, I haste me to my bed,
The dear repose for limbs with travel tired.
But then begins a journey in my head
To work my mind when body's work's expired;
For then my thoughts, from far where I abide,
Intend a zealous pilgrimage to thee,
And keep my drooping eyelids open wide,
Looking on darkness which the blind do see;
Save that my soul's imaginary sight
Presents thy shadow to my sightless view,
Which like a jewel hung in ghastly night,
Makes black night beauteous and her old face new.
Lo, thus, by day my limbs, by night my mind,
For thee, and for myself, no quiet find.

2016 国际英语书法大赛【初二&高二比赛用纸】

请用黑色钢笔或签字笔抄写以下英文，字体不限。（30分钟）

Weary with toil, I haste me to my bed,
The dear repose for limbs with travel tired,
But then begins a journey in my head
To work my mind when body's work's expired;
For then my thoughts, from far where I abide,
Intend a zealous pilgrimage to thee,
And keep my drooping eyelids open wide,
Looking on darkness which the blind do see;
Save that my soul's imaginary sight
Presents thy shadow to my sightless view,
Which like a jewel hung in ghastly night,
Makes black night beauteous and her old face new.
Lo, thus, by day my limbs, by night my mind,
For thee, and for myself, no quiet find.

Weary with toil, I haste me to my bed,
The dear repose for limbs with travel tired.
But then begins a journey in my head
To work my mind when body's work's expired;
For then my thoughts, from far where I abide,
Intend a zealous pilgrimage to thee,
And keep my drooping eyelids open wide,
Looking on darkness which the blind do see;
Save that my soul's imaginary sight
Presents thy shadow to my sightless view,
Which like a jewel hung in ghastly night,
Makes black night beauteous and her old face new.
Lo, thus, by day my limbs, by night my mind,
For thee, and for myself, no quiet find.

2016 International English Handwriting Competition
2016 国际英语书法大赛【初一&高一比赛用纸】

请用黑色钢笔或签字笔抄写以下英文，字体不限。（30分钟）

To be, or not to be: that is the question:
Whether 'tis nobler in the mind to suffer
The slings and arrows of outrageous fortune,
Or to take arms against a sea of troubles,
And by opposing end them? To die: to sleep;
No more; and by a sleep to say we end
The heart-ache, and the thousand natural shocks
That flesh is heir to, 'tis a consummation
Devoutly to be wished. To die, to sleep;
To sleep: perchance to dream: aye, there's the rub;
For in that sleep of death what dreams may come,
When we have shuffled off this mortal coil,
Must give us pause.
　　　　— William Shakespeare, Hamlet

To be, or not to be: that is the question:
Whether 'tis nobler in the mind to suffer
The slings and arrows of outrageous fortune,
Or to take arms against a sea of troubles,
And by opposing end them? To die, to sleep;
No more; and by a sleep to say we end
The heart-ache, and the thousand natural shocks
That flesh is heir too, 'tis a consummation
Devoutly to be wished. To die, to sleep;
To sleep, perchance to dream: aye, there's the rub,
For in that sleep of death what dreams may come,
When we have shuffled off this mortal coil,
Must give us pause.
　　　　— William Shakespeare, Hamlet

北京中学社会学科教研组

社会篇

　　社会学科是北京中学精心打造的一门综合性课程，以学科核心素养培养为着力点，通过学习思想品德、历史、地理以及其他社会科学的知识、概念和方法，为学生提供有关人类社会的历史、现状及未来的多元文化知识，从而让学生掌握处理各种信息的技能，并逐步树立正确的价值观。这里有符合学生认知特点的电子书，有以自主合作探究为主的灵活多样的学习方式，采取主题式教学模式，让学生在交流中学习、在体验中学习、在活动中学习，从而学会学习，学会生活，学会共处，学会创新。这里还有经验丰富、结构合理的强大的教师团队，以独具特色的综合性课程内容和团队教学的方式，支撑学生在社会课程中构建未来社会公民认识人、社会和自然相互关系所必须具备的知识技能和价值观，养成理智而富有思想的思维习惯、科学态度和合作意识，促进学生形成正确的思想观念、良好的道德品质，为培育有理想、有道德、有文化、有纪律的合格公民奠定坚实的基础。

课程方案

社会学科课程方案 [①]

（六至八年级）

一、学科方向

社会学科是一门提升公民素养的社会科学与人文科学的整合课程。其主要目的在于帮助学生享受幸福人生，以仁、智、勇、乐为导向，促进学生学会学习，学会共处，学会生活，学会创新，在不断变革的多元化与个性化交融的社会生活中，成为一个具有创新精神、实践能力、责任意识和深厚民族文化底蕴的现代合格公民，不断成长为中华栋梁。

二、课程目标

学生通过学习掌握社会学科最基础、最核心、最重要的知识、概念和方法，构建未来社会公民所必需的认识人、社会和自然相互关系的知识技能和价值观，养成参与社会生活所必要的思维习惯、科学态度和合作意识，从而为现代社会合格公民素养的提升奠定坚实的基础。

---

① 《社会学科课程方案》参编人员：

沈夏炳　范小江　张树宏　王娟　王良　顾华楠

课程目标如下：

1.人文综合知识：实际方法——多学科知识整合、多元文明交融；分析、综合、评价。

2.自主学习能力：科学态度——自觉、主动、探究；崇尚科学、注重实践、勇于创新。

3.合作竞争意识：理性思维——敢于竞争、善于合作、学会沟通；判断与选择、尊重与规则、和平与和谐。

4.基本价值观念：现代公民——诚信、善良、尊严、法治、自由、平等、责任、进取。

三、实施路径

1.主题式教学：结合社会科学基础知识，联系学生日常生活、社会热点确定教学主题。

2.综合性：课程内容包含或整合历史、地理、经济、政治、考古、法律、哲学、心理、社会等各方面的知识。

3.团队教学：政治、历史、地理三科教师集体备课，合作教学，可以是一人上课，也可以是二人或者三人合作教学，也可以邀请其他科教师或者校外专家共同教学。

4.能力与素质培养：以能力训练为重点，培育合格公民必备的素质。

四、课程内容

根据北京中学办学方案的要求，社会科课程实施规划思路为"总—分—总"，即六年级上学期以综合教学为主，六年级下学期至八年级上学期以分科教学为主，八年级下学期以综合教学为主。

六年级（上）内容

主题	学习内容	学习目标
第一主题 ——我的学校	地图三要素、小组的组建与组名组徽设计、绘制教室平面图和教学楼平面图、采访与参观。	读图能力、测量方法、绘图技术；团队合作能力、集体观念、学习方式的改变和体验，提升对学校的认同和热爱。
第二主题 ——我的生命	人类的起源、地球存在生命的条件、地震和雾霾、人与自然的关系、生命的丰富多彩和生命的意义。	对生命来源的认知、对生命存在条件和环境的了解、对生命平等关系的认知、对母爱的敬重、珍爱生命、认识生命的价值。
第三主题 ——我的家庭	家庭成员、成员关系及维系、姓氏及来源、迁移及原因、家族现状、如何处理家庭关系。	对家庭、对家庭血缘关系的认同、对家庭成员关系的认知、如何处理与家庭成员的关系、孝亲敬长传统美德的传承。

主题	学习内容	学习目标
第四主题 ——我的家乡	北京市和朝阳区的地理位置、居民人口、商业、交通等状况，北京市和朝阳区的名称、范围的由来及区位优势，朝阳区社会和社区发展状况，出现的问题以及对策。	知道北京市和朝阳区的地理位置、区位优势，感悟北京市和朝阳区的发展以及国际化趋势，热爱家乡；撰写调查报告，进一步熟悉自己生活的社区；了解资料对结论的有效支撑程度、描述的清晰性、个人建议的合理性和可行性。

六年级（下）内容

主题	学习内容	学习目标
第一主题 ——我在成长中	1. 学会认识自我，做到用客观、全面、发展的眼光认识自我。2. 领会文明交往的重要性。3. 理解尊重的内涵及表现：尊重自己、尊重他人、尊重社会、尊重自然（心理自画像：全面认识自我）。	了解自我评价的重要性，能够客观地认知自我，积极接纳自我；知道礼貌是文明交往的前提，掌握基本的交往礼仪与技能，养成文明礼貌的行为习惯；积极与同学、朋友和他人交往。
第二主题 ——我们的大家庭	1. 中国疆域与行政区划。2. 中国的人口与民族。3. 中国地形特征。4. 中国的气候特征。活动设计：保卫中国的蓝色国土——绘制中国海岸线；"最强大脑"比赛；班级少数民族同学展示；制作"中国的地形模型"；制作"气候与生活"的海报；设计生态足迹。	运用地图说出我国的地理位置及其特点；在我国行政区图上找出 34 个省级行政区域单位，记住它们的简称和行政中心；运用有关数据说明我国人口及民族分布特点；运用中国地形图概括我国地形、地势的主要特征；归纳中国气温及降水量分布特点；举例说明气候对生产和生活的影响。
第三主题 ——我们的先民	1. 远古居民、原始农业、炎黄始祖。2. 夏朝的建立、商朝的甲骨文、西周分封制、青铜文明。3. 春秋五霸、战国七雄、商鞅变法。4. 先师孔子。	知道考古发现是了解史前社会历史的重要依据；知道黄帝、炎帝的传说故事；知道夏、商、周三代的更替，了解西周的分封制及其作用；了解青铜工艺的成就，知道甲骨文是已知最早的汉字；知道春秋战国时期诸侯之间的战争，了解这一时期的社会变化；知道老子和孔子，初步理解"百家争鸣"对后世的深远影响。
第四主题 ——做一个自强的中国人	1. 做一个真正的读者。2. 自尊与尊重他人。（辩论：读书有无用）	正确对待学习压力，克服厌学情绪和过度的考试焦虑，培养正确的学习观念和成就动机；养成自信自立的生活态度，体会自强不息的意义。

思想品德篇

思想品德课程以社会主义核心价值观为导向，以学生为本，以自主合作探究为主要学习方式，联系生活、实际和社会热点，着力培养学生思考、分析、遴选等能力，促进学生形成正确的思想观念，养成良好的道德品质和习惯，为培育有理想、有道德、有文化、有纪律的中华栋梁奠定基础。

教材：以人教版教材为主，整合其他版本教材，编撰北京中学的思想品德教材读本。

七年级（上）目标：以社会主义核心价值观为导向，以我与他人、集体的生活为切入点，帮助学生过积极健康的"在集体中成长"的生活，重点培育自由与平等的核心素养，为使学生成为社会主义合格公民奠定基础。

自由与平等

主题	学习内容	学习目标
规则与秩序 规矩成方圆 三思而后行	1. 理解遵守社会规则和维护社会公平对于社会稳定的重要性，正确认识和理解社会矛盾，理解发展和稳定的关系，树立公平合作意识；能辨别正义和非正义行为，培养正义感，自觉遵守社会规则。 2. 知道不履行法律规定的义务或做出法律所禁止的行为都是违法行为，理解任何违法行为都要承担相应的法律责任，受到法律制裁。 3. 能够分辨是非善恶，学会在比较复杂的社会生活中做出正确选择；正确认识好奇心和从众心理，发展独立思考和自我控制能力。 4. 体验行为和后果的联系，懂得每个行为都会产生一定后果，学会对自己的行为负责。	1. 能够说出一些社会规则，增强遵守社会规则的意识与能力。 2. 能够判断常见的事例是否违法，会运用所学知识对社会法治热点案例发表自己的意见。 3. 结合自己已有的生活经验，对是非善恶有认知，能够在社会生活中做出正确的判断与选择。 4. 联系自己的生活，懂得自己的事情自己做，自己的错误行为自己担责。
	项目学习：运用社会热点事件，宣传规则、正义、秩序的重要性。	关键词：规则、公平、正义、违法行为、法律、责任、法律制裁、是非善恶、好奇、从众、负责。
我为人人 和而不同 以诚相待	5. 正确认识个人与集体的关系，主动参与班级和学校活动，有团队意识和集体荣誉感，感受学校生活的幸福，体会团结的力量。 6. 理解竞争与合作的关系，能正确对待社会生活中的竞争，敢于竞争，善于合作。 7. 理解诚实是一种可贵的品质，正确认识生活中诚实的复杂性，知道诚实才能得到信任，努力做诚实的人。	5. 能够积极投入班级生活及相关团队活动，善于贡献自己的智慧。 6. 联系社会热点事件，能够分析不诚信的社会危害，对善意的谎言、诚信与隐私之间的关系、诚信与情义的冲突有基本的判断。
	项目学习：运用社会热点事件，描绘诚信、团队、合作等的意义。	关键词：集体荣誉、团队意识、团结就是力量、诚实守信。
平等待人 心有他人 和谐交往	8. 知道每个人在人格和法律地位上是平等的，做到平等待人，不凌弱欺生，不以家境、身体、智能、性别等方面的差异而自傲或自卑，不歧视他人，负有正义感；学会换位思考，学会理解与宽容，尊重、帮助他人，与人为善，营造和谐的同伴关系、师生关系、亲人关系。	7. 对平等有正确的认识，平等不等于平均，平等不是绝对的均等。

续表

主题	学习内容	学习目标
	9.懂得文化的多样性和丰富性,尊重不同的文化与习俗,增强与世界文明交流对话的意识,以平等的态度与其他民族和国家的人民友好交往。	8.借助文化、习俗的全方面接触,学会接纳并欣赏他国文化。
	项目学习:从世界地图中,选择自己感兴趣的国家,介绍该国的风土人情、风俗习惯、特色文化,体会文化的丰富性与多样性,增强和谐交往的意识。	关键词:平等、换位思考、尊重、理解、宽容、文化的丰富性与多样性、对话意识、友好往来。
心中有法 最高权威 自由呼吸	10.知道法律是由国家制定或认可,由国家强制力保证实施的一种特殊行为规范,理解我国公民在法律面前一律平等。 11.知道中华人民共和国宪法是我国的根本大法,是全国各族人民、一切国家机关和武装力量、各政党和各社会团体、各企业事业组织的根本的活动准则,增强宪法意识。 12.了解违法与犯罪的区别,知道不良心理和行为可能发展为违法犯罪;能够正确对待网络文化,自觉抵制不良诱惑。	9.体会法律面前一律平等的真实内涵。 10.知道宪法是国家的总章程,具有最高的法律效力。
	项目学习:借助信息媒体,描绘正确的网络生活。	关键词:法律、国家强制力、法律面前一律平等、宪法、宪法意识、根本大法、违法、犯罪网络文化、不良诱惑、不良行为。

七年级(下)目标:以社会主义核心价值观为导向,以我与他人、集体的生活为切入点,帮助学生过积极健康的"权利与义务"的生活,重点培育公正与法治的核心素养,为使学生成为社会主义合格公民奠定基础。

公正与法治

主题	学习内容	学习目标
权利观念 义务意识 人身权利	1.公民的权利,指宪法和法律赋予公民享有的某种权益。在我国,公民享有广泛的权利。平等权、政治权利、人身权利、经济权利、宗教信仰自由、文化教育权利、特定人的权利。 2.在我国,公民应该依法履行义务。如维护国家统一和民族团结的义务;维护祖国的安全、荣誉、利益的义务;爱护公共财物,遵守公共秩序,尊重社会公德的义务;保守国家秘密的义务;依法服兵役和参加民兵组织;依法纳税的义务;成年子女有赡养扶助父母的义务等。 3.在我国,公民的权利和义务具有一致性,表现为合一性、对等性、制约性。二者相互依存,密不可分,互为条件,相互转化。每个人既是享受权利的主体,又是履行义务的主体,没有无权利的义务,也没有无义务的权利。	1.了解宪法对公民基本权利与义务的规定,懂得要正确行使权利、自觉履行义务。 2.知道公民的人身权利受法律保护,任何非法侵害他人人身权利的行为,都要承担相应的法律责任。

续表

主题	学习内容	学习目标
	4. 公民在行使自由和权利的时候，不得损害国家、社会、集体的利益和其他公民的合法自由和权利。 5. 法律鼓励的，我们积极去做；法律要求做的，我们必须去做；法律禁止做的，我们坚决不做。 6. 公民依法行使权利，自觉履行义务，是公民意识的集中体现。 7. 公民的人身权利包括：生命健康权、人身自由权、人格尊严权、住宅不受侵犯和通信自由权。任何非法侵害他人人身权利的行为，都要承担相应的法律责任。	
	项目学习：用漫画等表现手法，选取一项或多项公民人身权利，学会正确行使权利，维护自己的人身权利。	关键词：权利、义务、公民意识
终身学习 经济权利 文化权利	8. 我国宪法第四十六条规定："中华人民共和国公民有受教育的权利和义务。"义务教育法第四条规定："凡具有中华人民共和国国籍的适龄儿童、少年，不分性别、民族、种族、家庭财产状况、宗教信仰等，依法享受平等接受义务教育的权利，并履行接受义务教育的义务。" 9. 对于正在接受义务教育的初中学生来说，要珍惜学习机会，自觉履行受教育的义务。(1)认真履行按时入学的义务；(2)认真履行接受规定年限的义务教育的义务，不得中途辍学；(3)认真履行遵守法律和学校纪律，尊敬师长，努力完成规定的学习任务的义务。 10. 财产所有权是指财产所有人依法对自己的财产享有占有、使用、收益、处分的权利。 11. 我国公民依法享有私有财产继承权。未成年人的财产继承权不受侵犯。 12. 智力成果权也称知识产权，包括著作权、专利权、商标权。 13. 消费者依法享有下列权利：安全权；知情权；自主选择权；公平交易权；依法求偿权；人格尊严、民族风俗习惯受尊重权等；结社权；获得教育权；监督权。 14. 消费权益受到损害的解决途径：与经营者协商解决；请求消费者协会调解；向有关行政部门申诉；根据与经营者达成的仲裁协议，提请仲裁机构仲裁；向人民法院提起诉讼等。 15. 运用法律手段维护自身的合法权益。	3. 知道公民有受教育的权利和义务，学会运用法律维护自己受教育的权利，自觉履行受教育的义务。 4. 知道法律保护公民的财产，未成年人的财产继承权和智力成果(出版)不受侵犯，学会运用法律保护自己的经济权利。 5. 知道法律保护消费者的合法权益，学会运用法律维护自己作为消费者的权利。
	项目学习：用漫画等表现手法，为维护教育权、经济权、消费者权益做宣传，从而正确享受读书生活或经济生活，活得更有尊严。	关键词：维权

主题	学习内容	学习目标
健康成长 自我保护 法律武器	16. 未成年人的健康成长需要法律的特殊保护。我国制定了《未成年人保护法》和《预防未成年人犯罪法》，专门保护未成年人合法权益，有效制止侵犯未成年人合法权益的行为。 17. 在未成年人保护法中，对家庭保护、学校保护、社会保护、司法保护做了明确的规定。 18. 当我们的合法权益受到不法侵害时，我们不能忍气吞声，因为这样会助长违法分子的违法气焰；也不能非法报复，因为这样又会导致新的违法犯罪行为的发生；唯一正确的方法是学会运用法律武器维护自己的合法权益。获得法律帮助的方式和途径，主要包括诉讼途径、非诉讼途径、法律服务和法律援助等。 19. 青少年在与违法犯罪分子斗争时，既要勇敢，又要机智。不仅需要有保护自己的意识和勇气，也要有保护自己的智慧和方法，学会自我保护。 20. 面对不法侵害，依靠自己的智慧迅速而准确地做出判断，要采用机智灵活的方法与犯罪分子做斗争。比如：面对歹徒行凶，巧妙脱身或设法稳住歹徒，记住歹徒相貌，了解歹徒去向，及时拨打"110"报警等。	6. 知道法律对未成年人给予特殊保护，了解家庭保护、学校保护、社会保护和司法保护的基本内容。 7. 学习在日常生活中自我保护的方法和技能，掌握未成年人获得法律帮助和维护合法权益的方式和途径，树立自我保护意识，懂得运用法律武器维护自身合法权益。
	项目学习：模拟法庭，了解民事与刑事司法程序的基本流程，增强法治观念。	关键词：特殊保护、法律武器、智慧的自我保护方法等
依法治国 阳光政务 公民意识	21. 依法治国，就是广大人民群众在党的领导下，依照宪法和法律的规定，通过各种途径和形式管理国家事务，管理经济文化事业，管理社会事务，保证国家各项工作都依法进行，逐步实现社会主义民主的制度化、法律化，使这种制度和法律不因领导人的改变而改变，不因领导人看法和注意力的改变而改变。 22. 依法治国的核心是依宪治国，依法治国的主体是人民，依法治国是党领导人民治理国家的基本方略。这一方略的提出确立了法高于人、法大于权的根本原则。 23. 生活在法治国家里，每一个公民都要自觉学法、守法、用法，树立法制观念，依法维护自身合法权益，依法维护国家利益，依法规范自身行为。 24. 实行依法治国，保证法律有效实施和司法公正，需要建立健全监督和制约机制。其中的监督是广泛的、多渠道的，包括党的监督、人民群众的监督、社会组织的监督、法律监督、检察机关的监督和社会舆论的监督。 25. 公民积极行使监督权，可以督促国家机关及其工作人员勤政廉洁，依法行政，公正司法，为人民谋利益；有利于政府取信于民，国家长治久安；有利于促进依法治国，维护法律尊严，弘扬社会的公平与正义。 26. 对于公民个人来说，积极行使监督权是主人翁意识及责任感的表现。	8. 知道依法治国是依照宪法和法律的规定管理国家，了解依法治国的基本要求，体会依法治国基本方略的实施有赖于每个公民的参与，是全体公民的共同责任。 9. 了解建立、健全监督和制约机制是法律有效实施和司法公正的保障，增强公民意识，学会行使自己享有的知情权、参与权、表达权、监督权。

续表

主题	学习内容	学习目标
依法治国 阳光政务 公民意识	27.公民行使监督权要在法律允许的范围内正确行使，应当实事求是，以事实为依据；要以合法的方式行使权利，不能采用贴大字报、聚众闹事等方法。 28.公民行使监督权（批评建议权）的主要途径：向人民代表反映情况的方式，表达我们的意见、建议和要求；通过新闻媒体公开发表自己的意见；还可以给国家机关写信、打电话、发电子邮件，或直接向有关人员反映情况等。	
	项目学习：针对所在的小区、周边的市场，学写一份议案，上交有关部门，增加社会责任意识。	关键词：依法治国、人民、监督权、主人翁意识。

八年级目标：以社会主义核心价值观为导向，以"我与国家和社会生活"为切入点，帮助学生过积极适应社会发展的生活，认识国情、爱我中华，重点培育国家认同感、创新精神、实践能力和责任能力，为使学生成为中华栋梁奠定基础。

国情与责任

主题	学习内容	学习目标
敢于担当 服务社会	1.责任是对于一个人做或不做某些事的要求，对责任的承担叫负责。责任源于社会关系之中的相互承诺，这种承诺表现在生活的各个方面，如：养育、承诺、分配、任命、职业、法律、习俗、公民要求、道德原则等。 2.面对责任不言代价与回报，是最有责任心的人共有的情感。奉献精神是社会责任感的集中表现。 3.我们应当对自己的行为负责，对社会负责，做一个负责任的公民，做到信守承诺，对自己的行为负责；勇担过错，不言代价与回报；自觉承担责任，做责任的主人，享受承担责任的快乐，在承担责任中成长等。 4.亲社会行为是指人们在社会交往中表现出来的那些有利于社会和他人的行为，如安慰、同情与关心行为、助人行为、合作行为、分享行为等。 5.积极参与社会公益活动，造福于社会，是我们回报社会、服务社会的重要途径，要以力所能及的方式服务社会。如照顾行动不便的老人、关爱幼小，参加义务劳动，参加志愿服务，为灾区募捐等。 6.志愿服务的精神概括起来是：奉献、友爱、互助、进步。奉献精神是志愿服务精神的精髓。 7.参加公益活动不是可有可无的，而是现代公民应具备的素质，是我们的责任。通过参加公益活动，展现自己对于他人和社会的爱心，逐步树立起为人民服务的奉献精神。	1.知道责任的社会基础，体会承担责任的意义，理解承担责任的代价和不承担责任的后果，努力做一个负责任的公民。 2.关注社会发展变化，增进关心社会的兴趣和情感，积极参与公共生活、公益活动，自觉爱护公共设施，遵守公共秩序，养成亲社会行为，服务他人和社会，具有建设社会主义和谐社会的责任意识。 3.合理利用互联网等传播媒介，初步养成积极的媒介批评能力，学会理性利用现代媒介参与社会公共生活。

主题	学习内容	学习目标
敢于担当 服务社会	8.参加社会公益活动，能使自己从中受到锻炼，促进个人的全面发展，能够帮助他人，服务他人，服务社会，使自己的价值在奉献中得到提升。 9.信息技术和信息文化正在从根本上改变社会形态、社会规范以及人们的生活方式和思想观念。世界因网络而改变，互联网是一把双刃剑，既有积极的一面，也有不可忽视的消极面。 10.媒介素养是指人们面对各种媒介信息时的选择能力、理解能力、质疑能力、评估能力、创造和生产能力以及思辨的反应能力、批判性地接收和解码各类媒介信息的能力，以及使用各类媒介设备来制作、传播信息的能力。 11.学会理性利用现代媒介参与社会公共生活。参与对网络等现代媒体上的社会热点问题的讨论，增加关心社会的兴趣和情感，培养观察社会的意识和能力。	
	项目学习：深入社区，调查社区中民生事业，了解社区工作人员的工作，增强服务社会的意识。	关键词：责任、公益、担当、亲社会、媒介素养等
高举旗帜 国家制度	12.中国特色社会主义事业取得巨大成就：(1)国民经济持续快速健康发展。综合国力大幅提升，创新型国家建设成效显著，生态文明建设扎实开展。(2)改革开放取得丰硕成果，开放型经济达到新水平。(3)人民生活水平显著提高，改善民生力度不断加大。(4)社会主义民主法制建设迈出新步伐，中国特色社会主义法律体系已形成，社会主义法治国家建设成绩显著。(5)社会主义文化建设迈上新台阶，社会主义核心价值体系建设深入开展，人民精神文化生活更加丰富多彩。(6)社会建设取得新进步，基本公共服务水平明显提高，教育事业迅速发展，社会保障体系建设成效显著，加强和创新社会管理。(7)国防和军队建设迈出新步伐。(8)港澳台工作进一步加强，香港、澳门保持繁荣稳定，海峡两岸关系实现和平发展新局面。(9)外交工作取得新成就，积极促进世界和平与发展，在国际事务中的代表性和话语权进一步增强。(10)党的建设全面加强，党风廉政建设和反腐败斗争取得新成效。 13.根本原因：开辟了中国特色社会主义道路，形成了中国特色社会主义理论体系，确立了中国特色社会主义制度。 14.在中国建设社会主义是一项前无古人的开拓性事业。只有坚持中国共产党的领导、坚持改革开放、坚持走中国特色社会主义道路，才能实现中华民族的全面复兴。 15.中国共产党是中国特色社会主义的领导核心，中国共产党立党为公、执政为民，其宗旨是全心全意为人民服务。	4.感受身边的变化，知道科学发展观同马克思列宁主义、毛泽东思想、邓小平理论、"三个代表"重要思想一致，是党必须长期坚持的指导思想。 5.知道党在社会主义初级阶段的基本路线，以及我国现阶段基本经济制度和政治制度，体会中国特色社会主义制度的优越性。

续表

主题	学习内容	学习目标
高举旗帜 国家制度	16. 科学发展观，第一要义是发展，核心是以人为本，基本要求是全面、协调、可持续，根本方法是统筹兼顾。 17. 解放思想、实事求是、与时俱进、求真务实，是科学发展观最鲜明的精神实质。 18. 现阶段我国社会生产力还比较低，地区发展不平衡；科学技术水平、民族文化素质还不够高；社会主义具体制度还不完善。我国现在处于并将长期处于社会主义初级阶段。 19. 党在社会主义初级阶段的基本路线是：领导和团结全国各族人民，以经济建设为中心，坚持四项基本原则，坚持改革开放，自力更生、艰苦创业，为把我国建设成为富强、民主、文明、和谐的社会主义现代化国家而奋斗。 20. 发展是硬道理，中国解决所有问题的关键在于依靠自己的发展。在建设中国特色社会主义的过程中，面对从未遇到过的所有问题，都要把有利于发展社会主义社会的生产力、有利于增强社会主义国家的综合国力、有利于提高人民的生活水平，这"三个有利于"作为总的出发点和根本判断标准。 21. 四项基本原则是立国之本，是全国人民团结奋进的共同政治基础，是全国人民的根本利益所在，是社会主义现代化建设事业的政治保证，是党、国家生存发展的政治基石。 22. 改革开放是强国之路，是决定当代中国命运的历史性抉择，是新时期中国最鲜明的特征，是我们党、我们国家发展进步的活力源泉。 23. 对外开放，是改革和建设必不可少的条件，是建设中国特色社会主义必须长期坚持的一项基本国策。 24. 以公有制为主体、多种所有制经济共同发展，是我国社会主义初级阶段的一项基本经济制度。 25. 发展社会主义民主政治，最根本的是要把坚持党的领导、人民当家作主和依法治国有机统一起来。 26. 人民代表大会制度，是我国实现人民当家作主的根本政治制度。人民行使国家权力的机关是全国人民代表大会和地方各级人民代表大会。 27. 社会主义的本质：解放生产力、发展生产力，消灭剥削、消除两极分化，最终实现共同富裕。共同富裕是社会主义的根本原则。 28. 社会主义制度是我国的根本制度，优越性的集中体现是集中力量办大事。	
	项目学习：收集近30年来老百姓衣食住行玩的变化，说明社会制度与百姓生活的关系。	关键词：指导思想、基本路线、基本制度、中国特色社会主义制度的优越性。

主题	学习内容	学习目标
百年梦想 发展战略	29. 全面建成小康社会的目标：(1) 经济持续健康发展。转变经济发展方式取得重大进展，在发展平衡性、协调性、可持续性明显增强的基础上，实现国内生产总值和城乡居民人均收入比 2010 年翻一番。(2) 人民民主不断扩大。民主制度更加完善，民主形式更加丰富，依法治国基本方略全面落实，法治政府基本建成，司法公信力不断提高，人权得到切实尊重和保障。(3) 文化软实力显著增强。社会主义核心价值体系深入人心，文化产业成为国民经济支柱性产业，社会主义文化强国建设基础更加坚实。(4) 人民生活水平全面提高。基本公共服务均等化总体实现，全民教育程度和创新人才培养水平明显提高，就业更加充分，收入分配差距缩小，社会保障全民覆盖。(5) 资源节约型、环境友好型社会建设取得重大进展。 30. 建设中国特色社会主义，总依据是社会主义初级阶段，总布局是"五位一体"，总任务是实现社会主义现代化和中华民族的伟大复兴的中国梦。 31. 经济建设、政治建设、文化建设、社会建设、生态文明建设，着眼于全面建成小康社会、实现社会主义现代化和中华民族的伟大复兴。 32. "五位一体"总布局是一个有机整体，其中经济建设是根本，政治建设是保障，文化建设是灵魂，社会建设是条件，生态文明建设是基础。只有坚持"五位一体"建设全面推进、协调发展，才能形成经济富裕、政治民主、文化繁荣、社会公平、生态良好的发展格局，把我国建设成为富强、民主、文明、和谐的社会主义现代化国家。 33. 到中国共产党成立 100 年时全面建成小康社会，到新中国成立 100 年时建成富强、民主、文明、和谐的社会主义现代化国家。 34. 科学技术是第一生产力，是先进生产力的集中体现和重要标志。科技进步和科技创新是发展生产力的决定性因素。 35. 教育是民族振兴、社会进步的基石，是提高国民素质、促进人全面发展的根本途径。教育和科学的力量越来越深刻地影响着人类的生活，激烈的国际竞争也越来越表现为科技实力与教育质量的竞争。 36. 作为一个发展中国家，我国要实现跨越式发展，赶上世界先进水平，必须大力发展科学技术，造就数以亿计的高素质劳动者、数以千万计的专门人才和一大批拔尖创新人才。 37. 必须把加速科技进步放在社会发展的关键地位，使经济建设真正转到依靠科技进步和提高劳动者素质的轨道上来。	6. 知道我国进入全面建设小康社会的新阶段，了解全面建成小康社会的目标，理解社会发展不平衡的现状，增强建设社会主义祖国的使命感。 7. 了解我国在科技、教育发展方面的现状，理解实施科教兴国战略的现实意义，认识科技创新的必要性，努力提高自身素质。

续表

主题	学习内容	学习目标
百年梦想 发展战略	38. 要把教育摆在优先发展的战略地位，努力提高全民族的思想道德素质和科学文化水平。 39. 必须坚持实施科教兴国战略和人才强国战略，加快科技创新和教育创新。 40. 创新是一个民族进步的灵魂，是一个国家兴旺发达的不竭动力。 41. 国际竞争归根到底是人才的竞争，是民族创新能力的竞争。在这样的形势面前，想不想创新，敢不敢创新，能不能创新，关系到中国特色社会主义事业的兴衰成败。 42. 青少年要培养自己的好奇心、求知欲，自主学习、独立思考，勤于思考、敢于质疑，培养探索精神、创新思维，注重提高自身素质，把自己培养成为具有创新精神的人才。 43. 新型人才应具备的基本素质：强烈的社会责任感、较高的思想道德水平、较强的创新意识和实践能力、团队精神、扎实宽厚的科学文化知识、良好的身体与心理素质、终身学习的能力、自强不息的精神、较强的法律意识等。 44. 人口过多过快增长影响人口素质的提高；影响我国经济和社会的可持续发展；给自然资源和生态环境带来沉重的压力。 45. 我国所面临的人口形势，已经成为影响中华民族生存和发展的重大问题。只有严格控制人口的过快增长，使人口增长与经济社会发展相适应，才能保证社会主义现代化的顺利实现。 46. 我国面临的资源形势严峻。从总量上看，我国自然资源总量大，资源种类齐全，是一个资源大国；但我国人均资源占有量大大低于世界平均水平，从相对数来看，我国在世界上是一个资源小国。 47. 我国环境形势的总特点是：从总体上看，我国生态环境恶化的趋势初步得到遏制，部分地区有所改善，但目前我国环境形势依然相当严峻，不容乐观。 48. 可持续发展要求人类与自然和谐共处，认识到自己对自然、社会和子孙后代应负的责任。 49. 坚持以人为本的全面、协调、可持续发展的科学发展观，实施可持续发展战略，坚持节约资源和保护环境的基本国策，使经济建设与环境保护协调发展。 50. 保护环境人人有责。青少年要从自我做起，从身边的小事做起，热爱自然，积极参与保护资源和环境的实践活动，守护好我们共有的家园。 51. 具体做法有：宣传环保知识，购买环保产品，种植花草树木，爱护环境卫生；废物回收利用；节约用水、用电，不使用一次性资源消耗品等。	8. 知道我国的人口、资源、环境等状况，了解计划生育、保护环境、合理利用资源的政策，形成可持续发展意识；知道我国保护环境的基本法律，增强保护环境意识，自觉履行保护环境的义务。

主题	学习内容	学习目标
	项目学习：任选一个我国目前的状况，列举其中的表现，简洁明了地阐述改变这些现状的举措。	关键词：全面建成小康社会、科教兴国、可持续发展意识
国家安全 民族精神	52.中华民族是一个和睦的大家庭，在五千多年的发展历程中，各民族相互借鉴、彼此融合、共同发展，形成了深厚的民族感情。 53.在中国，各民族平等包括三层含义：各民族不论人口多少、历史长短、居住地域大小、经济发展程度如何，语言文字、宗教信仰和风俗习惯是否相同，政治地位一律平等；各民族不仅在政治、法律上平等，而且在经济、文化、社会生活等所有领域平等；各民族公民在法律面前一律平等，享有相同的权利，承担相同的义务。 54.加强民族团结，维护祖国统一是中华民族的最高利益，也是各族人民的共同愿望。 55.在中国这样一个多民族国家，维护民族团结有着重要意义。 56.民族区域自治，是指在国家统一领导下，各少数民族聚居地方实行区域自治，设立自治机关，行使自治权。民族区域自治，是中国解决民族问题的基本政策，也是中国的一项基本政治制度。 57.实现祖国的完全统一，是海内外中华儿女的共同心愿，是中华人民共和国的根本利益所在。实现祖国的完全统一，已成为不可阻挡的历史潮流。 58.坚持一个中国原则，是发展两岸关系和实行和平统一的基础。世界上只有一个中国，大陆和台湾同属一个中国，中国的主权和领土完整不容分割。"一国两制"是两岸统一的最佳方式。 59.维护国家安全、荣誉和利益，是实现国家富强、民族振兴的重要保证，是公民爱国主义精神的具体表现，是每个公民义不容辞的责任。我国宪法第五十四条、《国家安全法》第三条明确规定：中华人民共和国公民有维护国家安全、荣誉和利益的义务，不得有危害国家安全、荣誉和利益的行为。 60.中华文化独具魅力，博大精深，源远流长，丰富多彩。 61.中华文化是全体中国人民的精神财富，也是人类历史的瑰宝，对推动世界文明的发展起了重要作用。中华文化传统对今天中国人的价值观念、生活方式和中国的发展道路，具有深刻的影响。	9.知道我国是一个统一的多民族国家，各民族人民平等互助、团结合作、艰苦创业、共同发展；懂得维护国家稳定、国家统一和民族团结，维护国家安全、荣誉和利益是每个公民的义务。 10.学习和了解中华文化传统，感受个人成长与民族文化和国家命运之间的联系，提高文化认同感和民族自豪感；了解中华民族的优良传统，弘扬和培育民族精神，促进社会主义精神文明建设。

主题	学习内容	学习目标
国家安全 民族精神	62. 弘扬优秀传统文化的意义：有利于保持民族特点，增强中华儿女的爱国情感和文化认同感；有利于传承和发扬民族传统美德和民族精神；有利于加强先进文化的建设，建设社会主义精神文明，构建社会主义和谐社会等。 63. 青少年应以实际行动弘扬优秀传统文化：通过课文阅读、艺术欣赏和社会调查等方式深入了解民族文化的精粹；自觉保护文化遗产；大力宣传民族文化等。 64. 在当代中国，发展先进文化，就是发展面向现代化、面向世界、面向未来的，民族的、科学的、大众的社会主义文化。 65. 精神文明建设包括思想道德建设和教育科学文化两个方面。这两个方面相互联系、相互渗透，不可分割。思想道德建设是发展先进文化的中心环节。优先发展教育与科学是建设先进文化的基础工程。 66. 文化是民族的血脉，是民族的重要特征，是民族生命力、创造力和凝聚力的重要源泉。民族文化是民族的根，蕴藏着我们的民族灵魂。 67. 加强思想道德建设，大力弘扬爱国主义精神，倡导"爱国守法、明礼诚信、团结友爱、勤俭自强、敬业奉献"的基本道德规范；以为人民服务为核心，以集体主义为原则，以诚实守信为重点，加强社会公德、职业道德、家庭美德教育。 68. 五千多年的发展中，中华民族形成了以爱国主义为核心的团结统一、爱好和平、勤劳勇敢、自强不息的伟大民族精神。 69. 民族精神是民族文化的核心和灵魂，是一个民族生存和发展的精神支撑。民族精神始终是鼓舞我们民族迎难而上、团结互助、战胜强敌与困难的不竭力量之源。一个民族，没有振奋的民族精神和高尚的品格，不可能自立于世界民族之林。	
	项目学习：选取中华文化的一个经典，阐述弘扬先进文化与发扬传统的关系。	关键词：民族团结、民族精神、先进文化

续表

主题	学习内容	学习目标
全球观念 国际组织	70.和平与发展是当今世界的主题。维护和平，促进发展，事关各国人民的福祉，是各国人民的共同愿望，也是不可阻挡的历史潮流。 71.世界多极化、经济全球化、文化多样化、社会信息化，给世界和平与发展带来了机遇和有利条件。 72.中国在世界舞台上扮演着越来越重要的角色。 73.我们要认清自己的优势和差距、有利条件和不利因素，增强使命感和社会责任感，发扬艰苦奋斗、勤俭建国的创业精神，树立开放、平等、参与的国际意识，维护世界和平。 74.青少年应关注世界的和平与发展，树立全球观念，为世界的和平与发展做出应有的贡献。	11.了解当今世界发展趋势，知道我国在世界格局中的地位、作用和面临的机遇与挑战，增强忧患意识，树立全球观念，增强为世界和平与发展做贡献的意识和愿望。
	项目学习：以时政热点为背景，阐述当今时代的主题，国际文化交往等。	关键词：发展趋势、世界格局、机遇与挑战、全球观念、世界和平
仰望星空 志存高远	75.理想是引导人生航船的方向；理想指向未来，表现为奋斗目标，对人的行为有导向、驱动和调控作用；理想能激励我们不断超越自己。 76.我国现阶段各族人民的共同理想是：把我国建设成为富强、民主、文明、和谐的社会主义现代化国家。 77.理想的实现需要发扬艰苦奋斗的精神，需要脚踏实地地走好每一步路，需要坚持不懈、积极实践。 78.艰苦创业精神不是某时代所特有，而是与人类社会发展相同在。艰苦创业在不同时代有不同内容。艰苦创业精神作为一种积极健康的生活态度，一种思想境界，无论什么年代，都被人们视为成就事业必不可少的精神力量和崇高美德。在新时期，推进现代化建设，更需要大力倡导和发扬艰苦创业精神，尤其是开拓创新精神。 79.不管是什么职业，只要是社会需要的，就有价值；无论什么工作，只要付出努力，就有可能成功；无论在哪个领域，只要肯钻研，就有成功的机会。 80.良好的职业道德和奉献精神是一个人终身受益的宝贵财富。要树立爱岗敬业、奉献社会的职业道德。 81.我们在择业时要做到：把个人的前途命运与祖国的前途命运有机地结合起来，自觉投身于社会主义现代化建设；正确处理理想与现实的关系，既要根据自己的兴趣爱好，又要根据自己的优势特长，从实际出发，扬长避短；树立远大理想，立志在未来的职业生涯中爱岗敬业、奉献社会。	12.知道我国各族人民的共同理想，体会理想的实现必须通过艰苦奋斗，立志为将来报效祖国、奉献社会努力学习；了解不同劳动和职业的特点及其独特的价值，做好升学和就业选择的心理准备。
	项目学习：综合运用所学知识，做一份职业规划书。	关键词：共同理想、艰苦奋斗、职业规划

地理篇

教材：整合北京版、人教版、中图版教材。

七年级目标：了解中国的地理概貌，初步掌握阅读地图和使用地球仪的基本技能，初步掌握获取地理信息并利用文字、图像等形式表达地理信息的基本技能，掌握简单的地理观测、地理实验、地理调查等技能。初步掌握区域分析的基本思路与方法。初步形成关心我国地理基本国情、增强防范自然灾害意识、因地制宜及可持续发展观念。

七年级（上）内容

主题	学习内容	学习目标
地球地图	地球的形状、大小与运动	1.了解人类认识地球形状的过程。用平均半径、赤道周长和表面积描述地球的大小。 2.用简单的方法演示地球自转和公转。用地理现象说明地球的自传与公转。
	地球仪	1.运用地球仪，说出经线与纬线、经度与纬度的划分。 2.在地球仪上确定某地点的经纬度。
	地图	1.在地图上辨别方向，判读经度和纬度，量算距离。 2.在等高线地形图上，识别山峰、山脊、山谷，判读坡的陡缓，估算海拔与相对高度；在地形图上辨识五种地形类型。 3.根据需要选择常用地图，查找需要的地理信息，养成在日常生活中使用地图的习惯。 4.列举电子地图、遥感图像在生产、生活中的应用。
	项目学习： 1.制作地球仪；观察不同季节太阳光下物体影子的方向和长度的变化。 2.结合露营活动设计地理学科任务（在地图上辨别方向、结合地图寻找地物、图例应用、绘制地貌素描图）。 3.阅历课程野外综合实践。	
中国自然概况	自然环境之河湖概况、自然灾害	1.在地图上找出我国的主要河流，归纳我国外流河、内流河的主要特征。 2.运用地图和资料，说出长江、黄河的主要水文特征以及对社会经济发展的影响。 3.了解我国是一个自然灾害频发的国家。
	自然资源之水资源、土地资源	1.举例说明可再生资源和非可再生资源的区别。 2.运用资料，说出我国土地资源的主要特点，理解我国的土地国策。 3.运用资料说出我国水资源时空分布特点及其对社会经济发展的影响。结合实例说出我国跨流域调水的必要性。

续表

主题	学习内容	学习目标
	项目学习： 1. 开展野外地理观察、讨论等活动。例如，实地观察北京某条河流，描述该河流的特征。 2. 收集资料，制作节水宣传海报。 3. 搜集地震逃生知识，小组分享。	
中国的经济发展	中国的农业 中国的工业 中国的交通	1. 运用资料说出我国农业分布的特点，举例说明因地制宜发展农业的必要性和科学技术在农业发展中的重要性。 2. 运用资料说出我国工业分布的特点，了解我国高新技术产业发展状况。 3. 比较不同交通运输方式的特点，初步学会选择恰当的交通运输方式。运用地图说出我国铁路干线的分布格局。
	项目学习： 1. 观看环境保护相关视频，谈谈你的思考和行动，并撰写一篇小论文。 2. 室外活动：脚踩铁路网，最快神州行。	

七年级（下）内容

主题	学习内容	学习目标
中国地方文化特色	南北方地方文化特色	举例说明自然环境对我国具有地方特色的服饰、饮食、民居等的影响。
	项目学习： 结合阅历课程，搜集资料，展示南北方地域文化差异。	
中国的地域差异	1. 四大地理区域的划分 2. 四大地理区域地理环境特色	1. 在地图上找出秦岭、淮河一线，在图上指出北方地区、南方地区、西北地区、青藏地区四大地理单元的范围，比较它们的自然地理差异。 2. 用事例说明四大地理单元的自然地理环境对生产、生活的影响。
认识中国地理区域	1. 位置与分布 2. 联系与差异 3. 环境与发展	1. 运用地图简要评价某区域的地理位置。 2. 在地形图上识别某区域的主要地形类型，并描述该区域地形特征。 3. 运用地图与气候统计图表归纳某区域的气候特征。 4. 运用地图和其他资料归纳某区域人口、城市的分布特点。 5. 举例说明区域内自然地理要素的相互作用和相互影响。 6. 举例说出河流在区域发展中的作用。 7. 运用资料比较区域内的主要地理差异。 8. 举例说出区际联系对区域经济发展的意义。 9. 举例说明祖国内地与香港、澳门经济发展的相互促进作用。 10. 运用有关资料说明外向型经济对某区域发展的影响。

续表

主题	学习内容	学习目标
		11. 根据资料，分析某区域内存在的自然灾害与环境问题，了解区域环境保护与资源开发利用的成功经验。 12. 以某区域为例说明区域发展对生活方式和生活质量的影响。 13. 运用资料说出首都北京的自然地理特点、历史文化传统和城市职能，并举例说明其城市建设成就。 14. 认识台湾"自古以来一直是祖国不可分割的神圣领土"；在地图上指出台湾的位置和范围；分析其自然地理特征。 15. 以某区域为例，说明我国西部开发的地理条件以及保护生态环境的重要性。
	项目学习： 1. 选择自己感兴趣的中国区域，分组展示我国的不同地理区域。 2. 阅读电子书，设计进藏旅游线路。 3. 围绕某区域自然资源开发利用、自然灾害防治、节能减排等主题，自拟题目，撰写小论文。	

八年级目标：了解世界的地理概貌，熟练掌握阅读和使用地图的基本技能，提高获取地理信息并利用文字、图像等形式表达地理信息的技能水平，提高进行地理观测、地理实验、地理调查等技能水平。能够将区域分析的思路与方法进行迁移应用。了解中国与世界的联系，理解国际合作的意义，初步形成全球意识。

深化对因地制宜、可持续发展观念的理解，养成关心和爱护地理环境的行为习惯。

八年级（上）内容

主题	学习内容	学习目标
世界概况	世界的海洋和陆地	海陆分布： 1. 运用地图和数据，说出地球表面海、陆所占比例，描述海陆分布特点。 2. 海陆变迁：举例说明地球表面海洋和陆地处在不断运动和变化中。知道板块构造学说的基本观点，说出世界著名山系及火山、地震分布与板块运动的关系。
	世界气候	1. 天气 区分"天气"和"气候"的概念，并能正确运用。识别常见的天气符号，能看懂简单的天气图。用实例说明人类活动对空气质量的影响。 2. 气候 阅读世界年平均气温和1、7月平均气温分布图，归纳世界气温分布特点；阅读世界年降水量分布图，归纳世界降水分布特点；运用气温及降水量资料，绘制气温曲线图和降水量柱状图，说出气温与降水量随时间的变化特点。

主题	学习内容	学习目标
	世界气候	3.主要气候类型 运用世界气候类型分布图说出主要气候类型的分布；举例说明纬度位置、海陆分布、地形等因素对气候的影响；举例说明气候对生产和生活的影响。
	世界的人口和居民	1.人口与人种 运用地图和其他资料归纳世界人口增长与分布特点；举例说明人口数量过多对环境及社会、经济的影响；说出世界三大人种的特点，并在地图上指出三大人种的主要分布地区。 2.语言和宗教 运用地图说出汉语、英语、法语、俄语、西班牙语、阿拉伯语的主要分布区；说出世界三大宗教及其主要分布区。
	世界不同地域的发展差异	通过实例，认识不同地域发展水平存在差异。运用地图归纳发展中国家与发达国家的分布特点。用实例说明加强国际经济合作的重要性。
	项目学习： 1.模拟演示活动：使用计算机，模拟海地扩张、大陆漂移。 2.制作"三大人种相貌特点与自然环境关系"的展示墙报。	
认识大洲	认识大洲	1.运用地图等资料简述某大洲的纬度位置和海陆位置。 2.运用地图和其他资料归纳某大洲地形、气候、水系的特点，简要分析其相互关系。
	项目学习：选择教科书没有介绍过的一个大洲，收集、整理资料，归纳该区域地理特征，以适当方式（如墙报、图片展等）予以展示，并解答同学的质疑。	

主题	学习内容	学习目标
认识地区	东南亚 西亚	1. 在地图上找出某地区的位置、范围、主要国家及其首都，读图说出该地区地理位置的特点。 2. 运用地形图和地形剖面图，归纳某地区地势地形特点，解释地形与当地人类活动的关系。 3. 运用图表说出某地区气候的特点以及气候对当地农业生产和生活的影响。运用地图说明某地区河流对城市分布的影响。 4. 运用地图和其他资料，指出某地区对当地或世界经济发展影响较大的一种或几种自然资源，说明其分布、生产、出口情况。 5. 举例说出某地区发展旅游业的优势。运用资料描述某地区富有特色的文化习俗。 6. 运用资料描述某地区富有地理特色的文化习俗。
	项目学习:选择教科书没有介绍过的某个区域，收集、整理资料，归纳该区域地理特征，以适当方式(如墙报、图片展等)予以展示，并解答同学的质疑。	

八年级（下）内容

主题	学习内容	学习目标
认识地区	撒哈拉以南非洲 欧洲西部 南极和北极	1. 在地图上找出某地区的位置、范围、主要国家及其首都，读图说出该地区地理位置的特点。 2. 运用地形图和地形剖面图，归纳某地区地势及地形特点，解释地形与当地人类活动的关系。 3. 运用图表说出某地区气候的特点以及气候对当地农业生产和生活的影响。运用地图说明某地区河流对城市分布的影响。 4. 运用地图和其他资料，指出某地区对当地或世界经济发展影响较大的一种或几种自然资源，说明其分布、生产、出口情况。 5. 举例说出某地区发展旅游业的优势。运用资料描述某地区富有特色的文化习俗。 6. 说出南北极地区自然环境的特殊性，认识开展极地科学考察和保护极地环境的重要性。
	项目学习：收集整理第二手资料，设计极地地区考察方案。	

主题	学习内容	学习目标
认识国家	日本 澳大利亚 俄国 美国 巴西	1. 在地图上指出某国家的地理位置、领土组成和首都。根据地图和其他资料概括某国家自然环境的基本特点。 2. 运用地图和其他资料，联系某国家自然条件特点，简要分析该国因地制宜发展经济的实例。 3. 用实例说明高新技术产业对某国经济发展的作用。 4. 举例说出某国家在自然资源开发和环境保护方面的经验和教训。 5. 根据地图归纳某国家交通运输线路的分布特点。 6. 根据地图和其他资料说出某国家种族和人口等人文地理要素的特点。 7. 用实例说明某国家自然环境对民俗的影响。 8. 举例说出某国家与其他国家在经济、贸易、文化等方面的联系。
	项目学习：就某地资源开发与保护问题，分别扮演地理学家、政府官员、当地居民、环保组织成员、开发商等角色，从各自角度提出见解。	

地理课程类型

基础课程	拓展课程	跨学科课程
认识地区	旅游景观的欣赏 厄尔尼诺现象探究	景观欣赏与艺术、语文学科结合 科学阅读与语文学科结合 国土意识与历史、政治学科结合
自然地理	自然探索社团 天文社	中国历史气候与现在气候的对比研究 宇宙奥秘

历史篇

教材：以北师大版教材为主。

七年级目标：通过学习，知道中国历史中的一些重要历史人物、历史事件和历史现象，了解中国历史发展的基本线索；能够识读历史图表，较为清晰地叙述相关的史实，能够阅读、理解和分析一些基本的历史材料，学会社会调查的基本方法，能够运用所学知识分析和解释历史问题；客观地论证历史事物；不断增强学习祖国历史的兴趣，激发民族自豪感，树立民族自信心和自尊心，加深对祖国历史文化的认同感；能够认识近代中国遭受过的深重苦难是国内专制统治的腐朽黑暗和外国列强入侵造成的；认识捍卫国家主权和民族尊严是中华民族的优良传统；知道民族民主革命的艰巨性；知道"没有中国共产党就没有新中国"的道理，从而坚定为中华民族的伟大复兴而奋斗的信念；知道中国社会主义初级阶段的基本国情，认识社会主义现代化建设是一个曲折漫长的过程；能从社会的不断进步和发展中体会到必须坚持中国共产党的领导，坚定建设中国特色社会主义的信念。

七年级内容

主题	学习内容	学习目标
农耕文明时代的中国	封邦建国的时代 从诸侯争霸到秦的统一 两汉的繁荣 魏晋南北朝 隋唐盛世 两宋时多民族政权并立到元的统一 明清时期的中国	1.知道夏朝的建立标志着国家的产生，知道夏、商、周三朝的更替，了解西周的分封制及其作用。了解青铜工艺的成就，知道甲骨文是已知最早的汉字。知道春秋战国时期诸侯之间的战争，了解这一时期的社会变化。通过商鞅变法，认识改革使秦国逐渐强大起来。知道老子和孔子，初步理解"百家争鸣"对后世的深远影响。 　　2.知道秦统一中国，了解秦代的中央集权制度和统一措施对中国历史发展的影响。知道秦的暴政和陈胜、吴广起义，知道秦朝的灭亡和西汉的建立。了解"文景之治"，知道汉武帝巩固"大一统"王朝。知道"丝绸之路"的开通，了解丝绸之路在中外交流中的作用。了解东汉的建立，知道佛教的传入和道教的产生。 　　3.知道司马迁和《史记》。知道造纸术的发明对传播文化的作用；知道张仲景和华佗的故事。 　　4.知道三国鼎立局面的形成。知道两晋南北朝的更替。通过北魏孝文帝改革，初步理解民族交往、交流、交融对中华民族发展的意义。 　　5.知道祖冲之的数学成就，初步认识书法艺术。 　　6.知道隋朝的统一，了解科举取士制度的创建和大运河的开通；知道隋朝灭亡的原因。知道"贞观之治""开元盛世"。以文成公主入藏、鉴真东渡、玄奘西行等史实为例，说明唐代民族和睦与中外文化交流的发展。了解盛唐的社会气象。知道安史之乱导致唐朝由盛转衰；知道唐朝灭亡后五代十国的局面。 　　7.知道北宋的建立。知道辽、西夏与北宋的对峙局面；了解女真族的崛起，知道金灭辽及北宋；知道岳飞抗金的事迹和南宋偏安。知道宋代南方经济的发展，理解中国古代经济重心的南移。知道蒙古灭亡夏、金和南宋；知道元朝的统一。元朝通过宣政院管辖西藏，知道西藏在元代正式纳入中国版图。知道宋元时期商业贸易的繁荣；了解宋元时期的都市生活和宋词、元曲的流行。知道活字印刷术的发明以及指南针、火药的应用和外传，认识四大发明对世界文明发展的贡献。 　　8.知道明朝的建立。初步理解皇帝专权的弊端。了解郑和下西洋的航海壮举；知道戚继光的抗倭斗争。知道《本草纲目》《天工开物》《农政全书》等名著。了解郑成功收复台湾；知道清朝册封达赖和班禅与设置驻藏大臣；知道西北边疆的巩固。认识台湾、西藏、新疆是中国不可分割的一部分。通过清朝经济发展和人口增长的事实，了解清朝前期的兴盛。通过军机处的设置与文化专制措施，认识君主专制在清代的极端强化。以《红楼梦》为例，了解清代文学的成就和特色。通过清代中期以来的腐败现象和闭关锁国政策，了解中国开始落后于世界发展潮流的状况。
	综合探究：历史的足迹（感受中华文化传统，提高文化认同感、民族自豪感）	

主题	学习内容	学习目标
面临挑战的中国	殖民者的侵略 工业文明影响下的中国 民族复兴道路的探索 抗日战争 新中国的诞生	1. 讲述林则徐"虎门销烟"的故事；列举中英《南京条约》的主要内容，认识鸦片战争对中国近代社会的影响。了解太平天国运动的兴衰。简述第二次鸦片战争期间英法联军火烧圆明园、俄国通过不平等条约割占中国北方大片领土的侵略史实。了解洋务派为"自强""求富"而创办的主要军事工业和民用工业，初步认识洋务运动的作用和局限性。知道甲午中日战争的主要战役；列举《马关条约》的主要内容，说明《马关条约》与中国民族危机加剧的关系。知道康有为、梁启超等维新派代表，了解"百日维新"的主要史实。知道义和团运动和抗击八国联军侵华的史实；结合《辛丑条约》的主要内容，分析《辛丑条约》对中国民族危机全面加深的影响。了解孙中山早年的革命活动，知道孙中山是民主革命的先行者；了解武昌起义和中华民国成立的史实，认识辛亥革命的历史意义。知道袁世凯独裁统治和复辟帝制的史实；了解北洋军阀混战的黑暗局面。知道陈独秀、胡适、鲁迅等新文化运动的代表人物，了解新文化运动在中国近代思想解放运动中的地位和作用。了解民国以来剪发辫、易服饰等社会习俗方面的变化。 2. 知道五四爱国运动的基本史实，认识五四运动是中国新民主主义革命的开端。了解李大钊传播马克思主义的史实；了解中国共产党第一次全国代表大会召开的史实，认识中国共产党成立的历史意义。简述第一次国共合作和北伐战争胜利进军的主要史实；了解南京国民政府成立的主要史实。知道南昌起义，讲述毛泽东、朱德在井冈山会师的故事，认识中国共产党创建工农红军和农村革命根据地的意义。讲述中国工农红军长征的故事，体会红军的革命英雄主义精神；知道遵义会议，认识其在中国革命史上的地位。知道九一八事变，了解中国局部抗战的开始；知道西安事变。了解七七事变的史实，认识国共第二次合作的实现和全民族抗战的意义。以侵华日军南京大屠杀等罪行为例，认识日本军国主义凶恶残暴的侵略本质。列举正面战场和敌后战场的抗日史实，体会中国军民在抗日战争中英勇顽强、不怕牺牲的精神。知道中国共产党第七次全国代表大会的主要内容；了解日本投降的史实；探讨抗日战争胜利的原因及历史意义。知道重庆谈判。了解中共中央转战陕北和刘邓大军挺进大别山的史实；知道辽沈、淮海、平津三大战役和南京解放。知道解放区的土地改革；简析国民党南京政权覆亡和人民解放战争迅速胜利的主要原因。
	综合探究：历史的昭示（感受个人成长与民族文化和国家命运之间的关系，民族精神、增强责任意识、使命意识）	
充满机遇与挑战的时代	共和国的风雨历程	讲述开国大典，认识新中国成立的意义。认识抗美援朝、保家卫国的正义性；了解土地改革运动。了解"一五计划"和"三大改造"，知道中国1956年进入社会主义初级阶段。了解人民代表大会和政治协商会议制度，知道中国特色社会主义的民主政治。通过民族区域自治制度，认识各民族共同团结奋斗、共同繁荣发展的重要意义。知道"大跃进"和人民公社化运动

续表

主题	学习内容	学习目标
	现代化建设的新时期 我们生活的变迁	的失误，了解这一时期以王进喜、雷锋、邓稼先、焦裕禄等为代表的广大干部群众艰苦奋斗的精神。了解"文化大革命"的严重危害及主要教训。了解中国共产党第十一届三中全会、农村改革和深圳特区的发展，认识邓小平对改革开放所起的重要作用。了解社会主义市场经济体制的建立与完善。了解"两弹一星"和杂交水稻等，认识科学技术的重要作用。了解中国恢复在联合国合法席位和中美建交等史实，知道中国独立自主的和平外交政策。了解香港、澳门回归和海峡两岸关系改善的史实，认识祖国统一是历史的必然趋势。了解国防和军队建设的成就。从衣、食、住、行、用等方面的变化，了解经济的快速发展和人民生活水平的提高。知道中国共产党第十六次代表大会以来我国取得的新成就。认识中国特色社会主义理论体系的重要性。
	综合探究：幸福的味道（感受社会生活的巨变，讨论变化的原因，共同理想）	

八年级目标：通过学习世界历史，知道主要国家和地区重要的历史人物、历史事件和历史现象，了解世界历史发展的基本线索；辩证地看待人类社会不断发展和进步的总体趋势；感悟人类文化的多元性、共容性和发展的不平衡性；了解当代世界已经形成一个息息相关的、多样性的整体；初步学会对同类的历史事物进行比较、概括和综合；理解和分析资本主义发展的历史进步性和局限性；认识到世界各地区、各民族共同推动了人类文明的进步，他们创造的文明成就是人类的共同财富；树立正确的国际意识，培养理解、尊敬、吸收其他民族文化精华的开放心态；初步形成崇尚科学精神的意识、历史进步意识、历史正义感和以人为本的价值观；以开放的心态和开阔的视野看待世界；树立热爱和平的观念和忧患意识，增强社会责任感和历史使命感，立志为促进人类进步事业奉献自己的力量。

八年级内容

主题	学习内容	学习目标
世界文明的发源	得天独厚的大河文明 早期国家的形成	知道金字塔，初步了解古埃及文明。通过《汉谟拉比法典》初步了解古代两河流域文明。通过种姓制度和佛教的创立，初步了解古代的印度社会。
	综合探究：感悟沧桑巨变	
农耕文明时代的进步	希腊、罗马与欧洲古典文明	知道希腊城邦和雅典民主，初步了解亚历山大帝国对东西方文化交流的作用。知道罗马城邦，了解罗马帝国的征服与扩张。以建筑艺术、公历等为例，初步认识希腊罗马古典文化的成就。以法兰克王国为例，初

续表

主题	学习内容	学习目标
	古印度 与佛教文明 欧洲中世纪 与基督教文明 阿拉伯帝国 与伊斯兰教文明	步理解在罗马帝国的废墟上逐渐产生新的文明。知道基督教的传播，了解基督教在欧洲中世纪历史发展中的作用。了解西欧庄园生活，知道庄园是西欧中世纪社会的基础。知道西欧中世纪的城市既是工商业者的聚集地，也是一个相对自治的共同体。以巴黎大学、牛津大学的兴起为例，初步认识欧洲的早期大学。知道《查士丁尼法典》，初步了解拜占庭帝国的历史地位。知道大化改新，初步了解日本古代社会。了解伊斯兰教的传播，初步认识阿拉伯帝国在文化上的贡献。
	综合探究：从宗教景观看文化的多样性	
工业文明的 来临	工商业的兴起 冲破思想 的牢笼 世界开始 走向整体 资产阶级革命： 新体制的创立	知道《神曲》、莎士比亚的戏剧等，初步理解文艺复兴对人的思想解放的意义。从租地农场、手工业工场等生产组织的确立，初步理解近代早期西欧经济社会的重要变化。通过哥伦布发现美洲、麦哲伦全球航行，初步理解新航路开辟的世界影响。知道"三角贸易"，了解资本原始积累的野蛮性和残酷性。通过1640年革命和其后的"光荣革命"，初步理解英国君主立宪制确立的历史意义。通过华盛顿、《独立宣言》和1787年宪法，理解美国革命对美国历史发展的影响。通过法国大革命和拿破仑帝国的活动，初步理解法国革命的历史意义。
席卷全球的 工业文明浪 潮	改变世界的工业 革命 整体世界格局的 最终形成 工业时代的社会 变迁	通过珍妮机、蒸汽机、铁路和现代工厂制度等的出现，初步理解工业化时代来临的历史意义。了解马克思、恩格斯的革命活动和《共产党宣言》的发表，理解马克思主义诞生的历史意义。知道玻利瓦尔领导的反殖民斗争、印度民族大起义等史实，理解殖民地人民反抗斗争的正义性和艰巨性。知道彼得一世改革、亚历山大二世废除农奴制法令，理解改革促进了俄国历史的进步。知道《解放黑人奴隶宣言》的主要内容，理解南北战争在美国历史发展中的作用。知道明治维新的主要政策，理解明治维新在日本历史发展中的作用。通过对电的利用、内燃机与汽车、飞机的诞生，了解第二次工业革命；理解工业革命带来的社会进步和社会问题。通过牛顿、达尔文、巴尔扎克和贝多芬等人的成就，了解科学和文化在近代社会发展中的重要作用。
	综合探究：在生活中感受工业文明	
走向现代的 世界	两次世界大战	知道"三国同盟"和"三国协约"、萨拉热窝事件、凡尔登战役等；分析第一次世界大战爆发的原因，了解世界大战给人类社会带来的巨大灾难。通过彼得格勒武装起义的胜利，理解列宁领导的世界上第一个社会主义国家诞生的重要历史意义。了解《凡尔赛条约》《九国公约》的基本内容，知道战胜国建立了战后世界的新秩序。从新经济政策、社会主义工业化和农业集体化，了解苏联社会主义建设的成就和主要问题。知道甘地领导的印度非暴力不合作运动和凯末尔领导的土耳其革命，了解印度和土耳其人民争取民族独立斗争的不同特点。知道经济大危机，了解罗斯福"新政"，理解国家干预政策对西方经济发展的影响。了解日本

续表

主题	学习内容	学习目标
	全球性的震荡 开辟新的 发展道路 悄然转变中的 社会生活 战后世界新格局	对中国的侵略、纳粹德国对外扩张；知道德国、日本、意大利侵略集团是发动第二次世界大战的罪魁祸首。知道第二次世界大战的主要进程、《联合国家宣言》和雅尔塔会议等国际会议，理解世界人民反法西斯战争的艰巨性和胜利原因。知道杜鲁门主义、德国分裂、"北约"与"华约"，了解美苏"冷战"对峙局面的形成。知道欧洲联合的趋势和日本经济的发展；知道社会保障制度的建立，初步了解战后资本主义发展的新特点。知道苏联模式社会主义的推广，了解苏联的改革与变化以及苏联解体和东欧剧变。通过万隆会议、"非洲年"、巴拿马收回运河主权等史实，知道战后殖民体系的崩溃和亚非拉国家为捍卫国家主权、发展经济所进行的斗争。初步理解联合国和世界贸易组织的宗旨和作用。初步了解"冷战"后世界多极化的发展趋势。以计算机网络、生态与人口等问题为例，了解现代人类社会的发展及面临的挑战。

五、教学方式

社会课的课型有研修课、导修课、自修课，教师根据自身特点、学情和教学内容，自主选择上述课型，引导学生通过观察思考、讨论辩论、主题演讲、角色扮演、社会考察、社会服务、自主探究、合作学习等，逐步实现研修为主、自修导修为辅的教学方式的变革。

六、主题活动

贯彻"内容活动化，活动内容化"的教学原则，以学生为本，以主题活动为主要抓手，丰富社会课教学途径。

年级	主题活动	可参考内容		
		历史	地理	思想品德
六年级	走进博物馆	国家博物馆 首都博物馆 故宫博物院	天文馆 地质博物馆	道德实验室
七年级	观摩庭审 模拟法庭	/	国家关于 环境保护 的系列法规	道德实验室
八年级	考古	/	地质演化史岩 石分类与鉴别	道德实验室

七、评价机制

1.评价原则

诊断性评价、形成性评价与终结性评价相结合。

教师评价与学生自我评价、同伴评价、他人评价相结合。

量化评价与质性评价相结合。

2.评价内容

关注学生是否全面、准确地掌握重要的社会知识以及社会发展的基本线索和基本特征。

注重学生对资料信息进行有效的获取、处理和运用，对问题进行合理和客观的解释、正确的分析和判断。

注重学生对学习方法的运用程度，在学习态度、学习习惯和学习策略上的进步。

关注和把握学生在情感、态度以及观点、信念上的变化与发展的趋向。

注重学生对正确的思想、道德、观念等方面的感悟、理解和认同程度。

3.评价方法

阅读心得、论文撰写、调查报告、纸笔测验。

教师观察、自评、互评、他评。

成长记录、项目评级、谈话交流。

附：评价量表

评价项目		分值比例	星级					
观察和谈话	观察	10%						
	谈话	10%						
感悟或心得		10%						
调查报告或小论文		10%						
项目作业		10%						
纸笔测试		10%						
课堂表现	发言	10%						
	交流	10%						
	合作	10%						
	守纪	10%						

八、课程成果

1.基础成果

（1）社会学科配套资源读物。

（2）教学设计。

（3）教学课件。

（4）教学录像。

（5）教学照片。

（6）纸笔测试卷。

（7）教学反思。

（8）教学论文。

2. 创新成果

（1）学生学习成果集。

（2）电子书。

3. 特色成果

（1）微课。

（2）微视频。

（3）课题研究材料。

（4）学科活动材料。

九、教研机制

1. 借助专家团队的力量，开展教与学方式变革成果展示。

2. 以小课题研究为抓手，推进学科教学研讨日常化，每月双周开展一次集体教研活动，每学期开展一次整合课程教学探讨活动。

3. 每学期开展一次校级教与学的方式变革成果展示。

4. 以课题结题为契机，向市级以上展示教与学方式变革成果。

5. 关注青年教师的成长，为青年教师的成长助力。青年教师每学期承担一节汇报课；每学年撰写一篇教学论文。

十、资源需求

1. 成果制作

（1）社会科学学生作品成果汇集出版。

（2）物化成果。

2. 参观考察

（1）校外主题活动。

（2）专家、知名人士、道德模范及各领域专家进校园指导。

3. 硬件设施

（1）道德实验室 1 个。

（2）模拟法庭设备 1 套。

研究论文

家风建设新风尚

◎范小江

扫描二维码
获取更多相关信息

　　社会主义核心价值观是中国特色社会主义的本质体现。培育和践行社会主义核心价值观，加强中小学德育是推进中国特色社会主义事业的必然要求，促进学生健康成长的现实选择。根据《义务教育初中思想品德课程标准（2011 年版）》，体会父母为抚养孩子付出的辛劳，孝敬父母和长辈，学会与父母平等沟通，调适逆反"心理"，增强与家人共创共享家庭美德的意识和能力。为此，在"我爱我家"主题课的教学设计中，笔者设计了这样一个教学活动环节：

　　我们每个人都是家庭的一分子。家庭是社会的细胞，家庭和睦与幸福，我们既是享受者，也是建设者。我们除了做力所能及的家务劳动，还可以用我们的新视角、新思维输送新的家风信息。

　　请开启智慧之门，结合家庭实际与思想品德课所学的知识，围绕求知、求康、求美、求富等方面，写一份《我家的家风建设方案》（列举主要做法即可）。

　　在学生参与家风建设方案活动前，课堂上，我提供了中央电视台 2014 年春节期间播放的街头采访《家风是什么》的视频供学生观看，让学生立体感知各类社会人群对家风的认知。虽然不是直接采访自己所熟知的人，却是与自己有关联的人，如父母辈、爷爷奶奶辈、大哥哥大姐姐辈等，他们对家风的看法，能够直接链接学生现有的生活，为家风建设方案提供知识的储备、情感的酝酿和技能上的引导。

家风是个人品德的集合体，是家庭美德的标志物，是职业道德的支撑点，是社会公德的有机体。它集中了传统文化和风俗习惯的元素，以家庭传承为纽带，受访者讲述家风的教育影响、自己的思考体会、对子女的言传身教，串起了过去、现在和未来，连接起世世代代中华儿女，激发出生生不息、血浓于水的深厚情感，增进了民族文化认同感，推动了民族意识凝聚和健康向上的正能量传播。家风体现了"中国梦"的价值认同和价值追求，"中国梦"的基本内涵和"三个倡导"24字核心价值观高度统一。引导学生进行家风建设方案设计，正是以课标中增强家庭美德意识作为出发点。

求知：崇尚学习不空谈，树立终身学习意识。履行学习义务，享有宪法赋予的学习权利，尊重知识、尊重科学是普遍的风气。换言之，求知就是在家庭当中倡导读书。读书是一个民族文明素养的重要指标。让阅读成为一种习惯，让阅读成为国民的一项素质。余秋雨说，阅读的最大理由就是为了摆脱平庸，早一天就多一分人生的精彩，迟一天就多一天平庸的困扰。这与"富强""文明""和谐"等核心价值观紧密相连。

求康：身心健康。没有良好的身体，无法为社会做贡献，反而会给国家、社会增加负担。

求美：包括自然美、社会美、教育美。美，不仅要表面美，还要心灵美，这样才算真正的美。著名社会学家费孝通先生说：各美其美，美人之美，美美与共，天下大同。在家风建设中，既要懂得美化家庭环境，也要注意从点滴做起，美化心灵。

求富：在家风建设中，求富就是如何增强家庭的经济实力，如何让财富源泉充分涌流，同时不能为了牟利而不择手段。

求知：多走进图书馆、博物馆，每天坚持读报纸看新闻，以书为伴，每天有30分钟到1个小时的交流学习心得时间。

求康：每天坚持锻炼（跳绳、跑步）；保证生活作息规律，科学均衡配餐，营养健康的饮食习惯；收看北京卫视《大医生》电视节目，及时分享与实践。

求美：个人注重仪容仪表，大方得体，举止文雅，亲人间互敬互爱，常带微笑；每天、每周定时打扫卫生，保持居室干净整洁，不断增添生活情调（如：添置装饰品、栽培绿植等）。

求富：勤俭持家，节水节电；成员间互帮互助，和谐民主；家庭成员对工作学习兢兢业业、脚踏实地，积极进取。

在实际教学中，学生与家长共同完成了家风建设方案，它架构起家庭与学校间的桥梁，做到将家风入脑、入耳、入心，充分发挥了教育的引导功能，让社会主义核心价值观变得具体、生动。笔者认为，在思想品德教学中，教学设计与实践要紧密结合课标中的情感态度价值观，努力寻找与社会主义核心价值观的结合点，使思想品德教学渗透社会主义核心价值观常态化、具体化，从而增强社会主义核心价值观渗透的实效性、主动性，将社会主义核心价值观自然融入学生的日常生活之中。

作者简介

范小江：

思想品德高级教师，北京市特级教师、律师、国家心理咨询师，北京师范大学朱小蔓教授指导的高级访问学者，"情感表达与师生关系构建"国家级课题特邀研究员，朝阳区兼职教研员。曾参与教育部编《道德与法治》教材的撰写与审稿，主持北京市规划课题一项、朝阳区规划课题一项，二十多年的思想品德教学，一直在追寻理想的教育、教育的理想。

第三次工业革命与教育方式的变革

◎沈夏炳

以机器生产为标志的工业革命，目前为止有三次。三次工业革命不仅给人类社会带来了经济、物质方面的巨大变化，极大地改变了世界的面貌，而且也给人类的文化世界、精神世界带来了巨大的冲击，深刻地影响着人们的人生观和价值观。教育革命也是从工业革命时代开始的。当今世界正在经历着第三次工业革命，而教育又一次站在了时代的路口，面临着新的变革。教育教学的方式和观念在全新的信息技术影响下，开始了又一次变革的历程。回顾前两次工业革命以及教育在工业革命的影响下变革的历史，对于我们现在进行的新的教育变革，无疑有着重要的借鉴价值。

一、第一次工业革命和教育革命

第一次工业革命又称产业革命，始于18世纪60年代，指资本主义工业化的早期历程，即资本主义生产完成了从工场手工业向机器大工业过渡的阶段，是以机器取代人力，以大规模工厂化生产取代个体工场手工生产的一场生产与技术革命。一般认为，蒸汽机、焦炭、铁和钢是促成工业革命技术加速发展的四个主要因素。第一次工业革命对整个世界都产生了广泛而深刻的影响，教育也不例外。

中世纪，受教育的权利主要掌握在教会手中，与宗教有着非常紧密的关系。而工业革命后，各国都认识到了发展科技的重要性，政府纷纷兴办公益教育，提出人人受教育的机会平等。教育开始逐渐摆脱教会的束缚和控制，教会控制文化和教育的时代一去不复返。工业革命不仅促进了英国社会生产力的巨大发展，也为英国教育的发展创造了许多内在和外在的有利条件，从而极大地促进了英国教育的发展。为了适应工业革命的需要，英国的学校数量大大增加了，教育内容日趋合理化、科学化，教育质量有了明显的提高，教育的大众化开始形成。教育的变革时代来临，最终培养出一批优秀的科技人才。

二、第二次工业革命和教育变革

第二次工业革命开始于1870年。科学技术的发展突飞猛进，各种新技术、新发明层出不穷，并被迅速应用于工业生产，极大地促进了经济的发展。当时，科学技术的突出发展主要表现在三个方面，即电力的广泛应用、内燃机和新交通工具的创制、新通讯手段的发明。

在第二次工业革命的推动下，工业化对人才产生了更高的要求。英国学校教育的保守模式对工业化产生滞后的影响，引起新兴阶级的强烈不满，尤其是这时的美国和德国在教育革命带动下，出现了科技和工业发展的突飞猛进。英国的有识之士，产生了加速教育变革的紧迫感。英国中等和高等教育增强了培养人才的力度，出现了以下变化：其一，资产阶级改革现有中学和大学的教育制度，增设"商业学院"之类培养实务人才的学院。其二，教育改革家尝试了种种教育改革。其三，针对"公学"以及牛津、剑桥19世纪上半叶的落后状况，议会建立的一些调查委员会的活动及其随后的决议，对传统中学和大学保持人才培养的优势，起了重要的作用。其四，也是主要的，英国在上述变革基础上，确立了以重点中学（公学）和"重点"大学（牛津、剑桥）为主体的各类"精英"人才培养体系。

三、第三次科技革命和新的教育革命

我们目前处于第三次工业革命。第三次工业革命起于二战后期，是以火箭技术、原子能技术和计算机技术为标志的。其中的计算机技术对于现今人类的生产和生活产生了最为深刻的影响。计算机技术出现于20世纪40年代。网络技术Internet的前身是美国国防部20世纪60年代末期组建的网络系统ARPANET，最初只有4个节点。1983年，ARPANET分裂成为公用性的ARPANET和纯军用性的MILNET两个网络，由这两个网络互联形成的网际网络则被称为DARPA Internet，简称Internet。后来美国国家科学基金会（NSF）和非盈利性的公司（ANS）介入Internet的开发，使Internet得到迅速发展，欧洲各国及加拿大、日本等也将各自的计算机网联入了Internet。目前，它已扩展到七大洲的150多个国家，差不多覆盖了整个地球。Internet的通信量以每个月10%的速度增长。Internet的出现实现了计算机的互联和资源的共享，使人类真正进入信息共享的时代，它对人类社会组织和生活的改变是革命性的，有人甚至将其称为"第三次工业革命"。近年出现的3D打印机与数字化制造也是其突出的代表，其特点是增材制造、新材料、新技术、跨学科。中国的3D技术也在快速发展过程中，有些还走在了世界的前列。第三次工业革命过程中的数字制造技术、互联网技术和再生性能源技术的交互融合对教育既提出了新的要求，也提供了新的平台和条件。

以此为背景，教育的变革时代再次出现。《纽约时报》有一篇专栏文章，提出教育也与传统的报纸杂志行业的命运如出一辙。《纽约时报》这些平面媒体感觉最为强烈。十年前，他们还以为上百年的报纸可以一直生存下去，然而随着计算机技术和网络技术的不断进步，网络媒体逐渐开始侵蚀平面媒体的领域，平面媒体的生存处境越来越困难。这种网络化带来的革命，已经对传统的报纸杂志业造成了极大的冲击。教育行业也是如此，传统的教育正在开始新的革命，标志性的事件之一就是可汗学院的出现。可汗学院到目前为止已经开了3000多门课，成立了公司并开始一些很有趣的试验。第一个变化是教育的游戏化。满十分过关，要保证学生学的每一个概念都真正学会。第二个是真正的因材施教。每一个学生在网上学习有不同的进度，老师真正有时间进行辅导。第三个是反转式教学法，又叫"翻转课堂"。这种方式把整个教育方式革命化了。通过网络教学，我们可以找到最好的教师来讲课，比如中国任何地方的学生都可以听到清华、北大甚至全世界最一流的教师的课。现在的可汗学院很可能是教育革命的开拓者。

未来是要依靠教育信息化、教育国际化和教育终身化来"三轮驱动"，以适应第三次工业革命对人才的需求。第一类是大量的高素质的基础劳动者，即在互联网信息技术平台上能够灵活运用各种技术的劳动者和具有全球视野和全球思维的人；第二类是相当多的高素质的高端创新型人才。他们不仅要具有普通劳动者的高素质，而且必须拥有创造性思维和个性化思维，具有开拓性、创造性，能开创新局面，能对社会发展做出创造性贡献。第三次工业革命的信息化与全球化的合流、3D数字制造技术、个性化和定制化生产方式和生活方式、虚拟化生活等，给全球的人才培养模式带来了全面挑战。

有学者提出以个性化、定制化、差异化教学、分散合作的学习模式，颠覆现有的批量化、标准化、固定化的教学模式和学习模式。首先，要加快育人观的转变，从现在占主导地位的"育分数"转变为"育人"。目前中国GDP位居世界第二，按照这种速度，再过一二十年，中国在经济总量上有望超越美国，位居世界第一。

但是，我们的教育为未来做好准备了吗？教育要有使命感和责任感，从"崇拜分数""应试教育"转变到为第三次工业革命培养创新型人才，为未来中国培养领袖。其次，教师的观念也要加快转变，从"传授者"变成"学习者"，成为学生学习的合作者、引领者、参与者和促进者。最后，整个学习观也要加快转变，充分运用云计算、云教育、大数据、大资源等互联网的交互平台，采用书本学习与网络学习相结合的学习模式，促进人的信息整合与运用能力、创新能力的养成。

信息技术的突飞猛进，教育适应新的世界形势的变革，要求我们必须具有危机意识和超前意识。这提醒我们在教育的起步阶段（小学、初中）就要适应世界和社会发展的需要，就要跟上时代前进的步伐。因为教育是连续性的，不可能只在某一个学段进行所谓的教育改革，而是要在学生的整个学习过程中的不同阶段进行变革和创新，不断地探索学和教的方式方法，大胆地试验，真正实现学无定式，教无定法，真正实现个性化教学，最终培养出个性化的拔尖创新人才和高素质的生产者，满足国家、社会的需要。

作者简介

沈夏炳：

历史高级教师，北京市特级教师。现任北京师范大学历史学院、河南大学历史文化学院硕士生导师。曾获河南省教学技能大赛特等奖、"五一"劳动奖章、学术技术带头人、开封高中首届"十大"名师之一等多项荣誉，所教学生夺得2011年河南省高考文科状元。曾主持多项省市区级课题，发表多篇论文。

基于地理核心素养培养的活动教学探究

——以"西北地区的人口和农业"为例

◎张树宏

摘 要：培养现代公民必备的地理素养是地理教育的重要职责。地理素养是一个人由训练和实践而获得的地理知识、地理技能、地理能力、地理意识、地理情感等的有机构成与综合反映。2011年版的《义务教育地理课程标准》课程目标用核心素养表示，地理核心素养是知识与技能、过程与方法、情感态度与价值观的整合，具体包括区域认知、综合思维、可持续发展观、地理实践力四个方面。本文以"西北地区的人口和农业"一节的教学为例，就如何在地理教学中有效开展基于学科核心素养培养的课堂活动做了有益的探索和尝试。

关键词：地理；核心素养；课堂活动

国家教育督学成尚荣先生认为，教学的核心在于教学生如何学习，不要让学校变成"教校"，教师在教学改革中应当与以教为主的旧理念"断气"。他强调，新的基础教育改革从来不否定知识，而是以知识为中介进而超越知识，最终让学生们走向能力，走向核心素养。笔者就人教版八年级下册第八章《西北地区》第二课时"西北地区的人口和农业"，就如何在地理教学中有效开展基于学科核心素养培养的课堂活动做了有益的探索和尝试。

一、立足核心素养培，确立基于课标又高于课标的学习目标

课标对区域人文地理部分的学习要求涉及以下三项：1.运用地图和其他资料说出某区域的产业结构与产业布局特点。2.运用地图和其他资料归纳某区域人口、城市的分布特点。3.举例说出河流在区域发展中的作用。从课标中呈现的"说出""归纳""比较"等行为动词不难看出，课标对区域地理人文部分内容的要求

停留在思维的较浅层次，仅要求学生根据相关资料进行归纳、概括。课标是学生学习需要达到的最低要求，如果将学习目标定位于仅仅满足课标要求，学生则很难深入理解西北地区人口、农业发展中蕴含的深刻的人地关系原理，人地和谐观念很难深入学生内心。基于此目标设计的课堂探究活动也势必停留在表面层次，区域认知、综合思维、可持续发展观、地理实践力等地理核心素养的培养也难以实现。

基于此，笔者将本节教学目标进行了调整，调整后的教学目标为：第一，通过小组合作综合分析学习材料中的图文信息，为西北地区居民选择居住地、规划种植业和畜牧业发展的区域，初步掌握学习和探究地理问题的基本方法和技术手段，理解干旱地区自然因素（尤其是水源）对人口、农业分布的影响。初步形成尊重自然、与自然和谐相处的意识，树立因地制宜、可持续发展观念。提高区域认知能力、综合思维能力和地理实践力。第二，通过课下搜集、课堂展示西北地区农业发展的特色案例，体会人类活动对自然影响的主观能动性，正确认识人地关系。

设计意图：通过以上调整，将"说出""归纳""比较"等要求提升到"选择""决策"层面，突出学生探究活动的主体性与思考的深入性，实现了课堂深度学习。学生在选择居住地、规划种植业和畜牧业的过程中必然要综合考虑西北地区自然地理环境的各个要素，其区域认知能力、综合思维素养也势必得到提升，人地和谐观念也于潜移默化中形成。

二、基于学生生活体验的课堂导入，拉近知识与学生的距离

上课之初，教师播放本学期学生去甘肃游学的视频及照片，包括行进途中看到的大漠戈壁，荒瘠土地上稀疏的骆驼刺和芨芨草，充满未解之谜的鸣沙山、月牙泉，慢镜头推进缓缓行走的骆驼等，学生亲身所历，不禁回忆起充实快乐的游学经历，兴趣盎然，教师适时抛出问题："西北地区的自然环境给你留下最深的印象是什么？"学生答"干旱""贫瘠"……教师进一步提出问题："在如此干旱贫瘠的自然环境下，人们是怎样生活的？又如何进行生产呢？"

设计意图：干旱的西北地区对于常年生活在北京的孩子来说是非常陌生的，利用学生游学亲历的视频与照片引进新课，能够拉近知识与学生的距离，增强学生的直观感受，激发学生学习探究的欲望。

三、突出主体性、开放性的探究活动，助推创新思维培养和可持续发展观的形成

教师设置"我做西北经济规划师"的活动情境——假如国家组织移民来到大西北进行经济开发，作为西北地区的经济规划师，请你根据西北地区自然环境的相关资料为移民寻找居住地区，找出适合发展种植业和畜牧业的区域，并将选择的区域圈画在地图上。教师用 iPad 向学生推送丰富的图文学习材料（西北地区地

形图、气候图、年降水量图、土壤分布图、水系图、年均温图等），各小组充分运用学习材料，进行深入讨论，综合考虑西北地区自然因素及其对人口分布、农业生产的影响，分别完成人口、种植业、畜牧业的位置规划，并描画在地图上。

设计意图：角色扮演的形式有助于培养学生的家国情怀和社会责任感，也提升了学生探究学习的积极性。在完成任务的过程中，学生需要在丰富的图文资料中获取、筛选有用信息，并深入思考，综合考虑影响人口、种植业和畜牧业分布的各项自然因素，才能确定所选区域。在此过程中学生的区域认知能力、综合思维能力会不同程度地得到锻炼与提升。目标区域的选择是多维的，开放性的，没有标准答案，这给学生的自主思考、自主选择提供了广阔的空间，也培养了学生的问题解决能力，激发了学生的创造力。同时学生在选址圈画的过程中很自然地体会到自然环境对人类活动的影响，尊重自然、与自然和谐相处的人地和谐观自然生成。

四、关注展示过程中的问题生成，提升区域认知能力和地理实践力

本环节由各小组展示本组的探究成果，小组之间进行交流、质疑、答辩。在交流过程中学生达成以下共识——水是干旱地区人类的生活和生产活动需要考虑的首要因素，"逐水而居、择水而作"是西北地区居住地、农业生产选址的基本特征。而干旱地区水条件较为优越的地区包括降水相对较多的地区、河流湖泊地区和有高山冰雪融水的地区。在学生的自主选择、交流探讨中，不仅达成了课标"说出、归纳西北地区人口城市、农业布局特点，河流在干旱地区的作用"等要求，还使得人地和谐的情感态度与价值观目标得到有效落实。

值得一提的是，在课堂展示交流过程中还有精彩的问题生成，取得了意想不到的课堂效果。

生成问题 1 规划中的河西走廊地区的城市应该怎样布局？

针对某一小组圈画的沿着祁连山下的弱水河从上游到下游的城镇分布，有的小组提出了异议，认为城市应该沿着祁连山麓分布而不应该沿河流分布。小组间对此展开了热烈的讨论，最终得出结论：沿着弱水从上游到下游分布会导致上、下游城市的河水之争，尤其下游城市会由于上游城市的过度用水而缺水，同时还会受到上游城市水污染的影响。虽然辩论胜负难分，但在辩论的过程中学生已经意识到区域发展必须综合考虑各个"点"，还要全面评估整个"面"，区域发展的整体性思维能力得到了内化和提升。

生成问题 2 河套平原和天山山区各应该优先发展哪种农业类型？

展示过程，种植业规划组在河套平原和天山山区圈画了种植业发展区，而畜牧业规划组也在同样的地区圈画了畜牧业发展区。那么问题来了：在这两个地区，到底应该优先发展哪种农业类型呢？激烈的辩论又开始了，教师及时呈现给学生两组学习材料：在山区修筑梯田的条件、种植业与畜牧业的投入产出比。学生结合材料通过对比分析得出结论：在天山山区有冰雪融水灌溉的地区可以发展

种植业，前提是要有平坦的地形或者能够修筑梯田的山地地段(坡度应小于30度，否则容易造成水土流失)。再结合发展种植业和畜牧业的投入产出比，学生们得出结论：河套平原应该优先发展种植业，而在天山山区应优先发展畜牧业。讨论中，"宜农则农，宜牧则牧"的因地制宜思想以及兼顾经济、环境效益的可持续发展思想已经深入学生内心。

生成问题3 吐鲁番盆地和哈密盆地可以发展种植业吗？

针对种植业组在吐鲁番盆地规划了种植业，其他小组提出质疑：在前面西北地区自然环境的学习中提到，吐鲁番盆地既是中国的干极又是中国的热极，这样严重缺水而又高温的自然环境怎么能发展种植业呢？顷刻间一石激起千层浪，教师抓住了这个契机，临时调整了教学计划，顺势播放吐鲁番葡萄、哈密盆地哈密瓜丰收的景象，学生进入了更为强烈的认知冲突中。此时教师请搜集西北地区特色农业案例的小组来展示"坎儿井"资料(此环节按计划应为下一课时的内容)。学生们在观看展示的过程中，一方面了解了吐鲁番盆地巧妙利用冰雪融水灌溉创造了在沙漠地区发展农业的奇迹，另一方面也全面认识了人类既要尊重自然又可以科学地改造自然的人地关系。

五、效果及反思

本节教学从学习目标的制定、课堂活动设计到对课堂生成的处理上，能够做到将知识回到具体的问题情境，始终引导学生分析、理解人类对人文地理事物进行区位选择的依据(区域认知)；形成判断人类活动与自然环境关系的初步意识(人地协调观)；用恰当的方式呈现自然地理数据，懂得这些数据对理解人类活动空间分布的意义(地理实践力)，有效地培养了学生的地理核心素养，实现了对地理学科内容的深度学习。

作者简介

张树宏：

地理特级教师，北京市特级教师。主持参研多项国家、省市级课题，成果曾获国家课题成果二等奖。多篇论文发表于《地理教学》《中学地理教学参考》等核心刊物。将"引导学生学习对生活有用的地理、对可持续发展有用的地理"作为教学的基本理念。课堂教学着眼于学生的学法指导与素质发展，着力培养学生的地理核心素养。

构建具有情感温度的地理课堂

——以"交通运输方式的选择"一课为例

◎张树宏

摘　要：清代学者戴震曾经说过："理也者，情之不爽，失也。未有情不得而理得者也。"课堂是具有情感温度的育人场，课堂中的每一个个体都是具有情感的个体，无论是知识的真正掌握，还是心灵的丰富，离开了情感都是不可能的。因此，地理教师在课堂上应该重视学生的情绪、情感状态，关注学生的情感培育，使得地理知识的学习过程不仅作为信息传递的过程，而且伴随情感动力机制。本文以"交通运输方式的选择"一课的教学为例，在构建基于生活、关注情感的地理课堂上做了有益的探索与尝试。

关键词：基于生活；关注情感；地理课堂

在传统的课堂教学中，受升学压力和教师教育教学观念的限制，学生的情感品质没有得到应有的重视，教学活动常常是以过度的负性情绪为代价去满足短暂的认知结果、分数和升学成绩。学生在学习过程中没有出现积极的情感状态，具体表现为创造活力不强，学习和自我教化的内在动力不足。著名的教育专家朱晓蔓教授指出，课堂教学活动应该是师生在教与学过程中共度的愉悦的生活、有趣的生活、有意义的生活。这种课堂生活的质量应该是完整的，即在课堂中认知和情感都应得到照顾、呵护、发展，构建充满丰富的情感体验的生命互动的课堂教学，将教授知识融入到教师和学生的生命、生活体验中，促进生命的成长。笔者就初中地理交通运输方式的选择"一课的教学在此方面进行了有益的尝试。

一、在教材内容的取舍上，遵循"学习对生活有用的地理"的课程理念

精心选取与学生生活联系最为紧密的知识或现象作为学习的基点，在此基础上进行知识的积累、应用、总结和升华；引导学生体会"生活处处皆地理"，培养、

深化学生的学科情感。

学习重点的确定：本节课的主要学习目标为"初步学会选择恰当的交通运输方式"，而交通运输方式的选择包括货运和客运选择两个方面，货运选择虽然在考题中多有出现，但距离学生当前的现实生活较为遥远，而学生亲历的家庭出行、学校的游学课程无一不涉及客运方式的选择。基于此，在内容的选择上，本节课选取了与学生生活联系更为紧密的客运交通方式作为学习重点，同时添加了城市间各种交通工具运行的耗时、运费等数据资料。学生结合这些现实出行必然考虑的相关因素的具体资料，在真实的问题情境中选择交通方式，自然会产生强烈的探索欲望，积极主动地将所学知识与自身生活建立联系，提高了综合分析问题、具体问题具体分析的能力。

情感升华的落脚点确定：本节情感升华落脚点可以有很多，比如呈现中国高铁建设成就培养学生的民族自豪感、畅想未来交通运输工具培养学生创新意识等。笔者将本节课的情感升华环节确定为"树立环保意识，践行绿色出行"——以我校学生上学来校、放学回家交通方式选择的数据统计为切入点，引导学生分析"市内各种交通运输方式的碳排放量"数据，反思自身出行行为与北京大气污染，尤其是与当前时常出现的污染"雾霾"的关系，使学生意识到，在选择交通方式时不仅要考虑经济因素，还要考虑环保因素，应该逐步践行绿色出行。之所以舍弃其他而选择本设计环节，是因为北京学生刚刚经历了因雾霾导致停课，对大气污染的危害感同身受，而当意识到这种污染居然与自己的日常出行行为有着必然的联系时，会产生很大的触动。引自身边小事联系时事大事，更容易激发学生深刻反思自身行为，主动树立环保意识，使得思考的深入与情感的升华融为一体，尤其是情感态度与价值观的生成，避免了生硬灌输之嫌，取得了水到渠成的效果。

二、在教学情境的设置上，设置具有生活学习需要任务的角色体验

引导学生在真实情境中进行真操实练，在主动积极的思维和情感活动中掌握知识、发展能力和建构意义，享受问题解决的成就感，体会学科魅力。

北京中学每学期要组织一次校外研学课程，每次出行前学校都要进行导游组、生活管理组成员招聘，学生应聘场面火爆。本节课模拟导游组、生活管理组招标形式，以"为巴蜀文化之旅选择游学路线及交通方式"的招投标活动为情境主线，情境的设置是学生真实生活情境的预演或再现。招标环节采取"小组讨论确定方案—小组展示、答辩—全班同学投票点赞"的方式，符合初中生好胜心强、追求完美的心理特点。总之，任务是学生面临的真实情境，是真实的、可行的和有吸引力的，为学生的探究学习营造了投入讨论、积极合作、主动探究、团队竞争的热烈氛围。课堂上各小组积极合作、主动质疑、思考深入、表达清晰，课堂生成精彩纷呈。

三、在学习空间的营造上，提出基于生活需要的开放性问题

跳出教材，提供基于生活实际需要的学习资料，为学生的想象力、创造力的发挥创设自由驰骋的空间。

在出示招标任务之后，教师没有马上组织学生进入探究活动，而是提出一个开放性问题供学生思考——"要选择一条理想的出行路线及交通方式，你觉得应该综合考虑哪些因素？"这是任何一位出行者在出行前必须要面对的问题，不同的人，因出行目的不同、经济状况不同、思维方式不同，考虑的因素会有所不同。经济、用时、安全、环保……学生的答案五花八门。这样一道开放题，一方面打开了学生的思维，契合了课标"根据自己的需要"选择交通运输方式；另一方面也对交通运输方式的选择原则进行了前期预设与初步归纳，既完成了知识上的目标，又提高了学生的问题解决能力、综合分析能力，学生的创造力、想象力得以发挥。

在小组合作探究环节，教师提供给学生"中国航空线路图""中国内河航运图""中国高铁线路图""中国高速公路分布图"等。各种交通线路分布图的呈现旨在引导学生养成运用地图分析问题的习惯。除此之外，教师还个性化添加了教科书以外的素材，如成都、重庆、宜昌、北京各城市之间的距离数据，各种交通工具在以上城市间运行的用时及费用，各种交通工具的碳排放量等资料。之所以补充这些资料，一方面是基于实际生活需要，为学生的创新思考提供必要的支撑；另一方面也培养了学生对数据的分析处理能力。学生在分析数据资料时会发现，虽然航空运输理论上快于高铁，但如果综合考虑候机时间、出站时间、天气变化导致的航班延误等可能性，在中途（500—700千米）运输上与高铁相比并没有特别的优势。在这种课本理论与实际情况的综合分析对比中，学生感受到实际生活的复杂性，为学生创造力的发挥提供了空间。学生跳出教材，更能感受到地理学习的魅力所在，深化了对地理学科的情感。

四、在课堂生成的处理上，教师表现出充分的信任、关怀、欣赏、尊重的情感和支持、引领的行为，激发学生课堂学习积极正向的情感

片段1 在讨论"客运选择需要考虑哪些因素"时，一位学生提到了环保因素。单从知识角度考虑，交通耗时、运费、出行目的等是客运选择的主要因素，环保因素并未出现在教材或课标的要求中，教师对此可以一带而过，但在当前形势下，树立环保意识、自觉维护大气环境是每个公民应具备的素质。教师捕捉到学生这一思维的亮点，及时进行了积极的、正面的评价与鼓励："这位同学能想到环保非常棒，不愧为高素质的中国国民！"

片段2 小组活动伊始，大部分同学投入到紧张的信息搜索和激烈的小组讨论中。教师观察到田琪泓同学独自一人游离在小组活动之外。教师没有责怪和呵斥，而是及时走到这位同学身边，关切地问他在想什么？学生回答："我在想高铁

和飞机哪个更省时。"老师没有强迫该同学回到小组讨论中去，而是鼓励说："这个问题很有价值，一会儿你一定要将思考的结果和同学们分享。"在这个环节，老师对学生表现出了足够的尊重，不同的孩子有不同的个性，有的孩子喜欢在集体活动中发言，有的孩子喜欢自己深思熟虑，个性不同，学习方式也会不同，只要孩子处在思考状态且不偏离主题，老师就可以适当给孩子空间。有了相对安全自由的空间，学生的思维才会无限自由，迸发出无限的创造力和想象力。

五、本节课在情感培育方面的不足之处及教后再设计

1. 对于客运选择考虑的因素分析，在学生展示环节中各小组均未提及安全因素。虽然从知识的角度看该因素似乎可有可无，但结合实际情况，安全因素恰恰是初中生出行应该关注的首要因素，教师应及时提醒学生关注。

2. 投票环节，有学生提出"不应投票给自己的小组"，教师给予了理解与认同，这样处理的目的旨在尊重孩子们的选择，允许孩子的心理成长有一个过程。但在课堂时间允许的前提下，教师还是应抓住这个教育契机，引导学生进一步思考：面临竞争时应该如何摆正心态，做到既能客观看待他人，又能客观评价自己，真正做到比赛的公平公正？这对学生将来走向社会，客观面对残酷的社会竞争，促进学生健康的情感发育，形成健全的人格会有积极的引导作用。

著名教育专家朱永新教授曾经说过："教师应该敏于发现与捕捉、善于挖掘与主动建构学科知识中广泛蕴含的具有情感教育价值的内容，创造对学生有意义的、大大小小的具有情感色彩的教学事件，把日常的教学活动变成生动活泼的教学过程，让发现的愉悦、智慧的挑战成为师生共同的庆典。"这或许是每一位教育工作者应该追寻的目标——努力让知识、生活和生命融为一体，深刻共鸣。

教学案例

《家的味道》教学设计

◎范小江

一、学习目标

第一，增强建设家庭美德的意识，分享家庭美德，为开创美好家庭生活而自豪。

第二，继续探讨家的味道与真情，收集与分析家风、家规或家训，确定继承与发扬的美德。

第三，感知家的味道与家庭的美德，认知家风、家规或家训。

二、教学重难点

重点：家风、家规或家训的收集与分析，弘扬新家庭美德。

难点：新的家庭美德与中华优秀家庭美德的冲撞。

三、课标要求

增强与家人共创家庭美德的意识与能力。

四、学情分析

经过对家、家庭、家族、家庭发展的学习，学生对"家"的概念有了较为深入的自我思考。从社会学科的思想品德角度分析，这是亲情的切入。学生对家的味道各有认识，家的味道存在比较大的差异。本节课将通过观察身边的特殊时期及生活的感悟，分析整理家风、家规或家训，从而为自己家庭的美德建设提供智慧奠定基础。

五、教学方法

对话法、探究法、合作法、行动法。

六、教学过程

环节	教师活动	学生活动	设计意图
情景导入	【出示】 若干张北京城春节期间的图片 【提问】 这是什么时候会出现的情形？	观看思考 联系回答	用生活的经验思考特殊时期的家的味道，正如在生病时期、困难时期才会有家的感觉、父母爱的感觉。
观看两段视频	【播放】 民工回家的视频 凤凰卫视员工谈回家过年的视频 【设问】 有钱没钱回家过年，农民工、知识分子都在过年时赶着回家，从春运时人们拥挤的身影、焦灼的神情、急于回家的心情，感受到怎样的情感？（和有过这样经历的同学交流，谈当时的感受和心情）	观看思考 讨论交流 表达分享	同学在课堂上分享了爱的回味，大多数是生病等特殊时刻。为了对家有更深的感性认识，借助网络歌曲、凤凰网的关于回家过年的那份特殊回家的感觉，增强对家的味道的认同。
观看视频	【播放】 《家风是什么》	观看思考	借助央视的家风节目，让同学从感性上认识家风是什么，从而为下一步收集分析家风奠定基础。
活动	【布置任务】 网络搜索家风、家规、家训，时间5分钟，汇报应该要发扬的家风、家规、家训等。	各组分析收集到的家风、家规、家训的内容，说说哪些内容应该继承并发扬光大。	借助网络，在搜索中遴选中华优秀的家风等，增强对家庭美德的认识，也获知一些优秀的家庭美德，为后续自己家的家风建设提供参考。

续表

环节	教师活动	学生活动	设计意图
活动	【布置任务】 请开启智慧之门，结合家庭实际与社会课所学，围绕求知、求康、求美、求富等方面，写一份《我家的家风建设方案》。（列举主要做法即可） 分享	学生在分享的基础上，构建自己家的家风建设新方案。	学以致用，增强家庭美德意识，为建设新的家庭美德贡献智慧，增强学习的积极性与主动性。
小结	师生小结		及时回顾与总结，用简短的共识语言，认识家的味道以及蕴含的家庭美德，从而深化家的感觉。

作者简介

范小江：

　　思想品德高级教师，北京市特级教师，律师、国家心理咨询师，北京师范大学朱小蔓教授指导的高级访问学者，"情感表达与师生关系构建"国家级课题特邀研究员，朝阳区兼职教研员。曾参与教育部编《道德与法治》教材的撰写与审稿，主持北京市规划课题一项、朝阳区规划课题一项。二十多年的思想品德教学，一直在追寻理想的教育、教育的理想。

寻根关中后土，重识中华吉金

◎王 良

指导思想与理论依据

1.《义务教育历史课程标准（2011 年版）》
2.《北京市实施教育部＜义务教育课程设置实验方案＞的课程计划（修订）》中明确提出："要关注课程的整体育人功能以及学科内、学科间的联系与整合，加强综合实践活动课程的开发与实施，大力培育和践行社会主义核心价值观。以各学科平均不低于10%的学时用于开设学科实践活动课程，在内容上可以以某一学科内容为主，开设学科实践活动，也可综合多个学科内容，开设跨学科综合实践活动。"
3. 建构主义学习理论
4. 合作探究、自主学习相关理论

教学背景分析

教学内容：

随着近年越来越多地走进博物馆，青铜器成为学生博物馆参观中大家关注的焦点。学生围绕青铜器专题在许多博物馆的参观前、中、后开展了一系列综合社会实践活动。本节课呈现的是学生在国家博物馆、首都博物馆、西周燕都遗址博物馆、宝鸡青铜器博物院等多家博物馆的青铜器展览实地参观后的一节延伸总结课，主要以探究解决学生在博物馆参观中生成的四个问题为中心，探索历史学科综合实践学习的基本方法与路径。

学生情况：

1. 我校学生对博物馆中的青铜器专题实践学习有较高的兴趣和求知欲望，且学生已经基本熟悉综合社会实践学习的基本步骤，但对于在历史类博物馆的综合实践学习方法仍不明确。

2. 八年级学生在历史课程中已经学过中国古代史，学生虽然具备了一定的青铜器知识，但对青铜器的认知仍停留在表面，不够深入，仍需要进一步提升。

教学方式：

在宝鸡青铜器博物院考察实践基础上，进行情境创设、专题研习、合作探究的综合实践活动。

教学手段：

通过 iPad 辅助教学课件，学生自制演示文稿资源。

技术准备：

iPad 互动环境

教学目标与重点、难点

知识与技能：

通过博物馆内的社会综合实践活动，学生能够对我国青铜器有更深入的了解。

过程与方法：

通过博物馆内的社会综合实践活动，学生能够学会合作，勤于探索，掌握博物馆中开展综合社会实践学习的基本方法。

情感态度与价值观：

通过对青铜器相关问题的深度探究，学生能够认同以青铜文明为代表的中华传统文化，并能够自觉传承和发扬这种文化。

教学重点：

对参观中新生成的青铜器有关问题的探究。

教学难点：

博物馆内开展综合社会实践学习的基本方法。

教学流程

博物馆参观前的检索、了解→博物馆实地考察、参观、记录→博物馆参观后新问题的生成→针对参观中生成新问题的进一步研习、探究→教师引领，师生合作解决参观中生成的问题→师生互动生成历史类博物馆综合实践学习的基本方法、路径。

教学过程

一、博物馆参观内容探究

环节一：回顾在博物馆参观前，学生对青铜器的认识

【教师活动】

1. 将学生对于青铜器了解的初始状态用文字呈现出来，"青铜器很神秘""青铜器是什么鬼"，等等。

2. 出示历史教材中与青铜器知识有关的内容——"先秦时期的科学技术"书

影（如图1），说明学生通过历史课堂对青铜器的相关知识进行了一些学习。

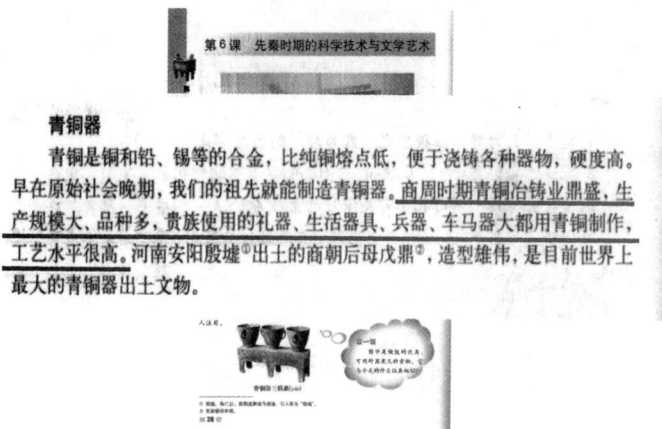

图1 历史教材中关于"青铜器"的知识

【学生活动】

观看教师PPT演示文稿，回顾自己在走进宝鸡青铜器博物院前对青铜器相关知识学习的过程，议论、寻找屏幕上呈现的这些青铜器的"认识"的作者是谁。

【设计意图】

用学生们自己的话展现他们在进入博物馆实地参观前对青铜器的了解和感受，拉近学习内容与学生的距离，创设学生学习的"安全心理环境"。再用两张PPT呈现学生的元认知的初始状态，意在关注学习过程。通过教材书影的呈现唤醒学生记忆，说明历史课堂上对青铜器相关知识有了一定学习，同时学生也充分体会到课堂、教材中对青铜器的讲解停留在教材中，并不生动形象，"纸上得来终觉浅"，要想真正感受青铜器还应该亲自走进青铜器博物馆实地参观考察。

环节二：参观中，学生参观学习过程展示

【教师活动】

1. 展示在整个参观过程中学生在"宝鸡青铜器博物院学习单"指导下，进入博物馆参观下学习的情况（如图2）。

2. 展示学生在参观过程中的调查、访谈、记录、模拟制作青铜器模型等各个环节的照片（如图3—图9）。

图2 学生在观展中，拍照记录

图3　学生在高铁上发放课题研究问卷，请旅客作答

图4　聆听北京大学考古专家雷兴山教授讲解宝鸡青铜器相关知识

图5　进馆前，观察"西周文化墙"，回想西周历史

图6　观展中，拍照记录，填写学习单，产生问题

图 7　向考古学家北京大学雷兴山教授请教观展中产生的问题

图 8　向馆内讲解员、学校教师积极求教，解决问题

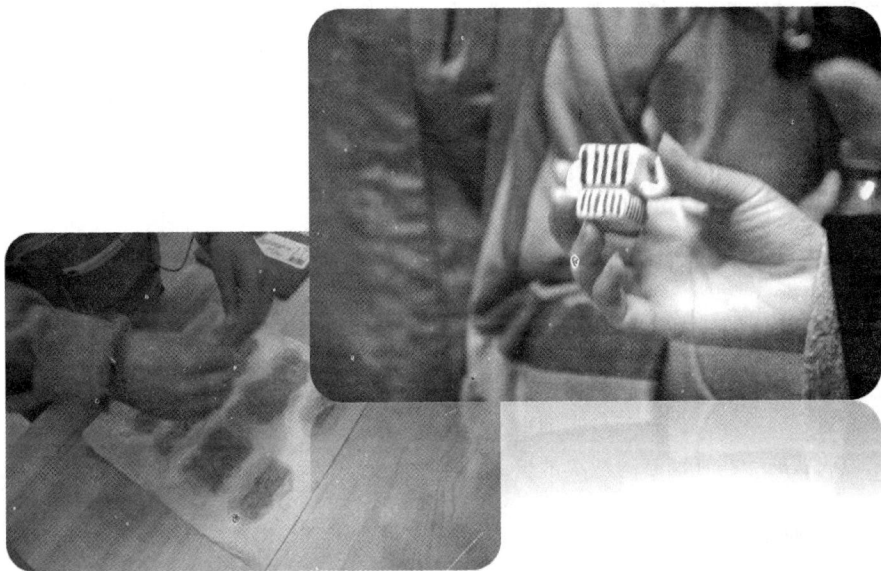

图9 捏出来的青铜器模型，拓出来的青铜纹饰

【学生活动】

观看教师展示的在博物馆参观中各个环节的照片，再现整个学习过程。

【设计意图】

回顾博物馆学习过程，帮助学生回忆宝鸡青铜器博物院学习的关键步骤，为最后环节"提炼归纳博物馆实践学习活动的基本方法"。

环节三：参观后，学生的收获展示

在宝鸡青铜器博物院参观后，学生对青铜器知识、感受的变化展示。

【教师活动】

学生在参观归来后有关青铜器的知识丰富了，他们知道了"青铜器器型分为很多类，有饮食器、酒器、乐器等，涉及当时生活的很多方面""青铜器是用模和范做出来的"……

参观归来后，学生对青铜器的感受也悄然发生了变化，"青铜现在的颜色是它原有的颜色氧化后褪去造成的，其实是很精美的""参观颠覆了我对青铜器的认识""一件件都是国之重器，它们做工精美，让我不禁心生敬畏"……金学芃同学的旅行日志《寻遍青铜》更是感触颇多：

"青铜之乡"中有大盂鼎，散氏盘的仿制品，详细介绍了宝鸡等地发现青铜器的过程；在"周礼之邦"，尊、爵、鼎……都有森严的制度。当时社会"周礼"，人与人之间的差距是明显的，天子和士的待遇差距无法想象。而这里，有青铜器博物院的镇院之宝——何尊。何尊的重要之处在于它美丽大气的外表和它的铭文。

不难看出，与初始的认知感受相比，学生们通过实践参观，对于青铜器的认识更加丰富，感受也发生了很大变化。

【学生活动】

观看 PPT 呈现的参观后的感受，与之前进行对比，同时，阅读分享同学的旅行日志。

【设计意图】

与环节一参观前学生的认知、感受形成对比，学生可体会学习的过程以及收获的过程，金学芃的旅行日志的出示，形成生生互动，分享交流。梳理了参观归来后收获的一些青铜器的基本常识。

二、实践操作

青铜器游戏互动：《宝鸡青铜器名称连连看》

【教师活动】

指导学生使用方正慧云课堂 APP，打开《宝鸡青铜器连连看》，将宝鸡典型青铜器与其名称进行关联。并设问：游戏中有三件不是宝鸡出土的青铜器，请将它们挑出来。

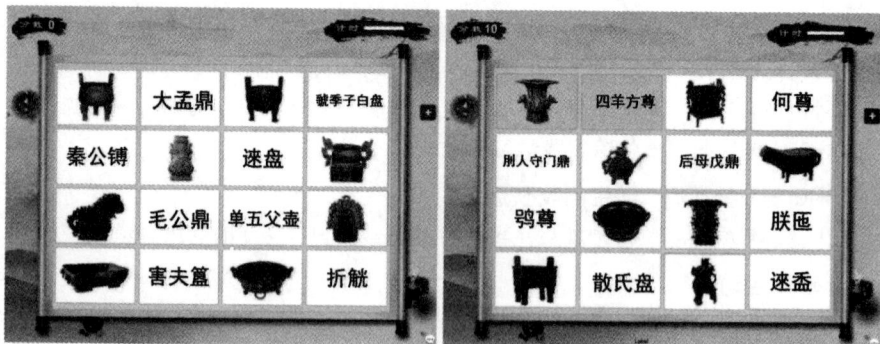

图 10　宝鸡青铜器连连看

【学生活动】

在限定的 2 分钟内，完成所有青铜器匹配，并挑出后母戊鼎、四羊方尊、鸮尊不是宝鸡出土的青铜器。

【设计意图】

该环节是教师为此次宝鸡青铜博物院参观特别设计开发的，其中所有青铜器物均是学生在学习单中记录下来的青铜器物，也都是国之重器。游戏连连看的形式既可以帮助学生回顾参观中的展品，记住这些国宝，又能够提高学生的兴趣，同时还能够调动学生学习的积极性，提高学习兴趣，并对宝鸡、河南两地出土的青铜器物进行区分。为下一环节做好铺垫。

环节四：对参观中生成问题的探究与展示

学生在宝鸡青铜器博物院参观过程中收获青铜器相关知识，体会青铜文化伟大的同时，也提出了不少关于青铜器的新问题。当时因博物馆实地考察的时间等条件所限，提出的问题并没有在观展过程中找到答案。关中归来，学生针对这些参观中生成的问题进行了深度的合作探究，在课上分组展示，师生共同研究。

【教师活动】

归纳学生在"参观后学习单"提出的问题，整理形成四个探究主题，并在关中归来后指导学生围绕四个探究主题，开展了为期两周的课下探究学习。四个主题分别为：

问题 1：青铜器是如何命名的？命名过程似乎是有规律可循的。

问题 2：青铜器具有哪些历史价值？该怎样借助青铜器还原历史原貌？

问题 3：青铜器除了具备很高的历史价值，在文学、艺术等其他领域有何价值？

问题 4：青铜器在当代社会还有用吗？探究青铜器与现实社会生活的关联。

教师明确提出各小组汇报要求：

各组合作探究准备时间为 5 分钟；

需结合典型青铜器物举例进行说明；

每组推荐一名代表汇报，汇报时间不超过 3 分钟；

可以借助网络检索进行完善；

汇报需条理清晰、语言简洁，禁止照搬网络、文献原文。

【设计意图】

以小组探究的形式，解决学生参观中提出的新问题，发挥学生在探究中的主体地位，教师明确提出学生汇报要求，为小组成果评价做好铺垫。此外，教师能够在学生汇报的基础上进行补充、归纳总结。

【学生活动】

按探究主题分组展示汇报

第一组：青铜器的命名方法

自名
· 根据器物本身所带的铭文来命名。

定名
所谓定名，指的是无法从器物自身铭文来确定该类器物的名称。
1.金石学者（主要是宋代的）依据史籍著录作出的命名
举例：爵

· 2.既无自名，又缺乏史籍著录者，可根据其造型、用途予以定名。
举例：调色器

图 11-1　青铜器命名方法

学生倪嘉仪：青铜器的命名基本有两种：自名与定名。

【教师活动】

总结学生汇报发言：根据第一组同学的汇报，我们知道了青铜器的命名的确是有规律可循的。青铜器的基本命名方法是"自名与定名"，那么我们以这件大家都熟悉的何尊来看，它的命名方法就是自名（出示何尊模型）。提问：我们都知道何尊在出土时并未发现铭文，当时是如何称呼该器物的呢？

根据学生回答，教师简单点评后出示 PPT 说明并补充。

另外，考古学上通用科学发掘编号来给出土器物命名，如墓葬 1 中出土的第 30 件器物为 M1:30，这种命名方法的好处在于器物名称的唯一性。

【学生活动】

根据第一组汇报结果，观察何尊模型推测其未被发现铭文时的名称应以器物的饕餮纹特征命名，可以命名为饕餮纹尊。

【设计意图】

了解青铜器的命名方法，便于学生在其他博物馆参观青铜器物时对它们的了解与记忆，并以考古专业知识作为补充，丰富学生对"青铜器命名"这一问题的认识。

这一主题的探究将我校校本"阅历课程"与国家历史课程相联系，有机渗透丰富鲜活的学习

何尊
科学发掘编号
例M1: 30
器物主人名字
器型名称
饕餮纹

★如果没有发现铭文标记"何尊"该如何命名？

图 11-2　何尊的其他命名方法

资源，拓宽学科视野，促进探究创新历史的形成。

第二组：青铜器的历史价值

【学生活动】

学生张简：通过我们组的研究，我们知道青铜器的历史价值体现在如下几个方面（见图12）。

图12　青铜器历史价值的体现

【教师活动】

在学生汇报基础上进行总结点评，并说明学生汇报中说到的西周时期流行的鼎簋组合是用来反映当时等级礼制的重要文物证据，它们承载着历史信息，有助于我们还原历史原貌。结合历史教材《先秦时期的科学技术》一课相关内容进行简要回顾，并用博物馆中的鼎簋组合请学生判断其墓主人的身份。

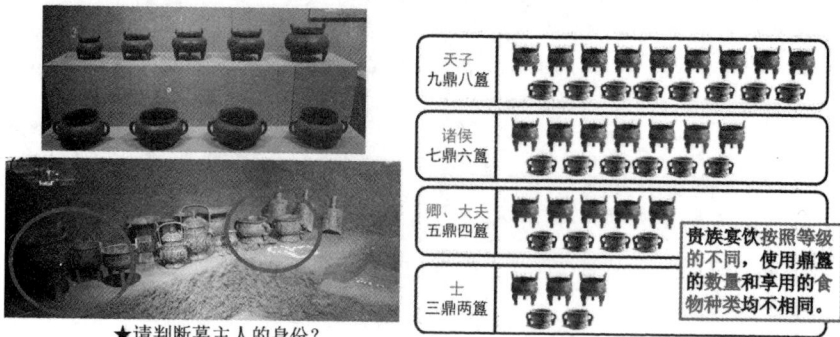

★请判断墓主人的身份？

图 13　鼎簋组合反映当时的等级礼制

【学生活动】

根据问题情境，结合教材所学内容，进行判断。右列第三图为五鼎四簋，其墓主人生前等级应为卿大夫。右列最下图为三鼎两簋，其墓主人生前等级应为士。

【设计意图】

将博物馆参观收获与历史教材知识相联系，意在以文物解读历史，将课本知识与实地考察参观相互印证。

【教师活动】

在学生判断过后出示新闻热点：南昌海昏侯大墓出土，请学生扩展思考。

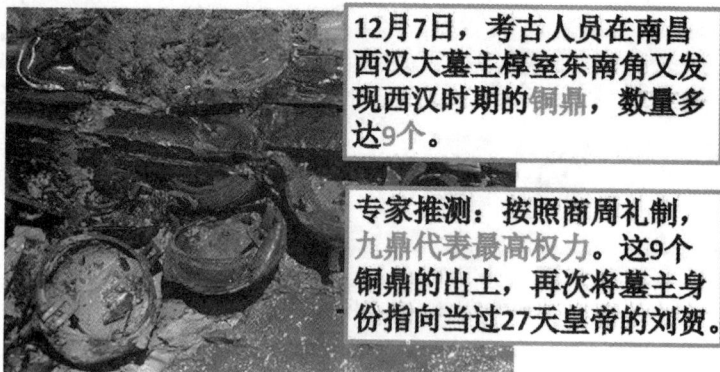

12月7日，考古人员在南昌西汉大墓主椁室东南角又发现西汉时期的铜鼎，数量多达9个。

专家推测：按照商周礼制，九鼎代表最高权力。这9个铜鼎的出土，再次将墓主身份指向当过27天皇帝的刘贺。

图 14　南昌海昏侯墓主椁室东南角椁板下发现的铜鼎

【设计意图】

用考古热点问题创设情境，将历史知识学以致用，从关注历史到关注现实，从关注历史问题到关注新闻热点，激发学生的学习兴趣，提高历史学习实用性，并能够持续关注考古前沿动态，以达到"学以致用"的效果。

第三组：青铜器的文学艺术价值

【学生活动】

邓子昊、李佳、白银河分别临写了宝鸡青铜器博物院的镇院之宝何尊、墙盘和逨盘中的铭文，并以此为例从青铜器的文学与艺术的角度进行了解读和说明。

图15 学生临摹的青铜器上的铭文

学生白银河：我临写的是何尊的铭文（部分）。临写过程中，我认出了"成周"二字，可以推断出这件青铜器铭文记载的应该是周成王时期的历史，这是其历史价值的体现。从艺术角度看，这件青铜器铭文的书体属于篆书，我非常热爱篆书，这体现了我国文字书体的传承。

学生李佳：我临写的是墙盘的铭文（部分）。铭文开头便是曰古文王，经过检索查阅，我知道这是一篇叙史长篇铭文，记载的是颂扬西周文、武、成、康、昭、穆、共（恭）七代周王的功绩。这篇铭文是这段历史的有力物证，而且铭文文体整齐，书写也造诣颇深。

学生邓子昊：我临写的是逨盘的铭文（部分）。这篇铭文记载了单氏家族8代人辅佐西周12位王（周文王至周宣王）征战、理政、管治林泽的历史。这篇铭文从文学角度看，文体风格有点儿像我们学过的骈文，所以我们可以看出，青铜器的铭文不仅有其证史价值，其文体也有很高的文学价值和艺术价值。

【教师活动】

总结点评：通过这一组同学的展示，我们看到青铜不仅具有历史价值，其铭文也蕴含着丰富的文学和艺术价值，值得我们称赞。这三位是非常热爱书法艺术的同学，他们把对何尊、墙盘、逨盘铭文的临写作为他们研究性学习的成果。

青铜器的艺术价值不仅仅体现在其铭文书体上，青铜器自身的造型也能够反映其艺术性，比如在宝鸡青铜器博物院我们看到的折觥和鱼尊，造型精妙，我们很多同学都把它记录了下来。此外，青铜器的艺术元素至今还让我们受用。比如，在20元面值的人民币上你还能够找到饕餮纹的样式（如图16）。

图16　至今所用的青铜器艺术元素

【学生活动】

找一找，20元面值的人民币上的饕餮纹，与何尊饕餮纹做对比。

【设计意图】

通过这一主题的探究，学生的研究视角得以延伸。从聚焦青铜器本身逐渐扩展为体会青铜器背后所蕴含的政治、经济、文化、艺术等综合内容，并为下一研究问题做好铺垫。

第四组　青铜器与现实生活的联系

【学生活动】

学生杨雨菲：我国的夏商周时期被称为"青铜时代"，距今已有千年。青铜器在现实生活中是否还有用，它们和我们当今的社会生活还有什么联系？其实，刚才其他组同学已经说了青铜器的历史意义，青铜器本身的传世就是历史的传承，这就是青铜器在当代的意义之一。如今，很多重要场合仍然使用青铜器，以示庄重。为此，我们组也设计了属于我们北京中学的青铜纹饰风格的文化标志（如图17）。我来解读一下：它的外面是一个圆，代表着我们北中学子的团结、和谐、完美。中心是一个圆圈，里面是两个相对的凤凰。两个凤凰的中间是一个小圆，一半是黑一半是白，代表着两者融合。两只凤凰被一个圆围在中间，其实这个圆是一个太阳的造型，代表着"乐"，阳光与向上。在这个太阳造型的外面，还有四个用篆书写的字：仁，智，勇，乐（北京中学办学理念之一）。在这四个字中间又有青铜器上的主要纹饰龙——代表着我们北中理念里面的"勇"。最外层是青铜器上常见的一种纹饰，叫波曲纹。仁者乐山，智者乐水，而波曲纹的弯曲正如山水般，代表了智和仁。这个标志充分体现了我们北京中学"和而不同，乐在其中，仁智勇乐"的办学理念。我们将它们融入了这个代表北中的文化标志中。我想这就是青铜器与我们现实生活的联系，是对青铜器的一种继承与发扬。

图17　学生设计的北京中学的青铜纹饰风格的文化标志

【教师活动】

总结点评：这一组同学将青铜器的纹饰等元素，应用在了北京中学文化标志的设计上，而除了在一些纹饰的设计上，这些青铜重器仍然被用在了我们国家的一些重要场合。如"国家公祭鼎"。

图18　国家公祭鼎

【学生活动】

看材料，解读青铜器在当今社会中的重要意义。强化青铜器对于中华民族的象征意义和对于中华文明的重要地位。

【教师活动】

出示考古出土的西周"双凤纹饰"青铜车马器，请学生观察其纹饰特点，与我区区徽"丹凤朝阳"做比较，体会其中的相似性。

【设计意图】

试图通过创设贴近学生的情境，达到学生能够认同中华传统文化的效果：从国家仪式到区徽设计，无一不彰显着青铜器的现实意义。学生能够感受到"前人创意，后人受益"。中华文化是一脉相承的。

【教师活动】

出示金学芃旅行日志《寻遍青铜》。总结并设问：通过一节课的探究与展示，我们对青铜器的认识与感悟又加深了不少，解决了四个在参观中悬而未决的问题，这次的"阅历课程——中华文化寻根·关中行"已经结束一月有余，大家可曾想到从青铜器上你们寻到了怎样的中华文化之根呢？每个人的答案可能都不尽相同，一起看看金学芃同学的想法。

青铜铸文明

寻根关中后土　**重识中华吉金**

青铜器承载的除了铭文，更多的是我们对过去的一种追想。不可否认，我们对那些几千年前的世界是抱有着几分憧憬和遐想的。在国际文化相当普及的今天，我们要重视的目标应该是为"中国化"而学习。青铜器会因为保存条件发生变化，文化同样也是，文化会根据这个社会而变化。但不变的应该是我们保护传统文化的心，而保护文化，应该从我们每个人做起。

总结：金学芃的随笔让我们产生了共鸣，通过"寻根关中后土，重识中华吉金"的活动，我们知道了青铜器所承载的不仅仅是器物本身，它铸出的是泱泱华夏的璀璨文明，我们应该留住中华文化之根，让它世代相传！

【设计意图】

以学生的思考来启发学生，师生共同升华提炼"阅历课程——中华文化寻根之旅"的意义，推进情感态度价值观目标的实施。

三、小结

师生共同回顾"阅历课程"全过程，总结归纳历史学科博物馆实践学习的基

参观前	参观中	参观后
探究问题1 青铜器物命名方法		
探究问题2 青铜器物中承载哪些历史信息		
探究问题3 青铜器物具有哪些艺术、文化价值		
探究问题4 青铜器在当代的作用		

参观前	参观中	参观后
关注展品本身		
获取展品历史信息，思考历史价值		
思考展品是否还有其他价值（文学、艺术）		
将该展品与现实生活相联系		

本方法。

【设计意图】从宝鸡青铜器博物院参观学习推广到历史学科的博物馆实践学习，形成一定的历史学科实践活动的学习方法路径。

四、课后延伸

1.请补充和完善自己的学习单。2.走进博物馆。利用我校"12.31 走进博物馆"活动，走进国家博物馆、首都博物馆，对其中的青铜器做进一步研究。

评价量规：北京中学"阅历课程"研究性学习评价表。

评价方式：组内自评、组间互评、教师评价。

北京中学"阅历课程"研究性学习评价表

评价内容		评价主体	A（能做到）	B（基本做到）	C（部分做到）	D（基本做不到）
进入博物馆前	能够提出问题；针对提出的研究问题能够主动查阅资料并与组内的同学分享；能够在组内承担任务	自评				
		互评				
		师评				
博物馆参观过程中	在活动中善于合作、主动参与、有协作精神	自评				
		互评				
		师评				
	能够结合参观中的收获，解决提出的研究问题或者产生有价值的新问题	自评				
		互评				
		师评				
	能够表达自己研究出的观点并能和同伴进行积极探讨、辩论	自评				
		互评				
		师评				

续表

评价内容		评价主体	A（能做到）	B（基本做到）	C（部分做到）	D（基本做不到）
参观后，研究性学习成果展示汇报	对探究的问题能够初步形成明确、较为全面的观点，并能在组内达成一致	自评				
		互评				
		师评				
	汇报成果（PPT 文稿、书画作品等），要具有原创性，并且展示成果基本能做到史论结合，逻辑清晰	自评				
		组评				
		师评				
综合评价		本次博物馆实践探究学习过程中我表现最出色的是：				
下次历史学科实践探究活动中我将会在哪些地方改进：						

注：学生五星评价是我校"阅历课程"评价环节的一个重要内容，本表不仅可用来评价"阅历课程"的学生成果，也可用于义务教育学生综合实践活动考评参评。

五、教学反思

1. 本课是基于到宝鸡青铜器博物院实地参观的一节学科内的综合实践课。在这节课中实现了我校的校本课程"阅历课程"与国家课程初中历史课程的衔接，通过学生走进历史类博物馆、走进历史遗址现场、走近考古专家等历史学科实践活动，有机渗透并获得丰富鲜活的学习资源，拓宽了学生历史学习的视野。

2. 从本节课中学生探究成果的展示环节我们看到了学生自主学习、合作探究的热情及成果的质量，学生的研究视角已经从预设的青铜器本身发展到研究青铜器背后所承载的政治、经济、文化与艺术等多个领域，是跨学科综合实践学习的集中体现。

3. 本课以探索青铜器知识为内容，以解决参观实践中的实际问题为目的，引发学生对以青铜文明为代表的中国传统文化的兴趣，能够在"中华文化寻根"过程中传承和弘扬优秀中华传统文化。通过学生的展示，我们看到了学生们对传统文化的认同，以及保护和发扬中华传统文化的信心与决心。

4. 在本节专题探究学习过程中，通过"进入宝鸡青铜器博物院前的检索、了解→宝鸡青铜器博物院实地考察、参观、记录→宝鸡青铜器博物院参观后新问题的提出→针对参观中生成新问题的进一步研习、探究→教师引领、师生合作解决参观中生成的问题→师生互动生成历史类博物馆实践学习的基本方法、路径"全过程，学生将综合实践活动与历史学习有机结合起来。

5. 本节历史学科综合实践活动课，学生进入博物馆参观记录展品，即"做中读史"；以研究性学习的方式展开专题研究，即"做中研史"；并且学生关注到历史与现实生活的联系，体悟中华传统文化的博大精深，即"做中悟史"；最终达到对中华传统文化的自觉认同与传承弘扬，即"做中传史"。"阅历课程"的全过程让学生可以体会走出历史课堂学历史的教学方式的变化，从专题研究到综合素质提升的过程。通过在历史实践学习的"读、研、悟、传"，真正做到了"做中学史"。

[课后点评]

北京市特级教师姚岚：北京中学历史教师王良《寻根关中后土，重识中华吉金》的教学设计，主题鲜明，独特新颖，立意深刻。该设计具有如下特点：

第一，从课程建设的角度来看，体现了校本课程与国家课程的有机衔接。该课是基于学生在陕西宝鸡青铜器博物院的实地考察活动而形成的一节综合探究实践课，也是北京中学校本课程即"阅历课程"系列学习活动的体现。它实现了对初中历史学习内容的延伸，实现了课堂学习与校外阅历的结合，实现了历史学科与多学科的跨越，也是专家引领、师生共创的综合实践活动的成功尝试。

第二，从学习方式的角度来看，体现了自主学习、实地考察、合作探究、问题解决的学习过程。学生学习的环节包括：行前对宝鸡青铜器博物院的检索和"活动学习单"的填写→实地考察宝鸡青铜器博物院及参观过程中的追踪记录→参观宝鸡青铜器博物院中及参观后对新问题的思考和提出→师生共同探讨和解决实地考察后生成的新问题→对行前"活动学习单"的再学习和再思考。上述学习环节的设计与呈现，既体现了学生从兴趣到质疑、从感性到理性、从被动到主动的层层攀升的变化过程，更体现了学生们自主学习、合作探究、解决问题的学习潜能和创造能力，同时在教师引领和师生合作中，逐步摸索出历史博物馆类综合实践学习的基本方法和主要途径。

第三，从学习资源的角度来看，体现了多种学习资源的有机整合与恰当运用。在教学设计和实施中，学生"活动学习单"、宝鸡青铜器博物院资料、考古专家讲座、历史教材、学生书法作品、校训及相关社会资源相继呈现。这些丰富鲜活的学习资源，拓宽了历史学习的视野；这些多元共建的学习资源，促进了校本课程的完善。

第四，从学习价值的角度来看，体现了育人价值和综合素养的提升。该课以探索青铜器知识为内容，以解决综合实践活动中的实际问题为目的，激发学生对以青铜文明为代表的中国传统文化的兴趣，力求在"寻根"过程中传承和弘扬优秀中华传统文化。从教学设计和实施中，学生的学习视角已不再停留在预设的青铜器本身知识层面上，而是发展到研究青铜器背后所承载的政治、经济、文化与艺术等多个领域，甚至延伸到当今的社会生活和本校的学习实际。通过深入的探究和思考，学生们对中华优秀传统文化有了认同感，祖国历史文化的博大精深激发了学生弘扬中华民族优秀传统文化的信心和保护历史文化遗产的决心。在学习的各环节中，是师生间相互激励、感染、沟通、升华的过程，是师生共同感受青铜文明——中华文明和共同汲取文明智慧的过程，也是学生综合人文素养不断提升的过程。与此同时，也更让人们理解了本课题——《寻根关中后土，重识中华吉金》的深刻内涵。

第五，从综合实践的角度来看，体现了"阅历课程"的"做中学史"的理念。该课通过学生走进历史博物馆、走进历史遗址现场、走近考古专家等综合实践活动，做到了：学生进入博物馆参观记录展品，即"做中读史"；学生以研究性学习的方式展开专题研究，即"做中研史"；学生关注历史与现实生活的联系并体悟中华传统文化的博大精深，即"做中悟史"；学生最终达到对中华传统文化的自觉认同与传承弘扬，即"做中传史"。该课的设计和实施，是历史学习中的教与学方式的改变，是在历史实践学习中的"读、研、悟、传"，我们切实感受到：这是真正的"做中学史"。

作者简介

王良：

历史一级教师，朝阳区优秀青年教师。多次参加市区级教学基本功、教学设计比赛并获奖。工作中始终秉承"以提升学生的历史素养为核心，以陶冶学生的人文情怀为目的"的教学理念，开展历史教学工作并取得了一定成效。

青藏地区　青藏之美

——这个春天约起来

◎王　娟

一、教学目标

第一，通过自主阅读，小组合作，设计不同的旅行路线，认识青藏地区独特的自然景观和人文景观形成的地理原因，加深对青藏海拔高和气候寒特点的认识。感受青藏地区内部的地理差异和生产生活的差异。

第二，三个小组共同设计旅行路线，在设计路线的过程中锻炼学生地理分析与综合、地理空间思维等能力，提升对青藏地区地理环境的审美情趣。

二、教学重难点

认识青藏地区独特的自然景观和人文景观形成的地理原因，加深对青藏海拔高和气候寒特点的认识。

三、教学方式和手段

小组合作学习，自主学习，iPad 教学。

四、教学过程

环节	教师活动	学生活动	设计意图
导入	你看到什么不同？想到什么？原因是什么？ 通过现象归纳出原因：空气稀薄、辐射强烈，学生皮肤红色——高原红。 提问：回忆一下上节课学习的内容，青藏地区自然环境和人文环境还有哪些特点？ 总结：世界海拔最高的高原，高寒、多冰川湖泊、日照充足、日较差大、高山高原气候等。农业：高寒牧区，河谷农业。	观看图片，思考问题。 学生回答：高原红。	激发学习兴趣。

环节	教师活动	学生活动	设计意图
新授：进藏准备物品	抵达青藏地区非常困难，而且常常会受高原反应之苦。 出示进藏前后对比图。 看完图片你还想去吗？ 这是引自《西藏为何如此迷人》的数据，右边是进藏人数统计，2012年入藏旅游总人数已经达到1000多万人。是什么吸引他们进入呢？我们继续介绍。	思考回答	出发前的物资准备
新授：选择路线	大家以到达拉萨为目标的进藏线路一共几条？ 请一名同学前来指认一下。 三条：青藏、川藏、新藏。不同的线路看到的景观不同，风景不同。 假设在西宁、新疆喀什、四川成都有三辆越野车等着大家，小组讨论选择哪一条路线自驾游进藏。 发放图片。 任务一：小组协商首先选择一条路线（2分钟时间） （学生分三组，一组7人，一组7人，一组6人）。 任务二：自主阅读电子书，小组选择哪一条路线，就选择哪一条路线的内容（4分钟时间）。	学生分成三组，选择进藏路线。	
新授：小组活动	任务： 1.根据选定路线的景观特色，为自己的"青藏之旅"起个名字。 2.每条路线推荐3个景点，运用地理的视角说明推荐原因。 （由于仅仅能推荐三个景点，所以小组一定要协商推选出最精彩的三个景点） 3.将选定的旅行路线及推荐景点画在A4纸上，并在旁边写出推荐原因，展示（投屏）并讲解。 4.全班投票，选出获得大家支持最多的，讲得最精彩的一条路线。 选择出最打动你、最吸引你的路线，这就成为我们获胜的路线。 准备时间：6分钟　展示时间：4—5分钟 答疑环节（若有时间可进行） 投票环节：本组成员不能投本组路线。	学生观看电子书，完成任务。 （学生活动时，深入到各组，指导小组分工，指导学生做出选择，推荐最精彩最值得看的景点）	设计小组活动，学生积极参与。

续表

环节	教师活动	学生活动	设计意图
总结	选择出最佳路线。通过本节课学习——你得到了什么？ 学生回答： 青藏地区是地球上最接近太阳的地方，生命在这里生长旺盛。这里是山的顶点，水的源头，生命的和谐家园，所以我们说，西藏是眼睛的天堂。 本节课每个小组只是看了一条路线上的景观，下课之后同学们可以再阅读其他路线的景观，补充我们推选出来的，将它设计得更加丰富完整。 请同学们记住自己最终选定的路线，并且记忆下来，等到未来的某天期待全班同学聚起来，将计划付诸实践，一起享受青藏的绝世美景。	总结，让学生充满想去的冲动和幻想。	

五、教学反思

2015 年，我参加北师大与北京中学举办的"师生关系构建"项目，作为新教师并为项目组执教了一节研究课——《青藏之美——这个春天起来》。

本节课学生使用 iPad 进行电子教材的自主阅读，在问题探索中采用小组合作方式进行了研究性学习，并进行具有体验特点的进藏旅行路线展示和方案设计。学生自主学习、小组合作学习等方式及解决问题式的讨论，使学生获得了积极的情感体验，丰富了学生对青藏地区地理环境和风俗人情的审美认识。

从课堂效果来看，学生的参与度很高，兴趣也很浓厚。但是老师在课堂中过多地表现出与地理学科教育相关的活动，而在师生关系构建，对学生的引领、关怀、欣赏、宽容等方面表现得不充分，在教师自身情感人文素质方面可能还需要进一步的丰富和成长。

短短的 40 分钟授课，却有长达两个小时的点评，专家、老师们从各个方面对我的课堂进行了细致精准的点评，小到课堂过渡句、对学生的点评、课堂问题处理、教师指导支撑性语言，大到课堂整体教授结构、课堂环节的处理。朱小蔓、陈建雄等专家更是站在情感表达研究的视角，站在教育的视角，甚至站在东西方教育文化的角度思考点评，思考我的课堂教学。我很幸运，工作伊始就得到这么多专业的指导和帮助，最重要的是给予我足够的信任与宽容。在我看来，新教师是我的一个标签，自己有很多不成熟的地方，但是专家们千方百计地帮助我成功，体贴包容我，满满地给的都是正能量。我相信自己的专业成长还有更长的路要走。在此，我由衷地感谢他们对我的点评指导。

不同的思维碰撞，让我深刻地意识到需要研究我的课堂。课堂是研究永恒的实验室，我要从自己日复一日的教学实践中，在性格各异的学生中，思考如何去进行地理教育，如何进行社会教育，如何提高自己的情感素养及能力，如何凝练情感教育课堂教学的特质。尤其关注自己的情感人文素养和能力，在课堂教学关系的建构中，实现我自己的教学理念和方法，让学生愉快、乐观、自信、阳光地学习和成长。只要我扎根于生动的课堂，进行具体的行动研究，在研究的过程中反思，最后反过来指导自己的课堂教学，改善实践，就获得了专业的成长和教师的价值体验。

总之，教师的专业成长必须要迈进自主研究的门槛，而研究就应该在讲堂上，在自己可爱的学生身上，在日复一日的教学实践和课堂中。思考实践研究才能充分地实践自己的教育理念，才能实现自己的地理教育梦。

[课后点评]

北京市特级教师张树宏：本节课在了解了前面一节所讲的青藏地区自然特点的基础上，进一步加大信息量，引导学生自主阅读电子书，从更广阔的视角认识青藏地区的自然、人文特征。在此基础上，以小组合作的形式，选择设计自己喜欢的旅游路线。本节课无论是从信息技术的使用还是学生学习方式的变革，都令人耳目一新。其亮点表现在以下几个方面：首先，以选择进藏旅游路线为主线，将地理知识与生活中的旅游活动紧密结合在一起，引导学生学习对生活有用的地理，激发了学生的学习兴趣，有助于学生感受地理学科的魅力。其次，信息技术的有效使用极大地提高了课堂效率，优化了教学效果。文、图、声、像并具的电子书一方面培养学生对地理环境的审美情趣，拓展学生的学习空间；另一方面，学生在阅读、比较、选择、归纳的过程中锻炼了信息处理能力，强化了创新意识，实践能力得到了提高。再次，自主阅读、小组合作交流、个性化设计展示等多样化的学习方式有助于学生学会学习，学会共处，提高表达交流能力。

在小组合作学习过程中教师的引导作用可以加强。如三个小组在路线选择过程中关注的更多的是自然因素，而对于青藏高原浓厚的宗教色彩、人文地理的知识关注不够，教师对此应适当引导，体现地理文化对生活的影响，引导学生以更全面的地理视角欣赏旅游资源。

作者简介

王娟：

地理学科一级教师，北京师范大学自然地理专业硕士。承担多节区级以上研究课，开发的课程资源获得首都原创资源评选一等奖。指导学生开展研究性学习在金鹏科技论坛、创新型学习成果评比中获奖。参研多项市区级课题研究，撰写并公开发表多篇论文。

学科特色活动

北京从这里开始

—— 探访北京人，寻根北京城

◎王 良

一、基地环境分析

1. 基地资源情况分析

周口店遗址位于北京城西南房山区周口店镇，是中国著名的出土古人类化石、文化遗物和古动物化石的史前遗址。这里曾生活着距今 70 万年至 20 万年的"北京人"、距今 20 万至 10 万年左右的早期智人"新洞人"、距今 4.2 万至 3.85 万年的"田园洞人"、距今 3 万年左右的"山顶洞人"。这里是北京境内发现有人类活动的最早遗址，在这里可以"探访北京人"。

西周燕都遗址博物馆位于房山区琉璃河镇董家林村。博物馆建于商周遗址的墓葬区，在这里能领略迄今为止北京地区最早建立的城市遗址的历史面貌，了解北京这座古老名城的变迁，由此可以"寻根北京城"。

2. 基地资源与学习内容的关系

《义务教育初中历史课程标准（2011 年版）》中涉及上古人类文明、先秦时代政治文明的内容分别有"知道北京人的特征，了解北京人发现的意义。知道化石是研究人类起源的主要证据"和"知道夏朝的建立标志着国家的产生,知道夏、商、周三代的更替,了解西周的分封制及其作用"。不难看出,作为北京的学生,在学习以上内容时,可结合周口店北京人遗址博物馆和西周燕都遗址博物馆基地资源,真切地感受生活在北京境内的最早先民"北京人"的足迹、北京境内最早的都城的风貌,能了解有关石器时代人们生产生活的状况、西周分封制的相关知识。通过观展(看)、听讲解员讲解(听)、动手考古体验(做)等形式全面体会"寻中华文明之根"的真谛。

二、活动准备阶段

1. 教师讲解有关北京人与山顶洞人的背景知识

结合历史教材《我们的远古祖先》中的内容,对石器时代的远古人类进行简单讲解,包括生活的年代、地理环境等。

2. 对学生进行参观前的主题分组

结合周口店北京人遗址博物馆展览特点,布置四个主题供学生思考并依据学生兴趣进行分组:北京人与山顶洞人头盖骨特征分析;比较北京人与山顶洞人在生产生活方式上的区别;描述或展示北京人或山顶洞人的一天;试说明远古时期生产工具的制造与使用。

3. 教师讲解有关西周分封制的背景知识

结合历史教材《夏商周的时代更替》中的内容,对西周分封制的相关内容进行讲解,如分封的定义、分封的对象、分封制的影响等。

4. 指导学生进行主题选定和分组

结合西周燕都遗址博物馆展览特点进行主题选定和分组:馆内典型器物记录与背后的历史故事;典型出土器物(展陈)印证下的西周礼制社会。

设计意图:让学生在实地参观考察学习过程前对所参观的博物馆展品有大概的时代背景知识,并能够在相应主题的引导下聚焦历史问题,让实践学习主题更为鲜明。

5. 教师强调参观注意事项

(1) 安全教育:学生人身、财产安全;展品文物安全;保持参观秩序。
(2) 基本提醒:相机、iPad 等随身记录工具要妥善保管。

三、活动实施阶段

1. 教学目标

(1) 通过行前学习与实地考察,知道北京人与山顶洞人的基本特点及其被发现的史实;了解西周燕都遗址的发现对印证西周分封制的重要作用。
(2) 通过参观前对背景知识的学习、参观中对展品的记录、参观后对实地考察所得的梳理提升，初步掌握遗址博物馆学习的基本方法。

（3）通过周口店北京人遗址博物馆、西周燕都遗址博物馆的学习，逐渐认同历史文物、遗址遗迹对中华文明传承的重要作用，热爱中华传统文化的同时传承和发扬、保护中华文化之根。

2. 教学重点、难点

重点：典型出土文物（展陈）背后的历史信息的记录与提取。

难点：历史遗址遗迹、博物馆学习的基本方法。

3. 主要过程设计

（1）"探访北京人"。

【教师活动】（进入遗址博物馆前，大巴车上）回顾行前关于远古人类的基本知识：北京人与山顶洞人出现的时间、活动地点、生产生活方式等。同时进行进馆前安全教育。

【学生活动】温习课堂、教材历史知识。

【设计意图】便于学生进入博物馆学习情境，衔接课堂学习与实地参观考察学习过程。对博物馆参观安全、文明公约等再次强调。

步骤 1：听一听。

【教师活动】组织学生进入周口店北京人遗址博物馆，聆听馆内讲解员对展品的讲解，提醒学生对展品及讲解内容进行记录。

【学生活动】认真聆听讲解、对重点展品进行照相、文字记录。

【设计意图】听讲解的过程是博物馆学习的重要环节，通过听讲解配合看展品获得在课堂中所没有的真实的学习体验和感受。

步骤 2：记一记。

【教师活动】提醒学生对讲解中的重要文物展品进行拍照，便于后期整理使用。

【学生活动】认真聆听讲解的同时对重点展品进行照相、文字记录。

【设计意图】通过听讲解、做记录，听觉、视觉结合共同帮助学生加深馆内学习的收获。

步骤 3：找一找。

【教师活动】提醒学生根据参观前的学习以及现场讲解员的讲解，找到研究主题中所需的重要展品，并进行记录和思考研究。

【学生活动】根据参观前的研究主题分组，找到为自己研究提供支撑的展品实物资料，并进行拍照和文字记录。

【设计意图】通过听讲解、做记录，逐渐锁定与自己研究主题相关的实物材料，寻找的过程就是历史材料择选的过程，也是学生思考的过程。

图2 记录北京人头像复原模型，方便开展研究

图1 学生找到重要展品——北京人头盖骨化石模型

步骤4：想一想。

【教师活动】观察和记录学生在观展过程中产生的疑问，适当进行答疑与讲解，帮助学生勾连课内所学知识，充分利用博物馆展陈资源。

【学生活动】根据参观前的研究主题分组，找到为自己研究提供支撑的展品实物资料，分组进行研究和讨论，对重要展品背后的历史信息做出合理的解释。

【设计意图】通过对与本组研究主题相关的实物材料的研究、讨论，形成学生之间的互动，结合讲解员的讲解和教师的答疑，逐步解决探究问题，体会问题解决的多种途径和问题解决的全过程，并带着问题从博物馆走进遗址，从历史遗址上继续考察探寻。

步骤5：看一看。

【教师活动】组织学生到北京人头盖骨发现地遗址进行实地探访，提醒学生关注北京人生存环境，注意古今气候变化。

图3 观展中，学生拍照记录，探究问题

【学生活动】将博物馆中看到的展品与历史遗迹进行比对，将博物馆中生成的未能解决的问题在遗迹考察中结合地理环境特点进一步思考。

【设计意图】通过走进北京人历史遗迹，实地考察北京人当时的生存环境，

对之前生成的问题假设再进行实地验证。

步骤 6：试一试。

【教师活动】组织学生利用博物馆中的虚拟互动设备，体验北京人的渔猎生产生活。

图 4　学生利用博物馆中的虚拟互动设备，体验北京人的渔猎生产生活

【学生活动】将博物馆虚拟设备中北京人的采集渔猎，与研究主题"北京人的一天"进行对比验证，并思考与组内合作探究的结果是否存在差异，哪些方面存在差异，以及存在差异的原因。

【设计意图】利用博物馆电子互动设备，为学生提供智力支撑，帮助学生对远古人类的生产生活进行合理想象，并通过实际操作，增加学生对相关问题的实际感受。

步骤 7：探一探。

【教师活动】组织学生利用博物馆中的模拟考古发掘场地，体验旧石器考古、北京人头盖骨的发掘过程。指导学生旧石器考古发掘的注意事项与基本方法。

【学生活动】通过模拟发掘，理解北京人头盖骨发掘出土过程的不易，以及北京人头盖骨的发现对中华文明传承的重要作用。

【设计意图】通过实地发掘体验，学生对考古科学有所体验，能够理解北京人头盖骨发现的不易，体会北京人头盖骨对于中华文明传承的重要作用，从而更加关注热爱中华传统文明，弘扬中华传统文化。

图 5　学生实地发掘体验

步骤 8：摸一摸。

【教师活动】组织学生到北京人遗址——鸽子堂中感受古人类的生存环境，进入洞内亲手触碰洞的内壁，感受北京猿人的生存环境。

【学生活动】进入洞内体验北京猿人的实际生存环境，加深对洞穴居住环境的感受。

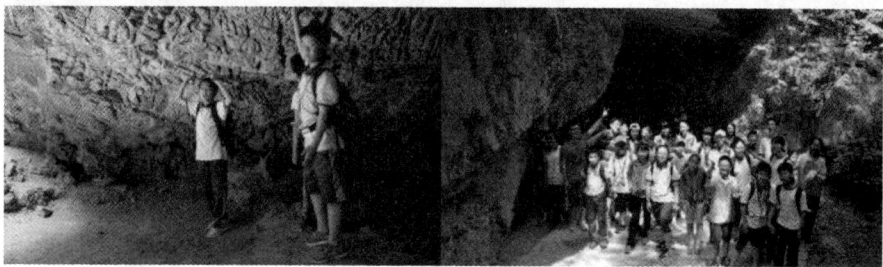

图 6　学生在鸽子堂中体验

【设计意图】通过对洞穴生活的猿人生活环境的触碰，了解猿人当时的实际情况与条件，进一步理解远古祖先的生活环境，以便于完成对相关主题的研究学习。

（2）"寻根北京城"。

【教师活动】组织学生到西周燕都遗址博物馆和西周燕都城墙遗址进行参观考察学习。

【学生活动】至少记录一件自己感兴趣的展品，说明其历史价值。

【设计意图】通过对西周燕都遗址博物馆的参观实践学习，以及对西周燕都城墙的实地探查，从文物角度印证最早建都的西周都城——燕都的历史，并从燕都城墙感受历史变迁的沧桑，激发学生对悠久中华文明的热爱。

图 7　学生在西周燕都遗址博物馆

步骤 1: 结合展板回顾西周历史背景。

【教师活动】组织学生结合博物馆西周分封地图资料, 回顾讲解西周历史背景知识。

【学生活动】聆听回顾记录。

【设计意图】通过对西周分封制地图的讲解, 对接课堂历史知识与博物馆实地学习, 为进一步进入博物馆学习情境奠定基础。

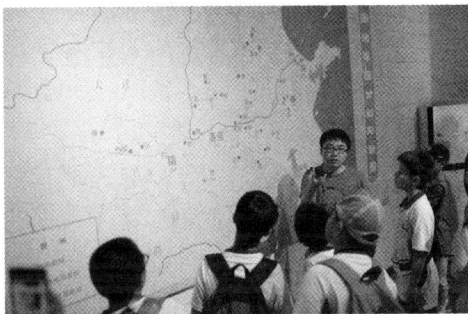

图 8　学生聆听老师的讲解

步骤 2: 结合实物展陈资料, 教师集中讲解。

【教师活动】组织学生对馆内的展陈主题进行讲解, 特别是从展陈器物角度给学生解说。

【学生活动】听教师讲解, 思考博物馆展品与博物馆主题"鼎天鬲地"的关联。

【设计意图】从器物传达的历史信息与博物馆主题"鼎天鬲地"的角度, 深入思考这些典型器物展品如何体现这一主题, 提升学生在博物馆实践学习的价值。

步骤 3: 西周燕都遗址博物馆展品记录大比拼。

【教师活动】组织学生结合自己的研究兴趣, 在馆内自主参观记录。

【学生活动】自主参观、记录, 小组合作思考探究。各组汇报记录的展品, 汇报各自展品背后的信息, 组间分享交流。

【设计意图】为学生个性发展提供支持, 让学生结合自己的研究兴趣进行自由参观学习, 便于教师关注学生的个性需求, 提供个性帮助。

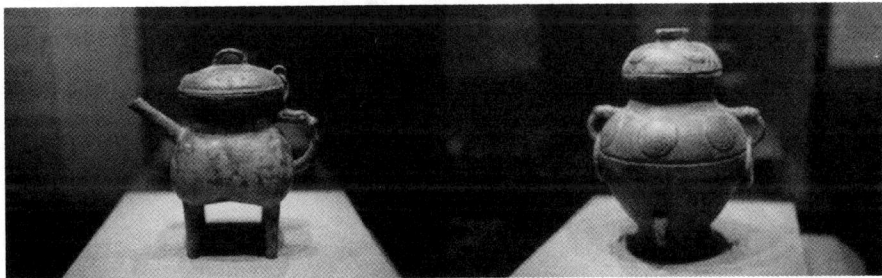

图 9　学生自主合作找到的能够印证西周北京 (燕都) 建城史的重要物证——克盉、克罍

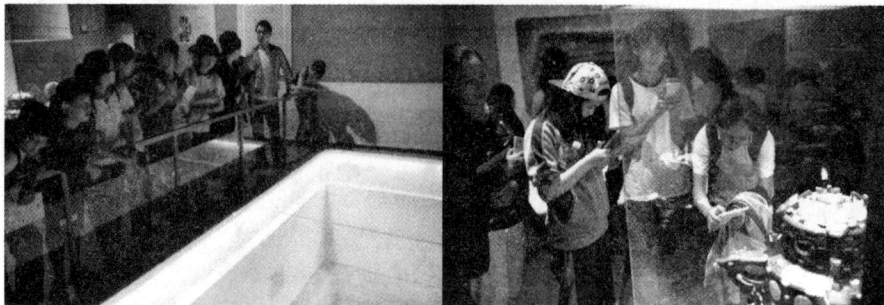

图 10　学生根据自身研究主题，对展品进行记录、讨论与探究

步骤 4: 汇总所有展品记录，研讨文物背后的历史，共同寻根"北京城"。

【教师活动】组织学生探讨自主记录的展品及其背后的历史信息，同时实地探查西周燕都城墙遗址。

【学生活动】分享、交流、合作、思考、践行。

【设计意图】从学生自主分享交流合作的成果中，引领学生体会本次活动的主题"寻根北京城"。实地感受西周燕都古城墙的沧桑，升华博物馆实践学习价值。

图 11　古城墙上实地学习

四、教学效果评价量表

评价量规——北京中学博物馆综合实践活动评价表。

评价方式：组内自评、组间互评、教师评价。

北京中学博物馆综合实践活动评价表

	评价内容	评价主体	能做到	基本做到	部分做到	基本做不到
参观前	能够提出问题；针对提出的研究问题能够主动查阅资料并与组内同学分享；能够在组内承担任务	自评				
		互评				
		师评				

续表

评价内容		评价主体	能做到	基本做到	部分做到	基本做不到
参观中	活动中善于合作、主动参与、有协作精神	自评				
		互评				
		师评				
	能够结合参观中的收获解决提出的研究问题或者产生有价值的新问题	自评				
		互评				
		师评				
	能够表达自己研究出的观点，并能和同伴进行积极探讨、辩论	自评				
		互评				
		师评				
参观后	对探究的问题能够初步形成明确的、较为全面的观点，并能在组内达成一致	自评				
		互评				
		师评				
参观后	汇报成果（PPT文稿、书画作品等）要具有原创性，并且展示成果基本能做到史论结合，逻辑清晰	自评				
		组评				
		师评				
综合评价：			本次博物馆综合实践探究学习过程中我表现最出色的是：			
			下次综合实践探究活动中我将会在哪些地方改进：			

五、附录：教师成果、学生成果、家长反馈

1.总结

教师在指导学生活动完成后，及时总结，形成北京中学考古文博社团微信公众号"良师益友聊文博"，总结学习成果、生成教学资源。

图12　北京中学考古社官方微信公众号"良师益友聊文博"二维码

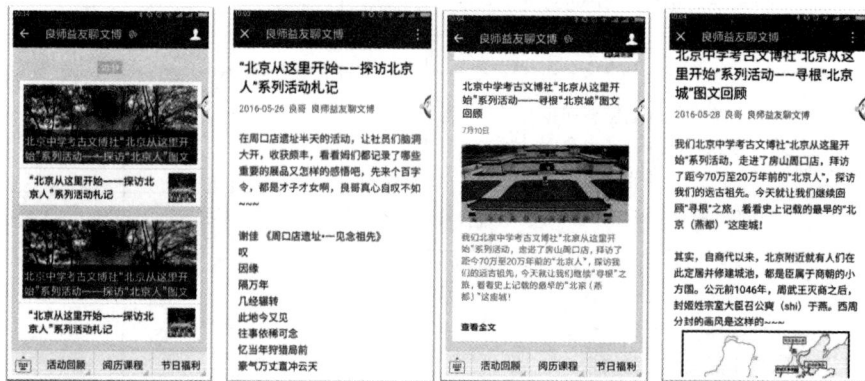

图13　微信公众号对此次活动内容报道截图

2.学生在参观后的生成性资源

文物通古今
——记"北京从这里开始，寻根北京城"活动有感

◎郑荔文

　　一件文物，就是一段历史，一个故事。每当我隔着玻璃窗在灯光下凝望它们时，总觉得是在和一个老朋友隔着百年、千年重遇。这次，当我和同学们跟随学校考古文博社的脚步来到西周燕都遗址博物馆时，那西周时期的大小器物，如酒器、水器、食器等，从我眼前一一掠过，一件文物吸引了我，那就是伯矩鬲。

　　这件伯矩鬲是1974年出土于北京琉璃河的。它的造型十分特别，有着折沿方唇、直颈袋足，颈部饰有龙纹，足作牛首形，盖为饰二相背的牛首，角翘起，两个钮作立体牛头。鬲，古代汉族用于煮饭的炊器，有陶制鬲和青铜鬲之分。青

铜鬲最初是依照新石器时代已有的陶鬲制成的。其形状一般为侈口，且有三个中空的足，便于炊煮加热。

图14 伯矩鬲

而伯矩鬲属于青铜鬲，主要流行于商代至春秋时期。在它的内壁和盖上分别刻有15个字，其意思即为"才戊辰匽侯赐伯矩贝用作父乙宝尊彝"。铭文翻译后的大意为：在戊辰的时候，燕侯赐给了贵族伯矩一笔钱，伯矩用这笔钱铸造了这件铜器，以此表示对其父亲的纪念。这就点出了伯矩鬲这件器物的意义，它是伯矩为表达对父亲的思念而铸造的。说起为纪念亲人而铸造的青铜器，不由得让我想到后母戊鼎。它是商王武丁的两个儿子祖庚或祖甲为祭祀其母亲妇妌而制的。这些器物都表达了铸造者的孝心，可见，无论地处南北，中国的礼仪制度一直都存在。也许这份孝心也标志着我国儒家思想的前身。同时，这里出土的大量文物也标志着北京历史的开始，为人们研究西周时期的北京起了重大作用。

我曾经以为西周属于我国历史的早期，大概文物并不会太过精致。不过经过这一次的参观，我发现了自己见识之浅，也不由为当时的工艺而惊叹。青铜的器物，常常有一种时间流逝的历史感和美感。想来那上面的一层铜绿，必定就是默默见证了三千年的时光流逝，朝代更替。上面的铭文、纹路，无一不是在诉说着它独一无二的故事。一时间便总有一种感觉，看着上面的沟壑纹路，就不由畅想这是千年历史的长河，畅想这河的每一次波动与翻涌，这波浪更好像是要把我带回那个诸侯纷争不休的岁月之中。

文物通古今。从小到大，每次去博物馆，我都会在每一个展厅站上好久，任大人催了又催也不肯挪步。那些文物好像在用无声的言语描绘着自己的前尘往事。久而久之，我似乎就有了一个萌芽中的向往，希望将来自己也能走向荒野、古墓、城墙，也能走向考古发现之路。这一次来到西周燕都遗址博物馆，看着这许多西周时期的瑰宝，伯矩鬲、戈父甲甗、圉卣、祖丙尊等，每一件都不禁让人为之惊叹。聆听着满腹才华的王老师和北大考古系李博士的讲解，我顿觉在博物馆的时间过得太快，隔着车窗眼巴巴告别那里时，满心的恋恋不舍。

也许，将来某一天我真能实现梦想时，我一定会想到今天，会想到这件伯矩鬲，会想到我们北中考古社团中的每一个讲座、每一次活动，会想到老师指导的身影……我不知道将来是不是真的能够实现这个梦想，但我会朝那个方向努力。期待那一天。

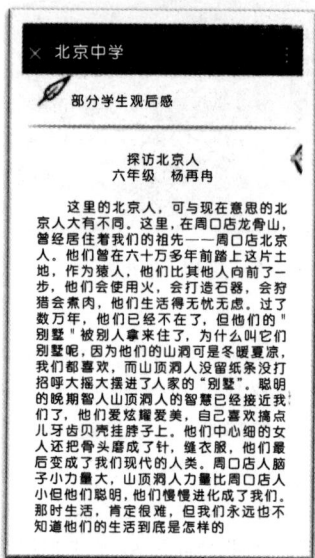

图15 学生在我校官微上发布的参加此次博物馆实践活动的感受

3. 家长参观后反馈

"北京从这里开始

——探访北京人，寻根北京城"随行有感

◎北京中学 翟与宁家长

周末早上的阳光温暖和煦，包裹着我们每一个人，身体是温热的，心也是温柔的，很庆幸自己能有机会和北中考古社一起去参观周口店北京猿人遗址及西周燕都遗址，还有北京大学考古学博士老师随队讲解。因是第一次去这两个地方，心里自然是充满了期待。

和活泼可爱的同学、温文尔雅的老师同乘一辆车，伴随着博士老师的讲解，车程似乎很短。我们的第一站——周口店北京猿人遗址很快就到了。它坐落在北京市房山区龙骨山，是世界上材料最丰富、最系统、最有价值的旧石器时代早期人类遗址。在这里，我们先后参观了史料博物馆，模拟体验了考古学家在遗址发掘中的工作过程，以及山顶洞人真实生活过的洞穴。那黑漆漆的岩壁、似乎被打磨过的石头，无一不在述说着几十万年前的过往。有两件展品让我印象深刻，一件是山顶洞人打磨出来的骨针，顶部有很细小的眼，可以穿过细的绳子，用来缝制兽皮；一件是山顶洞人将骨头、贝壳打孔后用绳子串成的装饰品，类似于我们今天戴的项链。我感叹早期的人类就可以做出如此精巧的工具，更惊叹于人类对于美的追求在衣不遮体、食不果腹的远古时代就已经产生。

第二站，我们来到了西周燕都遗址博物馆。据《史记》记载，周武王十一年（前1045）克商封召公于燕。而我们今天的首都北京，是和燕都古城一脉相承的，于是北京建都建城的历史可以上溯到3000多年前的西周燕国。由此，此遗址被称为"北京城的发源地"。术业有专攻，这里绝对是李博士的一方天地。李博士是专门研究夏商周史料的考古学家，他为同学们悉心讲解了展品的历史背景、相似器物的演变过程、纹饰的特征及寓意、陶器青铜器的制作工艺。这种讲解是从博物馆讲解员那里不可能听到的，因为李博士有强大的知识底蕴、专业背景作为支持。翟与宁同学回家后直呼过瘾，相信别的同学一定也是这种感受。

此次活动中，我还作为一个志愿者协助老师的工作。作为旁观者，我观察了老师和同学们的相处方式。北中的老师一定是付出了十二分的爱，收获了同学满满的尊重与信任。王良老师细心准备好所有出行的物品，路上关心着每一个孩子，特别是身体不适的孩子。他幽默得很，又总是故意装出一脸的严肃，就像个大哥哥一样，其实和孩子们早已打成一片，又要时不时拉开些距离。用孩子们的话说：王老师经常会冷幽默，幽默中不失文雅与可爱。

一天的行程很快就结束了，回到学校的家长接待室，坐在沙发上，望着窗外的草坪和那三匹白马雕塑，我想，岁月不老，夕阳正好。

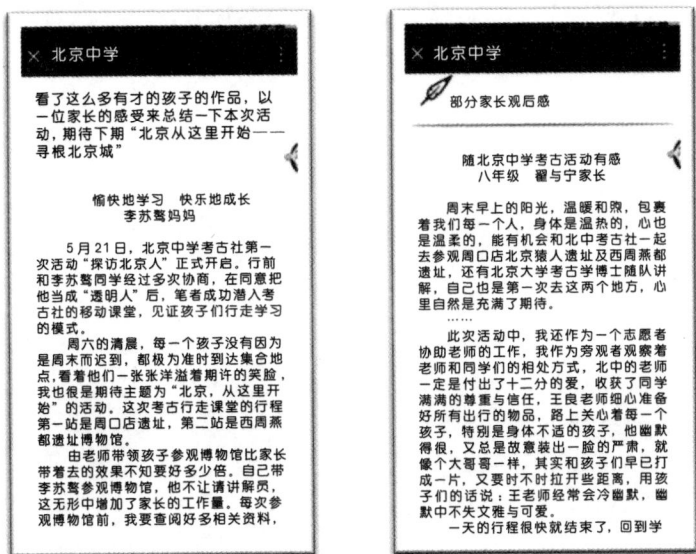

图16-17　部分家长在北京中学官微、良师益友聊文博官微上发的活动反馈

作者简介

王良：

　　历史一级教师，朝阳区优秀青年教师。多次参加市区级教学基本功、教学设计比赛并获奖。工作中始终秉承"以提升学生的历史素养为核心，以陶冶学生的人文情怀为目的"的教学理念，开展历史教学工作并取得了一定成效。

"寻找泰山成为双遗的证据"结题报告

课题组组长：七年级　周星羽
课题组成员：七年级　吕婧彤
　　　　　　六年级　高子颖
　　　　　　六年级　韩昕桦
指 导 教 师：王　娟

　　摘　要：联合国规定，一处遗产需要满足评审标准中十个条件之一方可被录入世界遗产。提名的遗产必须具有"突出的普世价值"以及至少满足十项基准之一。十项中 1 至 6 项是判断文化遗产的基准，7 至 10 项是判断自然遗产的基准。在十条双遗标准中，泰山满足的条件竟有七条之多！我们这次泰山之行就是通过观察记录、参观考察、采访游客等，寻找泰山满足的标准及其证据者，以期更好地保护世界遗产——泰山。

　　关键词：泰山；双遗产；证据

一、研究背景

　　截至 2014 年 6 月举行的第 38 届世界遗产年会，世界上共有世界遗产 1007 项，其中文化遗产 779 项，自然遗产 197 项，文化与自然双重遗产 31 项。而泰山正是这少有的"双遗"之一。我们小组想用这次齐鲁之行的机会，结合文献资料，实地考察，寻找泰山成为世界双重遗产的证据。虽然我国国土辽阔，但存有的世界遗产只有 46 处。在欧洲，仅意大利就已有 45 处。或许，我们可以结合我们分析出的资料，推测中国还存在哪些世界双重遗产，以发动更多的人去参与对世界遗产的保护工作。

二、研究的目的和意义

　　以泰山成为"双遗"的证据为主线进行深度考察研究，同时发现和了解其他可能成为"双遗"或已经成为"双遗"的景点，让同学们更进一步地了解成为"双遗"的标准以及泰山给人们留下的宝贵遗产，让大家对"双遗"更加重视，凝聚大家的力量，一起保护泰山。

三、研究的主要内容

第一，上网搜索关于泰山和"双遗"的资料。

第二，登上泰山实地观察与搜集关于泰山成为"双遗"的证据，拍照片并做观察笔记。

第三，设置调查问题并采访50位路人，然后进行记录（在表格上）并统计，得出泰山在人们心中的印象以及人们对"双遗"的了解。

四、课题研究的主要方法

1. 文献收集
2. 观察记录
3. 调查研究
4. 参观考察
5. 实验探索

五、课题研究过程

10月21日—11月1日开始第一阶段的研究：准备，分工，开题。

11月2日—11月6日开始第二阶段的研究：实施，采访，调查。

11月7日—11月12日开始第三阶段的研究：汇总，整合，筛选。

11月13日—11月14日开始第四阶段的研究：汇报，结题，展示。

第一阶段：写开题申请单，做开题报告，分工查资料，做准备。

第二阶段：11月2日—11月4日，设想可以找到什么证据，上网查一些有关泰山的资料，小组讨论；11月5日—11月6日，小组登上泰山，把四人分成两组，一组采访，一组统计人数与年龄。

第三阶段：把调查统计汇总，总结自己找到的证据，列出证据，筛选资料，做结题PPT。

第四阶段：向老师同学展示自己做出的成果，写结题报告单。

六、主要结论

1. 泰山成为"双遗"的证据

联合国：一处遗产需要满足评审标准中十个条件之一方可被录入世界遗产。

文化遗产评审标准：

（1）代表一种独特的艺术成就，一种创造性的天才杰作。

（2）能在一定时期内或世界某一文化区域内，对建筑艺术、纪念性建筑物艺术、城镇规划或景观设计方面的发展产生大的影响。

（3）能为一种已消失的文明或文化传统提供一种独特的至少是特殊的见证。

（4）可作为一种建筑、建筑群或景观的杰出范例，展示出人类历史上一个（或几个）重要阶段。

（5）可作为传统的人类居住地或使用地的杰出范例，代表一种（或几种）文化，尤其在不可逆转之变化的影响下变得易于损坏。

（6）与具特殊普遍意义的事件、现行传统、思想、信仰或文学艺术作品有直接或实质性的联系。

自然遗产评审标准：

（1）尚存的珍稀或濒危动植物种的栖息地。

（2）独特、稀有或绝妙的自然现象、地貌或具有罕见自然美的地带。

（3）其构成代表进行中的重要地质过程、生物演化过程以及人类与自然环境相互关系的突出例证。

（4）其构成代表地球演化史中重要阶段的突出例证。

提名的遗产必须具有"突出的普世价值"以及至少满足上述十项基准之一。在十条双遗标准中，泰山满足的条件竟有七条之多！

证据1：一种独特的艺术成就，一种有创造性的天才杰作。

寻找结果：泰山石刻。这个在人们心中的地位还是很高的，有重要的历史意义，也为自然风光优美的泰山增添了一笔浓重的文化色彩……可以触手可及，可以高耸入云，也可以出现在峭壁上……这难道不是人类独特的艺术成就和天才杰作吗？古今许多文人墨客在此题字，甚至可以看到2000多年前秦始皇的题字，我们很惊讶它们到现在还清晰可见。历史长河中每一个文明的落脚点在这里都被完整地呈现出来。

图1

证据2：对建筑艺术、纪念性建筑物艺术、城镇规划或景观设计产生过很大影响。

寻找结果：都说"来泰山不能不去十八盘"，泰山十八盘是泰山登山盘路中最险要的一段。此处两山崖壁如削去了一块，陡峭的盘路镶嵌其中，远远望去，恰似天门云梯。而十八盘的石阶奠定了十八盘的险要走势。现在还没有什么山像泰山的十八盘这样壮观。十八盘的建造合理利用了空间，并且使之在任何角度欣赏都会很有气势，也为以后的建筑学、设计学、美学等奠定了基础。古人的这一智慧结晶，也对今后

图2

的景观设计起到了示范作用。我们采访的时候，有不少游客也提到了十八盘，他们都震撼于十八盘的壮美和设计巧妙，与雄伟的泰山完美地融合在一起。在我们爬十八盘的时候，有不少同学也"败"在它的脚下。它的壮美和险峻深深地刻在我们心上，给我们留下了深刻印象。

证据 3：是一种已经消失的文化传统的特殊见证。

寻找结果：中国古代神话传说中，盘古死后，头部化为泰。据《史记集解》所载："天高不可及，于泰山上立封禅而祭之，冀近神灵也。"据中国古代各朝代文献记载，此山是皇帝设坛祭祀祈求国泰民安和举行封禅大典之地。相传远古时代就有 72 位首领来此巡狩祭祀。自秦以来，中国古代有 12 位帝王来此封禅朝拜。传说第一个在此举行大规模封禅仪式的是秦始皇，留下"五大夫松"的传说。汉武帝八登泰山，惊叹"高矣！极矣！大矣！特矣！壮矣！赫矣！骇矣！惑矣！"在泰山封禅祭祀成为中国历史上一种极其隆重的旷世大典，传说凡是异姓而起或功高显德的帝王，天神必将赐予吉祥的"符瑞"，使他有资格到泰山报告成功，答谢受命于天之恩，这便形成泰山大典的传统。"封"是在泰山极顶聚土筑圆坛祭天帝，增泰山之高以表功于天；"禅"是在山下小山丘积土筑方台坛祭地神，增大地之厚以报福广恩厚之情。圆坛方台表示天圆地方。一代帝王若登封泰山即被视为天下太平、国家兴旺的标志，而皇帝本人也就成为名副其实的真龙天子。这一传统如今已不复存在。但位于泰山敕修玉皇顶的祭天圆坛和位于泰山脚岱庙的祭地方台为独一无二的封禅文化提供了证据。还有帝王留下的碑刻，都为后人还原封禅场景提供了很多猜想。

证据 4：景观或建筑的典范，呈现人类历史发展过程。

寻找结果：山于此为最危耸，上即绝顶。它建在飞龙岩与翔凤岭之间的低坳处，双峰夹峙，仿佛天门自开。门为阁楼式建筑，石砌拱形门洞，额题"南天门"。红墙点缀，黄色琉璃瓦盖顶，气势雄伟。门侧有楹联："门辟九霄仰步三天胜迹；阶崇万级俯临千嶂奇观"。这里是十八盘的终点，设计巧妙，颜色对比分明却不俗气，反倒别致。周围的地理环境让南天门成为泰山上恰到好处的点缀。这里客流量多，拍照留念的人也多。据导游讲，这是二郎神居住的地方，南天门以上就是众仙居住之地。这也为南天门赋予了神话色彩。这些神话色彩来源于早期人们的迷信，这也反映了这一历史阶段人类的思想发展过程。

证据 5：证明地质发展过程的一个实例。

寻找结果：泰山就是一个天然形成的地质公园。最著名的花岗岩和片麻岩很古老，在露出地表（泰山形成）前就已经在地下形成了，大约形成于 25 亿年至 27.4 亿年前。在下山过程中，还能看到露出地表的不同年代的花岗岩形成天然岩体侵入关系。花岗岩在泰山随处可见。连我们走的石阶也有花岗岩做成的。它质地紧硬，纹理多变，独特古朴，是驰名中外的优质石材。片麻岩在一路上比较少见，但一出现便是一大片。我们拍下许多照片作为资料。无论多么坚硬的岩石，都会风化瓦解，形成泥土和尘埃。28 亿年的石头如何保存起来？查阅资料后得知，距今 24.5 亿年左右发生了强大的造山运动，古泰山露出了海面；距今六亿年前左右，华北广袤地区大幅度平稳下降，古泰山又沉沦于大海中；大约又经历了一亿多年，整个地区再次抬升为广阔无垠的陆地，古泰山隆起为一个低矮的荒丘；距今二三亿年前，华北地台重又下降，古泰山成了大海中的孤岛；而后又继续上升，古泰山基本上形成了丘陵

图 3

地形。距今约一亿多年前，由于太平洋板块向亚欧大陆板块挤压和俯冲，泰山继续快速抬升。距今六七千万年前，由于喜马拉雅山运动的影响，泰山继续大幅度抬升。至距今约三千万年前的新生代中期，今日泰山的轮廓才基本完成。泰山的形成与板块运动有很大关系。对泰山的研究可以从泰山石入手。泰山石为科学界尤其是地质学界，做出了巨大贡献。

证据 6：人类传统聚落和土地利用，象征一种文化。

寻找结果：土地利用方面和泰山的生物多样性有很大关联。泰山的古树名木，源于自然，历史悠久。据《史记》载："茂林满山，合围高木不知有几。"有高等植物 174 科 645 属 1412 种；低等植物 446 种；共有维管束植物 1136 种，隶属 133 科，550 属，其中野生植物 814 种，栽培植物 322 种。泰山的最高海拔为 1545 米，观鸟地区的主要海拔为 800—1200 米，温度在 0 摄氏度到 10 摄氏度左右，树木多为针叶林，以松、柏、桂树居多。在泰山，因为多为较高且较直的针叶林类树木，所以看到的鸟也多为普通的喜鹊、麻雀和一些不常看到的大山雀、攀雀等（以上数据来自北中观鸟小组，特此鸣谢）。

人类传统聚落方面，一是岱庙。岱庙创建于汉代，至唐时已殿阁辉煌。在宋真宗大举封禅时，又大加拓建，修建天贶殿等，更见规模。其建筑风格采用帝王宫城的式样，周环 1500 余米，庙内各类古建筑有 150 余间。岱庙与北京故宫、山东曲阜三孔、承德避暑山庄和外八庙，并称中国四大古建筑群。很可惜，这次齐鲁之行因为特殊原因，我们没有去。但很显然，它也是古代泰山人类聚落的典范。二是碧霞祠。我们对碧霞祠印象比较深，光听导游讲它老换名字就知道它的历史了。碧霞祠是道教主流全真派圣地，在泰山极顶南侧，于 1009 年初建。原名昭真祠，金代叫昭真观，1488—1505 年改名碧霞灵应宫，又称碧霞灵佑宫，1770 年重修后改作碧霞祠，沿用至今。碧霞元君又叫泰山老母，是北方地区汉族民间最重要的信仰之一，历经上千年，特别是在明朝以后，对于中国北方地区汉族文化产生重大的影响。

证据7：与具特殊普遍意义的事件、现行传统、思想、信仰或文学艺术作品有直接或实质的联系。

寻找结果：在泰山顶，我们举行诗会，歌咏泰山，一览众山小。谁又能知道，谁又能数清，自古以来，泰山雄壮的美震撼了多少文人墨客，从此被写成多少绝世咏叹……不光是古人，现代文学家也写下了许多赞美泰山的壮丽篇章。从唐代诗人杜甫的《望岳》，到现代美学家杨辛的《泰山颂》……泰山那雄壮的美是千百年也说不尽的。

2. 统计访谈部分

（1）客流量统计。

2014.11.05下午和2014.11.06（时间是工作日，不是黄金周，也不是假期），共统计了6个景点，每个景点3分钟，共有243人在统计范围内。其中男性占52%，女性占48%；中、青年占92%，老年占7%，少年占1%。

图4

分析：男女比例基本相等，但大部分人都是青年人或中年人，只有少数老年人，小孩更少。老年人身体不方便，所以来的不多；小孩身体弱，少年都忙于学业，只看见未入学的小孩。

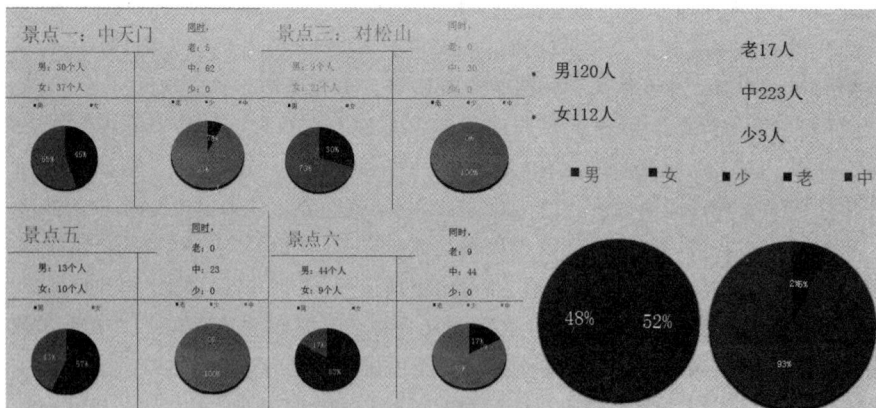

图5

（2）采访。

目的：52% 的人是来观景；

登泰山史：62% 的人是初次攀登；

泰山的独特之处：71% 认为人文积淀雄厚。

简答题：哪些人文自然景观最独特？得到几种答案：

①封禅 C　②松、石 N　③石刻 C　④云海 N

⑤宗教文化 C　⑥五岳独尊 C　⑦十八盘 N

我们的课题进行得很顺利。在泰山时，我们基本都是一边观察，一边采访，并一边爬山的。由于时间原因，并且我们进行采访的结果也只是一个辅助资料，所以第一天我们只采访了 21 个游客。晚上，我们爬到南天门，大家做了统计，第二天下山时我们也做了调查，并进行分析。我认为最大的不足就是没有细致地观察爬山路途中的景观，一直低头爬山。下山时，我们排成一列整齐下山，更加注重观察。这为我们之后的报告也奠定了基础，让我们之后的分析进行得更加顺利。

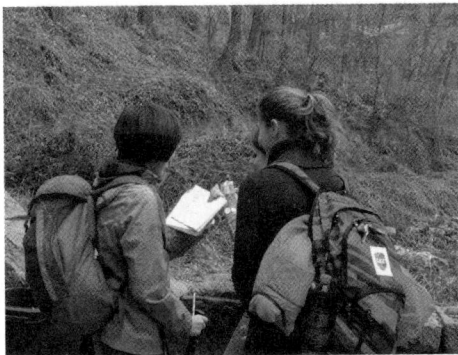

图 6

七、结语

被尊为"五岳之宗"以及中华民族形象和精神象征的泰山，1987 年入选"双遗"。这一成就，为泰山赋予了很大的商业价值。可没想到，这商业价值也对泰山造成了很大的破坏。例如：从 1983 年建成运营的中天门至岱顶的主要索道直插入泰山的心脏，仅一个站，就损坏岩石面积 1.9 万平方米。更何况泰山又加修了三条索道。（不知你在坐索道时，在享受舒适的同时有没有想到这是对泰山的一种破坏？历代皇帝登山的车，也得用莆草裹起来，这不也是变相地破坏泰山的草木吗？）

索道、垃圾和唯利是图的商业活动……人们无时无刻不在对泰山进行破坏，我们寻找泰山成为"双遗"的标准，制作五大看点，不是为了扩大泰山的商业版图，而是让大家把"双遗"泰山看成真正宝贵的遗产，保护好它，让人们意识到，自然留给我们的遗产一旦被破坏，就恢复不了了。我们绝不能让这样令人遗憾的事情发生。

附录：

1. 采访问卷

游客您好，我们是来自北京中学的学生，我们正在做一个关于泰山的调查，希望您可以配合，谢谢！

①您的性别：

A. 男　　　B. 女

②您的年龄：

A.10岁-20岁　　　B.21岁-35岁

C.36岁-50岁　　　D.51岁及以上

③您的职业：

A. 国家公职人员（公务员及事业单位）　　　B. 国企人员

C. 私企人员　　　D. 个体以及自由职业者　　　E. 其他

④您这次来泰山的目的是什么？

A. 观景　　　B. 烧香拜佛　　　C. 攀登锻炼　　　D. 科学考察

⑤您是第几次登泰山？

A. 初次攀登　　　B. 2-3次　　　C. 4-6次　　　D.6次以上

⑥您觉得泰山与其他山有什么区别？

A. 人文祭奠雄厚　　　B. 自然风光优美

⑦您能简单评价一下泰山吗？

答：

2、访谈提纲

①您这次来泰山的目的是什么？

A. 观景　　　B. 烧香拜佛　　　C. 攀登锻炼　　　D. 科学考察

②您是第几次登泰山？

A. 初次攀登　　　B.2-3次　　　C.4-6次　　　D.6次以上

③您觉得泰山与其他山脉有什么区别？

A. 人文祭奠雄厚　　　B. 自然风光优美

④您能简单评价一下泰山吗？

答：

3、组员收获和体会

韩昕桦学习体会

一、查阅资料

在去山东之前，同学们都利用课余时间通过电脑或 iPad 来查询关于泰山和

"双遗"的资料，可是网上的资料十分空泛，大多都是"泰山风景优美"之类的话，无助于资料准备与调查。但老师却为我们查到了有用的资料，所以我们下次再查资料时应该像老师一样利用关键词搜索，并且多查几个网站。

二、开题报告

在火车上，汤校否定了我们的课题，说我们的课题太大。但我们没有气馁，经过小组成员的讨论，我们最终修改了课题，达到了汤校的标准。我认为遇到困难不要气馁，要努力找到解决的办法，才能成功。

三、泰山采访与统计

在泰山时，同学们都很认真地在泰山上做调查。但是我们既要爬山，又要调查，所以时间很紧张。经过讨论，我们把四个人分为两组，一组做采访，一组统计人数及年龄，这样，我们的调查效率就提高了，准确性也提高了。

四、结题报告

回到家，大家都在准备结题报告，我们把大家写的合到一起，思路就清晰了。可我们没有提前准备谁读哪段，一个人说不清楚，另一个人就直接把话筒抢过去了，所以汇报时就显得很乱。并且我们没有把控好时间比例，汇报采访与统计用了太多的时间，导致后面没有时间去详细介绍我们自己找到的证据。我们应该简单地介绍在泰山的统计和采访，重点介绍后面最精彩的部分。

高子颖学习体会

一、开题报告

开题报告的时间很急，我们也没怎么准备，上去后没有说出自己的见解，完全就是读 PPT。面对老师的质疑，只有周星羽回答，其他人基本没怎么说话。因为我们都不怎么了解 PPT，而且对这个课题也没什么了解，毫无头绪，不知从何下手。

改进：我们应该多花时间来读一读 PPT，搜资料，好好了解一下"双遗"是什么。

二、搜集资料

在搜集资料的时候我们又遇到了困难。网上关于泰山的内容都比较空泛，只是形容泰山的美景，也没什么具体的景点。我们搜索了很久，都没有什么具体的资料。因为不了解泰山，所以搜资料时比较盲目，无从下手。

改进：我们在选课题时应该好好阅读电子书，多了解一些关于泰山的知识，就不会只查找出这些泛泛的、没用的资料了。

三、泰山的统计与采访

我们在爬泰山的时候体力太过透支，大脑缺氧，有的时候就忘了采访、统计。统计的时候我们也遇到了麻烦。因为有时候会有一大批人过我们的统计线，我们的眼睛看不过来，手也跟不上，写出来的数据就可能出现很大的误差或者错误。此外，我还有一点儿担心被拒绝，不敢采访。

改进：我们的数据只是一个大概数据，所以不用非得那么精准，不过还是要写实。不要害怕采访，就算被拒绝，我们也努力过了，不用非得一次就成功。

四、结题报告

时间运用不当，前半段的统计占了太多的时间；对 PPT 也不熟，只有周星羽懂 PPT 的内容；对概括部分的内容也不是很熟悉，还超时了三分钟。因为对内容不熟悉，对流程也不熟悉，所以显得有些手忙脚乱。

改进：我们应该多读 PPT，概括前面的统计内容，以节省时间；熟悉一下流程，分成几个部分，每个部分都由谁来介绍。

吕婧彤学习体会

我们的课题开展得十分顺利。在课题准备阶段，我们都积极查找有关课题的资料，可除了老师给的维基百科上有关泰山双遗的资料，我们自己真正找到的，真的少得可怜。所以，我们没有太多的资料可依靠。当时，我就突然意识到，在泰山时我们一定要努力，否则我们根本做不出预计的成果。在火车上，老师给我们提了一些好的建议，并对我们的课题提出了质疑。比如，我们的采访问题是不是对应课题内容？我们的课题研究可不可以缩小？等等。根据老师提出的建议，我们修改了课题的一些细节，比如我们把采访的问题对应到文化遗产和自然遗产上。在酒店里，我们也不停地讨论，而且讨论的内容十分详细，比如去泰山都要看些什么，花岗岩有什么成分……这也为我们的课题奠定了良好的基础。最后的展示结果其实并不理想。因为我们没有控制好时间，整整超出规定时间三分钟。可见，我们没有做好充足的准备。在介绍时，我们把时间大部分都浪费在客流量的调查方面，导致后面最精彩的部分没有时间详细介绍。下次，我们一定要克服困难，提前做好一切准备。

教学随笔

地理知识教"本质"

◎王 娟

扫描二维码
获取更多相关信息

一节课需要启动学生的思维，但是有时候学生的思维发动了，学生的思维跟上了，老师的指导却没跟上。这两周在给六年级学生上"我的家乡"——《北京的自然地理环境》《朝阳区地理环境概况》《我给自己选房子》三节课的过程中，我深有这样的体会。

学校提倡学生自主学习，"自主"的"主"需要学生有"主见"。从某种意义上说，"提出问题比解决问题更重要"。质疑好问是每一个学生应具备的基本素质。教师要尊重学生，鼓励学生大胆质疑，没有疑问要设计疑问。学生的疑问，学生对知识的质疑，成为课堂最大的闪光点。

在课堂上，学生产生了如下的问题：

1. 背山面水。学生提问：那北京的风水岂不是很好？我仅仅回答了北京的风水确实很好，背靠山面对水，是风水宝地，但未能引申到选择北京建都有其地理的原因，古都的选择对地理环境的考量是非常重要的。这个问题学生非常感兴趣，也能很自然地过渡到介绍北京的自然环境特点上。

2. 学生提问：永定河的水现在没有了？我当时顺势讲下去，"为什么没有了？以前的水都到哪儿去了？"这个时候学生说因为北京人太多，使用得太多，而且有污染浪费现象，等等。还有比较偏激的想法：由于北京人口比较多，所以素质低的人不应该进入北京；由于中国的人口分布不均，就应该让中国的人口分布均衡,所以需要进行大量移民,去人口稀少的西部地区而不是东部地区。这些五花八门的回答背后都有同学的"质朴"的认知,教师应充分地利用这样的"朴素质疑"进行分析,纠正学生认识上的偏差,挖掘这些问题背后的潜在"价值"。

3. 全球变暖对水资源的影响。学生认为全球变暖使得水资源比较短缺。当时我应抓住学生的问题,进行热点问题的引导和回答。全球变暖确实加剧了一些地方的干旱问题,那么为什么会出现全球变暖?全球变暖对我们北京的影响是什么?热点问题的分析会提高学生课堂的参与度和课堂效率。

4. 在让学生用一个词语形容朝阳区时,有一部分同学说朝阳区有钱任性,我仅仅引导到朝阳区确实是北京市经济最强区。但是朝阳区为什么成为北京市最强区?如果就这个问题让学生进行讨论,讨论朝阳区发展的区位优势,学生在解决问题的过程中会学到更多的新知识,可能效果会更好。

5. 我为自己选房子。在百度上查找两个楼盘的信息,进行比较。我给了学生一张朝阳区未来规划图,学生找不到楼盘应该落在规划图的哪一区域。于是我直接给学生说了答案。专家在进行点评的时候,提出学生的 iPad 可以上网,为什么不让他们在网上寻找答案?自己拥有了查找信息的工具,这类知识性的问题完全可以通过上网的途径进行查找。这可以培养学生的信息素养以及学生主动学习的能力。

学生通过学习,最终能够记忆什么内容呢?应该不是教师零散的信息材料,而是核心的本质,有用的成为价值性的知识才是增值的知识,才是我应该给学生的知识,也是课堂生成性知识,最应该回馈给他们的方向。

地理学科的知识本质可以概括为四个核心方面:时间视角、空间视角、相互作用和持续发展。"时空视角"是地理研究方法的切入点,"相互作用"是地理研究内容的根本,"持续发展"是地理学科应用价值的核心体现。这四个方面是中学地理知识的"根本",无论教材知识多么复杂,学生的问题如何千奇百怪,只要抓住核心知识,学生未来就拥有了从地理视角看未来世界的本领。

学科本质如何与具体教授的内容相结合,可能还需要我自己慢慢地学习,不断地思考,将课堂内容联系到实际,最后再落脚到课堂教学,回答这些问题是自己不断学习、不断积累的源动力。评课专家说,"一个人持久的学习动力,来自于有价值的成功",我也希望自己的思考、自己的实践能够带来课堂的成功,能够让自己的教学智慧不断增多。

作者简介

王娟:

地理学科一级教师,北京师范大学自然地理专业硕士。承担多节区级以上研究课,开发的课程资源获得首都原创资源评选一等奖。指导学生开展研究性学习在金鹏科技论坛、创新性学习成果评比中获奖。参研多项市区级课题研究,撰写并公开发表多篇论文。

亦师亦友，一路同行

——对北京中学历史学科实践活动的一些思考

◎王　良

　　本文有感于一张照片：卢浮宫成为法国中学生的第二课堂。

　　看到孩子们在卢浮宫中徜徉，欣赏和临摹绘画作品，了解和学习历史知识，我真的十分感慨，"别人家"的历史课堂如此开放，学习如此自由，难道我们的历史课永远只能停留在"背背佳"和"背多分"的现状中吗？答案显然是否定的。

　　随着课程改革的不断推进，博物馆教育越来越受到公众的认可和重视，我们的历史课也可以走进博物馆了。那么到底该如何把博物馆资源融入历史教育中，成了我思考的问题。由此我想起了北京大学考古文博学院雷兴山教授谈考古的经典名言："考古就是一种非常美妙的生活方式，它既是城市和农村生活的完美结合，又是体力劳动和脑力劳动的完美结合，它本身既是一项富有刺激的探险活动，又是一项严肃的科研活动。对我而言，我也非常想让公众更多地去体验这种美好的生活方式。"雷教授认为考古是一种美妙的生活方式，而在作为中学历史老师的我看来，考古不也是一种美妙的历史学习方式吗？通过考古活动体验，学生的历史学习不再仅仅是"纸上得来终觉浅"的历史知识，而是通过切身实践体验收获到的可以触碰的"物证确凿"的生动历史。而且作为历史教师，也应该有"做一个行者，游走于看得见与看不见的历史之间"的求真气魄与人文情怀。

　　我非常有幸能够来到北京中学教学。在我看来，北京中学是一片"根之润"的沃土，它教学生扎根于社会主义核心价值观；植根于中华优秀传统文化；育根于人类优秀的文明成果。这些理念都能够从学校

特有的"中华文化寻根之旅——阅历课程"中得以体现，我们访关中、问齐鲁、上巴蜀、下江南、探西北、览中原。几次的阅历课程也让我反思：学生是否知道我们为什么要寻根？是否知道我们该怎样寻根以及我们寻到了什么根？在各地博物馆的参观实践中，学生是否依然认为博物馆仅仅是破瓶子、烂罐子的储藏室？学生是否能够真正看懂其历史背景？我想这都需要我们及时地进行历史人文教育。

由此，我们成立了北京中学考古文博社，以北京地区的文博资源为依托开展更加深度的历史实践活动。我们从房山周口店"探访北京人"开始，到西周燕都遗址"寻根北京城"，在大地上"读史"体验触碰历史的快感。我们还把博物馆实践的收获与历史课内知识相联系，设计实施相关内容的主题探究课，在实践中"研史"，体会问题研究的"和而不同"；在每次实践活动归来后针对学生的收获及时提供个性化的支撑，便于学生形成自己对历史的独特"感悟"，让学生"乐在其中"。学生在"读史、研史"的历史实践活动中逐渐获得对中华优秀传统文化的持久兴趣，进而能够自觉继承。通过这样"研、读、悟、承"的历史实践学习，真正让学生体会"做中学史"的快乐。

应该说，考古体验仅仅是一种历史实践的活动形式，活动的背后是学生能够体会考古工作者们敬畏历史的科学态度和人文情怀。历史遗址只是历史传承的一种载体，指导学生考察历史遗址的背后，是教会学生探索历史的基本方法与路径。正如北京大学赛克勒考古与艺术博物馆的核心理念——"考古传递理性，艺术激励创新"一样，如果我们把历史看作是"人类记忆、民族灵魂、时代变迁"的话，那么历史的价值应该在于启迪现实，而教育的价值在于面向未来，始终期待真实而完美的历史人文教育。

作者简介

王良：

历史一级教师，朝阳区优秀青年教师。多次参加市区级教学基本功、教学设计比赛并获奖。工作中始终秉承"以提升学生的历史素养为核心，以陶冶学生的人文情怀为目的"的教学理念，开展历史教学工作并取得了一定成效。

渣滓洞与社会主义核心价值观

◎八年级　具慧瑾　指导教师：范小江

学习任务单

目的：从古到今，巴蜀一直是有历史、有文化、有传承的地方。通过踏访，感受历史与现实，从而弘扬社会主义核心价值观。

方法：观察、调查、访谈、网络搜索等。

检验方式：观察、检查

要求：1.认真看题，按要求答题，图文并茂，有自己的思考。

　　　　2.提前准备，现场感悟，及时完成。

　　　　3.排版工整，规范答题。

知识探访篇

结合文学作品《烈火中永生》《红岩》《江姐》等，说说渣滓洞集中营关押过哪些你所知道的人，并附照片说明（不少于两个）。

江竹筠（1920—1949），曾用名江志炜，四川人，1920 年 8 月 20 日出生于四川省自贡市大安区大山铺镇江家湾。1939 年加入中国共产党，1945 年与彭咏梧结婚，婚后负责中共重庆市委地下刊物《挺进报》的组织发行工作。1948 年 6 月 14 日，江竹筠在重庆万县被捕，被关押于重庆军统渣滓洞监狱，受尽酷刑仍坚不屈服，1949 年 11 月 14 日被敌人杀害并毁尸灭迹。江姐是人们对她的爱称，另有同名歌剧、评剧、越剧以及电视连续剧等。

李青林（1913—1949），原名方琼女，四川泸州人。1913 年 11 月 19 日生于泸县城，中学时期就痛恨恶势力，同情贫苦人民，1939 年入党，在泸州、重庆从事革命活动。

旧址参观篇

渣滓洞集中营最触动你的地方是哪里？用简要文字说明。

放刑具的地方放满了各式各样残忍的刑具，看着它们就能想象十指连心之痛、钻心钻骨之痛。革命先烈们熬过了它们的折磨，用精神战胜了疼痛。

反思提升篇

渣滓洞集中营作为全国爱国主义教育基地，我们从这里学习到了什么？联系社会主义核心价值观，结合现场文字资料用现场感觉来表述，要求图文并茂。

何为英雄

——观渣滓洞有感

我曾经以为救人于水火之中的人才是真英雄，但今天我发现我错了。在参观渣滓洞之后，我发现真正的英雄不仅仅是救人于水火，更是以救国为己任。把对个人的感情转化为对民族的精神，这样的人才是整个民族的英雄。

今天我们口中的英雄、烈士们在我们不曾了解的那段日子里，忍受了无法用语言形容的痛苦。

在渣滓洞，同学们首先一起参观了革命者们住的囚室，并进行拍照。朽木的气息扑面而来，阴暗潮湿的天花板、阴暗的光，"让人感觉压抑到了极点"是我对那里的感受。可以想象：一个人长时间待在这样的屋子里，缺少光亮，缺少健康，还要被折磨。我想如果一个人日日待在这样的环境下，精神真的很容易经受不住，但革命先辈们挺住了。

接着同学们观摩了被用在革命者身上的刑具。刑具竟多达 108 种！从竹签子到老虎凳，无数种刑具让人冷汗直流。刮皮晒骨、抽打针扎，刑讯一种比一种残忍，光是听起来就已经让人毛骨悚然。我想：面对酷刑的拷问，把事实说出去真的不难，因为那是人的本性选择了安逸。难的是经过无数苦难和痛苦后的闭口不言。那闭口不言守住了一个革命者的骄傲和底线，用人格的骄傲把刑具的苦难踩在脚底。

他们受到的大多是非人的待遇。但他们的英雄之心、他们的信仰让他们坚持了下来。信仰可以让一个胆怯的人无畏，让一个懒惰的人愿意去奋斗，让一个人愿意放弃所有去搏一个未知的未来。而国家就是革命者的信仰。

我想起渣滓洞的"马屁墙"上写着国民党员给上司的阿谀奉承之语，又想起白公馆里保存的那面革命者自己制作的国旗。单凭想象一针一线绣出自己对新中国的期待。内心的真假、精神境界的高低一比分明。在纪念烈士的房间里，有的烈士只有名字，至今没有配上照片。他们需要的不是我们记住他们的名字、他们的样子，也不是上司的表扬和夸赞，更不是对他们感恩戴德，而是希望我们记住这段历史，发自内心地真正热爱这个已经经历了千百灾难又劫后重生的国家。

我想，在"马屁墙"上对上司阿谀奉承的国民党员不是英雄，因为不是谁飞扬跋扈，谁骄傲洒脱，谁就是英雄。真正的英雄不是扬名立万，不是功成名就，而是有一颗配得上英雄赞誉的心。救国的英雄在我们看来已经不仅仅是英雄，更是民族、人民的拯救者。真的，爱一个人并不难，爱一个家庭也并不难，难的是爱无数陌生的人，爱无数陌生的家庭，为他们甘愿付出生命。这种爱是大爱，是对整个中华民族的大爱。大爱无疆，拥有大爱的人才真正值得被我们称为英雄。

启程

——北京中学基于课程改革的育人模式创新研究（下）

夏青峰　任炜东　编　著

北京出版集团公司

北京教育出版社

目录（下）

科学篇

体育篇

艺术篇

综合篇

北京中学科学学科教研组

科学篇

　　北京中学科学课程以"面向全体学生，不断提升学生核心素养"为理念，以学生终身发展为本，以课堂教学为主渠道，有效整合科技与社会资源，从科学观念、科学思维、科学探究、科学态度与责任等方面精选学生终身发展必备的核心概念及科学实践作为必修模块内容。同时针对学生兴趣与发展潜能，设计多样化的选修课程，培养学生的创新精神与实践能力，促进学生自主学习，引领学生认识科学的本质以及科学、技术、社会、环境（STSE）的关系，形成科学态度、科学世界观和价值观。

　　科学课程通过创设学生积极参与、乐于探究、善于实验、勤于思考的学习情境，引导学生经历科学探究的过程，掌握科学探究和科学思维的方法，发展科学探究能力，以及利用科学术语与他人沟通交流的能力；保持学习和研究科学的内在动机，形成尊重事实、敢于质疑、善于反思、勇于创新的科学精神；理解科学的本质，遵守科学伦理和道德规范，具有保护环境、推动社会可持续发展的责任感。

课程方案

科学学科课程方案 [①]
（六至八年级）

一、学科方向

北京中学科学课程以"面向全体学生，提高学生科学素养"为理念，以学生终身发展为本，以课堂教学为主渠道，充分利用开放实验室、科学大课堂这两大载体，引领学生的个性化学习，让学生体验科学探究过程，学习科学探究方法，培养学生的创新精神与实践能力，实现人与大自然的和谐相处。

二、课程目标

1. 总目标

北京中学科学课程以生活中的科学现象为逻辑起点，以培养学生科学探究能力为主线，以科学实验为依托，让学生获得科学和技术的基础知识，习得解决问题的思路和方法，领悟科学学科核心思想，逐步养成实事求是的科学态度和开拓创新的科学精神，拥有热爱科学、乐于探索、健康生活的情怀。

[①] 《科学学科课程方案》参编人员：

冯波　周端焱　王志　高畅　林琳　王岳琼　吕纯志　余金星

2. 学段目标

物理篇

学 段		教学目标
六年级 （32 课时）	上	学生通过对物态变化和物质世界的尺度两个章节的学习，尝试对环境温度问题发表自己的见解，能用物态变化的知识说明自然界和生活中水的有关现象，形成关心环境和节约用水的意识，通过学生参加开放性活动课的学习，增加学习物理的兴趣，激发学生的学习热情。（热学）
	下	通过对物质的简单运动及声现象两个章节的学习，能根据物质属性进行分类，应用从具体到抽象的认识方法。通过对问题的探究建立物理概念，通过协作学习，提高学生的观察能力、操作能力，初步了解实验探究方法。（声学）
七年级 （64 课时）	上	学生通过对光现象、常见的光学仪器、运动与力三个章节的学习，能利用有效的感性认识，同时排除在生活中形成的一些错误的认识所产生的负迁移作用。深化学生对自然的认识，渗透科学研究的基本方法，形成理性思维能力。（光学）
	下	学生通过学习压强与压力、机械与功、能及其转化，能对物理中的运动与力的关系、能量守恒与转化两个核心关系有清楚的认识。能从生活中的力现象中，抽象出"力"的概念，找到物体的运动与力之间的关系。（力学）
八年级 （96 课时）	上	学生通过对简单电路、欧姆定律、电功与电功率的学习，对物理学中核心概念"场"有一个初步认识，形成通过"路"来认识与分析电学问题的基本方法。通过实验，完善学生的实验探究能力，提高学生的创新精神和实践能力。（电学）
	下	通过对电磁现象、怎样传递信息通信技术简介以及粒子和宇宙三个章节的学习，了解电与磁之间的密切关系，进一步加深对场的理解。体会物理知识对现代生活的应用价值，感受、了解粒子和宇宙的内在联系。（磁学）

生物篇

学　段		教学目标
六年级 （64课时）	上	说出科学探究的一般过程；能够使用显微镜；阐明细胞是生物体结构和功能的基本单位；描述绿色开花植物体的结构层次；阐明绿色植物的光合作用；体验科学过程；关注生物体结构和功能相统一的观念。
	下	描述动物体的结构层次；概述生物体的营养的获取；描述物质运输和呼吸作用；认同生命的系统性。
七年级 （64课时）	上	通过模型制作呈现对生物学的理解；概述人体代谢废物的排出；分析动物运动和行为；能初步解释生命活动的调节；认同养成卫生习惯的重要作用；初步形成健康的生活方式。
	下	概述生物的生殖、发育和遗传；树立健康生活的观念。
八年级	上	描述生物的分类系统；区别不同类型的生物；形成生物进化的观点；认同生命的物质性。
	下	了解生物技术；关注生物科技的进步和发展。

化学篇

学　段		教学目标
六年级 （8课时）	上	通过科学讲座、趣味实验，初步了解化学史，感受化学与生活的联系，提高学习化学的兴趣和求知欲。
	下	通过与水有关的探究实验，初步体验化学实验的乐趣，进一步提高学习化学的兴趣和探究欲。
七年级 （16课时）	上	通过任务驱动的学习方式，初步了解学科专用术语，知道一些常见化学常识，初步获得进一步学习和发展所需的化学基础知识和基本技能。
	下	通过小组合作探究的学习方式，完成5个以上北京市科学实践活动实验，渗透科学研究的基本方法，进一步提高动手能力。
八年级 （64课时）	上	学生通过学习我们周围的空气、自然界的水、碳和碳的氧化物、金属和金属材料、溶液，引导学生认识和探究身边的化学物质，了解化学变化的奥秘，进一步增强学生对化学的好奇心和探究欲望，使学生初步认识物质的用途与性质的关系，初步建立元素观。
	下	学生通过学习物质构成的奥秘、化学式、化学方程式，帮助学生用微粒的观念去学习化学，引导学生通过具体、生动的化学变化现象，初步建立微粒观、守恒观。

三、实施路径

为实现课程目标，设计活动教学、实验教学、项目学习、跨学科教学、数字化教学等多种教学方式，指导学生进行自主学习、小组合作学习、探究学习、跨学科学习、在实践中学习等，以课堂教学为中心，同时强化开放实验室，走进大自然。通过培养与提高学生的观察能力、操作能力、探究能力，最终提升学生的实践能力与创新意识，形成北京中学科学学科独特的开放式教学模式。

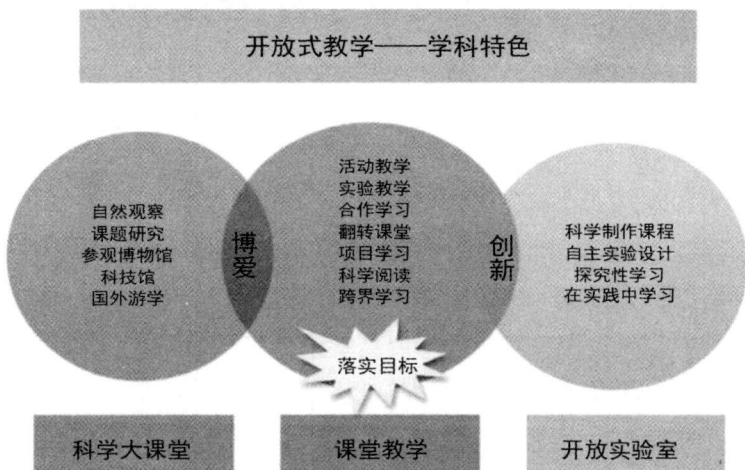

项目	观察能力	操作能力	探究能力	创新能力
实施路径	自然观察（观鸟、植物识别、观察物态变化等）；实验观察（科学实验）；科学讲座（如戴维化学讲座等）；参观博物馆、科技馆、现代企业等。	实验操作（科学实验）；科学制作课程（物理机械制作、生物模型制作、化学日用品制作）；家庭实验室（自制测量观察工具如天平、测力计、量筒、计时器、简易显微镜等）。	"走进科学实验室"系列课程；过程性和终结性检测（如平时作业，期中、期末测试）；走进高校、企业的专业实验室。	开放实验室；校园创新活动（DIY活动、小发明、小创造活动）；课题研究（观鸟选修课、学科知识建模活动（深度物理选修课）；创新大赛（青少年创新大赛、金鹏科技论坛等）。
任务指标	至少参观6所场馆，听6场科学讲座，至少500个演示实验。	至少完成校内20件作品，校外10件作品。	完成学生分组实验50个，自主开发实验50个。	参加至少5次学科科学竞赛活动。

四、课程内容

1.物理篇

以北师大版初中物理教材为主线，整合多种国内外教材，自主研发教学资源，构建北京中学物理学科独特的课程内容。

时段及其课时	基础课程		拓展课程			潜能课程
	必修Ⅰ	选修Ⅰ	必修Ⅱ	选修Ⅱ	选修Ⅲ	选修Ⅳ
六年级（上）13课时	第一章 物质的状态及其变化（6课时） 一、物质的状态 二、温度的测量 三、探究熔化与凝固的条件 四、汽化和液化 五、升华和凝华 六、生活和技术中的物态变化		物理开放活动课	一、神奇的干簧管 二、简易电动机 三、公道杯的秘密 四、自编内容机械爬虫 五、自编内容照相机	科学魔术A级	机械制作
	第二章 物质性质的初步认识（7课时） 一、物体的尺度及其测量 二、物质的质量及其测量 三、探究物质的一种属性密度（重、难点） 四、新材料及其应用					

续表

时段及其课时	基础课程		拓展课程			潜能课程
	必修I	选修I	必修II	选修II	选修III	选修IV
六年级（下）10课时	第三章 物质的简单运动（6课时） 一、运动的描述 二、探究比较物体运动的快慢 三、平均速度与瞬时速度（重点，难点） 四、平均速度的测量 第四章 声现象（4课时） 一、声音的产生 二、声音的传播 三、乐音与噪声 四、超声波		物理开放活动课	一、无尽头的灯廊 二、巧借地球引力 三、神奇的滚筒 四、自编汽车模型 五、自编挖机模型	科学魔术A级	机械制作

续表

时段及其课时	基础课程		拓展课程			潜能课程
	必修Ⅰ	选修Ⅰ	必修Ⅱ	选修Ⅱ	选修Ⅲ	选修Ⅳ
七年级（上）20课时	第五章 光现象（5课时）		物理开放活动课	科学魔术A级	机械制作	
	一、光的传播与物体的颜色		一、神奇的两心壶			
	二、光的反射					
	三、探究平面镜成像的特点					
	四、光的折射		二、听话的笑脸			
	第六章 常见的光学仪器（5课时）	一、透镜				
		二、探究凸透镜成像规律（重点）				
		三、生活中的透镜	三、不需要轮子的小车			
		四、眼睛和眼镜				
	第七章 运动与力（10课时）	一、力				
		二、力的测量				
		三、重力	四、自编电磁起重机			
		四、探究摩擦力的大小与什么有关				
		五、同一直线上二力的合成				
		六、二力平衡	五、自编特斯拉发动机			
		七、探究运动和力的关系				

续表

时段及其课时	基础课程			拓展课程			潜能课程
	必修 I		选修 I	必修 II	选修 II	选修 III	选修 IV
七年级（下）26课时	第八章 压强和压力（10课时）	一、压强		物理开放活动课	一、静电发动机	科学魔术A级	机械制作
		二、液体内部的压强					
		三、连通器					
		四、大气压强					
		五、探究影响浮力大小的因素					
		六、物体的浮沉条件			二、磁现象		
		七、飞机为什么能上天					
	第九章 机械和功（10课时）	一、杠杆					
		二、滑轮					
		三、功					
		四、功率					
		五、探究使用机械能省功吗					
		六、测滑轮组机械效率					
	第十章 能及其转化（6课时）	一、机械能			三、矿石收音机		
		二、内能					
		三、探究不同物质的吸热本领一样吗					
		四、热机					
		五、火箭					
		六、燃料的利用和环境保护					

续表

时段及其课时	基础课程		拓展课程			潜能课程
	必修Ⅰ	选修Ⅰ	必修Ⅱ	选修Ⅱ	选修Ⅲ	选修Ⅳ
八年级（上）32课时	第十一章简单电路（12课时） 一、认识电路 二、组装电路 三、电流 四、电压 五、探究不同物质的导电性能 六、探究影响电阻大小的因素 七、变阻器 第十二章欧姆定律（10课时） 一、学生实验：探究电流与电、电阻间的关系 二、根据欧姆定律测量导体的电阻 三、串、并联电路中的电阻关 四、欧姆定律的应用 第十三章电功和电功率（10课时） 一、电功和电 二、电功率 三、探究测量小灯泡的电功率 四、电流的热效应 五、家庭电路 六、安全用电		物理开放活动课	一、静电发动机 二、磁现象 三、矿石收音机	科学魔术A级	机械制作

续表

时段及其课时	基础课程			拓展课程			潜能课程
	必修Ⅰ		选修Ⅰ	必修Ⅱ	选修Ⅱ	选修Ⅲ	选修Ⅳ
八年级（下）18课时	第十四章 电磁现象 (12课时)	一、磁现象		物理开放活动课	电学实验室 热学实验室	科学魔术C级	深度物理
		二、磁场					
		三、电流的磁场					
		四、探究影响电磁铁磁性强弱的因素					
		五、电磁铁的应用					
		六、磁场对电流的作用力					
		七、直流电动机					
		八、电磁感应发电机					
	第十五章 怎样传递信息通信技术简介 (3课时)	一、电磁波					
		二、广播和电视					
		三、现代通信技术及发展前景					
	第十六章 粒子和宇宙 (3课时)	一、探索微观世界的历程					
		二、浩瀚的宇宙					
		三、能源危机与希望					

2. 生物篇

以北京版初中生物教材为主线，整合多版本国内外教材，构建北京中学生物学科独特的课程内容。

时段及其课时	基础课程		拓展课程						跨学科课程
	必修I		必修II		选修I		选修II		
	内容	课时	内容	课时	内容	课时	内容	课时	
六年级（上）32课时	认识生命	2	走进科学实验室	10	观鸟	16	田园小镇社团	16	生物绘图与艺术学科结合；科学阅读与语文学科结合；生物器材的认识、使用与物理学科结合
	细胞的秘密	10							
	植物体的结构层次	1							
	植物的营养	9							
六年级（下）32课时	动物体的结构层次	2			观鸟	16	田园小镇社团	16	生命活动本质的探索与化学学科结合
	人和动物的营养	10							
	生物体内的物质运输	10							
	人和绿色植物的呼吸	10							
七年级（上）32课时	人体代谢废物的排出	6	生物模型制作	2	观鸟	16	植物标本制作	16	生物模型制作与DIY、艺术、物理学科结合；生物的运动系统学习与体育、物理学科结合
	生命活动的调节	10							
	动物的运动和行为	8							
	生物的生殖和发育	6							

续表

时段及其课时	基础课程		拓展课程				跨学科课程
七年级（下）32课时	遗传和变异	8	观鸟	16	植物标本制作	16	遗传和变异与数学学科结合；人类疾病和健康与化学学科结合
	植物生殖与发育	10					
	人类疾病与健康	6					
	生物与环境	8					
八年级（上）32课时	原核生物	4	观鸟	16	植物标本制作	16	进化内容学习与数学、地理学科结合
	原生生物	2					
	植物	6					
	真菌	2					
	动物	8					
	病毒	2					
	生物进化	8					
八年级（下）30课时	发酵工程	10	观鸟	16	植物标本制作	16	生物技术与化学物理学科结合
	细胞工程	10					
	基因工程	10					

3.化学篇

以人教版初中化学教材为主线，整合多种国内外教材，引入英国皇家学会实验课程，自编实验电子教材，构建北京中学化学学科独特的课程内容。

时段及其课时	基础课程	拓展课程			跨学科课程
	必修I	选修I	选修II	选修III	
六年级（上）4课时		科学讲座			
		1.化学史话I			
		2.化学史话II			
		3.趣味实验I			
		4.趣味实验II			
六年级（下）4课时		科学实验	物质的秘密每周一课时	元素魔方社团A级	
		1.汽水中的化学			
		2.自制汽水			
		3.水壶里的水垢			
		4.水质检测			
七年级（上）8课时	学科常识介绍			元素魔方社团B级	元素符号、化学式的书写与英语学科融合，人体六大营养素与生物学科融合
	1.认识空气成分				
	2.认识水资源				
	3.常见元素符号				
	4.常见物质化学式				
	5.物质与健康				
七年级（下）8课时	科学实践活动				分子模型的制作与艺术学科的融合
	1.化学实验基本操作				
	2.商品中的化学				
	3.污水处理				
	4.奇妙的燃烧				
	5.感受微观世界				

续表

时段及其课时	基础课程	拓展课程		跨学科课程
八年级（上）41课时	第一单元（5课时）	走进化学世界		空气中氧气含量的测定与物理学科中压强知识的融合 化合价的求解、化学式的书写、方程式的配平与数学学科的融合
	第二单元（6课时）	我们周围的空气		
	第三单元（6课时）	物质构成的奥秘		
	第四单元（7课时）	自然界的水		
	第五单元（6课时）	化学方程式		
	第六单元（6课时）	碳和碳的氧化物		
	第七单元（5课时）	燃料及其利用		
	每周3课时			
八年级（下）29课时	第八单元（7课时）	金属和金属材料		涉及化学知识的成语、典故、诗句、科普阅读等与语文学科的融合
	第九单元（7课时）	溶液		
	第十单元（6课时）	酸和碱		
	第十一单元（4课时）	盐、化肥		
	第十二单元（5课时）	化学与生活		
	每周3课时			

五、教学方式

1.教学方式

教师多种教学方式与学生多种学习方式结合，初步形成开放性的科学学科教学特色，以课堂教学为中心，配合科学大课堂和开放实验室的设置，实现课程目标。

（1）活动教学。

活动教学的教学方式是北京中学科学学科的突出的教学特色。在采用活动教学方式时，倡导学生在活动中、游戏中、解决实际问题的过程中深入理解科学的核心概念，并能运用科学的原理和方法参与公众事务的讨论或做出相关的个人决策。

（2）实验教学。

通过学生实验、教师演示实验、教师引导学生自主设计实验等方式，培养学生探究能力和创新意识。

（3）翻转课堂（远程教学）。

通过翻转课堂，引领学生自主学习。

（4）项目学习教学。

以产品为导向，以具体任务驱动学生思维的深入发展和动手能力的提高。

（5）探究式教学。

通过课堂教学、自然大课堂活动，引导学生进行课题研究，提高学生各项能力。

（6）跨学科教学。

以模型制作、项目学习、生物绘图、科学阅读等活动为载体，实现科学学科内各学科及其与艺术、体育、DIY、数学、地理和语文等学科的整合，促进学生综合素质的提高。

（7）团队教学。

打造教师专业发展共同体，教师进行团队教学，互相学习、互相补充。

2. 学习方式

（1）自主学习。

以自主实验设计、翻转课堂、开放实验室、自然观察、参观和游学等活动为依托，激发学生自主学习潜能，突出学生学习的主体地位。

（2）探究性学习。

在课堂教学、参观和课题研究等活动中，学生选取自己感兴趣的问题为探究点，通过观察、质疑、调查、分析、交流和反思等活动，获得知识，提升探究能力。在此基础上，通过对新发现问题的再探究活动，将学习引向深入。

（3）跨学科学习。

通过项目学习、模型制作等学习活动，学生有机会将生物、艺术、物理、化学、数学和地理等学科知识和能力进行综合运用，提升学生的综合素质。

（4）小组合作学习。

在基础课程与拓展课程的学习活动中，学生组成学习小组，成员间展开合作，发挥群体的积极功能,提高个体的学习能力,激发学生创造性,提升团队合作能力。

（5）在实践中学习。

在多样化的体验学习活动中，如实验操作、模拟活动和动手制作等活动，在解决实际问题的过程中提高实践能力，提升科学精神和创新意识。

3. 学习习惯

着力培养学生的阅读、倾听、讨论、交流、分享、个性化记录、按时完成学习任务等良好的学习习惯。

六、主题活动

序号	活动项目	地点	时间	责任人	备注
1	观鸟、植物标本制作	野外＋实验室	特色活动，每月进行一次	生物教师	门票、租车、水、摄影、摄像、标本制作器材和外请专家
2	暑假参观学习	科技馆博物馆	7-8 月	科学组	按照科学组的指导意见，全校学生自主自愿完成
3	科普讲座	报告厅	9 月	科学组	1. 与学生发展中心合作聘请科学家 2. 全校学生参加
4	生物模型制作	生物情景教室	9 月	生物教师	1. 细胞模型 2. 生物体器官模型 3. 实验操作模型 4. 进化模型 5. 生物系统模型 教师提供模型制作的建议，全校学生合作创意设计和制作
5	科技电影	礼堂／影院	11 月	物理组	电影票、租车、水等
6	科技节	校园	11 月	科学组	为期一周 实验器材、讲座和比赛等
7	"科学实验魔术"表演	报告厅	12 月	物理教师	1. 全校学生参加 2. 准备实验器材、道具和设备等
8	项目学习：人的营养	校内外相结合	12 月	生物教师	项目组学生参加
9	参观学习	污水处理厂	12 月	化学教师	组织八年级学生参观并感受化学工业与生活的联系
10	寒假参观学习	科技馆博物馆	1-2 月	科学组	按照科学组的指导意见，全校学生自主自愿完成
11	项目学习：环保小制作	校内外活动结合开展	4 月	化学教师	化学学科：保护空气、节约用水和垃圾分类处理等主题，组织六、七年级学生参与

续表

序号	活动项目	地点	时间	责任人	备注
12	项目学习：生物自主实验设计	校内外相结合	6月	生物教师	项目组学生参加
13	参加科技比赛	科学大课堂	每学年	科学组	航模比赛、FLL机器人比赛、生物模型制作比赛、科普剧比赛和鸡蛋撞地球比赛等具体活动，结合北京市和朝阳区科技节活动安排

七、评价机制

运用多样化的评价方法，建立多元评价体系，全程记录学生学习过程，从课堂参与、作业、测试、成长表现、自我评价和家长评价等维度，以学生、教师、家长为评价主体，对学生进行星级评价。通过评价的导向作用，在学生中形成一种积极向上的氛围，促进其自我意识的觉醒和自我教育能力的提高，引导学生养成良好的生活学习习惯，发展鲜明的个性。

1.物理篇

物理课程学习星级评价

班级：　　　　姓名：　　　　　　　　　　　课程：物理

填表说明：物理课程从多个维度对学生进行多元过程性评价，评价结果呈现ABCD等级，再根据各维度的评价结果综合为本学期的星级评估情况。

评价维度	过程性评价			期中测试		期末测试	
	课堂表现	活动展示	作业	理论测试	实验测试	理论测试	实验测试
评价主体	教师	教师	教师	教师	教师	教师	教师
评估内容	参与课堂活动及回答问题的情况；小组成员间相互配合情况	包括课堂上小组实验实际操作情况及活动展示分享交流情况	包括平时作业和项目作业，平时作业按照能按时完成及质量方面进行评价；项目作业从创新性、探究性方面进行评价	主要对学习内容进行测验考查，了解学生掌握情况	对重点需要掌握的实验进行考查，了解学生掌握情况	主要对学习内容进行测验考查，了解学生掌握情况	对重点需要掌握的实验进行考查，了解学生掌握情况

续表

评价维度	过程性评价			期中测试		期末测试	
	课堂表现	活动展示	作业	理论测试	实验测试	理论测试	实验测试
维度评价							

说明： 　　　　　　　　　　　签名：
教师寄语： 　　　　　　学期综合评价星级： 签名：

物理课程学习星级评价说明

　　物理课程倡导"立足过程，促进发展"的学生学习评价，提倡运用多样化的评价方法，促进学生全面而富有个性地发展。引导学生养成良好的学习习惯，培养较强的学习能力，形成强烈的自立、自律意识和进取精神，发展鲜明的个性。

维度评价细则

序号	评价维度	评价主体	评价内容	评价细则	评价结果
1	课堂表现	教师	参与课堂活动及回答问题的情况；小组成员之间相互配合情况	积极参与课堂活动，积极回答问题，善于思考，小组成员之间相互配合	A
				积极参与课堂活动，能够回答问题，小组合作良好	B
				能够参与课堂活动并回答问题，小组成员之间能够合作	C
				不参与课堂活动，不能与小组成员合作	D
2	活动展示	师生	包括课堂上小组分组实验的实验操作情况及小组活动展示分享交流情况	小组分组实验认真完成，操作规范，善于分享展示，效果良好	A
				能够较好地完成小组实验，操作规范，乐于分享	B
				能够完成小组实验，小组能够合作展示	C
				基本完成小组实验	D
3	作业	教师	包括平时作业和项目作业，平时作业按照能否按时完成及完成质量方面进行评价；	按时完成作业，质量高，善于思考项目作业，体现创新性	A
				能够按时按量完成作业，能完成项目作业	B
				基本能够完成作业，基本完成项目作业	C

续表

序号	评价维度	评价主体	评价内容	评价细则	评价结果
			项目作业从创新性、探究性方面进行评价	基本完成作业	D
4	理论测试	教师	主要对学习内容进行测验考查，了解学生掌握情况	85 分以上	A
				75-84 分	B
				65-74 分	C
				64 分以下	D
5	实验测试	教师	对重点需要掌握的实验进行考查，了解学生掌握情况	9 分以上	A
				8-8.9 分	B
				7-7.9 分	C
				6-6.9 分	D

星级评价表

星级	1 星	2 星	3 星	4 星	5 星
评定条件	2A	3A	4A	5A	6A 及以上

说明：1. 参加学科竞赛获区级二等奖以上加一颗星，如 DI、FLL、航模等科技类项目。
2. 参加思维训练空间管理、科学频道活动、科学微视频制作、项目作业的同学酌情加星。

2. 生物篇

生物课程学习星级评价

班级：　　　　　姓名：　　　　　　　　　　　课程：生物

评价内容	课堂问答	实验操作	平时作业	平时作业	项目作业	测试	创新能力
评价主体	教师	教师	教师	教师	师生	教师	教师
标准	课堂问答情况	实验操作的规范与认真程度；小组两人的分工与配合情况；实验观察的展示与分享情况；实验台的整洁情况。	实验报告分为 T-，T，T＋三个等级，具体评判标准依据实验内容填写的正确程度与完成比例以及实验设计和提出问题的创新性。2 个 T＋＝一个赞；2 个 T－＝一个哭脸。	作业具体打分，根据作业是否按时按量完成以及完成质量来判定。	小组成员互评及自评个人在小组合作中的表现，教师和学生评价小组作品，选出优秀小组。	根据测试等级换算成绩：T－＝哭脸，T＝一个赞，T＋＝二个赞。	主要指实验方法创新和动手制作创新。
星级	☆	☆☆	☆☆☆	☆☆☆☆	☆☆☆☆☆		

续表

评价内容	课堂问答	实验操作	平时作业	平时作业	项目作业	测试	创新能力
	5个赞以下	5-10个赞	1个超给力	一次生物之星		二次生物之星	

教师寄语：	
	学期综合评价星级： 签名：

生物学科评价实施办法

1. 评价方式：过程性评价。

2. 评价目的：为了学生能更好地学习。

3. 评价内容：

·学前准备：带书、笔记本、实验报告册和学案等。

·课堂问答和笔记：认真思考，积极参与，认真记录。

·实验操作：展示和分享。

·实验记录：完成并上交报告册（等级制）。

·作业：完成学案和项目作业。

·单元检测：等级制。

·小组合作：领导与配合，贡献和欣赏。

·创新点：实验设计，操作方法，项目作业，教具制作等。

·负面清单：课堂讲话、看其他书、捣乱等；浪费、损坏实验材料、不清理桌台、不放回凳子等。

4. 具体操作：

·过程性动态评价：在各个方面有突出表现时给予及时的肯定——盖章和等级评判。

（1）累计盖章，在保证各个方面至少有1个赞的情况下：

·10个赞可以换一个超给力，期末直接评为3星；

·拿到2个超给力即可被评为生物之星1次，期末直接评为4星；

·如果被评为生物之星2次，期末直接评为5星；

·等级评判：T- 要努力；T 加油哦；T+ 继续保持，会最终折合成赞章；（注：一个负面盖章抵消一个赞）

·评价结果直接展示在教室和实验室的海报板上。

3.化学篇

化学课程学习星级评价

班级：　　　　　姓名：　　　　　　　　　　　　　课程：化学

评价维度	课堂表现	实验操作	实验报告	作业	志愿服务	创新能力
评价主体	教师	教师	教师	师生	师生	师生
权重	20%	20%	50%	10%	加分项目	加分项目
评价内容	参与课堂活动及回答问题的情况；小组成员之间相互配合情况	实验操作规范情况；对待实验及实验器材情况；实验台的整洁情况	等级制，根据实验报告完整度、完成比例、记录程度、问题和建议等方面评价	包括平时作业和项目作业，根据完成作业质量及上交情况进行评价	协助教师制作教学学习材料、准备实验和整理布置实验室等	能够自行设计新实验方案、操作方法；制作创意产品等
评价结果						
总 A 数						
星级						
教师寄语： 　　　　　　　　　　　　　　　　　　学期综合评价星级： 　　　　　　　　　　　　　　　　　　　　　签名：						

化学课程学习星级评价说明

1.评价方式：过程性评价。

2.评价内容：

·课堂表现：积极参与课堂活动，认真思考，积极回答问题。

·实验操作：实验操作规范，爱护实验器材，节约实验材料，实验后整理实验器材，清洗玻璃仪器，保持桌面整洁干净。小组成员之间相互配合，相互欣赏，乐于帮助他人，乐于分享。

·实验报告：完成实验记录，并上交实验报告，等级制。分别从实验报告书写规范、完成的比例、完整度、问题和建议几方面进行评价。

·作业：平时作业和项目作业，分别从完成作业质量及上交情况来进行衡量。

额外加分项目：

·志愿服务：热爱科学，愿意付出自己的时间和精力协助教师制作教学学习材料、准备实验和整理布置实验室等。

·创新能力：能够自行设计新的实验方案、操作方法、制作创意产品等。

3.评价细则

评价维度	评价主体	评价标准	对应等级
课堂表现	教师	积极参与课堂活动，积极回答问题，善于思考，小组成员之间配合默契，乐于分享	A
		积极参与课堂活动，能够回答问题，小组合作良好	B
		能够参与课堂活动并回答问题，小组成员之间能够合作	C
		不参与课堂活动，不能与小组成员合作	D
实验操作	教师	听从指令，操作规范，爱惜实验器材和原料，实验按时并高效完成，认真整理实验用品	A
		操作规范，爱惜实验器材和原料，能够较好地完成实验任务，实验用品整理得较好	B
		能够完成实验任务，整理实验用品	C
		不关注教师指令，实验效果不好，实验用品整理得不好	D
实验报告	教师	实验报告书写认真整齐，用语规范，十分完整，能够从实验中提出问题并思考	A
		实验报告书写整齐，比较完整，能够从实验中得出有效的结论	B
		实验报告书写一般，能从实验中得出结论	C
		实验报告书写不认真，不够完整	D
作业	师生	按时完成作业，并书写整齐，十分完整，态度认真	A
		按时完成作业，书写一般，较为完整	B
		能够较好的完成作业	C
		能够完成作业，质量不太高	D

续表

评价维度	评价主体	评价标准	对应等级
星级评价说明：四个维度中，获得一个 A，可得 2 星；2A 对应 3 星；3A 对应 4 星；4A 对应 5 星			

八、课程成果

序号	成果名称	原始资源	整合思路	呈现方式	特色	应用范围
1	物理实验课程	自主开发	对教材实验的改进以及创新设计	微课视频、电子书	实用、高效	全校学生
2	科学组科普阅读类读本	学生创作	将学生优秀作品整理成集	读本	学生原创，趣味性强	六一七年级学生
3	创新作品	学生创作	收集学生的实物作品，进行评比	实物作品	学生创作设计，个性鲜明	八年级学生
4	科学实验魔术课程	借鉴＋原创	师生共同探究开发	活动展示	趣味性强，激发学生的兴趣	全校学生
5	生物学科活动教学成果	原创开发	以京版教材为主，遵循学校办学理念	原创读本；各种课堂活动（设计文本、照片、视频），如游戏、模拟活动和实验等	参与度高，体现北京中学生物教学特色，有推广价值	六一八年级生物基础课程
6	生物学科电子书	原创	辅助基础课程学习	电子书（信息化平台）	使用率高，体现北京中学生物教学特色，有推广价值	六一八年级生物基础课程、拓展课程
7	生物学科微课	原创	辅助基础课程学习	微课视频（信息化平台）	使用率高，趣味性强，体现北京中学生物教学特色，有推广价值	六一八年级生物基础课程

续表

序号	成果名称	原始资源	整合思路	呈现方式	特色	应用范围
8	生物学科创新实验	原创	师生对教材实验的改进以及创新设计	视频、文本	使用率高，趣味性强，有助于培养学生创新意识，有推广价值	六一八年级生物拓展课程
9	生物学科学生作品	原创	将学生探究实验和期中、期末的检测相结合；将书本知识和学生生活实际以及学科发展前沿相结合；将学生所学知识与实践操作相结合	PPT、视频、模型	参与度高、趣味性强，有助于培养学生的自主学习能力和创新意识	六一八年级生物基础课程、拓展课程
10	生物课题研究	校园、社区、公园、博物馆、科技馆和阅历课程等	充分利用自然大课堂	研究报告、照片、视频、PPT和实物作品	落实科学、技术和环境相互关系的教育	六一八年级生物拓展课程
11	生物课程出版物	原创	建设课程体系	原创读本；教学设计（文本、视频）	利于传承	六一八年级生物基础课程、拓展课程
12	科学课程评价方式	原创	重在考查学生的学习方式和学习习惯，促进学生的个性化发展	纸质、电子评价方式	过程性进阶式星级评价	全校学生
13	化学基础课程教学成果	人教版教材	以人教版教材为主，以科学发现者等国外教材为辅进行整合	课堂实验及活动（设计照片、视频和文本、PPT等材料）	落实国际基础课程，学生参与度高，有推广价值	八年级基础课程

序号	成果名称	原始资源	整合思路	呈现方式	特色	应用范围
14	化学拓展课程教学成果	自主开发	将生活中的化学现象和趣味实验进行整合	设计文本、PPT、照片、视频等材料	趣味性强，参与度高	拓展课程及社团
15	化学实验电子书	自主开发	将北京中学引进实验课程与基础课程中的一些实验内容进行整合	电子书	使用率高，具有推广价值	七年级基础课程
16	科学课程电子试题库	自主开发	利用方正、慧云平台建设与课程内容相符的电子试题库及资源	信息化平台试题	利用率高，能够及时检测，信息化程度高	全校学生
17	化学学科学生作品及资源	原创	将基础课程和拓展课程的探究实验、作业、项目作业、PPT等资源进行整合	文本、PPT、视频、模型	学生参与度高、趣味性强	六一八年级化学基础课程、拓展课程

九、教研机制

1.教研活动宗旨

加强沟通交流，集中集体智慧，不断完善北京中学科学课程；提升教师的业务能力；使课程逐渐具有北京中学独有特色。

2.教研活动计划

教研主题	主要形式
工作计划制订	集体研讨
课堂教学研究	集体备课、听评课、反思提升
课程课题研究	市、区、校各级课题研究
教学资源建设	信息化资源、题库开发、主题阅读
学期工作总结	对学年度工作进行总结，提炼

3. 教学研究细则

命题	根据确定的教学进度及教学任务细目表进行设计，按学生的认知特点和课程内容的要求进行命题。	每个学段质量检测的命题评估交流
编题	按章节编制进阶练习，研制学生自主学习的导学案，科普文章，经典例题，微视频，等等。	随章节总结汇总，提前三个月编制寒暑假作业，练习册
研究课	按照学校当前课程改革的要求，设计符合学生特点、体现教师特色的一节课，切磋交流，促进学科教师对课堂进行深入研究。	每学期第二学段第一个月举办一次
试卷分析	在学生学业诊断之后，进行针对性强的试卷分析，做深度错误分析诊断。帮助学生解决难点、疑惑点，加强落实。	每学期学段诊断后一周举办一次
名师大讲堂	请专家教授讲教育热点、教改动态、考试变化、科技前沿等。	每学期一次
交流合作	相互听评课，组织社团活动，等等。	按课程规划实施

十、资源需求

购买上课和社团活动所需实验用品及器材；

学生科技小论文汇编、导学练习册、课程建设成果的编辑与出版；

科学家进行科普讲座；

外出考察、观看科技电影。

研究论文

感悟与同行：
中学物理教学的有效途径

◎任炜东　卢慕稚　续佩君

摘　要：感悟物理是从一个具体的物理内容导向对完整物理意义的感知，乃至对个体知识体系的建构。它是一种教学思想，也是一种教学方式和学习方式。感悟的内容包括物理概念的内涵、新旧知识间的相互关联，以及物理学习与其他学科学习的类同与差异。实施的基本途径是教学时教师的思维与学生学习的思维同行。

关键词：中学物理教育；感悟；同行；学习主体

新课程推进至今，如何在物理教学中落实学生的主体地位仍然是亟待解决的问题。许多教师仍然按照记忆、理解、应用，并在应用中加深理解的教学思路组织教学，分析、评价、创造等更高的智力活动在课堂上较少出现。如此教学，学生的主体地位无法保证，教师也很难走进真正的科学教育状态。笔者数年坚持"师生同行，感悟物理"的教学观，将课程内容与目标进行整合性梳理与提炼，融汇于课堂教学全过程，形成师生的思维碰撞、自我觉悟和共同创造。教学实践表明，这是一条中学物理教学的有效途径。

一、何为"感悟"与为什么要感悟物理

感悟，是一个有逻辑关系的联合动词。"感"是因，是前提条件，意为感觉、感知、感受；"悟"是获得结果的过程，包括醒悟、省悟、顿悟、体悟以及觉悟，意为理解、明白。"感"是思维的质料，是量的积累，为"悟"提供待加工的信息；"悟"是思维的升华，是质的提升，由"感"触发实现人内在的对世界创造性的建构。[1] 在物理学习中，"感"的对象是物理现象（科学现象），"悟"的结果是物理概念、规律、法则，是模型的建构；"感"的过程在观察与实验，"悟"的过程在思维与自主建构；"感"重在物理事实，"悟"重在科学观念、科学方法、科学精神。[2] 感悟物理就是从一个具体的物理内容导向对完整物理意义的感知，乃至对个体知识体系的建构。[3] 它是一种教学思想，也是一种教学方式 [4] 和学习方式。

物理学是一个确定研究领域的概念的数理逻辑体系，每个概念在体系中都有自己的独立位置，概念之间有着互补的功能与严谨的内在逻辑关联。物理学本身的这些特点暗示出：只学好概念的定义、内涵和在常见外延中的使用是不够的，还要形成对概念物理的意义、来龙去脉、概念间的逻辑性与非逻辑性的感悟。然而，现实的物理教学中往往是学生在教师讲授或指导的探究下记下定义，理解关键词，运用并注意形成解题套路。这一做法因为掩盖或阉割了一些需要学习的物理内容而低效。例如每个物理概念都有自己特定的描述对象或现象，从而都有其建立条件和适用范围，因此物理学中才不存在"泡沫"概念。然而上述做法的操作流程缺乏让学生切实感受具体物理概念的建立条件和适用范围的环节，也难于进一步引导学生认识物理学结构和概念体系的简单美。又如对物理概念间联系的理解不仅是对逻辑关系的理解，物理概念间的联系也不止是形式逻辑的联系。理解瞬时速度、惯性都需要想象，提出光子、玻尔能级、物质波更需要想象，想象和直觉都可能创生新的科学概念。而感悟有助于这些内容的内在生成。

综上所述，把"感"作为物理教学源头，是由物理学的本身特点和其形成过程决定的，也是由学生的认知水平与物理知识抽象程度之间的差异决定的。把"悟"作为收尾，是因为物理学知识生成的基本途径之一是观察与科学思维相结合。学物理不能止于感知，也不能以背、套、蒙来收尾，要以理解基础上的感悟以及应用来收尾。

物理学习不仅需要理解和运用这样带有被动特点的接受式学习，还需要带有主动特点的感悟式学习。这一带有主动特点的学习方式完全可以从以往只有少数学生在做作业的过程中时有发生的点缀状态，走进课堂，走向课外，像理解、记忆一样成为多数学生的一种学习习惯。一个完整的感悟过程还会有助于学生的科学素养的提升。

二、要学好物理都需感悟什么

1. 悟出物理概念的内涵不等于定义，即使深刻理解了定义也不一定能学好概念

有相当一些师生认为记住定义，背下公式，就等于学好了概念。可学生即使做到了却还常处于"概念不清"状态。学理上说，任何概念都包含定义、内涵、外延三个部分。概念的定义只解决一个概念与其他概念的区分，而不可能也不需要囊括概念的所有内涵。例如质量的本质特有属性有：物质多少的量度、物体惯性的量度和物质能量的量度；质量的非本质特有属性包括 $m = G/g = \rho v = \cdots$ 此外，质量还有非特有属性（一般属性），例如质量是物质的基本属性之一。任意一个本质的或非本质的特有属性（甚至非特有属性）有时都可以作为质量的定义，这时其余的属性都将成为质量概念的内涵。可见，一个概念的理解和把握，绝不是在一节课完成的，它将在一个相当长的时间内被分散于后续课的学习中。由于在后续学习里还充斥着许多新概念的学习，这使学生难于顾及、及时丰富原有概念的内涵。这个问题的解决靠教师告知、讲解或提醒，都不是最有效的，因为此刻学生已处于一种努力理解新概念的被动状态。比较有效的方法是创造条件先让学生有几次感知，后续学习中会出现补充、丰富已学概念内涵的经历，然后在此基础上再鼓励学生悟出这一事实和这层道理，再进一步认识到对这一内容的"悟"是一个不可缺的概念学习环节，最终把不断积累的概念内涵变成一种自觉的学习习惯。

2. 悟出已学知识与新物理概念之间的关联，由此进一步悟出这些关联的意义

由于物理规律的实质是物理概念之间的某种特定联系，所以学好物理的关键是学好概念。但是学好每一个概念的定义、内涵与常见外延，还不是真正学好物理概念。因为物理学不是一群概念的堆砌，而是一个严谨的概念逻辑体系。因此，还必须悟出相关概念间的逻辑关联。

"相关概念"，在中学物理中有三个范畴：章节、单元内的相关概念（小范围相关）；一个物理分支内的相关概念（中范围相关）；不同物理分支间的以及物理与其他学科间的相关概念（大范围相关）。例如机械能和电能，非静电力和化学电池，受力平衡、热平衡与化学平衡等，都属于大范围相关。对前两种不同范围内的相关的理解和感悟，将对提高学生的物理学科素养有所贡献；而对后一种大范围相关的理解与感悟则对提高学生的科学素养更有贡献。

"相关"的"关"，泛说可以具体表现出许多种形式的联系。但对物理学来说，最重要的是相互间的逻辑关联，而中学物理最重要的又是形式逻辑的关联。从原有物理概念对新概念所起的作用说，这种形式逻辑的关联可分为基础性关联[①]、推

[①] 基础性关联是指若一个物理概念的建立必须以另外一个或几个物理概念（无论定性与定量）的定义或内涵（部分或全部的）为支撑，则后者对前者的作用属于基础性关联。例如位置、时刻，

证性关联 ② 与启迪性关联 ③。无论哪一种关联，对相关概念的存在与相互关联性质的意识缺失、理解不清或不全，以及忽略概念相互间在"关"的过程中是通过什么具体逻辑与如何通过该逻辑来达到"联"的过程，都可能在独立解决问题时影响思路的开阔与处理的正确。显然，涉及概念相互关联的如此众多的内容是难以都在课堂上以教师讲述的方式呈现的，况且教师讲出来的也不是学生自己的。所以，这些内容更宜提倡学生自己多悟才行。

3. 悟出新学物理概念对已学知识的影响

如果将上一点的讨论看成悟出新学物理概念的"来龙"，此处即将讨论的就是新学物理概念的"去脉"。"去脉"其实存在两个方向，对已学知识的影响和对后学知识的影响。对学生学习新概念来说，"悟"主要也只能限于对已学知识的影响。影响也存在两类：积极性影响和干扰性影响。前者集中体现为对已学知识的解惑或者深化，后者集中体现为区分（表观的、前提的、性质的、内容的、本质的等）。作为对已学知识起积极作用的例子，如高中电阻定律的学习会解决学生初中学习时的一个存疑：电阻为何不随电压、电流的变化而变化。而一个物理量存在决定量和量度量的认识又会解释：与电阻定义一样同为"比"这一数学形式的压强为何却能随压力和面积的改变而改变。作为对已学知识起干扰作用的例子，如右手定则会使学生在使用左手定则时出现问题。

和建立、接受、形成新概念时对基础性关联与推导性关联的主动意识程度相比，由于新和难，学生在学习新概念时难以主动意识到要反馈已学知识。由于教学时间和其他一些原因，教师也难以次次提醒学生加深对哪些已学知识的理解。因此，需要教师明确要求学生学习新知识后要回顾其对已学知识的影响，看是否能有所感悟，并逐步使学生养成习惯。

4. 悟出物理学习和其他学科学习的类同和差异

通常，师生都会意识到物理与化学和数学在方法和内容上有所联系，但通常都是将这种联系停留在表面的认识上，不再深入。实际上，如果关注并悟出学物

位移、时间差等物理与数学概念都与机械运动有基础性关联；这些概念实际都是形成机械运动这一概念的基础。建立新概念时，如果新概念形成所依赖的基础概念中的那些具体知识点，哪怕只有一个存在理解或记忆问题，也会给新概念的学习造成隐患。

② 推证性关联是指若一个新物理概念的建立依赖于从一个或几个物理概念进行的逻辑推理所得出的结论，则后者对前者的作用属于推证性关联。例如从加速度 a 定义式推导出瞬时速度 v 的计算式，初速度 V_0、时间 t 都与瞬时速度有推证性关联。此处的推理属于数理演绎推理。除了数理演绎推理之外，物理推证性关联还常见于归纳推理和类比推理。

③ 启迪性关联是指若一个新物理概念的建立源自对某个物理概念的联想，则该物理概念对新物理概念的作用属于启迪性关联。"联想"的常见具体形式包括回忆、比较、想象、直觉等；"启迪"虽然可以含有一定的推理成份但整体不构成规范的推理逻辑。例如高一学习静电场的强弱，很容易联想到初中描述磁场强弱的力线方法（注意此例仅是方法借用而不是事物属性异同的分析，所以不属于类比推理），于是磁场、磁力线与电场就具有启迪性关联。又如从闭合电路中电流的持续很容易想到电源内部电流的方向和存在一个对电子做功的力，电流方向、电子、电场和电场力、功等概念就都与非静电力有启迪性关联。

理和学其他学科的关联，就能在打通的状态下较好地促进相互的迁移。在这一方向上的"悟"，不但会使学生有万物皆通、豁然开朗的感觉，而且对科学素养的发展有超越学科素养之外的贡献。[5]

例如琢磨物理阅读与文学阅读，物理讨论的数理逻辑表述与语文议论文的论述等问题，不难发现它们之间的类同和差异。在阅读方面，都要分段阅读和在此基础上的全文阅读，都要求读出段意和读懂全文，但物理要将中心思想和写作方法改变为读出内容中讲述了哪些现象、概念、规律及怎么论证与得出这些概念规律的。在论述方面，都要做到思维保持严谨流畅不能断裂，简明而不啰嗦，但物理要讨论的是思维而非表面文字的连贯，因此在那些用数学推导、公式变形、图形、图像、图线、表格及数据更能把问题说得更严谨简明的地方，就用其代替了文字表述。对常人来说，这种文字与数学穿插式的论述读起来，听觉和思维都有中断感，但对懂物理的人来说，文中论证思维是完全连续的。通过这两个例子还可以知道，学习应该敢于把其他学科的知识、方法迁移过来略加修改使用，没有必要什么都从头培养。

又如琢磨物理解题和数学解题的类同和差异。两者都属于有根据地以演绎推理为主呈现解题过程和答案，都大量使用数学技巧，都可以用从"求"入手的分析法寻找解题思路，再用综合法呈现，等等。由于数学比物理多学了7年，用分析法的习惯使学生习惯从"求"去想相关公式，这种将物理解题与数学解题的盲目混同也是学生感觉物理难、一做就错的一个重要原因。物理与数学的一个很大的不同就是来源于物理概念与规律的物理公式都有特定的成立条件以及适用范围和对象，都从属于某种运动形式下的特定的运动，这一点比数学公式复杂得多。由此推论的结果，物理解题需要首先弄清题设的物理现象和物理过程，分析该过程中真正的物理之因与果（而不是题设的先与后，已知和所求）；然后再根据过程的性质选择相应的物理公式。

除上述讨论的内容，当然还有不少需要学生感悟的内容，例如对物理方法、对习题、对学法，等等，限于篇幅不再逐一讨论。

三、感悟教学的基本途径 ——"师生同行"

"师生同行"，不是像导游和游客式的同行（导游自己导引思维方向并把自己事先准备好的内容灌输给游客），而是指教学时教师的思维与学生学习的思维同行。即将以往常见的教师主导实施的形式——主讲、主引（例如用事先备好的系列启发性问题），改变为在教师创设的情境基础上，师生一起交换感知，完善感知，明确问题，审视探寻，群思求真，领悟方法，理解知识，省悟其内在一致性，最终获取生成。这就像一起散步时的随思、随议、随启、随悟，即随学生之思而思并继而议之、启之、悟之，于是理解与感悟均在其中。随思、随议、随启、随悟中的教师主导，在课前侧重于选择学习主题、内容、要求与问题提出的情境，在课上侧重于把学生对情境以及随后生成的真实想法（关于问题、解决问题的思路和具体如何解决等）进行类化性处理后（即使一类只有一个学生），再逐类展开讨论。讨论，首先要求教师有明确稳定的师生平等意识，其次是现场组织有针对性的鼓励、引导、启发、质疑或帮助。此处所说的 5 个词的顺序，是按照学生真实想法的正确程度逐层降低而建议的教法选择。换句话说，在"师生同行"的教学过程中，基本放弃了问题情境呈现后以教师自己为主的引导启发、引导探究式的教学组织；教师的主导作用转变为发现、引导、弥补、质疑学生思维的发散、正确与完备程度，分析学生提出的方法的可行性与有效性，对生成内容的科学性进行审视与评价。也就是说，教师的主导不再聚焦于对知识的讲解序列（或说程序及内容）的展开，而体现在为使学生在思维与相应操作活动层面的切实参与而创设条件、营造氛围、进行组织与评价。另外，"类化性处理"的更深一层意义还在于，只要是源于学生在学习情境的真实想法的类化，就从以往"以中等学生群体为本"的课堂教学走进实际的"以人为本"的课堂教学。当每个学生的想法在说、听、讨论等方面都能平等地受到尊重，他们对听物理、学物理的兴趣就会自然萌生和延续。

几乎每个教师都有体会：有悟性的学生好教。其实，学生天资虽然有所不同，但每个学生都是有悟性的，关键是需要一个宽松的环境和被要求、鼓励激发出学生的自信。随思、随议、随启、随悟，即随学生之思而思并继而议之、启之、悟之的"师生同行"的教学，很容易给学生营造一个宽松环境和鼓励学生自信的状态。如果教师再时常用不同于正常讲解的语调和动作表现（表演）出自己的联想与某种"悟"，则是给学生在思维中萌发某种"悟"的示范。这种表现（表演）的意义乃是呈现一种在有"悟"的意识下进行的思维的状态，由于"模仿"了学生学习时的思维状态而具有明显的亲和力。持而久之，每个同学的悟性在这种熏陶、示范、引导、激发、要求的学习情境中会逐渐被诱导出来。于是，学生的"悟"就会自然存在和产生在以上的"师生同行"中，形成师生教与学的相互激励。"师生同行"有助于学生的思维从模糊变为清晰，从感性走向理性，从物理走进科学。要相信每个学生都是天生的学习者，教师通过使学生获得阶段性的成功可以实现物理学习兴趣由直接兴趣向逻辑（因果）兴趣的转变，实现个体自信心的发展；而逻辑兴趣与自信的能动性，则为突破某些学生学习物理的兴趣难以持久的瓶颈提供了可能。从唯物认识论来说，顿悟是一种渐悟[6]。渐悟就是基于思维的积累与沉留（即美学讲的理性积淀）之后的大"发"。

实践表明，如果我们不依赖和满足基于外界刺激引发学生的省悟和顿悟，而设法采取有效措施大力提倡、激发并进而张扬学生基于自身体会、经验、交流、钻研、积累等生成的各种"悟"，则学生的学习主体作用就较易接近发挥的极致。从这一角度而言，师生同行，感悟物理之路，给落实物理新课程以学生为中心的教学开启了一条可行之路。

【参考文献】

[1] 吴维山.重新审视感悟的内涵特质及其培养策略 [J].课程·教材·教法，2008（4）:33.

[2] 普通高中物理课程标准（实验）[M].北京：人民教育出版社，2003:1.

[3] 李海林."感悟"及其教学策略 [J].课程·教材·教法，2004（11）:54-55.

[4] 杜尚荣.感悟教学研究述评 [J].课程·教材·教法，2012（6）:8.

[5] 温·哈伦.韦钰，译.科学教育的原则和大概念 [M].北京：科学普及出版社，2011:1-6.

[6] 童明.现代性赋格:19 世纪欧洲文学名著启示录 [M].桂林：广西师范大学出版社，2008:8.

作者简介

任炜东：

北京中学党支部书记，正高级教师，物理特级教师，教育部"国培计划"入库专家，教育管理硕士。被授予全国模范教师、北京市先进工作者等荣誉称号。

浅说物理探究活动中教师的角色定位

◎冯 波

《普通高中物理课程标准》中指出，新的课程改革的目标是：高中物理课程要立足于九年义务教育的基础，以进一步提高学生的科学素养为宗旨，激发学生学习物理的兴趣，尊重和促进学生的个性发展；帮助学生获得未来发展所必需的物理知识、技能和方法，提高学生的科学探究能力；激发学生的创新潜能，提高学生的实践能力。新的课程改革目标和新教材的出台无疑对作为素质教育主战场的课堂教学提出了更新更高的要求。高中物理课堂教学一定要放手让学生主动参与，乐于探究，实现教育过程中师生互动，引导学生质疑、探究，创设能引导学生积极参与的教学环境，激发学生的学习热情，培养学生掌握和运用知识的态度和能力，使每个学生得到充分的发展，挖掘他们的创新潜能。

学生是物理学习的主人，教师是物理学习的组织者、引导者与合作者。但这并不意味着教师要把教学的舞台全部让给学生，教师由教学的"中心"走向教学的"边缘"，甚至退出教学的舞台去当观众。为保证探究活动的有效性，教师在探究活动中必须找准位置，清楚"台上"和"台下"、"台前"和"台后"的角色定位，充分地发挥组织者、引导者与合作者的作用。

一、教师是探究活动氛围的营造者

所谓探究式教学，就是以探究为基本特征的一种课堂教学活动形式。具体而言，它是指在教师的启发诱导下，以学生独立自主学习和合作讨论为前提，以现行教材为基本探究内容，以学生周围世界和生活实际为参照对象，为学生提供自由表达、质疑、探究、讨论问题的机会，让学生经历发现和创造的活动过程，通过个人、小组、集体等多种解难、释疑等尝试活动，将自己所学知识应用于解决实际问题的一种教学形式。

心理学实验证明：在宽松自由的时空内，一个人的思维最活跃，人的创新性思维活动也体现得最为突出。因此，营造高度自由、民主、和谐的课堂教学氛围显得极其重要。为此，教师必须成为探究活动氛围的营造者，不仅要在外部环境为学生创造良好的探究氛围，而且要在心理方面为学生创造自由、安全和愉悦的探究氛围。比如，创设恰当的问题情境，引起学生的兴趣和好奇心；在学生思维发展水平的"最近发展区"内，提供适当的探究材料，激发学生探究的需要与动机，等等。这样，探究活动才会有一个良好的开端和氛围，学生的创造性才能得到较好的发挥。

首先，教师要注意角色的转变。在新课程理念下，物理课堂教学应是师生交往、积极互动、共同发展的过程。在这一过程中，教师与学生将分享彼此的知识和经验，交流彼此的感受和体验。教师不再是知识的传播者和管理者，而是学生发展的促进者、引导者。教师要由教学中的主角转向"平等中的首席"。其次，要建立民主、平等的师生关系，营造平等开放式的课堂气氛，引导学生围绕问题的核心进行探索和讨论。在此过程中要特别注意对学生的尊重、鼓励和信任，使学生感到没有任何形式的压抑和强制，在自由的学习环境中让思维驰骋，提出疑难假设，在讨论中毫无顾忌地发表自己的见解。

二、教师是探究活动方向的调控者

在物理课堂中，经常出现探究活动收放失控的现象，究其原因就是教师对探究活动的目标设定不够清晰，对探究活动的过程缺少针对性的设计。对探究活动没有充分的预设，教师又怎能在探究活动中发挥引导者的作用呢？因此，当学生无所事事时，需要教师及时交给学生活动任务；当学生解决问题无从下手的时候，需要教师及时为学生指点迷津；当学生的探究内容偏离探究问题的实质时，需要教师及时为学生指明探究的方向。探究活动不仅要求教师自己把探究问题弄懂，而且要求教师课前能以学生的身份亲身经历探究活动的全过程，这样，才能对学生在探究过程中产生的想法和可能遇到的问题有一个充分的预见，才能很好地调控探究活动的方向，保证探究活动的效果。为此，教师必须成为探究方向的调控者。

三、教师是探究活动信息的收集者

在探究活动中，学生是活动的主体，不同的学生个体、合作小组可能提出不同的问题，不同的学生个体、合作小组可能有不同的解决问题的方法，不同的学生个体、合作小组可能遇到不同的困惑，不同的学生个体、合作小组可能获得不同的成果，等等。这些问题、方法、困惑、成果等都是探究活动中极为重要的信息资源，教师只有关注每个学生，深入每个小组，观察学生的表情，揣摩学生的心理，倾听学生的意见，明辨学生的言行，才能及时获取探究活动中各种有用的信息，才能全面把握学生，才能有效调控课堂。为此，教师必须成为探究活动信息的收集者，要注意指导学生制订计划和设计实验，收集数据，并对数据进行处理。要制订好计划，就要让学生做好实验准备，包括器材、过程以及所涉及的表格等。在这一过程中，一方面要体现科学家进行科学研究的思想和方法，另一方面要使学生明确做事目的，带着问题去研究。设计实验是一个创造过程，是探究中很重要的一个环节，直接影响探究的结果。教师可先放手让学生大胆地去设计，组与组之间讨论方案的可行性，从中选择最佳的。对设计确实有困难的，教师应加以积极的指导。在实验的过程中，教师要引导学生及时准确地收集数据，并对数据进行处理。

四、教师是学生思维活动的促进者

探究活动的一个重要目的就是要培养学生的思维能力，提高学生的思维水平。在探究活动中，当学生的思维尚未觉醒或浅尝辄止时，需要教师去激活、去开发。提出问题是整个探究的基础。教师在教学伊始应首先创设问题情境，促使学生头脑中产生有指向性的疑问。问题情境的创设既可以由教师设计，也可以引导学生在课外生活中发现和提出一些有意义的物理问题。比如，教师在探究活动中适时恰当地追问：你的观点是什么？你是怎么想的？你的根据是什么？你还有不同的意见吗？从而引导学生根据已有的经验和知识对问题的答案提出大胆的猜想。再如，教师在探究活动中适时恰当地质疑：这个思路正确吗？这种方法可行吗？这个结论科学吗？对于学生别出心裁的想法，不同常规的解答，标新立异的构思，教师应及时捕捉，诱发学生思维产生的直觉和灵感，扶持帮助学生思维的发展与完善，促进学生的思维向高水平方向发展。只有保证学生有效的思维活动，才能保证有效的探究活动，诱导学生深入思考。通过这样的质疑，投石激浪，从而引起学生认知上的冲突，产生探究需求，促进学生思维活动。

五、教师是学生探究活动的评判者

探究式教学中，学生的学习状态与效果主要体现在探究过程中，因此要根据学生在探究过程中表现出来的积极性、方案设计的周密性、探究的实效性等各个方面来进行评价。尽管新课程要求评价方式多样化，但是教师对学生探究活动的评价是必不可少的。在探究活动中，当学生有正确、科学、积极的做法时，教师应予以肯定、鼓励和表扬；当学生有错误、不足、分歧时，教师应予以更正、补充和剖析。特别是对学生在探究活动中发现问题、提出问题及创造性地解决问题给予恰到好处的赏识，往往能使更多的学生在活动中逐渐喜欢物理、参与物理、爱上物理。因此，教师是学生探究活动的评判者，要在探究的过程中和活动结束后，适时引导学生进行简单的推理和归纳，尝试对探究结果进行描述、解释和评估。只有对所进行的实验和证据进行分析和论证，才能获取知识，得出科学规律。这是从动手实践上升到建立理论的思维过程。

总而言之，教师不仅是课程实施中的执行者，更是课程的建设者和开发者。为此，教师要形成强烈的课程意识和参与意识，改变以往学科本位论的观念和消极被动执行的做法。在探究活动中，只有教师的角色定位准确，才能使学生成为探究活动的真正主人，才能实现促进学生发展的根本目标。

作者简介

冯　波：

物理高级教师，北京市特级教师，全国优秀物理竞赛教练员。担任物理奥赛教练，记省"一等功"一次，"二等功"二次。教学理念先进，成绩突出，所教学生中有三位省高考状元，辅导的学生参加竞赛获全国一等奖4人，二等奖30余人次。

创新学科评价，
服务学生全面而有个性的发展

◎高　畅

摘　要：学生综合素质评价是当前基础教育界需要面对和解决的焦点和难点问题。北京中学生物学科教学团队进行了大量的摸索和尝试，形成了"奖赞星级加评语"学科评价方式。其主要内涵和做法：一是丰富评价内容，关注学生的全面发展。设计了以学科核心素养提升为出发点，关注学生学习习惯养成、实验技能形成、合作精神和探究能力提升及创新能力发展等为核心要素的学科评价指标体系；二是"奖赞星级"多元评价，激励学生主动发展，针对不同的评价指标采取不同的评价方式，形成了"过程性评价""等级评判""项目学习评价""星级评价""荣誉称号"等多种评价方式相结合的"奖赞星级"评价体系；三是私人定制的评语帮助学生认识自己，彰显评价的个性化，每学期给每个学生私人定制一条100~200字的评语，发现每个学生的潜质，帮助其更好地认识自己；四是多评价主体共同参与，增强评价的可操作性，让学生做评价的主体更能增加评价的公平公正，发挥评价的激励作用。

关键词：奖赞星级加评语；全面发展；主动发展；私人定制；可操作性

随着课程改革的推进，如何改进和创新评价方法，让综合素质评价有效促进学生全面而有个性地发展，使评价过程让大多数老师不再感到"难做"，让学生不再因评价而"压抑"，越来越成为广大一线教师需要面对和解决的焦点和难点问题。我在北京中学教学三年来，我所在的团队根据学科建设的需要，在创设北京中学生物学科课程评价方案和具体实施过程中，进行了大量的摸索和尝试，形成了促进学生核心素养提升，服务于学生全面而有个性发展的"奖赞星级加评语"的学科评价模式。

一、丰富评价内容，关注学生的全面发展

我们之所以推行综合素质评价，其根本旨趣在于要去除我国根深蒂固的"考试—选拔"评价传统中过于关注学生"学术能力"而忽视"非学术能力"的流弊

与症结，即从只看"冷冰冰的分"向关注"活生生的人"转变，进而实现知行合一，促进学生的全面发展。也就是说，学生的综合素质评价应当是一种整体性、系统性、关联性的存在，是一个全面性的评价。因此，在设定学科评价内容时，我们反复拷问自己，到底评价什么才能促进学生全面而自由地发展呢？哪些评价点既能测量出学生的知识掌握度，又能描绘出学生的思维发展水平和创新能力提升呢？我们知道，评价具有导向和发展的价值取向，而教育的最终目的是促进学生全面而有个性的发展。基于此，我们决定充分发挥评价的导向功能，即希望学生达到什么样的目标，我们的评价就设立什么样的评价指标。在这个研究思路的指引下，我们做了大量研究论证，设计了以生物学科核心素养提升为出发点，关注学生的学习习惯养成、实验技能的形成、合作精神和探究能力提升及创新能力发展等为核心要素的学科评价指标体系。

表1　北京中学生物学科评价指标

评价指标	具体细则
学前准备	教材、笔记本、实验报告册、学习用具等的准备情况
课堂学习	课堂上积极思考，参与讨论的积极性与质量，笔记的记录情况，等等。尤其关注学生是否能提出有价值的问题或是主动分享个人的独特见解
实验操作	操作的规范性，对实验的主动探索性，实验的完成情况，小组内的配合情况，实验台的整洁程度
实验记录	记录的完整性、准确性和规范性。在此基础上鼓励个性化记录
作业	课后作业、项目作业、假期作业的完成情况和完成质量
单元检测	等级制
小组合作	在小组合作中表现出领导与配合、贡献和欣赏等品质
创新	关注在解决问题、实验设计、操作方法、项目作业、模型制作等活动中表现出的创新思维、创新意识和创新能力

上述评价指标的设定注重对学生学习过程的评价，关注学科核心素养的形成。而这些评价指标并不是一成不变的，在具体操作中我们会结合每一节课的教学设计需要，适时灵活地调整评价指标，如发现学生存在对学科阅读不重视的问题，我们就会增加对阅读专注度和理解程度的评价指标。如发现学生在课堂交流中存在忽视倾听的问题，我们就会增加与倾听相关的指标等。

我们深知评价指标的设计会直接影响学生的学习方式和学习热情乃至学习效果，因此我们经常是在反复的课堂观察之后，精准地分析学生学习状态之后，遵循学习和认知规律进行科学合理的调整和设计。而为了能让学生更明确生物学科的评价点，我们会在每学期的开学第一课上告知学生相关的评价指标，让学生明白如何去学习生物学。

二、"奖赞星级"多元评价，激励学生主动发展

我们制定的评价指标不是要给学生分类或是贴一个标签，而是要指引学生改进学习，促进学生的自我观察与自我分析，让他们发现自己的潜质所在、成长空间所在，并为之提供适当的舞台使其潜质能够显露并充分发挥出来。那么，评价指标如何能让学生接受并成为学生学习生物的行为准则呢？我们期望评价指标能内化为学生的一种自觉规范和自省习惯。在三年的教学研究中，我们不断丰富和完善评价方式，针对不同的评价指标采取不同的评价方式，形成了"过程性评价""等级评判""项目学习评价""星级评价""荣誉称号"等多种评价方式相结合的"奖赞星级"评价体系。

1.过程性评价

对学习过程进行动态评价，每一节课依据评价指标，对学前准备、课堂学习、实验操作、小组合作方面等有突出表现的同学给予及时的肯定。为了能更吸引学生，让学生喜欢这种评价方式，我们借鉴微信公众平台中的点"赞"功能，累计盖"赞"章（评价表直接展示在教室和实验室的海报板上）。每节课会依据不同方面的表现，给每个学生不同的"赞"数。尤其对学生在创新方面有突出表现时，会根据创新的难易程度，加1~5个赞，平均一节课每个学生会得到1~2个赞。但绝不盲目滥用奖"赞"方法，我们也设有负面清单，如干扰课堂、浪费实验材料、不收拾桌台等。出现上述负面清单的情况，会被盖"哭脸"章，一个负面盖章会抵消一个"赞"（如图1、图2）。

图1 "赞"章   图2 "哭脸"章

奖"赞"的方式，很易于学生接受和理解，深受学生的喜爱，也拉近了师生间的距离。有些学生已经很习惯得"赞"，甚至自己会主动向教师要"赞"。如李同学在实验课上有新的发现，得到老师和同学的赞扬，可能会说："老师，我的实验操作很棒吧，可以得'赞'吗？"张同学在课堂上提出了一个很有意义的问题，引发大家的思考和讨论，也会开心地问："老师，我可以有'赞'吗？"奖"赞"的过程性评价，极大地激发了学生的学习热情和学习主动性。

2.等级评判

对实验记录、作业、单元检测等方面依据完成情况和质量，实行等级评判。分为 T- 、T 、T+ 三个等级。其中，T- 要努力；T 加油；T+ 继续保持。最终折合成赞章。

3.项目学习评价

每学期我们学科会开展至少一次的项目学习活动。为鼓励学生们积极参加，我们设置项目学习活动会有直接晋升星级的机会。以小组为单位，小组项目作品被评为优秀且个人表现突出，每次可获得 1 ～ 2 个"赞"，直接可评为 3 星。

若项目学习参加次数不足或小组项目作品没有被评为优秀或个人在项目学习中没有得到小组成员的肯定，需酌情评价。

4.星级评价和荣誉称号

为激励学生保持持久的学习动力，我们实行晋阶性星级评价。即依据得"赞"的多少对应授予学生相应的星级，并设立了"超给力""生物之星"等荣誉称号（如图 3、图 4）。

图 3 "超给力"章

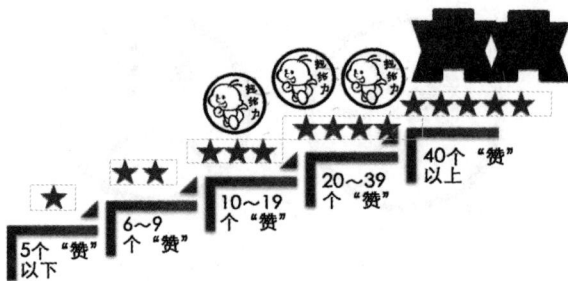

图 4 晋阶性星级评价和荣誉称号

一个学期下来，累计盖"赞"章：1 星级（5 个"赞"以下）；2 星级（6 ～ 9 个"赞"）；3 星级（10 ～ 19 个"赞"）；4 星级（20 ～ 39 个"赞"）；5 星级（40 个"赞"以上）。

10 个"赞"可以获得一个"超给力"称号，学期末直接评为 3 星。

拿到 2 个"超给力"称号即可被授予"生物之星"1 次，学期末直接评为 4 星。

如果被评为"生物之星"2次，学期末直接评为5星 。

三、私人定制的评语帮助学生认识自己，彰显评价的个性化

综合素质评价既要全面又要个性化地描述分析一个个活生生的人。每学期在"奖赞星级"评价的同时，我们还会给每个学生私人定制一条100～200字的评语，以更大程度地发现每个学生的潜质，刻画出每个学生的个性特质，帮助其更好地认识自己。在此列举对几个同学的评语：

令炜，你聪明机灵，反应敏捷，武术打得精气神十足。现在老师想说，你不仅能武而且能文。看到你在制作无脊椎动物学习成果时，是那么的认真，那么的投入，非常有耐心地做着动物骨骼模型，我又一次确认你更喜欢在"做中学"。把你的想法更多地与我们交流，希望我们能提供给你更适合你的个性学习方式。

佳烨，老师知道你是一个心地柔软善良的男孩，也越来越发现你是一个爱动手制作的男孩，你的生物模型作业——生态系统的组成，制作得惟妙惟肖，很难想象模型中逼真的老虎、兔子、小花、细菌是出自一个高大的男孩之手。老师又发现你对一些奇特生物更感兴趣，你在课前图文并茂介绍的水熊生物，让我们印象深刻。你完全可以从自己的兴趣点出发，在广泛的学习和研究中丰富和愉悦自己。

靖宜，你的生物笔记一直是一道亮丽的风景线，不仅书写漂亮，而且图文并茂。我们共同在显微镜下发现的轮虫，在你的笔下鲜活起来，这太惊人了！你也有很强的合作精神，代表小组做的线虫动物介绍讲解清晰。更多地留意身边的生命世界，你的出色学习能力会让你更享受你现在和将来的生活。

珺珺，你天生具有领导力和很强的协调及沟通能力，普普通通的生物课代表工作，你做得主动而且尽职尽责。看着你每天进教室就拿起我们的记录本，督促大家准备好学习用具的情景，我相信全班同学都要感谢你。本学期你小组的每一次展示都很精彩，这离不开你的领导和贡献。我们的生物课学习因你更开心！
……

拟制这些评语，我每次都很用心。我期待这样的沟通能够让我的学生在找到自信的同时也学会反思，从而进入更好的学习和生活状态。

四、多评价主体的共同参与，增加评价的可操作性

评价让大部分老师觉得为难，最主要的原因是要评价得具体而全面，这就需要大量的观察和记录。而教师每天的工作繁琐复杂，每节课后大量的评价工作势必增加教师的工作量，让老师感觉力不从心而难以操作。鉴于以上的思考，我们决定调动多元评价主体共同参与到我们的评价过程中来。尤其是让学生做评价的主体更能增加评价的公平公正，发挥评价的激励作用。我们依据评价的各项指标，分别制定不同的评价负责人。

凡是在教室里可观测的评价指标，如课前准备、课堂学习、实验操作等由教师和学生共同评定是否能给"赞"，由课代表或同学自己盖"赞"章到评价表上（评价表或记录单张贴在教室的海报板上）。学生可随时查看自己和其他同学的得"赞"数，有效地激发了学生们的进取心。

实验记录、课后作业、假期作业、测试类主要由教师来评定，由课代表来负责记录。

项目作业和合作学习由小组成员、学生自己、教师共同来评定，选出优秀小组和优秀个人，折换成"赞"数由小组来记录。

有些特别的活动是需要在家里完成的，如家庭实验、假期作业等，借助家长的协助，确认完成情况。

对获得"生物之星"的同学，由教师颁发奖状以兹鼓励。

学生评价是一项专业性很强、难度很大的工作。我们探索形成的"奖赞星级加评语"学科评价模式，汇集了北京中学生物学科教学团队三年来在学科教学过程中关于学生综合素质评价的摸索和努力，我们也深知其科学性和操作性还需要进一步完善和规范。我们将在今后的教学中不断扎实理论学习和专业操作技能，更好地使学科评价成为促进学生发现自我和终身学习的重要手段。

【参考文献】

[1] 刘志军. 关于综合素质评价若干问题的思考［J］. 课程·教材·教法，2016（1）.

[2] 柳夕浪. 综合素质评价：引导学生成为他自己［J］. 人民教育，2016（1）.

[3] 钟启泉，崔允漷，张华. 为了中华民族的复兴 为了每位学生的发展［M］. 上海：华东师范大学出版社，2001.

作者简介

高　畅：

生物高级教师，北京市特级教师。她将课题研究与课堂教学紧密结合并取得丰硕成果，带领团队开发了系列小规模生物课堂活动类资源。曾获首都特色优质原创课程资源评选活动一等奖。指导学生开展多项科学实践活动和生物模型设计制作活动，多次在市、区展示。

教学案例

《可爱的化学能源》教学设计

◎吕纯志

扫描二维码
获取更多相关信息

一、活动课背景分析

1. 功能和地位

"初中开放性科学实践活动"项目，是在借鉴北京市基础教育阶段已有经验的基础上，利用社会资源开展的活动项目。活动的设计与实施有利于培养学生综合运用科学知识解决问题的能力、交流与合作的能力、创新意识和实践能力，有利于培育和践行社会主义核心价值观。

2. 学生情况分析

北京中学在八年级开设化学课程，每周 2 课时。学生具备了一定的化学知识和化学实验技能，并对科学实验活动比较感兴趣。学校一直倡导学生自主，学会自主学习是其中的一项，给每位学生配备 iPad，与方正合作开发慧云平台，这都为学生自主学习提供了资源保障。

二、活动目标

1. 学生通过表演"化石能源"，初步了解其形成过程、用途、危害、减少污染措施等。

2.从学生熟悉的情景和已有经验出发寻找学习素材，使学生了解化学与生活的密切联系。

3.通过对"自制暖宝宝的探究"，培养学生参与活动的乐趣及成功的心理体验。

4.通过对"自制水果电池"的探究，培养学生分析问题、解决问题的能力。

三、活动策略

主要采用任务驱动式：以解决问题、完成任务为主的探究式学习，使学生处于积极的学习状态。每一位学生都能根据自己对当前问题的理解，运用共有的知识和自己特有的经验提出方案，解决问题。

四、活动器材

1.实验用品

（1）氯化钠、铁粉、活性炭、水、锥形瓶、滴管、药匙。

（2）柠檬、西红柿、苹果、梨、土豆（各 4 个），铜片（6 个），锌片（6 个），二极管（2 个），导线若干，小刀，等等。

2.硬件设备

苹果 iPad 平板电脑、多媒体、方正慧云平台等。

五、活动过程

教学环节	教学过程		设计意图
化石能源 （10分钟）	【师】下面请看同学表演自己了解的"能源"知识。 【生】1.四位同学表演：一位是主持，负责串词；另外三人分别扮演煤、石油、天然气。其余同学认真听，可以提问。 2.回答下列问题： （1）三大化石能源是什么？属于哪类物质？ （2）共同的用途是什么？ （3）可以采取哪些措施减少它们燃烧时对空气的污染？	煤 石油 天然气	通过学生的表演，将科学活动与初中化学任务整合，弥补课时紧的问题，也能让学生更直观地感受到能源与人们生活处处相关。

续表

教学环节	教学过程	设计意图
自制暖宝宝 （10分钟）	【过渡】以下是生活中人们利用化学能转化成热能的例子。 【师】按照电子书提供的实验步骤和桌面提供的实验用品完成"任务一"——自制暖宝宝。 【生】1.学生实验"自制暖宝宝"。 2.填写学习任务单中"任务一"的内容。 天然气燃烧 煤燃烧 暖宝宝暖手	通过动手实验，感受充分利用好化学反应所放出的热量，是很重要的，同时为获取热量提供了新思路，不再局限于燃烧反应。
自制 水果电池 （15分钟）	【过渡】利用化学反应也可将化学能转化成电能。 干电池　　　蓄电池　　　干电池内部结构 【师】你对干电池有什么认识？ 【生】由化学能转化成电能；有两种不同活动性的电极材料；电解质溶液，等等。	通过观看干电池的内部结构，为后面解释"水果电池"的内部结构做铺垫。
	【过渡】下面我们模拟做个"水果电池"来共同体会化学能转化成电能。 【师】下面利用桌面提供的实验用品"自制水果电池"。 【生】1.看视频"自制水果电池"； 2.小组分工合作：其中一人录视频或拍照； 3.比一比哪组制作的水果电池既美观又具特色； 4.将"自制水果电池"拍照贴在学习任务单中"任务二"处。	通过"自制水果电池"，一方面培养学生参与活动的乐趣及成功的心理体验；另一方面培养学生分析问题、解决问题的能力。在"做科学"的探究实践中培养学生的创新精神和实践能力。

右上角：续表

教学环节	教学过程	设计意图
	【过渡】化学电池成分 【师】干电池和水果电池的成分有哪些相似之处? 【生】1. 都有电解质溶液:水果中的液体,电池中的糊状物质。 2. 都有不同活动性的电极材料:水果上插两种不同金属;电池中的金属、碳棒。	通过分析,初步了解化学电池的成分。
拓展·实验	课下观看视频"自制电动小车"。	课下进一步体会化学能转变成电能的例子。
总结 (5分钟)	1. 交流感受和收获; 2. 课下继续完成"学习任务单",并上传到老师邮箱。	在交流讨论中提高学生的表达能力。

可爱的化学能源学习任务单

学籍号:

学生姓名		学　校	
指导教师		完成时间	
老师评价	学生完成情况 A. 非常好 B. 比较好 C. 合格 D. 需要重做	质性描述及建议	
任务一 了解暖宝宝	请回答下列问题: 1. 暖宝宝中的主要成分有哪些? 2. 暖宝宝使用一段时间后可能失效,其原因主要是铁粉转化成了氧化铁,请设计简单的方法检验暖宝宝是否失效。 3. 请写出日常生活中利用化学反应产生热量的2个例子。		
任务二 自制水果电池	请把你制作的水果电池的照片贴在这里。		
收获和感受			

教学反思

一、iPad 下的活动设计

为了本节课收到更好的效果，我研发了电子书。学生利用电子书自主学习，提高了学习能力，在小组体验和交流中学会了合作和沟通。在整合资源的过程中，学生能够看到现象揭露事物的本质，提高实证意识和分析推理的能力。借助 iPad 搭建开放课堂，5 个组，20 个学生，有师生活动，也有生生活动，充分展示了活动过程，如实验过程、任务完成过程；也展示疑问，在质疑中提升能力。

二、学生活动充分

作为科学实践活动课，本节课的活动环节简单明了，图文并茂，环环相扣，三项学生活动充分。学生是活动的主人，老师是活动的引导者，是名副其实的配角。第一项学生表演"化石能源"，主持和展演都由学生完成，突出学生个体，展示学生自主学习成果；第二项和第三项主要体现小组合作，借助方正团队研发的慧云平台及时捕获各组生成性问题。当堂展示各组成果，使课上生成问题得到及时解决，成果即时分享，最大限度地提供交流平台，这种体验性学习效果突出。

三、学生课后感受

在这次化学课上，我真正体会到了化学与生活的紧密关联。生活中许多东西很常见，但我却从未用心想过它所蕴含的玄妙知识，例如暖气与天然气等。同样，我也没有想到有一天我会用这样简单的道具自己制作一节电池。这一节课中，我真的理解了"生活处处是化学"的含义。

总之，作为一节北京市科学实践活动展示课，看到学生活动中的成功以及听课教师围着学生发出的赞叹声，我感觉付出是值得的。遗憾的是当时没有在现场听到点评。

吕纯志：

化学高级教师，朝阳区学科带头人，学科建设专家库中心组成员。曾被评为朝阳区教育科研先进个人、朝阳区优秀辅导员。曾参加北京市化学中考命题工作，多次承担市、区级研究课、专题讲座工作，出版个人专著《教师工作方法创新案例集》。

作者简介

《脊椎动物的心脏结构》教学设计

◎林 琳

课程说明（信息技术与学科教学内容结合方面的指导思想与理论依据）
小组合作的自主性学习是生物学课堂中的主要学习方式之一，尤其是基于教材内容的拓展性学习，对于培养学生的迁移应用能力很有帮助。 　　利用移动学习环境进行自主学习为课程的实施提供了便捷；数字化学习资源作为学生自主学习的参考和补充资料，为有效的自主学习提供了保证；交互的课堂练习和测评系统使得实时评价学生的学习结果成为可能。基于学科学习需要，利用学校信息化条件的优势，我们设计了以信息化为依托的学生学习方式变革的系列课程。本节课属于系列课程中的小组合作性自主学习汇报分享课。

信息技术环境软硬件要求及搭建环境情况
无线网络覆盖的课堂，液晶电视，苹果投屏系统，iPad，教学软件 Molasync，方正慧云互动课堂。

教学背景分析
学生在之前学习了以人为代表的哺乳动物心脏结构以及血液循环系统特点，亲自动手解剖了羊的心脏，对哺乳动物的心脏结构有了较全面深入的认识，知道心脏各部分的位置和名称及相应功能，能以心脏为中心想象双循环系统的动态过程，为学习脊椎动物其他类型的心脏结构和循环系统打下基础。 　　脊椎动物不同类别生物的心脏具有不同的结构、功能特点，这是生物多样性的典型体现。以心脏结构的发展变化为线索，对比研究脊椎动物的心脏特点，可以从实证的角度帮助学生更好地理解生物多样性。在学习哺乳动物心脏结构时，学生兴趣浓厚，解剖实验效果也较好，在学习这部分内容时学生的兴奋点依然很高。但是考虑到其他类型生物心脏材料不易获得，而且有些是保护动物，活体解剖对于初中孩子来说既有技术操作的难度更有可能影响孩子的价值观，不少学生也表示活体解剖目前仍觉得残忍，不太愿意实验。综合上述因素，我决定利用信息技术来解决这部分的学习难题，一方面借助网络搜寻相关资料，包括观看高校和专业人士的解剖实验过程，另一方面教师制作数字化资源电子书，给学生构建学习的基本框架，引导学生自主学习。在学习过程中，以四人小组的形式进行，在布置学习任务时，以易于小组分工和合作的方式呈现任务，给出具体的要求。小组成员之间有具体的分工，相互依赖，遇到问题可以一起讨论解决，降低心理压力和学习难度。

在学生自主学习之前给出具体的评价细则，促进小组学习目标的达成以及各小组之间的交流和互动，使各小组的学习积极性增强。由于学生年龄较小，自我管理和计划执行能力还不够强，在自主学习的过程中需要给予及时的任务提醒和帮助，保证自主学习的有效性。

教学目标及教学重难点

教学目标

1. 说出脊椎动物鱼纲、两栖纲、爬行纲、鸟纲的心脏的主要结构；

2. 知道脊椎动物心脏结构的多样性；

3. 通过对比脊椎动物不同类别生物的心脏结构异同，认识到心脏结构的发展和变化过程；

4. 通过分析呼吸方式对血液循环系统结构的影响，分析心室结构对氧气交换和运输效率的影响，体会结构基础和生理功能的统一性。

教学重点

1. 知道脊椎动物心脏结构的多样性；

2. 通过对比脊椎动物不同类别生物的心脏结构异同，认识心脏结构的发展和变化过程。

教学难点

通过分析呼吸方式对血液循环系统结构的影响，分析心室结构对氧气交换和运输效率的影响，体会结构基础和生理功能的统一性。

教学过程

教学阶段	教师活动	学生活动	设置意图	技术应用	时间安排
探究学习任务回顾	以电子书总结前期学习过程以及各组的探究性学习任务	观看，倾听，回顾学习过程	温故知新	T21 技术支持的探究学习任务设计	0′ 23-5′ 46
复习检测	组织巩固练习	人机互动答题	温故知新	T24 技术支持的学习评价	1′ 56-4′ 51
组织汇报展示	介绍小组汇报展示的具体要求；对倾听的同学提出具体要求；强调评价	倾听	保证汇报环节的有序高效	T22 技术支持的学习小组的组织与管理	6′ 00-7′ 38

教学过程					
两个小组汇报展示并组织互动	组织汇报并穿插点评；记录并评价学生互动情况	第一、二小组汇报；其他同学倾听和记录并参与互动；评价小组评价	展示自主学习结果，交流分享	T20 移动学习环境中的自主合作探究学习	7′ 40-16′ 00
检测评价	组织在线检测、学习结果数据采集和反馈分析	在线做题，获得学习结果反馈，更正	实时评价学生学习情况	T24 技术支持的学习评价	17′ 06-22′ 55
小组合作练习	指导软件的使用，分析结果	参与练习	动态呈现学生学习效果	T18 适用于移动设备的教学软件应用	22′ 56-28′ 17
两个小组汇报展示并组织互动	组织汇报并穿插点评；记录并评价学生互动情况	第三、四小组汇报；其他同学倾听和记录并参与互动；评价小组评价	展示自主学习结果，交流分享	T20 移动学习环境中的自主合作探究学习	28′ 18-39′ 45
小结	小结脊椎动物心脏结构	倾听、记录	总结提炼知识内容		
布置作业	布置作业	课后在线练习	复习巩固	T24 技术支持的学习评价	40′ 55-41′ 10
小组汇报评价结果反馈	组织评价小组汇报	评价小组宣布评价结果	反馈学生汇报结果		

注：技术应用对应的时间安排，按照从授课开始为 0 分 0 秒计算，填写具体的时间段。

例如技术应用：T11 技术支持的课堂导入，对应时间安排 0′ 0-5′ 30。

案例自评

本节课是一节以学生小组合作性自主学习成果展示分享为主的翻转课堂，是在学习了哺乳动物心脏结构之后，学生对脊椎动物其他类型生物的心脏结构进行自主学习的拓展课。

对于移动学习环境中的学生自主合作探究性学习，教师通常需要帮助学生解决以下问题：

建立前期学习内容和自学内容的联系，进行拓展和迁移；

利用网络进行资料搜集和信息提取的过程中如何避免盲目性，保证科学性，促进深入理解；

学生学习成果的充分展示和互动交流；

全体学生自学效果的实时评价和针对性反馈。

有了信息技术的支持之后，这些问题可以得到较好的解决：

对于第一个和第二个问题：教师在课前制作数字化学习资源——电子书，作为学生自主学习的参考资料。在电子书中既有对之前学习内容的梳理和总结，又给出了学生自学内容的相关辅助资料，引导学生更好地进行自主学习，既满足个性化学习需要，又能保证自学的科学性和深入程度。

在本节课开始时，教师利用电子书中设计的交互练习内容，带着学生复习哺乳动物心脏结构，学生在移动终端 iPad 上直接用手指拖拽表示心脏结构名称的文字框到心脏配图相应的连线部位即可。拖拽完成之后可以点击查看答案，如果有错误可以再重新操作，让学生动脑和动手结合，既生动有趣又能达到互动效果。

对于第三个问题：学生利用移动设备在网络环境下查找资料进行自学，并将学习成果制作成多媒体课件，在课堂上通过投屏转换插头直接投放到教室液晶电视大屏幕上。通过操作 iPad 进行展示和分享，学生还设计了交互练习的题目，促进同学间的互动互学。

对于第四个问题：针对学生的自学内容，教师提前设计好测验 1 和测验 2 两套练习检测题，在课前推送到方正慧云互动检测平台上。在前两个小组完成汇报后，教师指导学生进行测验 1 环节，主要针对前两个小组的汇报内容进行检测，评价学生互学效果。在进行测验过程中，教师能够通过后台系统随时查看学生的试题完成情况，及时了解学生答题的速度。在所有同学交卷之后，通过系统处理，可以看到学生答题情况的矩形图报表，包括每道题的正确率和错误率，答错学生名单，每个同学得分情况。通过 iPad 投屏，学生也能看到全班的答题情况，教师可以针对错误率较高的题进行讲解，也可以让做错的同学分析做错原因，从而及时发现学生学习障碍并及时解决。

最后的测验 2 作为学生课后作业，教师可在课后随时查看学生的完成情况。教师的 iPad 和学生的 iPad 在本节课前下载安装交互式绘图软件 Molasync，利用软件自带的协同功能，能使所有同学进入教师设定的统一界面，允许所有移动终端同时进行绘图操作。教师先演示如何绘制哺乳动物双循环系统的血液流动路径，然后再呈现鱼类循环图，要求学生以组为单位同时在操作界面绘制血液流动路径。这样既可以保证全体同学的参与，又能实时再现学生思维过程，及时发现问题，解决问题，交互效果突出。

本节课需要学生能够熟练使用 iPad 进行网络学习，查阅资料，制作 PPT，能够登陆虚拟课堂平台进行答题练习，能够下载安装教学软件并按照老师的指令进行操作。

专家点评（北京市特级教师　高畅）

林琳老师执教的《脊椎动物的心脏结构》一课，是在北京版生物教材基础上自主开发的课程，课程以脊椎动物心脏结构的对比为主线，充分指导学生自主学习、合作学习，为学生搭建交流展示的平台，满足学生个性化学习的需求。

本节课最大的亮点是课堂上充分运用多媒体现代教育技术手段，以 iPad 为移动终端，以方正慧云软件和 Molasync 软件为平台，实践翻转课堂、在线课堂等多种教学模式的综合运用。在技术运用上的几个具体的细节值得我们关注和学习。

1. 课前翻转课堂自主学习

为指导学生高效的自主学习，林老师特别制作了一册电子书，将本节课相关的学习资源以电子书的形式呈现给学生，方便学生自主规划学习内容和学习节奏，满足不同学生的需求和促成他们的个性化学习。正是由于有了电子书的大量学习资料，保证了自学的科学性和深入程度，课堂上我们才能看到学生全面、系统而自信的交流汇报。

2. 课上以 iPad 为移动终端的交流汇报

林老师充分运用学校信息化条件优势，调动学生的学习热情，最大程度地发挥 iPad 辅助教学的实用价值。引导学生利用 iPad 的多种呈现功能，以视频、PPT、动画等多种形式展示学习成果，更好地实现了信息的交互性，提高了学生收集和处理信息的能力，达到了提升学生的综合素质以适应未来现代社会需求的目的。

3. 课上及时全面获取学生反馈信息

为及时了解学生的学习效果，林老师设计了三次学习反馈环节：第一次对电子书自学学习效果的反馈，以交互练习的形式，学生在移动终端 iPad 上直接用手指拖拽表示心脏结构名称的文字框到心脏配图相应的连线部位。拖拽完成之后可以点击查看答案，如果有错误可以重新操作。操作简单，互动性强，激发学生主动学习的兴趣。第二次是在课中对小组汇报学习的效果检测，利用 Molasync 软件为平台，利用软件自带的协同功能，让全体同学进入教师设定的统一界面，允许所有移动终端同时进行绘图操作。学生以小组为单位同时在操作界面绘制同一类型脊椎动物的血液流动路径，这样既可以保证全体学生的参与，又能实时再现学生的思维过程，及时发现问题，解决问题，交互效果突出。第三次是课堂小结阶段，利用方正慧云平台，全体学生进入虚拟在线课堂，教师提前设计好练习检测题，学生在线做题，系统会快速呈现学生答题情况及正确率等数据分析，有利于教师结合学生存在的问题做出针对性的教学调整。

4. 课后的延伸学习

课后作业也是以方正慧云为平台，学生在线完成测试，教师可以从后台了解学生做答情况，获得教学反馈信息。

本节课多种教学工具在教学中的使用，充分调动了学生的学习热情，提高了学生的信息加工和处理能力，使课堂呈现信息量大、交互性强、反馈及时等特点。但由于技术上可能存在一些课堂不可控因素，会影响对整体学生的评价，还需教师在课前做好充分准备。

作者简介

林　琳：

生物一级教师，朝阳区初中生物兼职教研员。北京师范大学生命科学学院硕士。入选朝阳区优秀青年教师后备人才。教学设计《玩转花青素》获得"2016年北京市教学设计一等奖"。承担多节市区级研究课，在市级青年教师教学技能比赛中获得二等奖，区级比赛一等奖，参与北京市精彩课堂录课。开发的课程资源获得两个首都优质原创课程辅助资源评选一等奖。指导学生开展研究性学习，在市区级金鹏科技论坛评比中获奖，指导学生观鸟社团获得"朝阳区朝英社团"称号和"朝阳区优秀社团"称号。参研多项市区级课题研究，致力于项目学习和活动教学的探索，参编著作包括初中《生物学读本》（七、八年级），《鸟类观察》。参与北京师范大学初中生物高精尖项目组的课题工作，开发的创新实验设计被全国教师继续教育网录用，多次担任国培计划初中生物主讲教师。在信息技术领域创新实践，开发的课例被北京市教委选用，纳入北京市中小学教师全员培训资源库。

《活性炭的应用》教学设计

◎王　志

一、教学背景分析

（一）教学内容分析

本课题以活动教学的形式，围绕活性炭的应用问题，将资料查阅、实验探究和小组活动等方法有效地串联起来。实验内容丰富，贴近学生生活，揭示了活性炭净化原理，引导学生进行自主合作实践活动。

（二）学生情况分析

水和空气是人类生存的重要条件，但是地球上干净的水和空气资源越来越少。关于水和空气的污染与净化，每个学生都有一些成熟或不成熟的想法。怎样从物理的角度加工这些想法，深刻认识它们的本质，并运用它们来指导生活实践呢？"显隐促成"，让每个学生都参与到实践活动中来。学生在已有认知的基础上提出假设，动手去探索，将自己的原有认知显现出来，在老师的指导下通过观察、思考，发现问题、解决问题，所以重点要引导学生观察实验现象，并通过分析实验现象归纳物理规律。指导思想是充分体现课堂教学的生活性，通过实验和设计问题引导学生在满足好奇心的愿望中完全地参与到科学实践活动中来。

二、教学目标

（一）知识与技能

知道活性炭的结构特点和净化原理；

了解活性炭在生活中的应用。

（二）过程与方法

学习运用实验方法得到信息，能用物理语言表述；

学习运用比较、归纳、总结等方法对获取的信息进行加工；

感受人们通过观察实验、分析推理、概括等认识自然世界的方法。

（三）情感、态度与价值观

注意观察实验现象，对实验探究产生兴趣，能主动利用简易器材做小实验；

关注科学技术对社会的发展、自然环境及人类生活的影响。

续表

三、重点与难点

（一）教学重点

过滤的操作方法；

污水净化的操作方法。

（二）教学难点

引导学生合理设计实验步骤；

培养学生的实验能力。

四、教学资源准备

净水系统科学套装、烧杯、木屑、小勺、使用过的食用油、滴管、海绵、活性炭滤网、滤纸。

五、教学流程

1. 创设情境，引入问题；

2. 利用各种材料尝试分离油和水；

3. 认识活性炭的净化原理；

4. 了解活性炭的应用；

5. 自制简易活性炭净化器。

六、教学过程

环节	教师活动	学生活动	设计意图
1.创设情境，引入问题	水是人类生存的重要条件，但是地球上干净的水资源越来越少，被污染的水源越来越多。近几年，频频出现原油泄漏事件，造成了巨大的环境危害和经济损失。如何将油和水进行分离？	学生倾听、思考。 学生展开自由讨论，猜想可以用于分离油和水的材料。	设计课前活动，激发学生的学习热情，培养学生的观察、实验能力。

续表

环节	教师活动	学生活动	设计意图
2.利用各种材料尝试分离油和水	那么怎么样才能更好地将油和水分离？接下来我们进行一个探究实验，请同学们像科学家一样去思考，去探究。 学生分组实验 	学生四人一组进行实验。利用加入使用过的食用油的水模拟被污染水源。学生利用实验室内的器材，自行设计、进行实验。 学生将实验前后情况对比，总结不同材料对于食用油的不同吸附作用。	学生在之前的认知里对"什么能吸附油"会有各种猜想，但掌握情况不强。通过这项活动深化学生的认识，并让学生能通过实验发现在给出的几种材料中哪种物质能最好地吸附油，引出接下来的原理解释。 通过让学生观察演示实验，记录实验现象，启发学生分析现象说明的问题，注意渗透比较的方法，让学生学会研究问题的方法和培养学生的逻辑思维能力，而不是单纯地灌输知识。
3.认识活性炭的净化原理	在油面上洒下木屑，有什么现象发生？油都跑到哪里去了？ 木屑为什么能将油吸附到它的内部？你们想知道原因吗？这是由于木屑中含有活性炭成分。为什么活性炭有吸附性？我们一起来看看活性炭的内部结构。 活性炭的这种结构让我们想到了什么？ 为什么海绵容易吸水？为什么海绵在吸了水之后体积不变？这是因为海绵中有各种大大小小的窟窿，呈孔隙结构。这种孔隙结构让被吸附进来的水有地方存储。这就是海绵吸水能力强的原因。 同样，活性炭的多孔隙结构让它也拥有很好的吸附能力。	学生结合之前的实验思考。 学生思考、回答：海绵、豆腐等的结构。 学生观察、思考。	让学生明确实验能为后面观察、分析实验现象做准备。 实验中注意实验步骤和方法的展示，指导学生有目的地进行观察，让学生明确自己应该"看什么"和"怎么看"，培养学生的观察能力。

续表

环节	教师活动	学生活动	设计意图
4.了解活性炭的应用	如今越来越多人关注空气质量，许多家庭购置了空气净化器，空气净化器为什么能起到净化空气的作用？ 空气净化器内部有活性炭过滤网，它是由活性炭材料制成的一个网状过滤层，可以使空气在穿过过滤层的时候，各种杂质和有害物质被吸附到活性炭过滤层中。 展示口罩、活性炭包、新的和使用过的活性炭过滤网。 	学生讨论，猜想。 学生边观察边记录，边对比、分析。	提出新问题，对学生回答不做解释，激发学生的求知欲，顺利过渡到后面的学习中。 引导学生在观察物理实验现象的基础上，通过分析和概括得出结论，培养学生观察、分析和归纳能力，并让学生在获取知识的过程中，领会物理学研究的科学方法。

续表

环节	教师活动	学生活动	设计意图
5. 自制简易活性炭净化器	我们已经知道了活性炭的结构是什么样的，这种多孔隙的结构具有较强的吸附能力。我们可以利用它来分离油和水，也可以用它来净化水和空气。那么，我们是否可以通过手中的材料来自制一个活性炭净化器，过滤污水来得到干净的水呢？ 讲解自来水厂的净化过程。 取水 - 沉淀 - 过滤 - 吸附 - 消毒 - 配水 过滤的过程可以使用石子、沙子、石英砂等完成，颗粒越大越应装在上面。吸附可以使用活性炭。 细小的材料下面必须垫上滤纸。	学生跃跃欲试。 观察，讨论。 学生分组实验，边实验边完成实验记录。	引入新问题，激发学生继续学习的欲望。 让物理走向生活，体现"物理就在我们身边，生活中处处有物理"。

作者简介

王　志：

中学物理教师，首都师范大学物理系硕士。在信息技术与学科教学融合方面有前瞻性的实践研究，曾承担多节市、区级研究课。指导学生参加DI、FLL、未来工程师等赛事并获奖。能熟练查阅英文文献并具备较强的英语写作能力，公开发表多篇专业论文。

学科特色活动

北京中学科学组第一届科学周活动方案

◎科学组

一、指导思想

北京中学科学周举办的科学活动以"面向全体学生，提高学生科学素养"为理念，为了丰富学生的课余生活，进一步拓宽学生的科学视野，增加学生动手的机会，让学生体验科学探究过程，在科学探究过程中学会学习、学会创新。

二、活动主题

科学生活、创新北中。

三、活动时间

2015 年 11 月 16 日 -2015 年 11 月 20 日（第 12 周）。

四、参加对象

北京中学全体学生。

五、活动内容

序号	活动项目	参加活动对象	活动时间	活动地点	活动规则	评奖办法	负责人
1	科学知识竞赛	全体班级	11 月 16 日（自修时间）	各班级教室	详见活动项目说明	详见活动项目说明	林琳
2	优秀实验展示	部分学生	11 月 17 日	报告厅	同上	同上	冯波
3	鸡蛋撞地球大比拼	部分学生	11 月 17 日	操场	同上	同上	向秀媚
4	科技论文、设计产品说明书比赛及展示	部分学生	11 月 18 日	操场	同上	同上	王岳琼
5	各学科作品、科技社团作品展示	部分学生、科技社团学生	11 月 19 日	操场	同上	同上	田武媚
6	评选北中科学达人	全体学生	11 月 20 日	待定（升旗仪式上颁奖）	同上	同上	余金星

六、科学周工作领导小组

组长：冯波、周端焱。

组员：高畅、王岳琼、林琳、王志、吕纯志、余金星、田武媚、向秀媚。

七、活动项目说明

◆　科学知识竞赛

1. 参加项目对象

北京中学全体班级。

2. 活动规则

（1）以班级为单位，参加科学知识竞赛。

（2）竞赛形式是以班级共同抢答的形式开展，从试题库中随机抽取题目。试题库由北京中学科学组老师建立并审核，题目内容涵盖物理、化学、生物及天文等常识，科普性强。

（3）各年级在同一时间开始竞赛，相同时间内答对题目最多的班级胜出。

（4）每个班级有两个评委。评委来自同年级的其他班级，负责裁判、计分和统计成绩工作，并将最终的成绩上报给科学组林琳老师。

3. 评奖办法

各个年级评选出一等奖 1 名，二等奖 2 名。

◆ 优秀实验展示

1. 参加项目对象

喜欢动手实验，敢于展示自我的学生。

2. 活动规则

（1）以个人或小组合作形式展示有趣的科学实验，并加入自己的创意和设计，传播科学知识，展示实验的魅力。

（2）评委由学生代表和老师组成，从科学性、美观性及设计等方面进行评判。

3. 评奖办法

从展示的实验中评选出一、二、三等奖。

◆ 鸡蛋撞地球大比拼

1. 参加项目对象

部分学生。

2. 活动规则

（1）以小组（2-4 人）或个人为单位参加该项比赛。

（2）参赛组需要给自己的鸡蛋制作一个长、宽、高都不超过 50cm 的保护装置（比赛用鸡蛋由学校提供，保护装置自行设计和准备。如果自带鸡蛋，要求不能经物理或化学方法处理），使其在指定的地点能从一定的高度自由落下。蛋壳不破裂的前提下，保护装置的质量越轻、下落时间越短、装置外观越完整、美观，得分越高。得分最高者为胜。

（3）不许使用高压气体、利器等危险装置。

（4）每个班至少派出两个参赛队，每个参赛队只能上报一个作品。

3. 评奖办法

依据参赛组的成绩评选出一、二、三等奖。

◆ 科技论文、设计产品说明书比赛及展示

1. 参加项目对象

部分学生。

2. 活动规则

（1）参赛论文可以是科技论文、科学画报、实验报告、考察报告、观察（观测）报告、调查报告、研究报告等。

（2）参赛论文可以以日常生活中的科学现象、科学课、综合实践课、野外动植物、生物欣赏、课外科普阅读中的发现等为依据。

（3）论文字数六年级一般在 600 字以上，七年级 800 字以上，八年级 1000 字以上，但最多不超过 2000 字。

（4）论文应包括论文题目、正文、作者班级、姓名等。提交论文作者需报送一份书面论文（纸张 A4）到科学组王岳琼老师处。

（5）每班报送的科技小论文至少应在 8 篇以上；对于论文评审，学校将组织部分科学、语文学科学有专长的教师，对所有参赛论文进行综合评比。

（6）科技论文不得从网上抄袭，要具有自己独特、创新的观点。

3. 评奖办法

每个年级从参赛作品中评选出一等奖 15%，二等奖 25%，三等奖 35%。评选出的优秀论文需要提交电子版本，并参加校级展示。

◆ 各学科作品、科技社团作品展示

1. 参加项目对象

部分学生，科技社团学生。

2. 活动规则

（1）关于物理、化学、生物学科的实物模型和制作产品等都可以展示；科技社团的作品展示。

（2）上交作品并附上作品制作说明，供展示使用。

（3）评委是我校学生，每位学生五个小贴画，投给自己喜欢的作品。

3. 评奖办法

每个年级从参赛作品中评选出一等奖 15%，二等奖 25%，三等奖 35%。

◆ 评选北中科学达人

1. 参加项目对象

全体学生。

2. 评选规则

（1）凡以班级、小组或者个人参加北京中学科学周活动（科学知识竞赛、优秀实验展示、鸡蛋撞地球大比拼、科技论文比赛、学科作品及科技社团展示活动）的同学都可参评北中科学达人。

（2）所有获得一等奖的班级、小组及个人都赋予分值 5 分；获得二等奖的班级、小组及个人都赋予分值 4 分；获得三等奖的班级、小组及个人都赋予分值 3 分。

（3）参加的活动项目越多，累计的成绩越高，成绩高者胜出。

3. 评奖办法

每个年级评选出 5 位北中科学达人，全校共 15 人，颁发获奖证书并给予奖励。

八、成绩表

九、海报

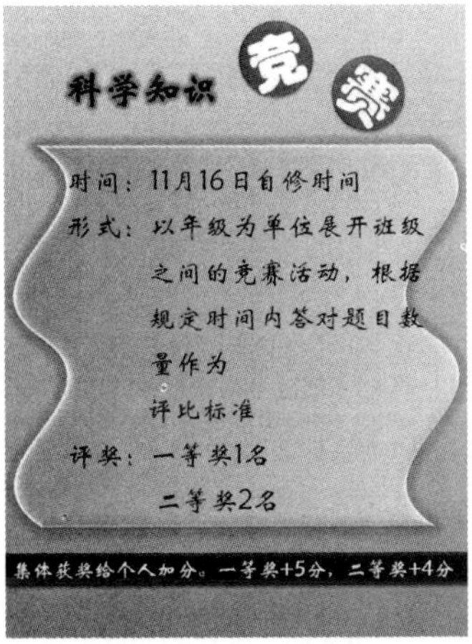
科学知识竞赛
时间：11月16日自修时间
形式：以年级为单位展开班级之间的竞赛活动，根据规定时间内答对题目数量作为评比标准
评奖：一等奖1名
二等奖2名
集体获奖给个人加分。一等奖+5分，二等奖+4分

北京中学科学周
（展示类）
科学达人
是你吗？
模型
画作
只要把科学
SHOW出来
请于11月13日前将你的大作交至306田老师处，
并附作品及作品制作说明。

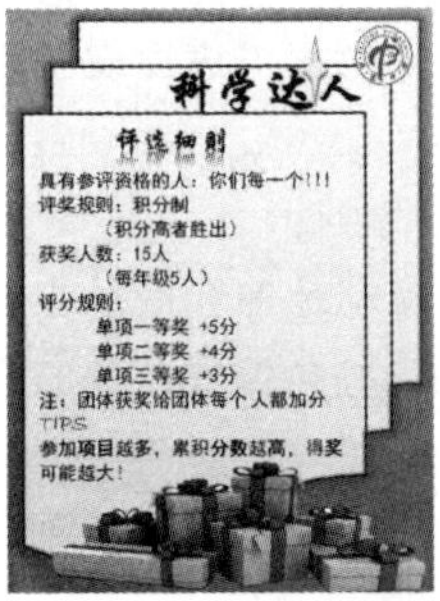
科学达人
评选细则
具有参评资格的人：你们每一个!!!
评奖规则：积分制
（积分高者胜出）
获奖人数：15人
（每年级5人）
评分规则：
单项一等奖 +5分
单项二等奖 +4分
单项三等奖 +3分
注：团体获奖给团体每个人都加分
TIPS
参加项目越多，累积分数越高，得奖可能越大！

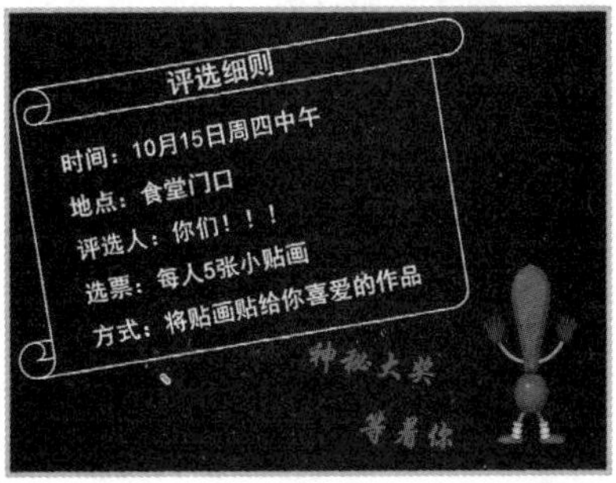
评选细则
时间：10月15日周四中午
地点：食堂门口
评选人：你们！！！
选票：每人5张小贴画
方式：将贴画贴给你喜爱的作品
神秘大奖
等着你

北京中学科学组学科周活动征集作品啦！
作品主题：科技小论文
北京中学
内容要求
参与方式
yueqong@126.com
注

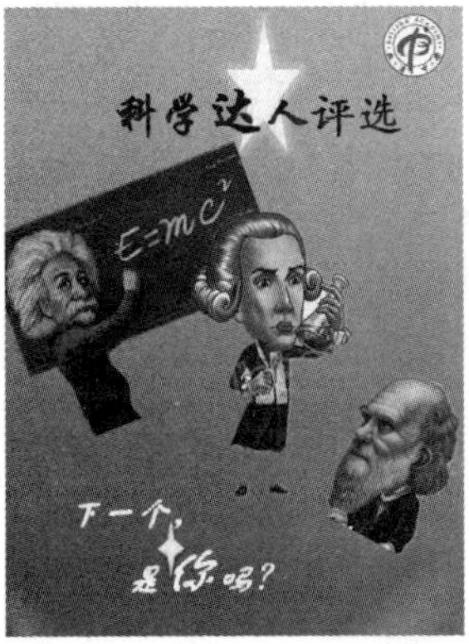
科学达人评选
E=mc²
下一个，
是你吗？

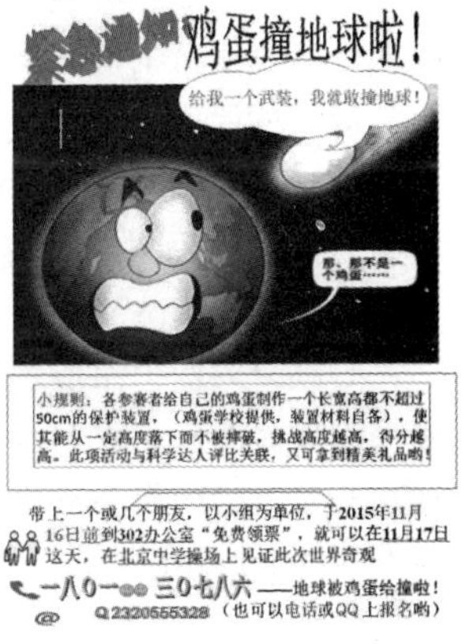
紧急通知 鸡蛋撞地球啦！
给我一个武装，我就敢撞地球！
那、那不是一个鸡蛋……
小规则：各参赛者给自己的鸡蛋制作一个长宽高都不超过50cm的保护装置，（鸡蛋学校提供，装置材料自备），使其能从一定高度落下而不被摔破，挑战高度越高，得分越高。此项活动与科学达人评比关联，又可拿到精美礼品哟！
带上一个或几个朋友，以小组为单位，于2015年11月16日前到302办公室“免费领票”，就可以在11月17日这天，在北京中学操场上见证此次世界奇观
——地球被鸡蛋给撞啦！
Q2320655328（也可以电话或QQ上报名哟）

"血液循环"模型的制作

◎王岳琼

一、活动策划

人的血液循环方式是初中生物学科教学的重要内容之一。体循环和肺循环的路径是学生记忆的难点。教学中通常采用绘制模式图及观看动画的方法帮助学生记忆，但直观性不强。

我们想制作一个动态的模型，适合在学校的公共区域展示，能吸引学生随时动手操作，促进学生理解与记忆本部分知识。

1.材料的选择

根据血液循环所需结构——血液、血管和心脏的特点，进行模型制作材料的选择。

我们用稀释的红墨水来代替血液。

血管分为主要的动脉和静脉及毛细血管，其中流动脉血和静脉血的血管因内部血液含氧量的不同而颜色有差异。流动脉血的血管颜色偏红，我们直接选用无色的硅胶管，里面灌注红墨水后就会呈现出红色。流静脉血的血管颜色偏蓝，我们用蓝色丙烯颜料刷在无色的硅胶管外侧，里面灌注红墨水后，呈现的是红色偏蓝的静脉血颜色（没有直接选用蓝色硅胶管的原因是，透明的蓝色硅胶管不容易买到，而且毛细血管处有流静脉血和动脉血的血管的变换，涂颜色更容易体现这种变换）。血管分支处用等径和变径三通管、直通管连接。

心脏分为四个空腔，心房和心室之间有房室瓣控制血流方向。我们采用较粗的硅胶管作为心房和心室。心房和心室用单向阀连接，从而实现血液的单项循环流动。

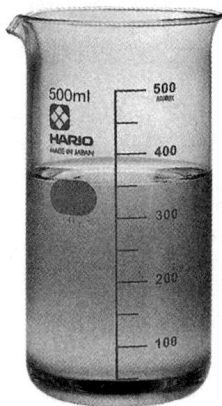

图1 稀释的红墨水

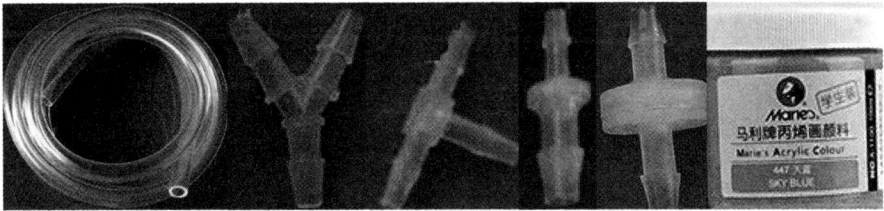

图 2　硅胶管、三通管、直通管、单向阀、丙烯颜料

2. 设计方案

根据模型材料及血液循环系统的相关知识，做设计图纸，探讨、修改之后根据图纸实施模型的制作。

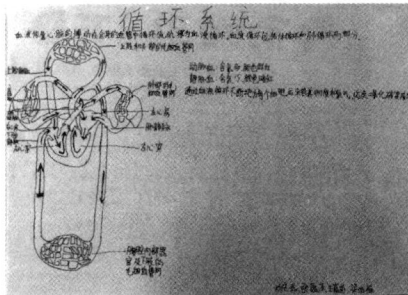

图 3　血液循环基础知识（1）

图 4　血液循环基础知识（2）

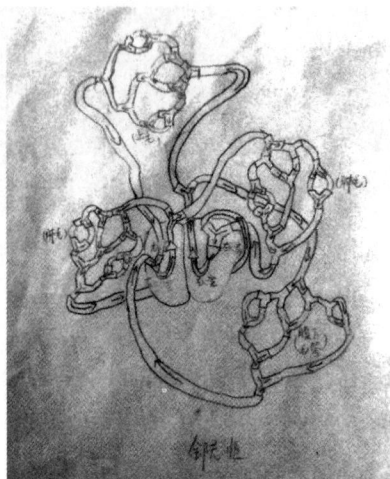

图5 学生的"血液循环"模型设计

制作本模型所需的材料说明如表1所示。

表1　模型材料

名称	数量	说明
三通管（2.4mm）	40个	连接毛细血管
变径三通管（4-6-4mm）	4个	连接主要血管
变径直通管（6.4*3.9mm）	4个	连接心脏和主要血管
单向阀（6mm）	2个	用作房室瓣
硅胶管（2*4;3*5;6*8）	若干	用作血管
丙烯颜料（蓝色）	1瓶	血管涂色
红墨水	少量	用作血液
KT板	1块	用于固定模型

3. 活动实施时间

学生利用课余时间进行设计和模型的制作，并在生物课上做展示。

二、实施记录

1. 成品展示

学生制作的"血液循环"模型成品，如图 6 所示。

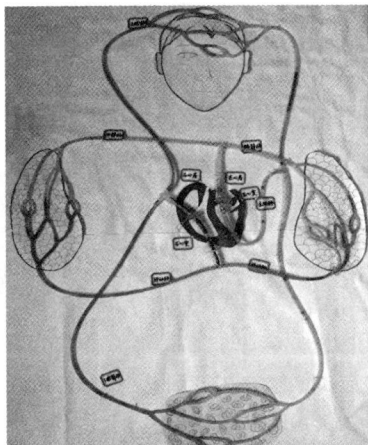

图 6 "血液循环"模型

2. 操作方法

用手挤压心房或心室，模拟心脏收缩和舒张。硅胶管中的红墨水因受到挤压而通过单向阀单项流动，从而使红墨水在整个模型的硅胶管中流动起来。

3. 学生在生物课上展示模型

在生物课上，学生对所做的模型进行解释和使用方法展示，如图 7、图 8。

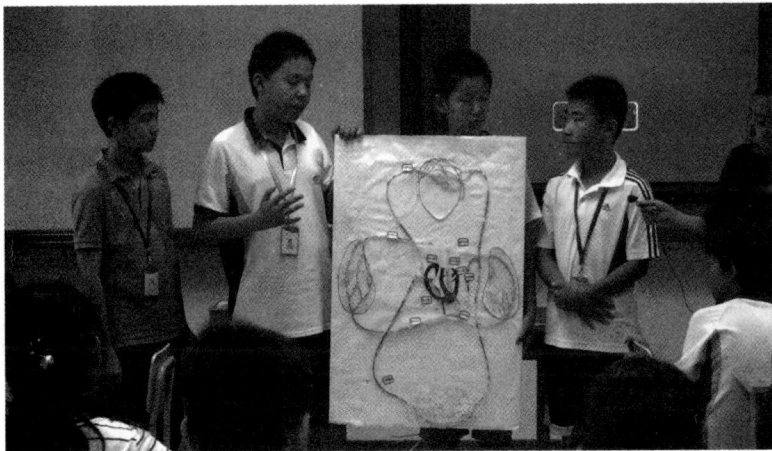

图 7 学生展示"血液循环"模型

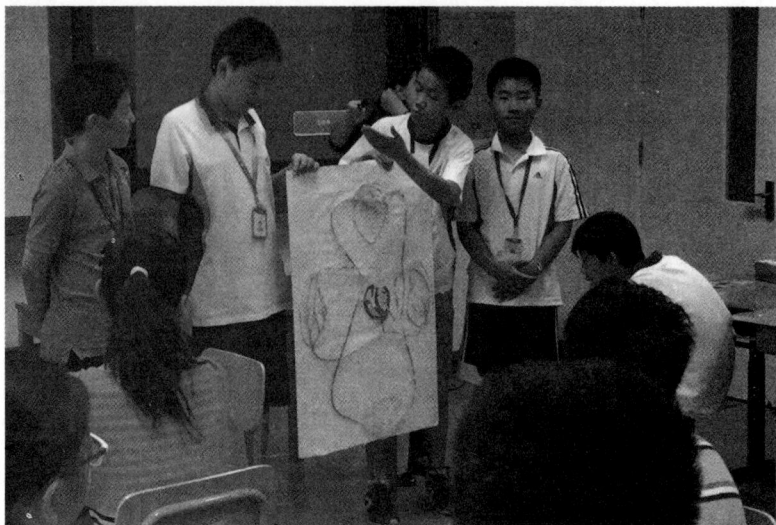

图 8 学生对"血液循环"模型的作用与方法进行说明

三、注意事项及改进建议

可以从任意接口打开硅胶管注入红墨水,从心脏处注入更方便。

注入的红墨水不宜过多,不能将内部空气全部排出。红墨水被空气分隔成多段后,其在硅胶管中的流动的方向更容易观察。

此模型可以进一步完善,例如,可以加进更多的器官。

作者简介

王岳琼:

生物学科高级教师,朝阳区高中生物学科兼职教研员,朝阳区高考模拟试题命题专家组成员。曾荣获朝阳区骨干教师、优秀青年教师、朝阳区教育科研先进个人称号,高三生物教学业绩突出。作为课题负责人先后承担国家级课题1项,市级课题4项,区级课题1项,取得相应科研成果。

教学随笔

让学生成为课堂的主人
——对科学课小组合作学习的思考

◎高　畅

在学科规划构建之初，我们就在思考该引导学生采取什么样的学习方式去学习科学课呢？结合北京中学的培养目标，我们尝试把小组合作学习引入科学课课堂，并依托这一基本的学习方式，实现预设教学目标。一个学期的教学实践证明，学生在小组中发表见解比在班级要积极得多。小组合作学习为学生主体间的互动创造了更多的机会，使学生间的交往在有限的时间内达到最大化，弥补了传统课堂师生间、学生间互动十分有限这一缺憾。

另外，小组成员间的角色是多变的，如组织者、记录员、报告者、倾听者。学生可担当多重角色，完成不同学习任务。这使学生在不同的角色扮演中实现人际交往与合作等多种能力和素养的提升。我们通过设计"探究含羞草应激性""认识蜗牛"等实验，指导学生运用观察法、实验法学习生物学，引导学生像科学家一样进行探究性学习，"让学生在玩中学习，在合作中思考，在体验中创新"。在这一过程中，我们遇到了很多困惑，也探索出一些有效的解决办法。

一、小组成员的组成

对学生进行合理分组是一个不容忽视的大问题。如果学生对分组不满意，会影响他们的情绪和参与课堂的状态，也直接影响到学习效果。尽管各班分组方式不同，但几乎每个班里都出现了纯男生组或是纯女生组。我们发现男生组在实验过程中动手能力强，但实验记录与总结明显不够细致，影响学习最终效果；女生组较安静，记录细致但不善于展示，极少主动将学习成果与全班同学做交流。如有的班级不可避免地出现小组四人中1男3女或是3男1女等情况，或是有的同学要求与自己要好的同学分在一组等情况。鉴于以上问题，我们采取的对策是小组成员既要保持相对固定又要定期更新。因此，我们每个月会调换一次小组成员，调换时每组保留两名原同学，让学生感觉相对稳定、熟悉，有心理安全感。同时每组又调换两名新同学，以便为同学们创造与更多的同学相互接触、学习的机会。老师也会经常性地做学生的思想工作，让他们以一种包容、接纳的心态去对待新成员。同时我们还发挥评价的激励功能，鼓励小组同学密切合作，争当每个月的优秀小组。

二、小组成员的发展机会不平等

在学习过程中，我们发现：看似小组全员参与，实际上却是外向、爱表现的学生说了算而内向的孩子听从指令这种情况较多。我们意识到，不能期望只要将学生们放在一起，他们就自然而然地会合作。学生的合作学习是需要教师去引导的，这是开展有效合作学习的前提。为改进这种状况，我们采取了一系列措施，如每堂课小组长轮流制；老师将活动要求尽可能细化，每个活动都要求小组成员有明确的分工，让学生有体验多重角色的机会；老师也有意识地帮助学生掌握有效地与别人合作的社交技能，包括倾听、鼓励、轮流发言、说话音量适当、有序表达、礼貌地表示不同意、相互寻求帮助等，以形成合作认同感。

三、小组活动的选择与设计

每节课我们都会设计一个学生活动，让学生在活动中学习。在上《认识显微镜的结构》一课时，我布置的任务是让各小组同学合作发明一种方法以结合教材去认识显微镜各部分名称，结果发现有个别同学参与主动性较弱，学习效果一般。反思过后，我认为是这个活动对学生来说挑战性不大，只要看书就可以说出名称，考查的是学生的简单记忆能力。也就是说，这个活动没有激发学生的学习内驱力，只有活动的表象，没有活动的实质。真正有价值的活动应是能够促进学生思维或情感运动的活动，它应既能激发学生的兴趣和合作热情，又对学生来说具有一定的挑战性，是单个学生难以独自完成的，易于引发学生认知冲突的，必须经过交流、争议、思维碰撞和相互接纳才能解决的。这样的活动应是一种开放性、探究性活动。这也应是我们今后开展活动设计时所要遵循的一个原则。

在北京中学的课程开发工作中，我收获了一种能够按照自己的想法去创造、能做自己想做的教育满足感，同时也体验到课程建设的艰辛。在与学生的共同学习中，我也在收获和成长。

作者简介

高　畅：

生物高级教师，北京市特级教师。她将课题研究与课堂教学紧密结合并取得丰硕成果，带领团队开发了系列小规模生物课堂活动类资源。曾获首都特色优质原创课程资源评选活动一等奖。指导学生开展多项科学实践活动和生物模型设计制作活动，多次在市、区展示。

若干著名人文景区鸟类多样性调查及绿化建议

◎七年级　张　朔　王　一　虞宏宇　陈朗凡　田思远

指导教师：林　琳

一、研究背景和意义

北京中学观鸟小组成立于 2014 年 4 月，经常前往奥森公园、农展馆、沙河等地进行观鸟。后来跟着学校组织的阅历课程到了河南，我们在那里开始了观鸟活动。当时我们的研究课题为"栖息地生态环境类型多样性对鸟类多样性的影响"。通过研究，我们发现，鸟类多样性和栖息地环境类型多样性成很明显的正相关。由此，我们意识到绿化环境对保护鸟类的重要性。后来，我们又去了山东。在孔庙，我们萌发了要研究著名人文景区鸟类的丰富度和环境的关系，所以我们做了这个课题。我们希望通过观察鸟类，发现能让鸟多起来的方法，使游客的心情更好，使景区的环境更美，让人文和自然更好地融合。

二、研究内容

我们考察了曲阜孔庙、北京孔庙、北京天坛和北京地坛四个著名的人文景区。这四个景区都是古代祭祀的地方。我们分别对这些景区中的游客主要观景区进行考察，观察并记录鸟类的种类和数量，回来以后进行统计，并根据科学文献上使用的方法进行对比分析，从而得出结论，以便给著名人文风景区提建议，应该再做哪些绿化方面的改进，才能让鸟种更丰富，让鸟儿多起来。

三、研究方法

1. 固定距离样线法：调查单位面积鸟类种群密度

研究鸟类数量的常用调查方法有标图法、样线法和样点法。由于样线法不受季节的限制，灵活多样，因此已成为目前鸟类生态学中被广泛使用的数量调查方法之一。

样线法的主要类型有两种：

无距离样线法：选择鸟类活动频繁的时段，调查人员以均匀的速度沿样线行走，统计样线两侧（包括前方）的鸟类数量，不设定样带的宽度（w），也不必估计鸟类个体到样线的垂直距离（x）。该方法只能相对地估计鸟类数量的多少。由于不涉及样线的宽度（也就不涉及面积），因此不能计算鸟类种群的密度。

固定距离样线法：设定样带的宽度（w），分别统计该固定宽度以内和以外的鸟类数量（x<w，x>w），即分别统计中心条带内外的鸟类，其外的记录可作为补充参考，以判断所设宽度是否合理。理想的样带宽度是使被选入其内的鸟类个体都能被发现，一般在森林环境中为 25m，而在开阔地约为 50m。

由于我们要计算鸟类种群的密度，所以，我们选择了固定距离样线法。

调查单位面积鸟类种群密度的计算公式为 $D=N/2LW$。其中，D 为鸟类种群密度，N 为鸟类总数量，L 为样线总长度，W 为单侧样线宽度。

图1　测量样线的长度和宽度，确定调查面积

2. 鸟类常见性的时间密度统计法

另外，我们还采用了一种有关鸟类常见性的时间密度统计方法。

计算公式：$D=N/\triangle t$。其中，D 为鸟类常见性，统计的是每小时能看到多少只这种鸟。$\triangle t$ 表示观鸟时间，也就是从看到第一只鸟开始到结束观鸟的总时间。如果每小时看到的鸟的数量大于 10 只，那就是优势种；如果每小时看到的数量为1-10只，那就是常见种；如果小于1只，那就是偶见种。

四、研究结果

1.四个景区的鸟类调查统计表

表1 曲阜孔庙

活动地点	山东曲阜孔庙	活动日期	2014. 11. 04
调查面积	从正门到大成殿的主景区，约1920平方米	调查时间	8:30-9:10 $\triangle$ t =40分钟
鸟类名称	数量 (N)	当天常见性 (D=N/ $\triangle$ t)	鸟类密度 (D=N/2LW)
金翅雀	12	18 只 /h（优势种）	0.00625 只 /m²
白头鹎	8	12 只 /h（优势种）	0.00417 只 /m²
黑尾蜡嘴雀	30	45 只 /h（优势种）	0.01563 只 /m²
山斑鸠	1	1.5 只 /h（常见种）	0.00052 只 /m²
丝光椋鸟	5	7.5 只 /h（常见种）	0.00260 只 /m²
树麻雀		随处可见（优势种）	
岩鸽	2	3 只 /h（常见种）	0.00104 只 /m²
总和	58	87 只 /h	0.03 只 /m²
总结	虽然在曲阜孔庙主要景区的鸟种不是很多，但是集群现象十分明显，优势种和常见种也很多，几乎没有偶见种。在游玩的过程中感觉四周都有鸟儿飞来飞去，草甸上有很多黑尾蜡嘴雀，想必鸟儿与古树给游人们留下了古色古香的感觉。		

表2 北京孔庙

活动地点	北京孔庙	活动日期	2014.11.29
调查面积	从正门进入到大成门，约3422平方米	调查时间	8:50-11:00 $\triangle$ t =130分钟
鸟类名称	数量 (N)	当天常见性 (D=N/ $\triangle$ t)	鸟类密度 (D=N/2LW)
白头鹎	3	1.4 只 /h（常见种）	0.00087 只 /m²
灰喜鹊		随处可见（优势种）	

续表

活动地点	北京孔庙	活动日期	2014.11.29
金翅雀	1	0.5 只 /h（偶见种）	0.00029 只 /m²
喜鹊	2	0.9 只 /h（偶见种）	0.00058 只 /m²
朱颈斑鸠	1	0.5 只 /h（偶见种）	0.00029 只 /m²
家燕	2	0.9 只 /h（偶见种）	0.00058 只 /m²
灰椋鸟	3	1.4 只 /h（常见种）	0.00087 只 /m²
树麻雀		随处可见（优势种）	
总和	12	5.5 只 /h	0.0016 只 /m²
总结	北京孔庙主要景区的鸟类种类不是很多，优势种只有灰喜鹊和麻雀。这里到处都是灰喜鹊。一旦有别的鸟种进入孔庙，它们都会进行驱逐。这使得别的种类的鸟在这里的数量很少，来这儿游览感觉鸟的丰富度不够好。		

表 3　北京天坛

活动地点	北京天坛	活动日期	2014. 12. 06
调查面积	从祈年殿到丹陛桥，约 4792 平方米	调查时间	8:50-11:00 △ t =130 分钟
鸟类名称	数量 （N）	当天常见性 （D=N/ △ t）	鸟类密度 （D=N/2LW）
雀鹰	4	1.8 只 /h（常见种）	0.00083 只 /m²
丝光椋鸟	3	1.4 只 /h（常见种）	0.00062 只 /m²
小嘴乌鸦	2	0.9 只 /h（偶见种）	0.00042 只 /m²
大嘴乌鸦	6	2.8 只 /h（常见种）	0.00125 只 /m²
灰喜鹊		随处可见（优势种）	
喜鹊		随处可见（优势种）	
树麻雀		随处可见（优势种）	

续表

活动地点	北京天坛	活动日期	2014.12.06
戴胜	1	0.45 只 /h (偶见种)	0.00021 只 /m²
红嘴蓝鹊	3	1.4 只 /h (常见种)	0.00063 只 /m²
山斑鸠	7	3.2 只 /h (常见种)	0.00146 只 /m²
总和	26	12 只 /h	0.0054 只 /m²
总结	天坛主要景区的鸟种不多,优势种主要有喜鹊、灰喜鹊和树麻雀,常见种有大嘴乌鸦、山斑鸠、雀鹰、红嘴蓝鹊与丝光椋鸟,偶见种有小嘴乌鸦与戴胜。那里的树木很密集,草甸的种类有很多种,果实的种类和数量也很丰富,十分适合鸟类集群和生存。可是,鸦科的数量太多,而且鸦科的领地意识很强,所以它们会排斥其他的鸟类。我们观鸟小组在观察时曾经看见过大嘴乌鸦驱赶雀鹰的情景。当时我们在丹陛桥上观鸟,忽然发现桥下的树林里传来了很多只喜鹊、灰喜鹊和乌鸦的叫声,叫声越来越大。突然,一只大嘴乌鸦追逐着一只雀鹰飞了出来。那只大嘴乌鸦边飞边试图拿自己的喙啄雀鹰。雀鹰飞得比大嘴乌鸦快一些,并渐渐地提升了飞行的高度,然后突然180度转了个身,俯冲向大嘴乌鸦。借着冲劲,雀鹰用爪子和喙将乌鸦击退。鸦科的鸟类之间也并不团结,它们自己也会互相争斗,比如说大嘴乌鸦和灰喜鹊之间也会有争斗。

表 4　北京地坛

活动地点	北京地坛	活动日期	2014.12.07
调查面积	约 8500 平方米	调查时间	8:30-11:00 △t =150 分钟
鸟类名称	数量 (N)	当天常见性 (D=N/△t)	鸟类密度 (D=N/2LW)
喜鹊	1	0.4 只 /h (偶见种)	0.00012 只 /m²
树麻雀		随处可见 (优势种)	
乌鸦	1	0.4 只 /h (偶见种)	0.00012 只 /m²
大斑啄木鸟	1	0.4 只 /h (偶见种)	0.00012 只 /m²
大山雀	10	4 只 /h (常见种)	0.00118 只 /m²
灰椋鸟	2	0.8 只 /h (偶见种)	0.00024 只 /m²
白头鹎	2	0.8 只 /h (偶见种)	0.00024 只 /m²
灰喜鹊		随处可见 (优势种)	

续表

活动地点	北京地坛	活动日期	2014.12.07
黑尾蜡嘴雀	2	0.8 只 /h（偶见种）	0.00024 只 /m²
总和	19	7.6 只 /h	0.0022 只 /m²
总结	地坛的优势种有灰喜鹊、树麻雀，常见种有大山雀，偶见种有大斑啄木鸟、灰椋鸟、黑尾蜡嘴雀、白头鹎等。在地坛，树木很稀疏，松树和柏树上的果实也比其他三个地方少很多。在地坛，鸟的数量比较少。		

五、四个景区环境特点对比分析

表 5　四个景区环境特点对比分析

环境特点	曲阜孔庙	北京孔庙	北京天坛	北京地坛
植被位置	景点在主干道上，两旁是绿植	景点在主干道上，两旁是绿植	景点在主干道上，两旁是绿植	景点在主干道上，两旁是绿植
乔木类型及分布密度	古松柏桧，分布较密	古松柏，分布稀疏	古松柏，分布密集	松柏、柿树，分布稀疏
单块草甸面积	约 200 平方米	约 48 平方米	约 300 平方米	约 180 平方米
草甸植被类型	多于 3 种	麦冬	多于 3 种	麦冬

六、提高人文景区鸟类丰富度的绿化建议

通过前面的鸟类调查统计表可以看出，曲阜孔庙和北京天坛的鸟种丰富度要

明显好于北京孔庙和北京地坛。

表6　四个景区鸟类总情况对比分析

地点	鸟类总数量（除去随处可见的优势种；单位：只）	鸟类总常见性（单位：只/h）	鸟类总密度（单位：只/m²）
曲阜孔庙	58	87	0.03
北京天坛	26	12	0.0054
北京孔庙	12	5.5	0.0016
北京地坛	19	7.6	0.0022

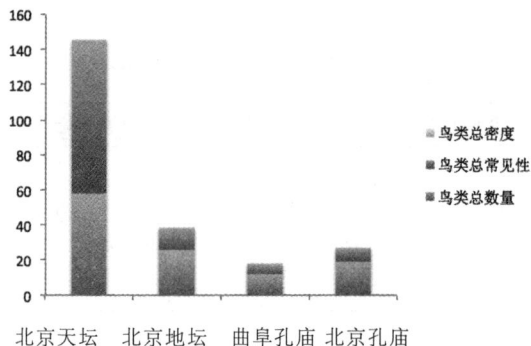

图1　四个景区鸟类总情况对比分析柱形图

通过对比分析四个著名景区的主要景点的环境特点，我们给出以下绿化建议：

1. 扩大成片林面积

曲阜孔庙和北京天坛的草甸成片，且面积较大，最远处远离景区行道，地面鸟儿较多。北京孔庙草甸成片面积较小，小片草甸之间被石板路隔开，不利于为鸟儿提供宽阔的空间休憩和觅食，且路上行人较多，也会惊吓到鸟儿，所以地面鸟非常少。

图2　曲阜孔庙

图3　北京天坛

2. 提高草甸上大型乔木的种植密度

曲阜孔庙和北京天坛的草甸上大型乔木种植密度较大，尤其是天坛，乔木顶端繁茂，遮蔽效果非常好，很多林鸟有栖息之地，连猛禽也能躲藏其中。地坛草甸成片面积虽大，但大型乔木种植较稀疏，不利于鸟类藏身。

3. 适当种植果树，增加食源

地坛虽然草甸上乔木种植较为稀疏，但有成片的柿子树，为秋冬季的鸟儿们提供了可口的食物。树上争相停留着白头鹎、大斑啄木鸟、灰椋鸟、灰喜鹊等鸟儿，也是一道风景。

4. 提高草甸植被种类丰富度

曲阜孔庙和北京天坛草甸中的草本植被类型多样，至少3种，为鸟儿提供了丰富的食源；北京孔庙和地坛则主要是麦冬，比较单一。

5. 增加建筑外围植被丰富度和高度

对于人文景区，尤其是以祭祀为主的景区，不适合在紧贴典型建筑的周边进行绿化，这时可以通过加强建筑物周边外围植物的丰富度和垂直高度来提高鸟种丰富度。

以北京天坛和北京孔庙为例，紧挨着祈年殿的四周几乎没有任何植被，但祈年殿围墙是被大型乔木包围的，其上的鸟儿很多。如果能增加这些植被的高度与丰富度，会营造出更好的氛围。

图4 北京孔庙的围墙外种植的乔木和院内的少数几棵乔木形成掎角之势，反而成了鸟儿们的乐园

6. 设计鸟类保护宣传牌和宣传物

在我们调查的过程中，也发现了一些不太文明的行为，比如在北京地坛，由于游人很多，经常给这儿的鸽子喂食，所以鸽子和人比较亲近。而有些鸽子丧失了野性，被一些人的不友善行为所伤害，比如有些家长会把鸽子狠狠地抓起，给小孩玩弄；还有些人使劲地扯鸽子的后腿，把它们弄受伤；等等。这些不文明行为应该被制止，因此我们倡议在鸟儿聚集区竖起宣传牌，通过设计一些可爱的鸟类模型和图画，再配上文字说明来让游人们保护鸟类，尊重鸟类，和它们友好相处。

物理实验记录

电铃实验

◎七年级　江宛月　六年级　张梓楠　张叶彤
指导教师：冯波　王志

电磁原理：通电时，电磁铁有电流通过，产生了磁性，把小锤下方的弹片吸过来，使小锤打击后的电铃发出声音。电路断开时，电磁铁失去了磁性，小锤又被弹回。电路闭合，不断重复，电铃便发出了连续击打的声音了。

制作感受：今天我们物理创新实验制作了电铃，一个看似简单的实验却蕴含着深刻的奥秘。电铃，顾名思义，就是用电发出声音的铃铛。当做到第七步时，我们遇到了困难。于是，我们认真研究，花了不少时间才做完。由此我们深刻地体会到：努力就可以冲破困难，功夫不负有心人。

终于，我们做好了电铃。看着我们的"杰作"，我们都欣慰地笑了！

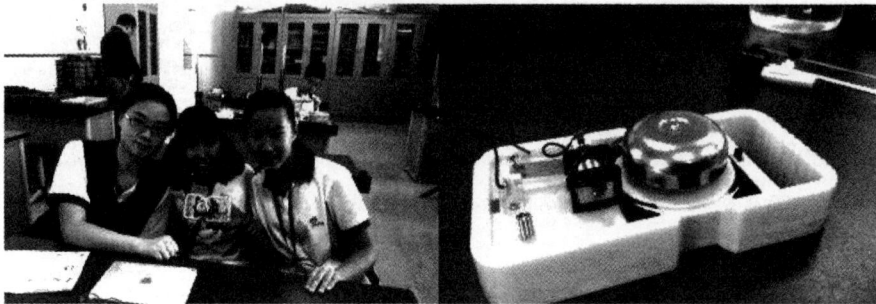

电铃实验

空气车实验

◎七年级　袁枫柠　张辰芃　指导教师：冯波　王志

空气车的原理是利用空气易于加压这一特点。给空气一点点地加压，使得针管由于压力而给空气腾出空间，让小车前进。这个作品制作简单，但容易失败。比如我们做的这个小车，虽然开始的时候效果很好，但是用了一段时间后因为一些因素使得小车的齿轮有些卡，影响了效果。我们查找原因时发现，是一个螺丝拧得不够紧。所以在制作的时候尤其要注意到一些细节。

空气车实验

水力车实验

◎七年级 方南山 田琪弘 六年级 关正阳
指导教师：冯 波 王 志

这一次物理实验课，我们做了水力车。它是通过水来产生动力，使车子动起来。这个实验既简单又有意思。

水力车实验

生物模型系列

◎指导教师：高　畅

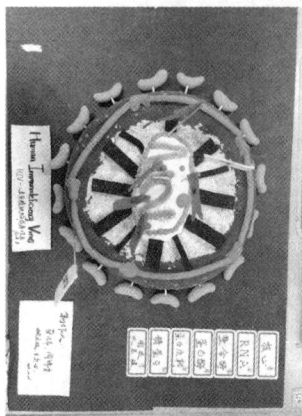

HIV 病毒模型
九年级　周靖怡、王奕心、
蔡佳希、姚无双制作

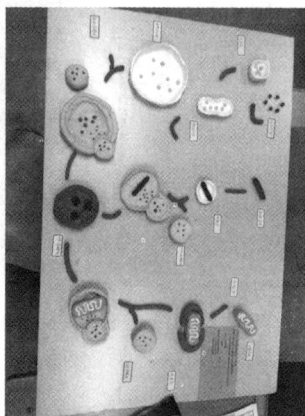

溶酶体吞噬异物过程模型
九年级　刘柯慧、金健禹、
费凡芮、江山制作

胰岛 B 细胞模型
九年级　金咏莎、蒋君政、
肖谨立制作

蓝藻类群模型
九年级　孟荟远、曹与时、
杨佳烨、侯博天制作

学生体验活动

◎六年级　邹志恒　指导教师：王岳琼

北京中学体育学科教研组

体育篇

　　北京中学体育课程是以"健康第一"为指导思想，以学生发展为本，将国家课程、体能训练、体育专项选修模式有机整合，实现国家课程校本化、体能训练科学化、选修模式自主化、评价方式多元化；深化学科内涵，拓展育人功能，塑造身心和谐发展的人。

　　北京中学体育课程以身体练习为主要手段，根据学生的生理、心理特征合理安排运动负荷与练习密度的体育活动，符合运动技能形成规律，符合人体机能活动变化规律。其目的是增强学生体质，让学生掌握体育基本知识、基本技术、运动技能；培养学生的运动兴趣和爱好，形成坚持锻炼的习惯；使学生具有良好的心理素质，表现出人际交往的能力和合作精神；提高个人健康和身体健康的责任感；形成健康的生活方式；发扬体育精神；形成积极进取、乐观开朗的生活态度，让学生自信阳光、身心健康、全面发展，成为祖国栋梁。

课程方案

体育与健康学科课程方案 [①]

（六至八年级）

一、学科方向

以"健康第一"为指导思想，以学生发展为本，将国家课程、体能训练、体育专项选修模式有机整合，实现国家课程校本化、体能训练科学化、选修模式自主化、评价方式多元化；深化学科内涵，拓展育人功能，塑造身心和谐发展的人。

二、课程目标

增强体质，掌握体育基本知识、基本技术、运动技能；培养运动兴趣和爱好，形成坚持锻炼的习惯；具有良好的心理素质，表现出人际交往的能力和合作精神；提高个人健康和身体健康的责任感；形成健康的生活方式；发扬体育精神；形成积极进取、乐观开朗的生活态度，让学生自信阳光、身心健康、全面发展，成为祖国栋梁。

---

① 《体育与健康学科课程方案》参编人员：

孙建国　刘萌　梁攀攀　原鹏程　王芳　侯雪萌

三、实施路径

以身体练习为主要手段，根据学生生理、心理特征合理安排运动负荷与练习密度，符合运动技能形成规律与人体机能活动变化规律。

课程改革的目的是培养学生核心素养。学校体育课程改革要遵循国家课程改革思路，从以下几个方面入手：

1. 发展学生体能与掌握运动技能相结合；

2. 执行国家课程与建设校本课程相结合；

3. 促进学生发展与教师专业成长相结合；

4. 本校教师资源与外聘优质师资相结合。

四、课程内容与时间分配

1. 国家课程

学段	必修 I		必修 II		选修 I	
	内容	课时	项目	课时	项目	课时
七年级（上）	篮球	12	体能	18	篮球	36
					羽毛球	36
	50米跑	6			乒乓球	36
					健美操	36
	武术	4			武术	36
					舞龙舞狮	36
	耐久跑	10			珍珠球	36
	身体素质	6			田径	36
七年级（下）	篮球	8	体能	18	篮球	36
					羽毛球	36
	50米跑	5			乒乓球	36
					健美操	36
	武术	6			武术	36
					舞龙舞狮	36
	耐久跑	10			珍珠球	36
	身体素质	7			田径	36

续表

学段	必修I		必修II		选修I	
	内容	课时	项目	课时	项目	课时
八年级（上）	快速跑	8	体能	18	篮球	36
					羽毛球	36
	篮球	14			乒乓球	36
					健美操	36
	健身棍	6			武术	36
					舞龙舞狮	36
	耐久跑	8			珍珠球	36
					田径	36
八年级（下）	蹲踞式跳远	6	体能	18	篮球	36
					羽毛球	36
	排球	10			乒乓球	36
					健美操	36
	双杠	4			武术	36
	身体素质	8			舞龙舞狮	36
					珍珠球	36
	支撑跳跃	8			田径	36

2.专项选修

项目	学段	学习内容	目标
羽毛球	六年级 (初级班)	正、反手握拍；正、反手发球；原地高远球挥拍；移动高远球挥拍；原地高远球击球；正手挑球；比赛基本规则。	正反手握拍灵活转换；掌握正、反手发球技术；高远球挥拍流畅；正手挑 球动作协调；了解羽毛球比赛基本规则，初步激发对羽毛球运动的兴趣。
	七年级 (中级班)	移动中正手高远球；移动中头顶高远球；原地正手吊球；原地头顶吊球；正手挑球；反手挑球；网前小球(放网、搓球、勾对角、推球)；羽毛球裁判规则。	掌握移动中正手和头顶高远球对打技术；能动作流畅地完成原地正手和头顶吊球；能熟练转换正手和反手挑球；能够贴网放网前小球；能完成一场羽毛球比赛的裁判工作，能自觉投入羽毛球运动中去。
	八年级 (高级班)	正手杀球，头顶杀球；移动中正手吊球、头顶吊球；移动中网前小球(正、反手放网；正、反手搓球；正、反手勾球；正、反手推球)；杀上网；吊上网；技术组合练习和战术练习；羽毛球裁判规则和比赛编排。	熟练掌握羽毛球的发球、接发球、高远球、吊球、杀球、网前球等基本技术；熟悉羽毛球基本战术；能欣赏羽毛球比赛中技战术的运用；能在比赛中运用一定的技战术并形成自己的打法风格；能够编排羽毛球比赛对阵表；培养刻苦学习、不怕困难的意志品质，为快乐学习、幸福生活创造良好的条件。
健美操	六年级 (上)	健美操基本功训练，形体训练、全民健身操、全国啦啦操规定动作、有氧舞蹈、街舞、身体素质综合训练。	能高质量完成健美操基本步伐和手位；具备持续30分钟以上的有氧运动体能；熟练掌握1套完整动作套路。
	六年级 (下)	健美操基本功训练，形体训练、全民健身操、全国啦啦操规定动作、有氧舞蹈、街舞、身体素质综合训练。	能高质量完成健美操基本步伐和手位；具备持续30分钟以上的有氧运动体能；熟练掌握1套完整动作套路。
	七年级 (上)	健美操基本功训练，形体训练、全民健身操、全国啦啦操规定动作、有氧舞蹈、街舞、身体素质综合训练。	能高质量完成健美操和啦啦操基本步伐和手位，柔韧达标，具备持续40分钟以上的有氧运动体能。基本掌握街舞、啦啦操的舞蹈感觉，熟练掌握3套完整动作套路。
	七年级 (下)	健美操基本功训练，形体训练、全民健身操、全国啦啦操规定动作、有氧舞蹈、街舞、身体素质综合训练。	能高质量完成健美操和啦啦操基本步伐和手位，柔韧达标，表现力好；具备持续45分钟以上的有氧运动体能；基本掌握有氧舞蹈中多种风格的舞蹈感觉；熟练掌握4套完整动作套路。
	八年级 (上)	健美操基本功训练，形体训练、全民健身操、全国啦啦操规定动作、有氧舞蹈、街舞、身体素质综合训练。	能高质量完成健美操和啦啦操基本步伐和手位，柔韧达标，表现力好；具备持续50分钟以上的有氧运动体能；熟练掌握5套完整动作套路；能够合作创编动作。

续表

项目	学段	学习内容	目标
健美操	八年级（下）	健美操基本功训练，形体训练，全民健身操、全国啦啦操规定动作、有氧舞蹈、街舞、身体素质综合训练。	能高质量完成健美操和啦啦操基本步伐和手位，柔韧达标，表现力好；具备持续55分钟以上的有氧运动能力；熟练掌握6套完整动作套路；能够独立创编动作。
篮球	六年级（上）	篮球运动的规则；球性练习与趣味性练习。	1.能够控制篮球，具有良好的运球能力。2.掌握运球技术，能够进行高低运球变换练习。
	六年级（下）	运球过杆练习；多种运球：双手运球，各种形式的运球跑。	1.篮球专项身体素质达到较好水平，运球过杆能力显著提高。2.能够完成双手运球练习，做到熟练，左右手变换速度快。3.发展身体协调性。
	七年级（上）	运球基本功练习；篮球专项素质练习——折返；投篮手型的固定和普及；跳步急停投篮。	1.熟练运球，能够做出标准的投篮。2.掌握跳步急停投篮技术。3.发展身体素质。
	七年级（下）	运球折返练习；球性练习，投篮练习；篮球体能专项练习。	1.能够快速做出运球折返练习。2.提高投篮命中率。3.发展体能。
	八年级（上）	传球技术，上篮技术，脚步练习，上篮过程中加入过杆、变向等难度。加入一些理论性的讲解，讲解每个动作的细节和运动原理。	1.能够完成变向、过杆后上篮动作，并有一定的命中率。2.提高篮球运球技术，能够做出急停急起。
	八年级（下）	敏捷性训练，时间差训练，节奏性训练，运球过杆。	1.提高篮球反应速度，理解正确的进攻时机。2.熟练掌握运球过杆技术，能在一定时间内完成过杆往返。
乒乓球	六年级（上）	课堂纪律和要求，乒乓球基本握拍方法，准备姿势、站位、正手平击发球、正手攻球。	1.养成良好的课堂训练习惯。2.掌握乒乓球基本握拍方法、准备姿势和正手平击发球、正手攻球的动作要领。3.可熟练地进行正手平击发球。4.正手攻球动作基本准确，可对打20回合。
	六年级（下）	复习正手平击发球、正手攻球技术，学习乒乓球基本理论知识及反手攻球、反手发球技术。	1.能熟练地进行正手平击发球；正手对攻动作标准，落点稳定。2.了解乒乓球基本知识。3.基本掌握反手攻球动作要领，可对攻15回合。4.掌握反手发球动作要领，可熟练地进行反手发球。
	七年级（上）	复习正反手发球、正反手攻球技术，学习正反手结合技术。	1.正反手发球稳定，攻球动作标准。2.基本掌握正反手结合时步伐与引拍的协调，可进行左推右攻、正手两点、正手三点、反手两点等多线路的练习。
	七年级（下）	复习正反手发球、正反手攻球、正反手结合技术，学习发下旋球和搓球。	1.巩固已学习过的技术，动作流畅标准。2.会发下旋球。3.会反手搓球。

续表

项目	学段	学习内容	目标
乒乓球	八年级（上）	复习正反手发球、正反手攻球、结合技术、发下旋球、搓球，学习拉上旋球技术。	1.熟练掌握已学习技术动作。2.初步掌握拉上旋球动作要领。
	八年级（下）	复习已学习内容，学习乒乓球比赛规则，练习拉上旋球技术。	1.熟练掌握已学习技术动作。2.了解和掌握乒乓球比赛规则，可进行简单的比赛。3.基本掌握拉上旋球技术。
武术	六年级（上）	武术基本功训练，基本手形、步法，正侧踢腿，五步拳。	1.掌握武术基本手形、步法，熟练进行正侧踢腿练习，发展身体协调性。2.掌握五步拳演练，熟练、单独完成动作演练，做到动作流畅、规范，精神饱满。3.激发对传统武术的兴趣。
	六年级（下）	武术基本功训练，连环拳，身体素质训练。	1.掌握传统拳术——连环拳的套路动作，能够单独完成演练，达到节奏鲜明，动作规范，冲拳有力，能够体现出武术的精气神。2.发展身体协调性和速度素质。
	七年级（上）	武术基本功训练，少林通臂拳，散打基本拳法练习，身体素质训练。	1.掌握传统拳术——通臂拳的套路动作，能够熟练完成演练，做到动作规范，发力顺畅，节奏鲜明，形神统一。2.能够比较熟练运用简单的散打拳法进行条件实战练习，提高健体防身能力。3.发展身体素质。
	七年级（下）	武术基本功训练，器械——阴手棍，散打拳法练习。	1.掌握器械——阴手棍的套路动作，能够熟练完成整套演练，做到动作规范，发力顺畅，身法自然，形神统一。2.理解传统武术的健身价值，能够指导日常健身。3.能够熟练运用散打拳法进行条件实战练习，提高健体防身能力。4.发展身体素质。
	八年级（上）	武术基本功训练，套路组合，比赛套路强化。	1.熟练掌握一套传统拳术，能做到动作规范，发力顺畅，身法自然，形神统一，具有较强表现力。2.发展身体协调性。
	八年级（下）	武术基本功训练，散打基本腿法练习，拳腿组合练习。	1.能够运用拳法、腿法以及拳腿组合进行条件实战，单独完成拳腿组合练习，做出3~5个组合动作，增强防身自卫能力，提高自我保护意识。2.积极参与体育锻炼，将健体防身意识融入到生活当中，形成锻炼习惯。

续表

项目	学段	学习内容	目标
珍珠球	六年级	1.学习珍珠球移动技术。2.学习珍珠球传、接球技术。3.学习珍珠球运球技术。4.能进行规则简化的珍珠球比赛。	1.了解珍珠球运动的起源、发展以及场地、器材和运动基本规则,了解珍珠球运动。2.学习掌握珍珠球的脚步移动、运球、传接球等基本技术,能够通过所学技术进行规则简化的珍珠球比赛。3.体验到快乐,培养对珍珠球运动的兴趣与爱好,培养团结协作、机智果敢、勇于拼搏的精神作风。
	七年级	1.复习已学技术,学习珍珠球持球突破技术。2.学习珍珠球个人防守技术。3.学习珍珠球投、射球技术。4.能进行规则简化的珍珠球比赛。	1.了解珍珠球的技术结构和健身价值,激发学练热情、积极性和主动性。2.学习掌握珍珠球的突破技术、防守技术及投、射球技术,能够通过所学技术进行规则简化的珍珠球比赛。3.培养学生团结协作、机智果敢、勇于拼搏的优良品质。
	八年级	1.复习已学技术,学习掌握珍珠球传切、掩护、策应配合等战术。2.持网与持拍队员学习掌握基本的个人技术及战术。3.所有学生能够掌握珍珠球比赛的裁判规则。4.能够按照正式比赛规则进行教学比赛。	1.了解珍珠球的技术结构和健身价值,激发学练热情、积极性和主动性。2.学习掌握珍珠球的传切、掩护、策应等战术基础配合,持网与持拍队员能够掌握基本的个人技术及战术,能够在比赛中运用所学到的知识和技能。3.培养学生团结协作、机智果敢、勇于拼搏的优良品质。
舞龙舞狮	六年级(初级班)	1.3种持把手势。2.11个A类动作［游龙类——直线行进、曲线行进、走(跑)圆场、起伏行进;穿腾类——穿龙首、穿龙尾;翻滚类——龙翻身;8字舞龙类——单侧舞龙;造型类——龙出宫造型、龙舟造型、五星造型］。3.2~3分钟简单套路。	1.初步了解舞龙运动的形成与发展,以及舞龙运动的内容分类。2.掌握正确持把手势,以及11个A类动作,并能够在相互配合下完成2~3分钟的简单套路。3.培养相互协作的集体主义精神。
	七年级(中级班)	1.3种舞龙步伐。2.7个A类动作［游龙类——矮步圆场;穿腾类——首尾穿(越)龙肚;8字舞龙类——双侧舞龙、原地8字舞龙、行进8字舞龙;造型类——龙门造型、盘塔造型］。3.6个B类动作(游龙类——快速曲线起伏行进、快速跑斜圆场;穿腾类——龙穿衣、龙脱衣;翻滚类——连续游龙跳龙;8字舞龙类——原地快速8字舞龙)。4.4~5分钟套路。	1.了解舞龙运动的价值及技术体系。2.掌握正确舞龙步伐,以及7个A类动作,6个B类动作,并能够在相互配合下完成4~5分钟的套路。3.培养对传统体育的兴趣爱好和团结协作精神。

续表

项目	学段	学习内容	目标
舞龙舞狮	八年级（高级班）	1.3 个 A 类动作［游龙类——单侧起伏小圆场、直线（曲线、圆场）行进越障碍；8 字舞龙类——起伏 8 字舞龙］。2.5 个 B 类动作（游龙类——快速矮步圆场越障碍；穿腾类——龙戏尾、快速腾跃行进；翻滚类——大立圆螺旋跳龙；8 字舞龙类——行进快速 8 字舞龙）。3.4 个 C 类动作（穿腾类——连续穿腾跃行进；翻滚类——快速连续螺旋跳龙、快速连续螺旋跳龙磨转；8 字舞龙类——直趟 8 字舞龙）。4.5～6 分钟套路。	1.了解舞龙运动的竞赛规则与套路编排方法。2.掌握正确舞龙步伐，以及 3 个 A 类动作，5 个 B 类动作，4 个 C 类动作，并能够在相互配合下完成 5～6 分钟套路。3.培养编排创造能力，以及爱国主义精神。

五、教学方式

根据国家课程，专项选修课程的内容以自主、合作、练习、展示、比赛为主要方式，逐步提高学生身体素质和技术水平。

教学方式：分层教学、分组教学、个体辅导、比赛式教学。

学习方式：自主性学习、合作式学习、探究式学习、互助式学习。

六、特色活动

序号	活动名称	活动时间	参与人员	场地器材
1	足球联赛	3—4 月	六、七、八年级	操场、足球
2	拔河比赛	3 月	六、七、八年级	操场、拔河绳
3	趣味运动会	4 月	所有学生、部分家长及教师	操场、足球、篮球、呼啦圈、平衡板、半月球等
4	师生足球赛	4 月	七、八年级部分学生及部分教师	操场、足球
5	篮球联赛	10 月	七、八年级	篮球场、篮球
6	田径运动会	9 月	六、七、八年级	操场、跳高架、发令枪、实心球、接力棒等
7	师生篮球赛	10 月	七、八年级部分学生及部分教师	操场、篮球
8	跳绳比赛	11 月	六、七、八年级	操场、跳绳
9	专项比赛	3—12 月	六、七、八年级	操场、报告厅、乒乓球馆、舞蹈教室、羽毛球、乒乓球、篮球等

七、评价机制

1. 评价目标

培养学生良好的锻炼与生活习惯，增强学生健康生活与终身体育的意识，提高学生的身体素质，发展个性，培养专长，使学生身心得到良好的发展。

2. 评价内容与形式

序号	项目名称	评价内容	评价形式	评价时间	评价比例
1	国家课程	以体能评价为主，兼顾知识与技能、态度与参与及合作	采用多样的体育与健康学习评价方法，定性与定量评价相结合，评价主体多元化	学期初、学期中和学期末	
2	体能	各项身体素质（以速度、耐力、力量为主）	以国家体质健康测试标准为依据	阶段性测试	
3	选修课	选修课各项目评价	以教师评价为主	期末考核	
4	羽毛球	基本技战术、比赛	以教师评价为主	期末考核	
5	乒乓球	基本技战术、比赛	以教师评价为主	期末考核	
6	珍珠球	基本技战术、比赛	以教师评价为主	期末考核	
7	篮球	基本技战术、比赛	以教师评价为主	期末考核	
8	武术	所学表演套路	以教师评价为主	期末考核	
9	健美操	所学表演套路、组合动作的创编	以教师评价为主	期末考核	
10	舞龙舞狮	所学表演套路、组合及造型动作的创编	以教师评价为主	期末考核	
11	田径	体能及个人主攻项目	以教师评价为主	期末考核	

3. 评价等级

以五星标准为主。

五星：优秀　　　　四星：良好

三星：达标　　　　二星：不达标

八、课程成果

课程成果	数量	备注
市级研究课	5 节	10 月中旬举行
课间操	3 套	依据实际需求调整
论文	若干	
展示课	5 节	
活动方案集	若干	田径运动会活动方案、趣味运动会活动方案等
体质健康数据整理	3 套	各年级体质健康数据整理
教学设计	5 套	国家课程、专项课程的教学设计
各项比赛、展示成果	若干	田径、健美操、羽毛球、武术、篮球比赛与舞龙舞狮展示等
课题研究	2 个	已完成 1 个，1 个区规划课题正在进行
教学微视频	5 个	参加区级微视频比赛
教学反思	5 篇	深度教学反思

九、教研机制

以促进教师专业发展为目的，以课题研究为推手，校内教研和校外教研相结合，采取"走出去，请进来"的方式，全面助推教师专业成长。

教研机制			
校内	时间	校外	时间
组内教研活动	每两周 1 次	区教研活动	每周五下午
组内观评课	每月 1 次	聘请专家进校指导	每月 1 次
教学基本功培训	每月 1 次	教师基本功比赛	每学期 1 次
教学经验交流	每月 1 次	教科研培训	每学期 1～2 次
教学设计制订	每月 1 次	观摩课	每学期 1 次

十、资源需求

1. 请专家或者区教研员每月 1 次来校指导，检查体育工作。

2. 根据教学、训练需要，配备必要的体育设施及体育器材。

3. 教育、体育期刊等体育专业教育信息资源的需求。

4. 与具有先进训练理念和方法的团队及专业人士共同合作，研发体能课程。

研究论文

情境教学法引领下的"蹲踞式跳远"评优课回顾

◎原鹏程

　　摘　要：田径项目是运动之母，其锻炼价值不言而喻。然而跑、跳、投等田径项目教学往往让学生觉得枯燥，提不起兴趣，从而降低教学质量。本文所述"蹲踞式跳远"，根据教材特点，运用情境教学法，并结合快板、彩球、挂图、音箱等教学手段和资源，激发学生蹲踞式跳远的学练热情，收到了较好的教学成效。

　　关键词：情境教学；蹲踞式跳远；评优课；案例

一、指导思想

　　坚持"健康第一"的指导思想，以《义务教育体育与健康课程标准》为依据，在教学中以学生发展为中心，重视学生主体地位，关注学生个体差异和学习兴趣，培养学生勇敢自信的意志品质、团结互助的集体主义精神和终身体育意识，促进学生身心全面发展。

二、学情分析

　　本课的授课对象是七年级女生。七年级女生身体素质差异较大，其身体活动能力具有很强的可塑性。学生学习的积极性较高，思维也较活跃，但往往对田径项目不感兴趣。本课结合七年级女生的身心特点，选择蹲踞式跳远发展学生的速度、力量及协调等身体素质的同时，关注学生学习兴趣的培养。教学设计采用多种教学方法和手段，结合教学情境、挂图、快板及游戏来调动学生学习的积极性，使学生能够在愉快的氛围中学习蹲踞式跳远。

三、教学目标

认知目标：使学生了解蹲踞式跳远的技术结构和健身价值，激发学生学练的热情、积极性和主动性。

技能目标：通过教学，使 75% 的学生掌握蹲踞式跳远的起跳技术，发展学生的力量、速度、灵敏等身体素质。

情感目标：培养学生自主、合作、探究学习能力，以及不怕困难、锐意进取等优良品质。

四、教学重点、难点

教学重点：起跳腿髋、膝、踝三关节充分蹬伸，两臂、摆动腿积极前上摆，同时提肩拔腰。

教学难点：积极快速地放起跳脚。

五、教学过程

1. 开始部分
对学生进行课堂常规教育。

2. 准备部分
教学情境一：把同学们比作草原上一群快乐的"小马驹"，有一天她们来到河边，发现河对岸的草长得郁郁葱葱，于是决定用石块（彩圈）铺路，踩着石块，跳到河对岸去吃草。

学生练习：学生 4 人一组，共分成 8 个小组，每个小组在正对自己 15 米距离用彩圈铺路，铺路完毕听教师口令，开始做跑跳结合的往返跑。跑 5 圈之后，做徒手操，充分活动开各关节。

教学情境二：小马驹们要想吃到草，就要踩着石块，跳到对岸。这不仅要有灵活的身体，还要知道自己哪条腿跳得更远，从而更好地发展弹跳力。

学生练习：在老师的引领下，学生做起了原地确定起跳脚练习、上步放起跳脚练习和结合摆臂的放起跳脚练习等专门性准备活动。

3. 基本部分
教学情境三：为了提高过河速度，小马驹想不用铺石块而一下子就能跳到河对岸，于是每天都在进行各种方式的练习。要学习的本领是：蹲踞式跳远。

教师示范蹲踞式跳远完整技术，使学生建立正确的蹲踞式跳远动作概念。通过挂图介绍蹲踞式跳远4个技术组成部分，然后用快板打出动作口诀，引导学生说出本课学习内容、学习起跳技术。

动作口诀为：

跳腿低抬攻上板，重心迅速跟上前。跳腿微屈髋膝踝，好似弹簧被压紧。重心速移支撑面，跳腿蹬伸摆动快。顶头提肩把腰直，送髋积极朝前看。

在练习过程中，教师通过示范、快速击打快板提示学生积极快速放起跳脚，用学生展示、师生评价来帮助学生正确理解起跳技术，以更好地掌握。

首先，借助两副跳高架，把横杆高度升到最高，上面挂着8个彩球。学生分8组练习上一步起跳，头顶高悬物练习，体会起跳腿髋、膝、踝三关节充分蹬伸，手臂前摆，提肩拔腰。

其次，分组同上，进行上三步起跳，头顶高悬物练习，进一步体会起跳腿髋、膝、踝三关节充分蹬直，手臂前摆，提肩拔腰。

再次，在场地上做连续上三步起跳练习，增加练习密度。

最后，进行3～5步助跑起跳越过30厘米高海绵块练习。要求学生积极快速地放起跳脚，起跳腿与摆动腿和两臂协调配合，摆动腿先落地。

教学情境四：随着时间的流逝和小马驹学习起跳技术的不断进步，当遇见一条较宽的河流，于是小马驹就想试试自己能否一下子就跳到河对岸去……

教师在侧对沙坑80厘米处用粉笔画一个宽50厘米的起跳区。当学生练习起跳时，后几步助跑教师用快板快速击打，提示学生积极快速地放起跳脚，并在沙坑对面摆好垫子，提示学生注意安全。

学生4人一组，侧对沙坑练习5～7步助跑起跳摆动腿落入沙坑的练习，更好地体会蹲踞式跳远起跳技术。

教学情境五：冬天就要来了，草原上的草逐渐变少了。为了过冬，小马驹们备了很多草，决定储存起来，于是玩起了搬运粮草比赛……

进行游戏"搬运粮草"：全班分成4个小组，每一纵队同学为一组，站在起点后，将两块垫子（"粮草"和"车"）连接在一起。教师发令后，每组同学站在前面的垫子（"车"）上，将后面的垫子（"粮草"）从头上传送到前面与前面的垫子连接，依次推进，哪组先到达指定地点（"家"）为胜利。

4. 结束部分

经过练习和游戏，学生在教师的带领下伴着音乐充分放松，在调整身心的同时既缓解了疲劳，又使得心率逐渐恢复到平静状态。

六、自我反思

这节课被评为2013年度区评优课一等奖，其中固然有辛苦付出，但也离不开其他老师以及同事们的观摩指点，还有同学们的积极配合。现在回顾这节课，感觉其中既有成功的地方，也有需要改进的地方。

1. 成功之处

（1）情境教学方法符合七年级女生心理特点，在今后的公开课、研究课中可以继续开展。

（2）教学设计运用快板、彩球、彩圈、音乐等教学资源和手段，调动了学生学习蹲踞式跳远的兴趣，提高了学生练习的积极性和主动性。

（3）虽然本课不是特别强调技术技能的学习，但基本部分中头顶高悬物的练习、3～5步助跑起跳越过30厘米海绵块练习以及侧对沙坑起跳的练习，较好地解决了教学的重点和难点。

2. 不足之处

（1）语言的感染力还不够，在教学情境的介绍中用更接近孩子们的语言效果会更好。

（2）在游戏"搬运粮草"中，学生玩得很开心，最后一个小组临近终点实在搬不动了，没完成比赛任务。如果预留的游戏时间多一点儿，号召全班为那个小组加油，她们也一定能够完成比赛任务。

【参考文献】

[1] 赵兵.蹲踞式跳远技术教学口诀[J].田径，2006（8）:11.

作者简介

原鹏程：

北京体育大学硕士毕业，田径二级运动员，二级裁判员。论文曾获全国第11、12届学生运动会科学论文报告会二等奖，2014年上海学校体育国际研讨会优秀奖，2015年北京市第11届中小学体育科学论文报告会一等奖。他的目标是和学生一起打造有生命力的体育课堂。

中小学舞龙课程体系的构建研究

◎侯雪萌

一、研究目的

舞龙运动作为一项优秀的民族民间体育项目，诸多特点都符合我国中小学生的身心健康需求。将舞龙课程设置到中小课程体系当中，不但可以使体育的内容得到极大补充，而且也可以弘扬民族精神，因此制订出一套可行的舞龙课程体系十分必要。

所以，本研究的目的在于制订出一套符合新课标指导思想，同时面向所有中小学生的课程体系，以满足中小学课程内容在民族传统体育方面的实际需求。

二、研究方法

1. 文献资料法

在中国知网上以"舞龙"为关键词进行检索，共搜索相关文献 2159 篇；以"中小学体育教育"为关键词，共搜索出 175 篇相关文献。将所检索出的文献进行筛选分析，挑选出与本文相关的文献，了解目前舞龙运动在校园中的开展情况。

2. 问卷调查法

为了完善文章内容，搜集较为科学的数据作为文章的理论支撑。本文设计了学生课程评价反馈问卷，共发放问卷 24 份，回收问卷 24 份，回收率为 100%，有效率为 100%。同时设计专家问卷，对本文所构建的舞龙课程体系进行意见反馈，共有 10 名专家反馈了意见。

3. 专家访谈法

设计专家访谈提纲内容，以本研究中所涉舞龙课程体系以及研究基本框架等相关问题作为主要调查内容，对舞龙领域相关专家进行访谈，记录、整理专家意见，并进行分析总结。

4. 数理统计法

运用 Excel 数据统计软件，对调查问卷结果进行统计分析，得出相应数据，从而得出结论。

三、结果与分析

1. 舞龙课程体系的构建原则

（1）符合国家新课标的指导思想。

《义务教育体育与健康课程标准》是国家对中小学体育课程的统一标准。它是新课标指导思想的具体体现。它是在教学实践中不断完善起来的，是衡量课程设计与教学内容的标尺，也是评价学生成绩的具体依据。所以，课程体系的完善必须围绕国家课程标准来具体实施。

（2）保证"共性"求创新。

课程内容标准应注重在追求学生发展的共性基础上，体现区域性创新。由于我国为多民族国家，南北方文化差异较大，而舞龙的种类又多种多样，所以可根据不同地域、不同环境，在保证学校完成课表指定的"共性"内容后，鼓励各地区根据自身特点，发展本地特有的舞龙项目，以求创新。

（3）符合学生身心健康发展水平。

进行教学一定要明确学生是教学主体，一切教学活动都要围绕学生进行。而在中小学中，学生的身心特点在各个阶段都不尽相同，身心发展规律与学习态度等对学生掌握知识程度与学习效果起着至关重要的作用，而这些因素对体育教学同样有着相同的重要性。所以根据不同年龄、不同身心发展规律，对中小学生进行不同的教学规划，可使教学内容更具针对性，能提高学生的学习兴趣与掌握程度。根据学生的身心发展特征，可划分为四个学习水平，分别对应一至二年级、三至四年级、五至六年级和七至九年级。相应地，要根据不同学习水平学生的身心特点，循序渐进地设置不同的教学内容。

2. 舞龙课程体系的构建与实施

由于舞龙项目在当今社会并没有被大多数人熟识，科研方面相较于其他大众体育项目也相对薄弱，学校体育中还没有一套完整科学的教学体系，因此舞龙课程体系的构建与实施就成为将舞龙课程推入中小学学校体育的关键所在，而课程内容与实施方案的确定是其中核心的组成部分。

（1）课程目标与内容构建的确定。

舞龙课程目标根据中小学课标中的认知目标、技能目标、情感目标三个培养目标制订，并针对课程体系结构的特点，将课程内容根据以上三个目标分为三个模块。模块一：知识理论模块，包括舞龙项目的常识性认知、技术体系等，通过对理论知识的学习，使学生形成初步的理论框架。模块二：运动技能模块，其中包括基本技术与动作组合的学习等，在认识舞龙运动的过程中学习运动技能，并使相关的理论知识得到实践。模块三：传统文化模块，包括项目的历史起源与礼节，以及民族精神认识与深化等，通过课堂教育与学习锻炼，培养学生在精神文化层面上的认知，并在实践中得到具体体验。

以这三个模块为主线，将每个水平的模块内容难度逐级上升，可使学生在理论知识、运动技能以及文化德育教育方面逐步深入学习，在各个方面得到全面学习与发展，引导学生在理论、实践与传统文化上共同进步（如图1）。

图 1　模块划分示意图

经过对10名专家进行访问与问卷调查，结果显示，专家对于此种课堂内容的模块构建方式意见集中度较高（见表1）。

表 1　课程内容模块构建专家意见（n=10）

内容	合理		不合理	
	频数	百分比	频数	百分比
课程内容模块构建	10	100%	0	0

（2）课程教学内容的确定。

根据中小学生的自身特点及需求，在此阶段以发展灵敏、速度、协调能力、团队协作能力为主，因此舞龙课程内容可根据学生的年龄及运动水平的不同，逐级设置不同内容、不同难度的单元教学计划。

知识理论模块内容的确定。学生在不同的年龄阶段表现出的理解能力与认知能力都不尽相同，所以在知识理论设置上应依据不同学习水平来制订不同目标及不同学习任务。而舞龙的理论知识部分可大致分为舞龙运动概述、舞龙运动的技术体系及舞龙竞赛的组织与规则三方面，可将其由浅至深、由易到难逐步贯穿到课堂教学内容当中。

水平一（一至二年级）：由于处于此阶段的学生认知能力有限，理论教学知识以介绍项目形成及主要特点为主,使其能够对舞龙项目构成大体认知。水平二(三至四年级):这个阶段的学生接受能力增强,理论教学以介绍舞龙竞赛项目分类及功能价值为主,并结合介绍各民族不同舞龙习俗。水平三(五至六年级):此阶段学生已有一定的发散性思维,理论知识重在培养学生理解舞龙技术的基本要素、表现形式及内容分类。水平四(七至九年级):此阶段的学生学习认知能力已有较大的提高,理论知识教学以介绍舞龙项目的竞赛种类及具体竞赛规则为主。具体内容见表2。

表2 知识理论模块具体内容

学习水平	具体教学内容
水平一(一至二年级)	1. 舞龙运动的形成与发展。 2. 现代舞龙运动的基本概念及其特点。
水平二(三至四年级)	1. 舞龙运动的价值功能。 2. 舞龙运动的内容分类。 3. 各地、各民族舞龙活动的习俗及开展情况。
水平三(五至六年级)	1. 舞龙运动技术的基本要素及表现形式。 2. 舞龙运动技术动作的内容分类及分级。
水平四(七至九年级)	1. 舞龙运动竞赛的种类。 2. 现代竞技舞龙比赛的主要类型。 3. 舞龙竞赛组织规则。

经调查统计,所有10位专家表示知识理论模块内容的构建基本合理,见表3。

表3 知识理论模块内容构建专家意见(n=10)

内容	合理		不合理	
	频数	百分比	频数	百分比
知识理论模块内容	10	100%	0	0

运动技能模块内容的确定。运动技能模块的教学内容分为主教材与副教材两部分,而舞龙技术大致分为8字舞龙类动作、游龙类动作、穿腾类动作、翻滚类动作、造型类动作5种。要根据学生不同年龄段的学习水平以及舞龙技术动作的难易程度进行划分,并将其依据主次分配至教学内容当中。

水平一阶段的学生由于身体素质有限,技能教学内容应以教授简单的基本技术、游龙类动作为主,同时辅以舞龙游戏培养兴趣,在游戏中学习与巩固目标技能;水平二阶段以9~10岁的学生为主,这一年龄阶段的儿童应适当培养灵敏性,技能教学力量性、技术性要求较低,主要以相对简单的娱乐性较强的简单穿腾类动作为主，并辅以简单造型类动作；水平三阶段应注重发展学生的大肌肉群力量及部分小肌肉群力量，并注意男女生在此阶段的生理心理差异，因材施教，技能教学内容以一些需要进行简单跳跃、力量与技术皆要求相对较高的8字舞龙类及翻滚类基本动作为主，辅以简单的动作组合及较难的造型类动作；水平四阶段的技能教学，由于此前已有较强的基本功基础，内容以舞龙类6～7个动作简单组合套路为主，辅以较难的8字舞龙类及翻滚类动作，部分举例内容见表4。

表4　运动技能模块部分技术内容举例

学习水平	主教材	副教材
水平一（一至二年级）	游龙类动作 （1）直线行进 （2）曲线行进 （3）走（跑）圆场 （4）起伏行进	1. 舞龙游戏 2. 游龙类动作 （1）单侧起伏小圆场 （2）矮步跑圆场 （3）直线（曲线、圆场）行进越障碍
水平二（三至四年级）	穿腾类动作 （1）穿龙尾 （2）越龙尾 （3）穿（越）龙身 （4）连续腾行进	造型类动作 （1）龙门造型 （2）塔盘造型 （3）龙出宫造型
水平三（五至六年级）	1. 翻滚类动作 （1）龙翻身 （2）连续游龙跳龙（2次以上） 2. 8字舞龙类动作 （1）原地8字舞龙 （2）单跪舞龙	1. 穿腾类动作 （1）快速连续穿越行进（3次以上） （2）连续穿越腾越行进（4次以上） 2. 造型类动作 （1）龙舟造型 （2）组字造型 （3）曲线造型
水平四（七至九年级）	舞龙基础套路 （1）游龙出场 （2）快速跑圆场 （3）龙出宫造型 （4）穿龙身（三次） （5）逆向跳龙 （6）龙戏尾 （7）快速8字舞龙 （8）塔盘造型	1. 8字舞龙类动作 （1）站腿舞龙（两人一组） （2）跳龙接摇船快舞龙 （3）行进8字舞龙 2. 穿腾类动作 快速连续螺旋跳龙（4次以上）

经统计，所有参与调查的绝大多数专家对运动技术模块内容的构建表示认可，见表5。

表5 运动技能模块内容构建专家意见（n=10）

内容	合理		不合理	
	频数	百分比	频数	百分比
运动技能模块内容	9	90%	1	10%

传统文化模块内容的确定。传统文化模块的学习可使学生了解舞龙运动在中国作为一种普遍的文化现象，与中国龙文化、节日文化、民俗文化以及宗教文化都有着密不可分的关系。同时通过舞龙课程的教学让学生逐渐了解民族文化，做非遗文化传承者，提升学生的人文素养，培养爱国主义精神。

水平一的传统文化教学，应以简单易懂并且富有趣味性的故事为主，题材可适当选取神话传说或英雄故事，将其贯穿于教学过程中，使学生对中国龙文化产生崇拜意识，在脑海中形成初步认识，并提高学习兴趣，在学习中树立自信，以鼓励教学为主；水平二的传统文化教学，应结合所学运动项目，以故事形式介绍项目历史起源及项目礼节，学习节日文化与舞龙活动的关系，加深学生兴趣，培养学生顽强的意志品质，团结合作的精神；水平三的传统文化教学，应结合所学运动技能，深入了解项目与民族文化及宗教文化的关系，可以口头问答的形式进行教学反馈，此阶段教学重点培养学生的创新能力及公平竞争精神；水平四的传统文化教学，应以培养学生的民族荣辱心、民族精神为主，探究舞龙运动与中华民族精神的关系，并鼓励学生努力发扬我国传统文化，将其实践到生活学习当中去。

经统计，关于传统文化模块内容的构建，所有参与调查的专家均表示认可，见表6。

表6 传统文化模块内容构建专家意见（n=10）

内容	合理		不合理	
	频数	百分比	频数	百分比
传统文化模块内容	10	100%	0	0

（3）学时分配的确定。

中小学体育活动时间有限，但经过两个学期的对比研究发现，每周2学时的学习效果大大好于每周1学时的学习效果，因此学时分配如表7所示。每学期的总学时数为34学时，根据课程内容的设置，将理论课程与技术课程的学时进行合理分配，知识理论模块内容占总课时的11.8%，运动技能模块内容占总课时的88.2%，传统文化模块课程贯穿于其他两个模块当中。

表 7　学时分配表

	教学内容	学时数	百分比
知识理论	舞龙基本知识	4	11.8%
运动技能	舞龙课程主教材内容	18	23.5%
	舞龙课程副教材内容	10	52.9%
	技能考试	2	11.8%

3. 舞龙课程体系的实证调查

本研究于 2016 年 1 月上旬对某中学所有选择舞龙专项课程的 24 名七年级学生进行了有关舞龙课程体系的小范围实证调查，参与调查的学生已通过以上课程体系学习一年。在所进行的技术套路测试中发现，绝大多数学生通过此课程体系能够熟练掌握技术动作，如表 8 所示。

表 8　七年级舞龙技术套路测试情况统计（n=24）

舞龙组合套路测试	熟练掌握	基本掌握	没有掌握
人数（人）	20	4	0
百分比	83.3%	16.7%	0

发放与回收调查问卷共计 24 份，有效率为 100%。调查结果显示，如表 9 ～表 12 所示，所有参与调查的学生均表示喜欢模块教学的课程设置。这表明此模块的设置能激发学生对舞龙的学习兴趣，且能够帮助学生深入了解舞龙的相关知识。所有学生均表示愿意继续学习舞龙项目。由此可见，舞龙课程体系的构建得到了学生的肯定，可以在中小学体育教学中进行推广。

表 9　舞龙课程模块设置喜欢程度调查（n=24）

喜欢程度	十分感兴趣	一般感兴趣	不感兴趣	十分讨厌
人数	14	19	0	0
百分比	58.3%	41.7%	0	0

表 10　舞龙课程体系设置帮助激发学习兴趣调查（n=24）

激发兴趣	十分有帮助	有帮助	没有帮助
人数	18	6	0
百分比	75%	25%	0

表 11　舞龙课程体系设置帮助了解相关知识调查（n=24）

了解知识	十分有帮助	有帮助	没有帮助
人数	22	2	0
百分比	91.7%	8.3%	0

表 12　是否愿意继续学习舞龙项目调查（n=24）

继续学习	愿意	不愿意
人数	24	0
百分比	100%	0

四、结论与建议

1. 结论

（1）针对中小学课程培养目标和舞龙课程体系结构的特点，可将课程内容分为知识理论、运动技能、传统文化三个模块。

（2）根据学生学习水平结合模块教学，设置不同难度的课堂教学内容，难度逐级增加。

（3）知识理论模块内容包含舞龙运动概述、舞龙运动的技术体系及舞龙竞赛的组织与规则三方面，依据不同学习水平来由浅至深制订不同学习目标及任务。

（4）运动技能模块分为主教材与副教材两部分内容，根据不同年龄段的学习水平以及 5 种不同类型的舞龙技术动作由易到难进行划分，并依据主次分配至教学内容当中。

（5）传统文化模块内容涉及舞龙项目与中国龙文化、节日文化、民俗文化以及宗教文化的关系探讨，同时通过舞龙课程教学提升学生的人文素养，培养学生爱国主义精神。

2. 建议

（1）结合专家意见，组织专业团队，根据舞龙课程体系编设适合各年龄层的套路与教材。

（2）将舞龙课程体系进行广泛普及，并根据各地区具体情况，与舞龙运动发展现状结合，灵活运用，不断调整与更新。

（3）加强专业舞龙教师团队的素质培养与人才引进。

【参考文献】

[1] 金宝玉，刘景刚，满庆寿，刘　君. 民族民间体育 [M]. 大连：大连理工出版社，2009.

[2] 教育部. 义务教育体育与健康课程标准（2011 年修订稿）[S].

[3] 慕向斌.文化大发展大繁荣语境下的国家文化安全策略 [J].学术研究，2012（11）.

[4] 李景红，蒋鑫龙.体育课程标准与现行教学大纲比较研究 [J].体育师友，2009（02）：49-50.

[5] 李凤杰.小学儿童自我控制结构、发展特点及其相关影响因素 [D].大连：辽宁师范大学，2010.

作者简介

侯雪萌：

北京体育大学民族传统体育学硕士。在武术、舞龙舞狮、柔力球等项目的教学与竞赛方面具备丰富的实践经验。曾获亚洲龙狮锦标赛、国际柔力球邀请赛、北京市武术锦标赛等大赛冠军。武术国家二级运动员，柔力球国家一级教练员，舞龙舞狮国家一级裁判员。

教学案例

《技巧——山羊分腿腾越》教学设计

◎梁攀攀

一、指导思想

本课以"健康第一"为指导思想，以学生的健康发展为中心。在教师引导下充分调动学生对山羊分腿腾越的练习兴趣，感受分腿腾越运动的乐趣；结合六年级女生好学习、模仿能力强的特点，课上发挥学生主体作用，培养学生互学互助与评价的能力；教学方法循序渐进，辅助练习从易到难，尊重学生的个体差异，采用多元评价方式进行评价，让学生在练习分腿腾越过程中体会到自己的进步，体验成功的乐趣。

二、教学背景

1. 教材分析

（1）教材的性质及功能。

支撑跳跃是初中阶段的体操教材内容，山羊分腿腾越是支撑跳跃的一种基本技术。完成支撑跳跃动作，需要具备良好的身体素质（特别是弹跳力、推撑力和速度）。此外，正确的基本技术和勇敢、果断的意志品质，以及安全措施是学习和完成支撑跳跃教学的重要保证。根据学生特点和教学目标要求，我在教学中对腾空技术细节不做过细要求。掌握了山羊分腿腾越技术动作对于培养学生自信心和勇于克服困难、战胜自我的心理素质具有积极的作用。

（2）教材的技术环节。

山羊分腿腾越的基本技术是由助跑、踏跳（上板和起跳）、第一腾空、推手、第二腾空、落地等六个环节组成，各技术环节相互联系又互相制约，是不可分割的整体。

（3）教材的知识点和重难点。

知识点：分腿腾越山羊的技术动作要领和练习、保护方法。

重点：推手及时、分腿直。

难点：屈膝缓冲、落地稳。

（4）本次课的教学内容与重点。

教学内容：分腿腾越山羊。

重点：推手及时、分腿直。

（5）单元计划。

技巧——山羊分腿腾越 4/6 单元计划

年级：六年级 　　　　　　　　课次：6

单元教学目标：

1. 了解体操支撑跳越的基本知识和山羊分腿腾越的技术动作概念，知道保护与帮助的方法。

2. 掌握山羊分腿腾越技术动作，能够独立完成山羊分腿腾越，做到踏跳有力、分腿直、落地稳；发展跳跃能力和身体灵敏性。

3. 培养合作互助、团结友爱的集体主义精神，促进个性发展。

课次	教学内容与重点	教学目标	主要教法措施
1	内容：分腿腾越的助跑踏跳技术。 重点：单起双落踏跳。	1. 知道分腿腾越的技术特点和助跑踏跳的方法。 2. 基本掌握助跑踏跳技术，做到踏跳有力，双脚起跳。	1. 俯撑推手成分腿立撑练习。 2. 徒手助跑踏跳练习。 3. 上板练习。 4. 上板踏跳后推墙练习。 5. 小游戏（跳背）。
2	内容：助跑踏跳提臀分腿技术。 重点：分腿直、有力度。	1. 知道提臀分腿的动作要领和练习方法。 2. 基本掌握提臀分腿技术，做到提臀高于肩，分腿直。	1. 俯撑推手成分腿立撑接挺身跳练习。 2. 徒手助跑踏跳练习。 3. 原地提臀不分腿练习。 4. 原地提臀分腿练习。 5. 3～5步上板踏跳提臀分腿练习。

续表

课次	教学内容与重点	教学目标	主要教法措施
3	内容：分腿腾越山羊技术动作。 重点：提臀分腿。	1. 了解分腿腾越山羊的技术动作，知道保护与帮助的方法。 2. 基本掌握山羊分腿腾越技术动作，能够在保护与帮助下完成分腿腾越。	1. 俯撑推手成分腿立撑接挺身跳练习。 2. 原地提臀分腿练习。 3. 助跑6～8步做推手提臀分腿练习。 4. 在保护与帮助下体会完整技术。 5. 跳背练习。
4	内容：分腿腾越山羊技术。 重点：收腹提臀分腿。	1. 了解山羊分腿腾越的动作要点、练习方法及保护帮助方法。 2. 基本掌握山羊分腿腾越的动作方法，优秀生能够独立完成并且做到落地稳，其他学生能够在保护与帮助下完成分腿腾越山羊；发展力量、灵敏等身体素质。	1. 原地踏跳提臀、提臀分腿练习。 2. 助跑6～8步做推手提臀分腿练习。 3. 在保护与帮助下体会完整技术动作。 4. 优秀生展示。 5. 素质练习——软梯、跳栏架。
5	内容：分腿腾越落地技术动作。 重点：屈膝落地稳。	1. 知道落地技术的动作要领和练习方法。 2. 基本掌握落地技术动作，能够做到屈膝缓冲落地稳。	1. 原地踏跳提臀、提臀分腿练习。 2. 助跑6～8步做推手提臀分腿练习。 3. 跳箱上挺身跳下练习。 4. 在保护与帮助下体会分腿腾越山羊完整技术。 5. 分组练习完整技术。
6	内容：山羊分腿腾越考核。 重点：考核。	1. 知道山羊分腿腾越的考核方法及标准。 2. 能够在保护下完成完整动作，发展上下肢力量。	1. 原地踏跳提臀、提臀分腿练习。 2. 助跑6～8步做推手提臀分腿练习。 3. 练习考核动作。 4. 点名考核。

2. 学情分析

（1）学生应有的学习基础。

学生在低年级时已经学习过一些技巧技术，身体素质有了一定的基础，但是对于难度较大的支撑跳跃项目还没有了解和掌握。

（2）学生实际的学习基础（前测）。

本课的授课对象是六年级女生。通过一学年的体育教学，学生整体身体素质有了较大的提高，而且本班组织纪律性好，比较爱学习，但是身体素质水平存在较大差异。学生活泼好动，对新鲜事物好奇心强，敢于挑战，可是缺乏自我保护能力，教学中要加强安全教育，学会保护与自我保护，防止运动损伤。

（3）学生的学习起点分析。

根据以上情况，本节课是在保护与帮助的基础上，先进行助跑踏跳和顶肩分腿的练习，然后在教师的帮助下完成山羊分腿腾越，再进行分组练习。有能力的同学要做到落地时屈膝缓冲，落地稳。提醒学生注意安全，强调踏跳有力和顶肩推手快等技术动作。

（4）学生认知水平及心理、生理特点。

六年级女生正处在身体发育的高峰期，身体素质发展较快，好奇心强，但是运动能力差异较大，对身体的控制能力不够好。通过对动作的分解练习降低难度，让学生克服胆小害怕等困难，鼓励学生自主、合作学习，充分调动、发挥学生学习的积极性，激发学生的练习兴趣。

（5）学习新知识可能遇到的问题。

胆小、害怕；落地不稳。

三、学生学习效果预计

1. 学生知道山羊分腿腾越的技术动作和要领。

2. 80% 以上的学生能够在保护下完成山羊分腿腾越完整动作。

四、教学流程图

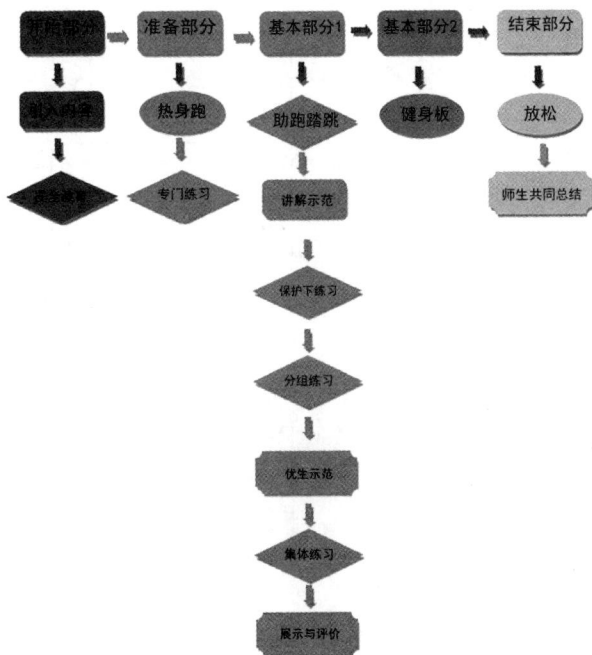

五、教案

年级：六年级	班级：（1）、（2）班女生	人数：20人

教材内容与课次	1. 技巧——山羊分腿腾越 4/6　　2. 素质练习——软梯、跳栏架		

教学目标	1. 了解山羊分腿腾越的动作要点、练习方法及保护帮助方法。 2. 基本掌握山羊分腿腾越的动作方法，优秀生能够独立完成技术动作并且做到动作轻松自然、姿态美、落地稳；普通学生能够在保护与帮助下完成分腿腾越山羊；发展力量、灵敏等身体素质。 3. 培养团结协作的集体主义精神和敢于挑战自我的意志品质，促进个性发展。

部分	教学内容	次数	时间	组织教法与要求
开始部分 3′	课堂常规 1. 整队集合。 2. 师生相互问好。 3. 宣布本次课的内容：山羊分腿腾越、软梯练习。 4. 安排见习生。 5. 队列练习： 稍息、立正、向右看齐。		1′ 2′	组织队形： （队形图示） 要求：1. 集合整队，快、静、齐。 2. 精神饱满，声音洪亮。 3. 排面整齐，精神饱满。 4. 注意安全。
准备部分 6′	一、准备活动 热身跑——绕场地跑3～4圈。 二、专项准备活动 行进间助跑踏跳练习。 1. 肩绕环。 2. 膝关节。 3. 腹背运动。 4. 踝腕关节。 5. 侧压腿。	 4*8 4*8 2*8 4*8 4*8	2′ 4′	组织队形： （队形图示） 1. 教师提出要求，下达口令，进行慢跑热身练习。 要求：注意力集中，前后摆臂。 2. 教师讲解示范，带领学生做关节操。 要求：跟上节奏，动作幅度大。 组织队形： （队形图示）

续表

部分	教学内容	次数	时间	组织教法与要求
基本部分 32′	一、山羊分腿腾越 1. 复习所学动作技术。保护方法：提臀分腿时，保护人站在跳箱前练习者正前方，两手虎口向前对其肩膀，防止练习者掉下山羊。2. 进一步学习山羊分腿腾越。动作要点：助跑有节奏，积极有力地踏跳，领臂含胸，推手顶肩同时提臀分腿，用掌根迅速推离山羊、制动腿、抬上体，并腿，屈膝落地。重点：助跑与踏跳有机结合。难点：提臀分腿有力度，落地稳。	2～3 2～3 1～2 3～4 1～2 5～6 2～3 1～2	22′	练习队形： 教学步骤： 1. 复习原地、上一步踏跳提臂分腿动作技术。要求：直臂顶肩。2. 踏跳提臂分腿练习。要求：提臀要高，分腿有力度。3. 教师讲解练习及保护方法。要求：了解保护方法。4. 助跑2～3步做推手提臂分腿技术练习。要求：助跑有节奏，上板快，踏跳有力。5. 教师示范分腿腾越山羊完整动作1～2次，讲解重点。6. 分组练习。方法：根据学生练习情况，分成A、B、C三组，设置不同高度、不同距离（踏板）山羊，A组练习山羊分腿腾越后利用跳箱练习落地屈膝缓冲动作，B、C组在教师关注下（脱保）独立完成分腿腾越山羊。要求：助跑轻松，踏跳有力，有一定高度。7. 找优秀生示范，师生评价，总结动作要点。要求：主动积极，敢于挑战自我。8. 集体练习。要求：直臂顶肩，推手有力，提臀分腿有力度。
	二、游戏——无轨电车（5人2足）方法：每组5个队员，利用健身板进行集体行进，比比哪个队伍齐心协力，哪个队伍配合协调。	1～2 1～2 3～4 1～2	10′	1. 教师讲解游戏方法和要求。2. 带领学生进行模仿练习。要求：勇敢尝试，大胆模仿。3. 学生进行游戏，教师巡视指导。要求：注意安全。4. 小比赛：哪组配合协调。要求：不抱怨，重配合，齐心协力。 游戏队形：

续表

部分	教学内容	次数	时间	组织教法与要求
结束部分 4′	一、整理放松 二、总结与点评 三、宣布下课，归还器材 A组将器材摆放到指定位置。		2′ 2′	组织队形： ☺ ☺ ☺ ☺ ☺ ☺ ☺ ☺ ☺ ☺ ☺ ☺ ☺ ☺ ☺ ☺ ☺ ☺ ▲ 1. 带领学生进行放松练习。 要求：充分放松。 2. 小结本课，进行鼓励和表扬，提出存在问题、改进办法。 要求：注意力集中，积极动脑思考。 3. 宣布下课，师生再见。 要求：精神饱满，声音洪亮。
场地器材	1. 室内体育馆。 2. 大垫子7块，踏板3个，山羊3个，跳箱1个，健身板4副。		预计生理负荷	 0 5 10 15 20 25 30 35 40 45
安全措施	1. 检查场地、器材。 2. 安全教育，语言提示。 3. 充分做好准备活动。			练习密度： 40%～45%　　平均心率： 125～130次/分
课后小结	教学效果： 教学灵感： 存在问题：			

六、教学反思

1. 教学效果

本节课根据学生实际练习情况，将学生按已掌握技术的能力分为3组，一组学生在独立完成分腿腾越山羊的基础上练习落地技术；一组学生尝试脱保完成分腿腾越山羊的技术动作；还有个别学生需要克服心理障碍，在教师或同伴的帮助保护下完成动作。整个过程比较流畅，学生学有所获，在完成基本内容后又进行了5人2足的合作性游戏，提高了她们的协作能力。教学任务完成得比较好。

2.存在问题

（1）对个别在动作上存在问题的学生没有给予充分关注，没能充分调动起全体学生的练习热情。教师应该鼓励她们选择适合自己的练习方法，不断取得进步。比如说，有些同学没有做出完整动作是因为提臀不够高，而有些同学无法脱保完成整个动作是由于存在恐惧心理。面对这种情况，应该采取有针对性的措施。

（2）教态方面还有些松垮，没有完全体现出一个体育教师的风格，教学基本功还有待加强。

3.教学特色

支撑跳跃是初中阶段的体操教材内容，山羊分腿腾越是支撑跳跃的一种基本技术。有些同学由于各种原因可能一直没有成功跳越山羊的经验，这不得不说是一个遗憾。跨越障碍能使得学生获得精神上的喜悦，收获成功体验。本节课在教师引导下充分调动学生对山羊分腿腾越的练习兴趣，感受分腿腾越运动的乐趣；结合六年级女生好学习、模仿能力强的特点，课上发挥学生主体作用，培养学生互学互助与评价的能力；教学方法循序渐进，辅助练习从易到难，尊重学生的个体差异，采用多元评价方式进行评价，让学生在练习分腿腾越过程中体会到自己的进步，体验成功的乐趣。同时，利用场地中的大屏幕播放视频以及鼓励性的语言，帮助学生克服心理障碍，勇于超越自己，不断取得进步，起到了很好的作用。

[课后点评]

北京中学孙建国老师：评价不仅要关心学生的学业成绩，而且要发现和发展学生各方面潜能，了解学生发展中的需求，帮助学生认识自我，建立自信。

了解学生的学习情况与表现，以及达到学习目标的程度，不仅仅要了解学生的体能与运动的情况，更要了解学生在学习活动中的行为表现及进步度，判断学生学习中存在的不足，分析其原因，并改进教学。

为学生提供展示自己能力、水平、个性的机会，并鼓励和促进学生的进步与发展，体验体育活动中成功的乐趣与喜悦，增强自信心，培养学生自我认识、自我教育的能力。

体育课程学习评价不是评教师教得怎样，也不是教给学生什么技能、知识，更多的是学生在体育学习中发现自己有哪些长处，教师适时去点评、培养。只有让学生的天性、爱好得到最自然的表达和发展，才能实现学生的自我发展，学生也才能成为真正意义上的人才。

我们坚持用宽容的心态对待学生的过失，用喜悦的心情等待学生的每一点进步，用欣赏的眼光关注孩子的每一个亮点，用赞赏的语言鼓励学生的每一次成功。

本节课是针对我校六年级学生进行的。教师在教学目标的制订上，全面贯彻课程理念及北京中学教学模式，遵循"健康第一"的指导思想，充分体现以学生发展为本的基本理念，激发学生在课堂上的学习兴趣。教学目标制订准确合理，符合学生实际情况；教学重难点突出，教材内容搭配合理，教法运用适宜，符合学生认识事物规律及动作形成规律；重视学生技能训练，场地布置合理、器材码放有利于教师教育教学；教师示范准确规范，讲解与示范重点突出，简明扼要，并运用儿童语言与专业术语相结合，启发学生的创造思维；教学程序环环相扣，体现了循序渐进的原则；在指导学生练习上体现了区别对待，关注学生不同需求及个体差异，对学困生耐心辅导，对学优生提出更高的指标练习。

本课采用学生尝试、练习、评价、展示、鼓励等手段，不仅有效地发挥了教师的主导作用，而且突出了学生的主体地位，从而印证了梁攀攀老师教学有法、教无定法以及与学生的亲和度，真正做到了"亲其师，信其道"。我的感觉是本课学生学有所知，技有所长，体有所健，德有所育，情有所省，满足了学生的好奇心与需求，完成了教学目标。在练习中，学生相互合作、鼓励，增强了学生的信心，体现了学生的认同感及在集体中的位置。通过游戏、体能练习，提高了学生本课运动负荷。运动负荷适宜，全课达到了育体、育心、育人的目标。

在如何拓展优等生技能、扬长教育（教育促进学生个性发展，带动学困生发展自我、战胜自我）方面，有进一步探索的空间。

作者简介

梁攀攀：

　　中学一级教师，北京体育大学硕士毕业，民族传统体育学专业。国家一级运动员，武术散打国家一级裁判员，国家一级健身指导员。作为课题副组长参与国家级课题一项，区级规划课题一项，获朝阳区优秀青年教师称号。所带学生多次获得北京市、区武术比赛单项冠、亚军。

学科特色活动

2016 年北京中学第三届亲子运动会规程

◎体育组

活动时间：2016 年 4 月 29 日 13:00—16:00。

活动地点：北京中学操场。

活动内容：团队集体项目和亲子游戏项目。

活动赛制：以班级为单位，每个班级需参加全部比赛项目，每个项目获胜积分按 5、3、2、1 得分，最终取各年级团体总分一、二名。

活动流程：根据比赛项目划出 12 块比赛场地，分为 12 轮进行。每个班级每轮进行一个项目的比赛，每轮比赛 10 分钟，到时间后进行场地轮换。具体轮换方式见下表：

比赛项目场地轮换表

项目／班级	九宫格射门	定点投篮	争分夺秒	反弹入筐	足球颠球	柔韧测距	单脚平衡	精准射门	平板支撑	排球垫球	8字跳绳	引体接力
六年级（1）班	1	2	3	4	5	6	7	8	9	10	11	12
六年级（2）班	4	1	2	3	8	5	6	7	12	9	10	11
六年级（3）班	3	4	1	2	7	8	5	6	11	12	9	10

项目 班级	九宫格射门	定点投篮	争分夺秒	反弹入筐	足球颠球	柔韧测距	单脚平衡	精准射门	平板支撑	排球垫球	8字跳绳	引体接力
六年级（4）班	2	3	4	1	6	7	8	5	10	11	12	9
七年级（1）班	9	10	11	12	1	2	3	4	5	6	7	8
七年级（2）班	12	9	10	11	4	1	2	3	8	5	6	7
七年级（3）班	11	12	9	10	3	4	1	2	7	8	5	6
七年级（4）班	10	11	12	9	2	3	4	1	6	7	8	5
八年级（1）班	5	6	7	8	9	10	11	12	1	2	3	4
八年级（2）班	8	5	6	7	12	9	10	11	4	1	2	3
八年级（3）班	7	8	5	6	11	12	9	10	3	4	1	2
八年级（4）班	6	7	8	5	10	11	12	9	2	3	4	1

注：所有班级请于当天12点50分前到达本班第1轮比赛场地。

比赛项目及规则：

项目一：九宫格射门。

规则：特制9格球门，不同位置对应1至6分。每班20名队员（学生、家长、教师不限），每名队员有1次射门机会。20名队员得分相加为班级总分。

裁判员：李明、吕源、吕纯志。

器材：足球5个，长皮筋4根。

项目二：8字跳绳。

规则：每班12名队员（学生、家长、教师不限，含摇绳者），按照8字型线路进行集体跳绳比赛，比赛时间为2分钟，按次数进行排名。

裁判员：王芳、马冰子、黄佳佳。

器材：秒表1块，长跳绳2根。

项目三：反弹入筐。

规则：每班10名队员，包括4名男生，4名女生，2名大人（教师、家长均可）。距离站立点5米处设置一球筐，游戏者将篮球砸向地面反弹进筐；单双手不限，反弹至少1次。每人2次机会，进一球1分。10人得分累计为班级总分。

裁判员：申海东、李伟、张健。

器材：篮球2个，球筐1个。

项目四：精准射门。

规则：用1.5米小球门，设置15米距离射门区域。每班派出10人参加比赛（其中至少有3名大人，教师或家长均可），每人射门2次。20次射门之后，按进门次数记分。

裁判员：任志强、高艳、徐小燕。

器材：小球门1个，足球4个。

项目五：平板支撑。

规则：每班15名选手参赛，包括5名男生，5名女生，5名大人（教师、家长均可，大人性别不限）。单人时间上限为5分钟，15名选手的时间相加为班级总时间。

动作要求：肩膀和肘关节成90度，双脚并拢，躯干伸直，头、肩、胯和踝部尽量保持在同一水平面。

裁判员：梁攀攀、王芳（教务）、李晓辉、毛文。

器材：体操垫15块、秒表2块。

项目六：排球垫球。

规则：每班10名队员，包括4名男生，4名女生，2名大人（教师或家长均可）。双手正面垫球，每人1次机会，单人垫球次数上限为50个。垫球高度必须过垫球人头顶。10人数量相加为班级总数量。

裁判员：原鹏程、刘海巍、高畅。

器材：排球10个。

项目七：争分夺秒。

规则：每班派出10名队员，包括4名男生，4名女生，2名大人（教师或家长均可）。比赛开始后，第一名队员依次跳5个小栏架、跳绳50次，再跳5个小栏架返回起点。第一名队员到达起点与下一名队员击掌后，下一名继续，直至10名队员完成比赛。以完成折返跑总用时多少进行排序，计入班级总分。

注：过程中碰倒小栏架必须由本人扶起，并且每碰倒一次加3秒时间。

裁判员：侯雪萌、王娟（音乐）、张树宏。

器材：小栏架10个、跳绳2个、秒表1个。

项目八：定点投篮。

规则：每班10名队员，包括4名男生，4名女生，2名大人（教师或家长均可）。在罚球线投篮，每人2次。投篮20次，进球次数为班级总成绩。

裁判员：姬双峰、周立恒、陈盼。

器材：篮球5个。

项目九：引体接力。

规则：每班8名队员，包括6名学生，2名大人（教师或家长均可）。每人1次机会，8人总数量为班级成绩。

注：从直臂状态开始，下巴过杠记为有效。

裁判员：沈夏炳、刘晓媛、周亚楠。

器材：单杠2个。

项目十：柔韧测距。

规则：每班10名队员，包括6名学生，4名大人（教师或家长均可）。测量每人的劈叉距离，横叉竖叉不限。10名队员总距离为班级成绩。

裁判员：房树洪、杨琼、顾少鹏。

器材：直尺。

项目十一：单脚平衡。

规则：每班8名队员，包括3名男生，3名女生，2名大人（教师或家长均可）。固定位置单脚站立，双手紧贴身体不能张开，听到开始后闭眼，直至双脚落地或单脚移动为止。单人时间上限为1分钟。8名队员总时间为班级成绩。

裁判员：王良、许珂、熊伟。

项目十二：足球颠球。

规则：每班8名队员，包括6名学生，2名大人（教师或家长均可）。每人1次机会，可以用身体任意位置颠球。单人上限为50次。8名队员总数量为班级成绩。

器材：足球5个。

裁判员：王来田、赵生初、徐梦莹。

教学随笔

山羊分腿腾越教学随笔

◎原鹏程

　　为期三周的《体操——山羊分腿腾越》课上完了，看着小松在体育课上顺利通过了山羊分腿腾越考核，并拿到了9分，我的心里和小松一样高兴。因为就在三周前，小松见到山羊，就像是一只站在悬崖边的小羊看着悬崖，无论如何也不敢跳。

　　在第一次上山羊分腿腾越课时，我先让大家学习助跑、起跳。临下课时，我教大家玩儿一个游戏——"骑驴"，即每一纵队同学为一组，除了最后一名同学外，其他同学都朝一个方向弯下腰，手扶膝盖成"驴"状，最后一名同学从倒数第二名同学开始，像骑驴一样越过每一个人，然后也弯腰蹲成"驴"状，倒数第二名同学像最后一名同学那样重复，依此类推，所有人先做完的组为胜队。就在大家玩儿这个游戏时，我发现小松同学一个人在旁边站着。经询问后得知，他不敢跳。之后的两次课上，一部分同学已经能够在老师的保护帮助下跳过山羊，可是小松的动作依然停留在助跑、起跳上。

一、寻找原因

　　针对小松害怕跳山羊的心理，我想他原来也许是受过伤，或者是有过失败的惨痛经历。一天中午，单独给他辅导时，我问他："你为何如此害怕跳山羊？"他说，因为小时候玩儿"骑驴"的游戏时，他不小心把下面当"驴"的小伙伴给压伤了，所以打那时开始，他就特别担心再玩儿这个游戏时会把同学给压伤了。同样，他也担心在跳山羊时腿会磕到山羊上从而摔下来导致受伤。果不其然……

二、心理诱导

在这三周里，除了体育课，我每天中午 12：10—12：30 都会在摆放有山羊器械的乒乓球教室指导包括小松在内的几名同学练习山羊分腿腾越。其他几位同学跳不过山羊是因为体重大，身高矮；而小松身材匀称，体重正常。

1. 从哪儿跌倒，从哪儿爬起来

我对小松说："你在练习时不是怕把下面的同学压伤了吗？来，你从老师身上跳过去，老师不怕压伤。"他有些犹豫，我就拉过来一块垫子，摆在我的前面。然后，我在垫子旁弯下腰当"驴"。我对他说："你看，就算你在'骑驴'时碰到了我，那我倒在垫子上，也不会受伤的！"他终于同意了。在我被小松当"驴"骑的过程中，前几次他都是跳起来后坐在了我的头部或肩膀上，把我压倒在垫子上。我说："小松，你看，我没事。"就这样，我不断鼓励他，小松终于可以越过我的身体跳到垫子上。然后我撤掉垫子，他终于敢跳了。

2. 激将法

中午过来练习跳山羊的同学中，有几位是因为体重过大而跳不过去。通过课上课下的练习，他们可以在我的保护帮助下完成动作了。可是小松在从敢"骑驴"到敢跳山羊的过渡过程中，还是战胜不了自己，不敢跳山羊。当看到别的同学顺利地跳过山羊，轮到他时，他跑到山羊前总是起跳后又落回到踏板上，自己也低下头，深深地叹一口气。我看得出小松心里有多么着急，同时又多么不甘心。我又给他做了一次特殊的示范，即跳山羊时故意把腿磕到山羊上，然后摔到垫子上，再站起来。我用了一个苦肉计，目的是让小松知道，即使摔了也没事。我对他说："小松，大不了你就摔一下。你看，老师摔了也没事呀！再说老师保护你，不会轻易让你摔倒的。"可是他在答应我之后，跳的时候又退缩了。我无奈。情急之下，我对他说："小松，你看某某同学在保护帮助下都敢跳了，你如果是个男人就跳过去！"别说，这一招还真管用。我刚说完，小松果然深呼一口气，瞪大了眼睛，奔向山羊。在我的保护帮助下，他连滚带爬，勉强过了山羊。我抓住时机，马上给予鼓励，说："小松，你这一次做得太好了。你就这样练，肯定能行的！"他顿时有了信心，接连几次越来越好，都跳过了山羊。

三、技术诱导

小松不敢跳山羊，心理障碍是主因，但技术诱导不可或缺。山羊分腿腾越的技术动作主要由助跑、起跳、腾空、推手、落地等几个部分组成，对六年级学生来说，能做到助跑稳、起跳有力、有第一腾空、推手快速有力、落地平稳就足够了。在每次练习山羊分腿腾越完整动作以前，我都会安排小松先做助跑、起跳练习，再练习对墙推手，起跳后手扶乒乓球台做支撑提臀分腿等练习。这些分解练习对掌握山羊分腿腾越完整动作是至关重要的。

结合这些技术诱导练习，再加上心理诱导，小松在最后两节课中终于能在集体练习时跳过山羊了。在最后的测试中，他第一次在脱离老师的保护帮助下完成了动作，虽然身体还是蹭了一下器械，但是较以前他的动作已经取得了很大的进步，也赢得了全班同学的掌声。我给他打了 9 分。

四、评析

教育心理学认为，教师在学生学习动机形成中是一个十分强有力的因素，教师本人是学生学习动机的榜样，教师的期望也会对学生的动机和行为产生不同的影响。本事例中，我通过在体育课上做示范给同学们树立了目标和榜样。通过我的课下指导，小松增进了和我的相互沟通，并感受到了我对他的期望。通过不断练习，他的山羊分腿腾越确实有了进步。在我的不断鼓励下，他最终战胜了自己，顺利通过了考试。

体育教学面对的是不同类型的学生，体育教师要学会区别对待，同时不断提高自己在思想、业务方面的水平，相信学生，并加强自己和学生的沟通能力，给学生树立榜样，以自己的真情、专长和耐心来赢得学生，获得学生的掌声。

作者简介

原鹏程：

北京体育大学硕士毕业，田径二级运动员，二级裁判员。论文曾获全国第 11、12 届学生运动会科学论文报告会二等奖，2014 年上海学校体育国际研讨会优秀奖，2015 年北京市第 11 届中小学体育科学论文报告会一等奖。他的目标是和学生一起打造有生命力的体育课堂。

学生作品

体育运动中的学生风采

◎指导教师：孙建国　刘　萌　梁攀攀　王　芳
侯雪萌　原鹏程　李继超

2015 年朝阳区中小学生田径运动会

2015 年北京市少儿（第十二届幼儿）武术比赛

北京市朝阳区中小学生啦啦操比赛

北京中学艺术学科教研组

艺术篇

　　如果说艺术的创作是个性化的创作过程，那么艺术中没有超越，只有区别。艺术家的成功是其灵魂魅力的独特展现。如何把学生的个性魅力塑造成个性艺术，这是北京中学艺术课程方案设计的核心理念，我们致力于为学生的兴趣的全面发展提供强大的专业支撑。培养学生具备良好的艺术表达方式，使之初步形成创新思维和艺术探究能力，是每一位北京中学艺术教师的使命。

　　艺术课程以学科课程群建设为载体，以丰富的课程内容，各具特色的表达形式为手段，通过分类走班提供多样化的课程选择，注重学生在艺术学习过程中的体验、联系、表达，为学生提供自由创作的空间。在艺术殿堂里，学生能充分发挥想象力与创造力；在艺术活动和多学科项目学习活动中，用独特的艺术作品诠释对学科的个性化理解。

课程方案

艺术学科课程方案 ①

（六至八年级）

一、学科方向

1.确立"一二三"的艺术学科指导方向

"一"是"一化"，即"个性化"，提倡学生进行个性化学习。

"二"是"二意"，即"求新意识，融合意识"。求新意识是鼓励学生学会创新，追求创新。融合意识有两层含义：一是鼓励学生学会小组合作；二是大力推动艺术学科与其他学科的融合。

"三"是"三美"，即将"发现美，体验美，创造美"作为艺术学科学生的学习过程。

2.北京中学艺术学科提出三点教学要求

以国家课标为基本点，以项目设计为导向点，以学生兴趣为出发点。

---

① 《艺术学科课程方案》参编人员：

　高艳　李明　吕源　孟然　徐小艳　杨琼　王娟　徐瑶

二、课程目标

艺术课程日益走向综合，音乐和美术开始交叉融合，书法、舞蹈、戏剧等艺术也进入课堂，对学生的生活、情感、文化素养和科学认识等产生直接或间接的影响，对学生的人格成长、情感陶冶以及智能培养等，具有重要价值。艺术课程不是各门艺术学科知识技能数量的相加，而是综合发展学生多方面的艺术能力。艺术课程不仅仅是培养学生的艺术能力，同时还培养学生的整合创新、开拓贯通和跨域转换的多种能力，促进学生发现美、体验美和创造美的全面发展；充分利用学生的生活经验和社会文化资源，鼓励学生进行体验性、探究性和个性化学习；为学生提供生动有趣、丰富多彩的内容和信息；拓展学生的艺术视野，提高其生活情趣，使学生形成尊重、关怀、友善、分享等品质；塑造其健全人格，使艺术能力和人文素养得到整合发展，最终将学生培养成为热爱生活、志趣高雅的人。

三、实施路径

艺术学科分为三个大类：美术、音乐、舞蹈。课程设置采用必修与选修相结合、基础与拓展相结合的方式，以激发学生兴趣为出发点，以发展学生特长为导向点，以丰富学生体验为基本点，形成具有个性化、创新性和融合性的学科特色。

1. 个性化

艺术必修课在每一大类（美术、音乐、舞蹈）下面包含多种选择：美术类课程包含环境设计、电影设计、数字绘画、书法 4 个主修方向；音乐类课程包含音乐欣赏、合唱、器乐 3 个主修方向。不同主修方向的课程在教学内容上各有侧重，各具特色，以菜单的模式提供给学生，学生可依据自己的兴趣或结合自身特长从中选择一门课程作为自己的主修方向。在必修课程之外，还开设了丰富的选修课程，分为拓展和潜能课程，层次更加鲜明，照顾不同兴趣爱好、不同学习阶段的学生。丰富的菜单式课程保证了学生具有充分的选择权，可以为自己量身打造出一套个性化的艺术"餐谱"。每个学生都能够在北京中学的艺术学科大环境中找到自己的坐标点：有兴趣的学生找到爱好乐趣，有特长的学生找到展示平台，最终达到每个学生都能学有所乐、学有所长的理想状态。

2. 创新性

艺术必修课程是依托国家课标，将国家教材上的知识点重新解构，充分整合，并融入课程活动中后形成的特色课程。各门课程各有所长，总体以动手实操为主，注重实践性和创新性的培养。艺术课程以产品为导向，以体验式学习为路径，在课堂的学习内容与学生的现实生活之间架设桥梁；引导学生关注自身，关注生活，用自己的双眼发现美，用自己的心灵体验美，用自己的双手创造美；鼓励学生勇于创新、乐于创新，积极主动地改善自身与周边环境的关系。

3. 融合性

艺术学科既有丰富的主修课程设置，也是一个大的学科整体，各门课程间相互贯通，相互融合。每个学期、每个阶段都有小型的项目作业和大型的主题活动，将各门课程内容融通，形成一个整体的艺术教育环境，促进学生将各门课上所学的知识相互联系，融会贯通，同时组织不同主修方向的学生相互合作，集体创作。教学上，引导学生跨学科融合知识；学习上，鼓励学生进行合作性、互助性学习，形成整体艺术氛围，由内而外地滋养每一个学生的成长。

通过艺术设计的学习，学生能够学会如何把寻找灵感来源转化为自己的创作，而这主要是通过学会艺术创作的方法与步骤来实现的。

艺术学科开展"个·十·百"计划，形成气质高雅的校园文化氛围：

"个"	每周认识 1 位艺术大师	艺术学科利用课堂时间和校园文化走廊普及艺术史小知识，每周向学生介绍 1 位艺术大师。
"十"	每周 10×N 分钟的基本功练习	艺术学科鼓励学生们每天在紧张的学习之余利用零散时间，把基本功练习当成放松，一方面加深基本功素养，另一方面放松头脑，愉悦心情。
"百"	每周聆听 100 分钟经典名曲	艺术学科整合课堂内外时间，保证学生每周能够聆听 100 分钟的世界经典名曲。

四、课程内容

根据学校课程结构的安排，艺术组的课程对应基础课程、拓展课程、潜能课程。

1. 基础课程

环境空间艺术设计、电影空间艺术设计、书法、音乐欣赏、合唱、国际标准舞。

2. 拓展课程

色彩绘画、版画1、硬笔书法选修、数字绘画及应用。

3. 潜能课程

刻纸、版画2、北中书苑、乐的 N 次方钢琴协作社、花样年华民族器乐、瑶晔舞蹈团。

五、教学方式

1. 教学方式

（1）模块教学。

以主题式单元教学方式为主。

（2）基础课程和拓展课程、潜能课程相结合。

（3）跨学科项目教学。

（4）菜单式课程设置。

（5）团队教学。

组内教师、跨学科教师、专家合作。

2. 学习方式

针对不同年级的学生特点，针对不同课程，以自主学习、合作学习和探究学习为主，促进学生的发展。

（1）自主学习。

学生在对课题范围有了基本了解之后，自主学习了解该领域的相关概念、定义及感兴趣的历史流派和种类，探究方式、技法，自主确定学习任务、作品方案并制订作业完成的进度，在解决问题的过程中学习，教师作为指导者、协助者和管理者促进学生积极、主动、自觉地学习。

（2）合作学习。

采用小组合作的方式，使学生有分工有合作，明确任务，相互支持、配合，有效沟通，相互信任，一方面锻炼了学生的团队合作能力，另一方面也检验了学生在团队中的自主学习能力，以期达到最好的学习效果。

（3）探究学习。

鼓励学生以课题为蓝本，独立自主地进行发现问题，实验、操作、调查、信息搜集与处理、表达与交流等探索活动，获得知识与技能，发展情感与态度，培养探索精神和创新能力。在探究中学到方法，在探究中开拓思路，在探究中实现目标。

六、主题活动

以课程为基础，艺术学科开展一系列活动，具体如下：

组织校园写生——开展"我眼中的最美校园"活动
请名家进校园与学生进行面对面交流
开设中外美术鉴赏专题活动
组织学生参加全国、市、区级各项艺术赛事

续表

课堂从课内延伸至课外：组织学生参观博物馆，欣赏音乐会
校际交流：与当地特色校开展校际文化交流活动
北中好声音之一——北中器乐大赛
"身边的小小演奏家"交流展示活动
大型校级活动中的开场表演：开学典礼的开场舞蹈
校级课间操集体展示：集体恰恰恰、校园华尔兹等
以班级为单位的舞蹈微表演：牛仔舞班级展示、斗牛舞小组展演
舞蹈展演及比赛：参加区级、市级、国家级乃至国际级的舞蹈比赛，并积极参加校内外组织的展演活动
舞会：与团委或艺术组工作相结合，组织年级或校级舞会

七、评价机制

艺术学科的评价有学生自评、学生互评、教师评价、家长评价等，具体评价标准见各课程篇。

八、课程成果

1.资源类
校本课程、电子书、电子课件形成的艺术学科课程资源。

2.作品类
艺术组作品集、舞蹈视频集。

3.展演类
书画展、舞会、音乐会（器乐、合唱）、课程活动。

九、教研机制

1.教研规范
开展集体备课活动，形成团队教学模式。

（1）认真学习新课程各项内容，明确把握所教学段在课标中的基本要求，熟悉教学内容，参与集体备课活动。

（2）定期进行集体备课活动，突破教学重难点，并针对学生学习过程中出现的问题进行交流。

（3）组织校内外专家听评课，教师阐述自己的想法，尤其是学生在学习中可能出现的问题要重点讨论，反思常态课，以使讨论更加深入有效。

（4）做好集体备课活动笔记。因为集体备课活动是"团体的产物"，教师只有将"思想碰撞的结晶"带回去,融入自己的教学设计中,才能实现真正意义上的"资源共享"。

2. 具体实施

(1)每月开展 2 次主题教研活动。

(2)围绕区教研活动,展开听评课交流,总结校内外教学经验。

(3)每 2 周开展一次课题研究研讨会,对组内课题研究进度进行梳理。

(4)鼓励教师研发电子教材、电子书。

十、资源需求

1. 聘请专家

2. 固定资源

摄像、摄影、扫描器材。

3. 消耗资源

艺术类所需器材、服装道具。

4. 比赛,参观场馆类

美术学科

一、美术学科课程目标

1.美术学科（课程）总体目标

通过美术课程的学习，学生要学会艺术欣赏评述的方法，提高审美能力，了解设计对文化生活和社会发展的独特作用；以个人或集体合作的方式参与设计活动，激发创意，培养动手能力和创新能力；了解设计语言及其表达方式和方法，具备一定的艺术修养和美学素质；养成观察、记录生活的习惯，并且有意识地去解决生活中的问题，成为志趣高雅的人。

2.美术学科学年分目标

新课标要求美术学科要达到以下四个领域："造型·表现""设计·应用""欣赏·评述""综合·探索"。

学段	造型·表现	设计·应用	欣赏·评述	综合·探索
六年级目标	1.能够运用线条、形状、色彩、肌理和空间等造型元素。 2.以描绘和立体造型的方法，表现所见所想。	1.从形态与功能上认识设计的造型、色彩、媒材。 2.运用对比与和谐、对称与均衡、节奏与韵律等形式原理。	欣赏中外优秀美术作品，了解有代表性的美术家。	结合一至六年级其他学科的知识、技能以及学校和社区的活动，用多种美术媒材进行策划、创作与展示。
七年级目标	1.有意图地运用线条、形状、色彩、肌理、空间和明暗等造型元素以及形式原理。 2.选择传统媒介和新媒材，探索不同的创作方法。	1.了解设计的主要门类和基础知识。 2.创造性地运用对比与和谐、对称与均衡、节奏与韵律、多样与统一等形式原理。	1.欣赏不同时代和文化的美术作品，了解重要的美术家及流派。 2.对美术作品和美术现象进行简短评述，表达感受和见解。	结合其他学科的知识、技能，用多种美术媒材、方法和形式进行记录、规划、创作、表演与展示。
八年级目标	1.创造性地运用线条、形状、色彩、肌理、空间和明暗等造型元素，选择尝试多种材料进行创作。 2.发展具有个性的表现能力，表达思想与情感。	1.有意图地运用对比与和谐、对称与均衡、节奏与韵律、多样与统一等形式原理进行作品装饰与设计。 2.运用各种材料和制作方法，进行创意设计和工艺制作，改善环境与生活，表达设计意图，评述他人的设计和工艺作品，形成初步的设计意识。	1.了解不同时代和文化的美术名家名作，有独到的见解。 2.通过描述、分析、比较与讨论等方式，认识美术的不同门类及表现形式，尊重人类文化遗产。	1.结合六至八年级其他学科的知识、技能，用多种美术媒材、方法和形式进行记录、规划、创作、表演与展示。 2.了解美术与其他学科之间的联系；了解美术与人类生存环境、传统文化、多元文化之间的联系。

二、美术学科特色

美术学科在选课和课程设计上以学生兴趣为出发点，学习源于生活，用于生活，学生在思考与动手实践的过程中将知识逐步融入到课程中去。

1. 个性化

北京中学美术必修课包含多种选择：基础课程、拓展课程和潜能课程。美术类基础课程包含环境设计、电影设计、书法；拓展课程包括色彩绘画、版画、数字绘画、书法；潜能课程包括纸艺术、版画。不同主修方向的课程在教学内容上各有侧重，各具特色，以菜单的模式提供给学生，学生可依据自身兴趣或结合自身特长从中选择一门课程作为自己的主修方向。同时在必修课程之外，北京中学艺术学科还开设了丰富的选修课程作为对必修课程的补充，区分潜能和拓展，层次更加鲜明，照顾不同兴趣爱好、不同学习阶段的学生。丰富的菜单式课程保证了学生具有充分的选择权，可以为自己量身打造出一套个性化的艺术"餐谱"。每个学生都能够在北京中学的艺术学科大环境中找到自己的坐标点：有兴趣的学生找到爱好乐趣，有特长的学生找到展示平台，最终达到令每个学生都能学有所乐、学有所长的理想状态。

2. 创新性

北京中学艺术必修课程是依托国家课标，将国家教材上的知识点重新解构，充分整合，并融入课程活动中后形成的特色课程。各门课程各有所长，但总体以动手实操为主，注重实践性和创新性的培养。北京中学艺术课程以产品为导向、以体验式学习为路径，在课堂的学习内容与学生的现实生活之间架设桥梁；引导学生关注自身、关注生活，用自己的双眼发现美，用自己的心灵体验美，用自己的双手创造美；鼓励学生勇于创新、乐于创新，积极主动地改善自身与周边环境的关系。

3. 融合性

北京中学美术学科既有丰富的细化设置，同时也是一个大的学科整体。各门课程间相互贯通、相互融合。每个学期、每个阶段都有小型的项目作业和大型的主题活动将各门课程中的教学内容融通，形成一个整体的美术教育环境，促进学生将各门课上所学的知识相互联系、融汇贯通，同时组织不同主修方向的学生相互合作、集体创作。教学上，引导学生跨学科融合知识；学习上，鼓励学生进行合作性、互助性的学习，从而形成北京中学的整体艺术氛围，最终由内而外地滋养每一个学生的成长。

通过美术设计的学习，学生四年后最终能够习得如何把寻找灵感来源转化为自己的创作，而这主要是通过教会学生艺术创作的方法与步骤来加以实现。

三、课程内容

1.美术学科(课程)规划

(1) 课程规划(六至八年级)。

环境空间艺术设计	电影空间艺术设计
六年级（上） 家居装饰艺术设计	六年级（上） 电影人物服装设计
六年级（下） 家具艺术设计	六年级（下） 电影建筑空间设计
七年级（上） 装饰画艺设计	七年级（上） 电影海报设计
七年级（下） 家纺艺术设计	七年级（下） 电影逐格动画
八年级（上） 环境设施设计	八年级（上） 环境设施设计
八年级（下） 环境景观设计	八年级（下） 电影院／剧场设计

（2）课程内容。

①环境空间艺术设计。

时段及其课时		必修
六年级 （上） 家居装饰 艺术设计 9 课时	第一章	设计赏析：从构图、造型、色彩、创意等角度赏图片 （欣赏·评述：描述、分析与讨论中外优秀家居设计的代表作品）
	第二章	感受点、线、面之美 （造型·表现：运用线条、形状、色彩等造型元素，用平面造型的方式，选择合适的工具、媒材，记录并表现本组的家居设计，发展美术构思与创作的能力，表达思想与情感）
	第三章	效果图设计：从平面草图到模型制作 （设计·应用：认识各种材料，学习制作方法，运用形式原理以及各种材料、制作方法，设计家居产品造型，并与他人交流设计意图）
	第四章	模型制作：局部的合理调整，细节的制作与刻画 （造型·表现：运用线条、形状、色彩等造型元素，用平面造型的方式，选择合适的工具、媒材依据草图进行创作）
	第五章	产品呈现：学生作品展示、评价、总结与反思阶段 （综合·探索：以不同组的主题设计进行策划、创作与展示，并用摄像机记录整个过程）
六年级 （下） 家具 艺术设计 9 课时	第一章	起源与发展 （欣赏·评述：描述、分析与讨论中外优秀家居设计的代表作品，学生通过自主学习，讲述家具设计的发展历程）
	第二章	分类与功能 （造型·表现：运用线条、形状、色彩等造型元素，用平面造型的方式，选择合适的工具、媒材，对家具设计分类，发展美术构思与创作的能力，表达思想情感）
	第三章	效果图设计 （造型·表现：运用线条、形状、色彩等造型元素）（设计·应用：认识各种材料，学习制作方法，家具制图的表现方法，三视图、透视效果图的表现方法）
	第四章	模型制作 （造型·表现：运用线条、形状、色彩等造型元素，选择合适的工具、媒材依据草图进行创作）
	第五章	产品汇报 （综合·探索：以不同组的主题设计进行策划、创作与展示，并用摄像机记录整个过程）

续表

时段及其课时		必修
七年级 （上） 装饰画 艺术设计 9课时	第一章	类型展示 （欣赏·评述：描述、分析与讨论中外优秀设计师的代表作品并分析类型形式）
	第二章	图案设计 （设计·应用：从形态与功能的关系，认识图案的分类和图案的造型、色彩、媒材。运用对比与和谐、对称与均衡、节奏与韵律等形式，学习设计单独图案、对称图案、均衡图案）
	第三章	色彩的对比 （造型·表现：运用色彩等造型元素表现色彩对比，学生借助色环掌握色彩对比知识，进行装饰画设计）
	第四章	创新主题 （造型·表现：运用线条、形状、色彩等造型元素） （设计·应用：认识各种材料，学习制作方法，进行装饰画主题创作）
	第五章	作品展示、评析 （综合·探索：以不同组的主题设计进行策划、创作与展示，并用摄像机记录整个过程）
七年级 （下） 家纺 艺术设计 9课时	第一章	欣赏与构思 （欣赏·评述：描述、分析与讨论中外优秀家纺设计的代表作品）
	第二章	色彩的调和 （造型·表现：学生了解色彩搭配、色彩调和在家纺设计中的重要作用） （欣赏·评述：描述、分析与讨论中外优秀家纺设计师的代表作品）
	第三章	图案的分类（单独纹样、二方连续、四方连续等） （设计·应用：从形态与功能的关系，认识图案的分类和图案的造型、色彩、媒材。运用对比与和谐、对称与均衡、节奏与韵律等形式原理以及各种材料、制作方法，设计家用纺织品，改善我们的环境与生活，并与他人交流设计意图）
	第四章	产品设计定位 （造型·表现：运用线条、形状、色彩等造型元素，从年龄、性别、场所等定位本组所要设计的作品）
	第五章	主题产品的整体配套设计 （欣赏·评述：描述、分析与讨论中外优秀家纺设计师的主题性代表作品） （综合·探索：以不同组的主题设计进行策划、创作与展示，并用摄像机记录学生创作的过程，改善我们的环境与生活，并与他人交流设计意图）

续表

时段及其课时		必修
八年级 （上） 环境 设施设计 9 课时	第一章	产品功能定位：服务功能 （欣赏·评述：欣赏中外优秀公共设施作品，了解产品设计的定位。通过描述、分析与讨论，用简单的美术术语对设计的产品要服务于人进行分析）
	第二章	造型美学 （造型·表现：运用线条、形状、色彩等造型元素，用平面和立体造型的方式，选择合适的工具、媒材，记录并表现本组的公共设施设计，发展美术构思与创作的能力，表达思想与情感）
	第三章	效果图设计：从平面草图到模型制作 （设计·应用：了解公共设施设计的基础知识，运用对比与和谐、对称与均衡、节奏与韵律等多种形式原理，进行创意设计，表达设计意图，评述他人的设计，形成初步的设计意识）
	第四章	模型制作：局部的合理调整，细节的制作与刻画 （造型·表现：运用线条、形状、色彩、肌理和空间等造型元素，用立体造型的方法，选择合适的工具、媒材，表现本组所构想的公共设施模型）
	第五章	产品呈现：学生作品展示，评价、总结与反思阶段 （综合·探索：以不同组的主题设计进行策划、创作与展示，并用摄像机记录学生创作过程，改善我们的环境与生活，并与他人交流设计意图，总结自身设计中的优点与不足）
八年级 （下） 环境 景观设计 9 课时	第一章	设计赏析 （欣赏·评述：调研景观设计与环境场所的关系，欣赏中外优秀景观设计作品，了解有代表性的景观设计师。通过描述、分析与讨论，用简单的美术术语对景观设计的内容与形式进行分析）
	第二章	设计与环境 （造型·表现：运用线条、形状、色彩、肌理和空间等造型元素，用立体造型的方法，设计表现景观与环境关系的作品）
	第三章	效果图设计 （设计·应用：了解景观设计的主要门类和基础知识，运用对比与和谐、对称与均衡、节奏与韵律、多样与统一等形式原理，了解色彩、造型、功能应与环境相适应，图纸比例与设计的关系）
	第四章	模型多材质制作：废旧材料使用 （造型·表现：运用线条、形状、色彩、肌理和空间等造型元素，用立体造型的方法，选择合适的工具、媒材，表现本组所构想的景观设计模型）
	第五章	主题创作 （欣赏·评述：描述、分析与讨论中外优秀景观设计师的主题性代表作品） （综合·探索：以不同组的主题设计进行策划、创作与展示，并用摄像机记录学生的创作过程，改善我们的环境与生活，并与他人交流设计意图）

②电影空间艺术设计。

时段		必修
六年级 （上） 电影人物 服装设计	第一章	认识你自己 （造型·表现：运用线条、形状、色彩等造型元素，选择合适的工具、媒材，记录并用服装表现自己的性格，发展美术构思与创作的能力，表达思想与情感）
	第二章	电影人物重新设计 （欣赏·评述：描述、分析与讨论中外优秀服装设计师的代表作品）
	第三章	主题创作 （欣赏·评述：从中外优秀美术作品、诗歌、电影片段、歌词出发设计一套服装）
	第四章	逐格动画 （综合·探索：用电影动画的方式编写自己与电影人物的相遇故事，策划、创作与展示，拍摄逐格动画）
六年级 （下） 电影建筑 空间设计	第一章	自编故事 （欣赏·评述：欣赏中外优秀建筑作品，了解有代表性的建筑师） （综合·探索：与阅历课程相结合，自编江南行主题故事，含4个建筑场景）
	第二章	投标答辩 （欣赏·评述：各组阐述故事创意，并进行分析与讨论，用简单的术语对故事草图内容与形式进行分析，表达对美术作品的感受与理解）
	第三章	绘效果图 （造型·表现：运用线条、形状、色彩等造型元素，用平面造型的方式，选择合适的工具、媒材，记录并表现本组的建筑场景，发展美术构思与创作的能力，表达思想与情感）
	第四章	制作建筑模型 （造型·表现：运用线条、形状、色彩、肌理和空间等造型元素，用立体造型的方法，选择合适的工具、媒材，表现本组所构想的建筑模型）
	第五章	店铺门面设计 （设计·应用：从形态与功能的关系，认识店铺门面设计和工艺的造型、色彩、媒材。运用对比与和谐、对称与均衡、节奏与韵律等形式原理以及各种材料、制作方法，设计和装饰店铺门面，改善环境与生活，并与他人交流设计意图） （欣赏·评述：欣赏中外店铺门面设计作品。通过美术描述、分析与讨论，用简单的美术术语对店铺门面的内容与形式进行分析，表达对设计作品的感受与理解）
	第六章	逐格动画 （欣赏·评述：欣赏中外优秀动画作品，了解有代表性的动画制作人和公司。通过描述、分析与讨论，用简单的美术术语对动画作品的内容与形式进行分析） （综合·探索：用逐格动画的方式拍摄发生在本组建筑场景中的剧情故事，全班组接成片）

续表

时段		必修
七年级（上） 电影分镜头绘制	第一章	初识分镜头 （欣赏·评述：欣赏中外优秀电影作品，了解优秀电影导演及其分镜头绘制风格。通过描述、分析与讨论，用简单的美术术语对分镜头内容与形式进行分析）
	第二章	校歌MV （综合·探索：体会校歌精神，用逐格动画的方式分小组绘制校歌分镜头画面，开展策划、创作与展示工作，拍摄逐格动画并组接起来）
	第三章	分镜头草图 （设计·应用：了解分镜头设计的基础知识，运用多种形式原理，进行创意设计，表达设计意图，评述他人的设计，形成初步的设计意识） （造型·表现：运用线条、形状、色彩、肌理和空间等造型元素，绘制校歌MV的分镜头草图）
	第四章	镜头画面创作 （造型·表现：运用线条、形状、色彩、肌理和空间等造型元素，绘制校歌MV的镜头画面）
	第五章	镜头组接 （综合·探索：用逐格动画的方式拍摄本组校歌MV故事，全班组接成片）
七年级（下） 电影海报设计	第一章	欣赏评述 （欣赏·评述：调研海报，欣赏中外优秀海报作品，了解有代表性的海报设计师。通过描述、分析与讨论，用简单的美术术语对海报作品的内容与形式进行分析）
	第二章	拼贴海报 （造型·表现：运用线条、形状、色彩、肌理和空间等造型元素，用杂志创意拼贴的方式设计海报） （设计·应用：了解海报设计的主要门类和基础知识，运用对比与和谐、对称与均衡、节奏与韵律、多样与统一等形式原理以及各种材料和制作方法，进行海报创意设计，表达设计意图，评述他人的设计，形成初步的设计意识）
	第三章	海报计划表 （综合·探索：自编电影剧本，也可结合其他学科的知识、技能，用多种美术媒材、方法和形式进行记录、规划，创作海报展示本组的影片）
	第四章	背景图片拍摄 （造型·表现：运用线条、形状、色彩、肌理和空间等造型元素，拍摄或绘制海报背景图片）
	第五章	海报字体设计 （设计·应用：了解字体设计的主要门类和基础知识，运用对比与和谐、对称与均衡、节奏与韵律、多样与统一等形式原理，进行海报字体的创意设计，表达设计意图，评述他人的设计和作品，形成初步的设计意识）

时段		必修
	第六章	海报画面构成 （造型·表现：运用线条、形状、色彩、肌理和空间等造型元素检验海报画面） （设计·应用：运用对比与和谐、对称与均衡、节奏与韵律、多样与统一等形式原理完成海报画面构成） （欣赏·评述：通过描述、分析与讨论，用简单的美术术语对各组的海报作品的内容与形式进行分析）
八年级 （上） 逐格 动画	第一章	欣赏评述 （欣赏·评述：欣赏中外优秀逐格动画作品。通过描述、分析与讨论，认识逐格动画的不同门类及表现形式，表达感受和见解。学会用简单的美术术语对逐格动画内容与形式进行分析）
	第二章	自拟剧本 （综合·探索：结合六至八年级其他学科的知识、技能，自拟剧本，用逐格动画的方式表现剧情，策划、创作与展示影片）
	第三章	绘制分镜头 （造型·表现：运用线条、形状、色彩、肌理和空间等造型元素，绘制本组影片的分镜头草图）
	第四章	镜头画面创作 （造型·表现：运用线条、形状、色彩、肌理和空间等造型元素，绘制本组剧本的镜头画面）
	第五章	镜头组接 （欣赏·评述：学习蒙太奇原理和有关知识，通过分析与讨论，认识多种蒙太奇剪辑方法，表达感受和见解。学会用简单的美术术语对逐格动画内容与形式进行分析） （综合·探索：用逐格动画的方式拍摄本组自编剧情故事，组接成片）
	第六章	声画合成 （欣赏·评述：欣赏中外优秀影片中的视听语言案例，为本组影片配音配乐）
八年级 （下） 电影院/剧 院设计	第一章	舞台美术设计 （欣赏·评述：欣赏中外优秀舞台美术作品。通过描述、分析与讨论，认识舞台美术的不同风格及表现形式，表达感受和见解。学会用简单的美术术语对舞台美术的内容与形式进行分析）
	第二章	剧院模型效果图设计 （造型·表现：运用线条、形状、色彩、肌理和空间等造型元素，绘制本组剧场模型效果图） （设计·应用：了解剧场设计的主要门类和基础知识，进行剧场的创意设计，改善视觉观赏效果，表达设计意图，评述他人的设计和作品，形成初步的设计意识）
	第三章	剧院模型制作 （造型·表现：运用线条、形状、色彩、肌理和空间等造型元素，选择传统媒介和新媒材，探索不同的立体模型的创作方法）
	第四章	戏剧节舞台展示 （综合·探索：结合戏剧节，将学习的剧院设计运用到戏剧节的舞台美术设计中，策划、创作并展示自己的作品）

③书法。

时段及其课时	基础课程		拓展课程			潜能课程
	必修I	选修I	必修II	选修II	选修III	选修IV
六年级（上） 书法艺术(楷书) 9课时	第一单元 颜体楷书笔画的基本认识			硬笔书法		北中书苑书法社团
	第二单元 名家知识介绍及楷书在字中的变化					
	第三单元 名帖知识及楷书偏旁在字中的变化					
	第四单元 成语、对联的临写					
	第五单元 春联创作及书法作品赏析					
六年级（下） 书法艺术(楷书) 9课时	第一单元 书法知识掌握与学习及楷书部首的学习——学习部首			硬笔书法		北中书苑书法社团
	第二单元 书法知识学习及楷书结构的学习					
	第三单元 书法知识学习及楷书章法的学习					
	第四单元 成语与集字学习					
	第五单元 特殊纸张书写与创作					

2. 选修课程与社团

为了弥补未选上相关艺术课程的学生需求，拓展学生的学习平台，构建多元的学习方式，本着服务学生的理念，我们为学生开设了艺术学科选修课及相关社团。

高艳：选修课《色彩绘画》 社团：刻纸社团。

吕源：选修课《版画》 社团：版画社团。

李明：选修课《硬笔书法选修》 社团：北中书苑书法社团。

孟然：选修课《数字绘画及应用》《速写》《国画》。

数字绘画及应用分学段目标				
学级	主题	标准表述		
		知识技能	美术素养	能力拓展
六年级	中国传统绘画	能够熟练掌握数绘软件有关基本操作	能够运用美术术语，表达对美术作品的感受与理解	形成表达意识，大胆发表自己的意见，主动描述自己的感受
		认知线条、形状、色彩、肌理和空间等造型元素，通过描绘表现事物，表达情感	欣赏中国传统绘画优秀作品，了解有代表性的画家，了解美术与传统文化间的关系，体会中国传统文化魅力，培养民族自豪感	在合作学习的过程中，认真参与小组活动，积极地与同学进行沟通与交流
七年级	西方绘画艺术	掌握数字绘画常用技巧	能够通过描述、分析、比较、解释等方法对自己和他人的作品进行评价	能够在生活中发现与美术相关的问题，并能与同学合作，进行主动的策划研究
		了解各种元素的表现形式与原理，提高造型表现能力，并尝试不同风格的创作方法	欣赏不同文化背景的美术作品，了解重要的西方美术家及主要流派。了解美术与多元文化之间的关系，尊重人类文化遗产	在合作的过程中，能够认真倾听他人的意见，与他人进行切实有效的沟通和交流，共同寻找解决问题的办法
八年级	平面设计基础	形成平面设计自主实践能力	能够运用较为专业的语言，从设计角度出发，对他人的作品进行评价和阐述	能够结合其他学科知识，有意识地进行自主创新和创造，解决生活中与美术相关的问题，改善身边环境
		能够有意图地运用造型元素和形式原理，自主探索不同的创作方法，发展具有个性的表现能力	欣赏优秀的平面设计作品，了解平面设计的主要门类、基础知识、形式原理，形成初步的设计意识	在合作过程中，有团队合作意识，制订计划，明确分工，主动帮助、协调其他成员，促进合作的有效展开

数字绘画及应用课程内容		
时段及其课时	必修 I	
六年级 （上） 数字绘画 及应用 9 课时	模块 1	基础操作 1 课时
	模块 2	国画赏析——笔墨 2 课时
	模块 3	数字水墨·花鸟 4 课时
	模块 4	艺术字——隶书 1 课时
	模块 5	实践创作（中国画）、展示与交流 1 课时
六年级 （下） 数字绘画 及应用 9 课时	模块 1	国画赏析——意趣 1 课时
	模块 2	数字水墨·山水 4 课时
	模块 3	艺术字——印文 1 课时
	模块 4	特效渲染 1 课时
	模块 5	实践创作（中国画）、展示与交流 2 课时
七年级 （上） 数字绘画 及应用 9 课时	模块 1	东西方名画对比 1 课时
	模块 2	构图 1 课时
	模块 3	数字水彩 3 课时
	模块 4	矢量绘图 2 课时
	模块 5	实践创作（水彩画）、展示与交流 2 课时
七年级 （下） 数字绘画 及应用 9 课时	模块 1	西方古典作品赏析 1 课时
	模块 2	色彩 1 课时
	模块 3	数字水彩 3 课时
	模块 4	使用喷图 2 课时
	模块 5	实践创作（水彩画）、展示与交流 2 课时

续表

数字绘画及应用课程内容		
八年级 （上） 数字绘画 及应用 9 课时	模块 1	现当代艺术赏析 1 课时
	模块 2	透视与明暗 1 课时
	模块 3	图层特效使用 2 课时
	模块 4	应用设计原则 2 课时
	模块 5	主题设计、展示与交流 3 课时
八年级 （下） 数字绘画 及应用 9 课时	模块 1	UI 作品赏析与构思 1 课时
	模块 2	卡通人物造型设计 1 课时
	模块 3	如何制作喷图 2 课时
	模块 4	如何完成 UI 作品 2 课时
	模块 5	主题设计、展示与交流 3 课时

四、美术学科教与学的方式

1. 教学方式

（1）模块教学：以主题式单元教学方式为主。

（2）基础课程和拓展课程相结合。

（3）跨学科项目教学。

（4）菜单式课程设置：美术（环境空间艺术设计、电影空间艺术设计、书法）。

（5）团队教学（组内教师、跨学科教师、专家合作）。

2. 学习方式

针对不同年级学生的特点，针对不同课程，以自主学习、合作学习和探究学习为主，促进学生的发展。

（1）自主学习。

学生在对课题范围有了基本了解之后，自主学习了解该领域的相关概念、定义及感兴趣的历史流派和种类，探究方式、技法，自主确定学习任务、作品方案并制订作业完成的进度，在解决问题的过程中学习，教师作为指导者、协助者和管理者促进学生积极、主动、自觉地学习。

（2）合作学习。

采用小组合作的方式，使学生有分工有合作，明确任务，相互支持、配合，有效沟通，相互信任，一方面锻炼了学生的团队合作能力，另一方面也检验了学生在团队中的自主学习能力，以期达到最好的学习效果。

（3）探究学习。

鼓励学生以课题为蓝本，独立自主地进行发现问题、实验、操作、调查、信息搜集与处理，表达与交流等探索活动，获得知识与技能，发展情感与态度，培养探索精神和创新能力。在探究中学到方法，在探究中开拓思路，在探究中实现目标。

五、评价机制

美术学科评价要素

序号	项目名称	评价内容	评价形式	评价时间	评价占比
1	日常作业	资料收集与分析	口头评价和书面评价	每次一评	10%
2	项目作业	作品赏析与点评	自评与教师评价	每个课题完成	30%
3	期末成果展示	评价单	班级互评	每个课题完成	30%
4	学科阅读	课后阅读	课堂作业检验	每次课堂展示	20%
5	学生互评				10%

学生互评：

评价内容	评价标准	评价占比
收集分析材料	广度和深度	10%
阐述的概念	1. 思维清晰 2. 用艺术语言描述作品	20%
制作过程	1. 设计概念的确定与体现 2. 工艺制作的优良程度 3. 表达方式和材料的多样性	30%
拓展领域	领域拓展的灵活度	30%
成果展示	展示方式的多样性	10%

具体评价标准如下：

优秀	资料收集丰富，语言表达准确流畅，创意新颖，想象力丰富，图案构图合理，色彩搭配合理，制作精巧，拓展应用广泛，学生课堂综合表现良好
良好	资料收集丰富，语言表达准确流畅，想象力丰富，图案构图合理，色彩搭配合理，制作精巧，拓展应用广泛
合格	资料收集丰富，想象力丰富，图案构图合理，色彩搭配合理，拓展应用广泛

书法学习评价标准：

序号	项目名称	评价内容	评价形式	评价时间	评价占比
1	日常作业	资料收集与分析	口头评价和书面评价	每次一评	10%
2	项目作业	作品赏析与点评	自评与教师评价	每个课题完成	30%
3	期末成果展示	评价单	班级互评	每个课题完成	30%
4	学科阅读	课后阅读	课堂作业检验	每次课堂展示	20%
5	学生互评	作品评价	评价表	每次课堂展示	10%

书法学习评价规程：

序号	评价内容	评价标准	评价占比
1	收集分析书法知识	广度和深度	10%
2	阐述概念	1. 思维清晰 2. 用艺术语言描述作品	20%
3	书法过程	1. 设计概念的确定与体现 2. 工艺制作的优良程度 3. 表达方式和材料的多样性	30%
4	拓展领域	书法领域拓展的灵活度，举一反三	30%
5	成果展示	展示方式的多样性	10%

扫描二维码
获取更多相关信息

音乐学科

一、音乐学科教学目标

1. 音乐学科总目标

学生通过音乐课程学习和参与丰富多样的艺术实践活动，探究、发现、领略音乐的艺术魅力，丰富情感体验，培养良好的审美情趣和积极乐观的生活态度，提高学生对音乐的持久兴趣，涵养美感，和谐身心，陶冶情操，促进身心的健康发展。音乐课程不仅仅培养学生的音乐表现能力，同时还培养学生的个性创新、开拓贯通和跨域转换的多种能力，进一步促进学生发现美、体验美和创造美。

2. 音乐学科学年分目标

国家课标	音乐与相关文化	表现 （演唱、演奏等）	感受与欣赏	创造
音乐学科课程	1. 合唱教学中对不同作品的相关文化介绍。 2. 音乐欣赏课程对中外优秀音乐作品鉴赏。	合唱课程教学与音乐欣赏课程相结合。	合唱教学与欣赏教学以不同形式进行相互渗透。	两种课型通过合唱、器乐体验、理论学习进行不同程度的音乐创编。

六年级课程目标：学会在生活中感受、体会音乐，在歌唱、乐器体验、感受的基础上掌握基础知识，初步养成音乐学习习惯。

北中音乐课程	技能与乐理知识	音乐表现	作品赏析	创编
六年级	1. 完成1级程度的基本乐理知识及技能。 2. 能够跟随乐谱进行视唱及节奏练习。 3. 认识音符、休止符及一些常用表情记号。	能够以自然的声音、准确的节奏及音调，有表情地学唱优秀中外音乐。	1. 能够以所修课程为载体，进行相应名曲的赏析。 2. 听辨旋律高低、快慢、强弱。 3. 区分音乐基本段落，对音乐线条色彩做出相应反应。	1. 根据简单的音符创编旋律片段并演奏演唱。 2. 对喜爱的歌曲进行多形式改编。

七年级课程目标：在多声部、多乐器、多风格的音乐学习中学会相互配合、感受多元音乐文化、提升审美素养。

音乐课程	技能与乐理知识	音乐表现	作品赏析	创编
七年级	1. 能够跟随乐谱进行3级水平程度内的视唱练习。 2. 认识并记忆乐曲中的音符、休止符及一些常用表情记号。	1. 能够以自然的声音、准确的节奏及音调，有表情地学唱所学乐曲并进行弹唱练习。 2. 结合肢体、乐器等表现相同音乐内涵。	1. 感知所学音乐的基本结构，进行初步曲式分析。 2. 分清不同音乐时期流派的代表人物及作品。 3. 感受并说出优秀音乐代表作品及乐器听辨。	1. 能够根据主题或情境个人即兴编创表演音乐片段。 2. 个人进行改编移植歌曲或名曲片段。 3. 学生自由组合编排合奏乐曲。

八年级课程目标：在生活、课堂、活动、环境、不同文化中学会跨场域理解和跨文化交流，学会创作。

音乐课程	技能与乐理知识	音乐表现	作品赏析	创编
八年级	1. 能够跟随乐谱进行5级水平程度内的视唱及视奏练习。 2. 认识并表现乐曲中的音符、休止符及一些常用表情记号。	1. 能够以自然的声音、准确的节奏及音调，有表情地学唱歌曲及名曲。 2. 高质量完成双声部、多声部相应难度的合唱曲及声部练习。	1. 感知所学中外音乐基本结构、曲式分析，根据自身体验说出不同时期、民族、国度的音乐特点。 2. 能够熟悉西方名曲片段，对其风格进行简单描述。	1. 能够根据主题或情境个人即兴编创表演乐曲片段。 2. 能够以团队形式进行改编移植歌曲或名曲。 3. 能够利用所提供的素材，独立或与他人创编8小节左右的旋律短句，并用乐谱记录下来。

二、音乐课程学科特色

北京中学的音乐课程在国家课标的指导下分为两类课型：合唱课与音乐鉴赏课程。通过对中外名家名作的聆听、演唱、欣赏，从音乐的不同表现手段，通过声乐、乐器、赏析等不同切入点，通过对听、唱、写、创等技能的开发，发展音乐听觉、音乐记忆力、敏锐的观察力、音乐想象力、音乐表现力和创造力等基本能力，从而培养学生对音乐的表现力、理解力、感悟力，激发学生的自信心和音乐团队的合作精神，使学生在不同音乐实践中加深和热爱音乐。

三、课程内容

音乐欣赏

学期\主题	六年级（上）	六年级（下）	七年级（上）	七年级（下）	八年级（上）	八年级（下）
美妙声音	人声分类、独奏	演唱形式、演奏形式	重唱	合唱	人声与乐器	语言与音乐
多情音乐	五线谱与音符	节奏	节拍	乐句乐段	调式调性	风格
我爱我感	音乐与亲情	音乐与友情	音乐与爱情	音乐与自然	音乐与社会	音乐与人类
我的祖国	蒙古族戏歌	藏族花鼓戏	维吾尔族京剧	哈萨克族豫剧	侗族	朝鲜族
音乐地图	陕西	河南	山东	江浙	校规化	校规化
世界音乐	亚洲（日本、韩国、东南亚）	非洲音乐（南部非洲、西亚和北非）	西欧音乐	北欧（英格兰、苏格兰、挪威等）音乐	俄罗斯等东欧	美洲音乐

四、音乐学科教与学的方式

1. 教学方式

（1）模块教学：以主题式单元教学方式为主。

（2）基础课程和拓展课程（社团）相结合。

（3）跨学科项目教学。

（4）音乐欣赏课程与合唱课程采用菜单式课程设置。

（5）团队教学（组内教师、专家合作）。

2. 学习方式

（1）自主学习。

（2）小组团队合作学习。

（3）探究学习。

五、音乐学科评价机制

课程整体注重多元评价，不仅有外请专家的评价、学校教师评价，小组评价，还注重学生自身评价及学生相互之间评价以及国家专业组织的评价（如：专业考级评定，区、市级赛事评定等），从而达到内部评价与外部评价相结合；过程性评价与终结性评价相结合。

扫描二维码
获取更多相关信息

舞蹈学科

一、课程目标

北京中学的舞蹈课程以提升学生的艺术气质为出发点，培养学生肢体展示、情感表达、合作互助以及吃苦耐劳的精神品质，结合音乐与戏剧表演等元素，依托创新和实践活动开展丰富的校内外"微表演"活动，旨在达到发现美、体验美、欣赏美的教学目标。本课程参考国内舞蹈专业院校的教材学材，结合舞蹈教师本身的特点进行整合，开设国际标准舞（又称体育舞蹈）课程。该舞蹈由欧洲宫廷摩登舞和拉美风情的拉丁舞共十支舞蹈共同组成，根据我校办学定位国际化、高品质的特点而开设的国标舞，不仅帮助学生掌握几种舞蹈艺术，锻炼自身的肢体协调和反应能力，了解各种舞蹈背后所代表的地域文化，还可以掌握西方社交礼仪，拓宽国际视野，同时也有助于青少年正确面对男女交往问题。学校每学期教授一支舞蹈，学生们可以通过在校期间学习优雅的华尔兹、俏皮的牛仔舞、流畅的维也纳华尔兹、激情的斗牛舞、欢快的恰恰等。

舞蹈课程的总目标按照"生理机能""合作及情感表达""创新能力""认知积累"和"审美趣味"五个方面进行设定。

能力点	训练目标	学习方式	评价标准	评价方式
生理机能	学生以个人或集体合作的方式参与到舞蹈活动当中，基本掌握舞蹈语言及其相关的技巧，尝试用所学舞蹈及相关知识进行创新。	基本动作技术技巧训练。	舞蹈动作基本准确；掌、踝、膝、髋关节控制得当；上肢架型静态控制合理；肢体配合协调。	舞蹈展示
合作与情感表达	能够运用恰当的表达方式和方法，进行个人或集体的合作并表现出自己的情感与想法。	双人合作、小组合作、微表演。	双人合作配合默契；小组合作参与度高，能够提出有建设性的意见。	双人展示、小组展示、班级微表演展示
创新能力	能够采用各种工具、媒介进行新形式、新内容的改变和编创。	双人合作、小组合作、微表演。	根据已学知识进行排序上的创新；打破已学知识进行形式上的创新。	编排新颖、立意合理

续表

能力点	训练目标	学习方式	评价标准	评价方式
认知积累	了解舞蹈背后的文化知识并体会不同文化背景下的舞蹈种类及形式。	文化探究小组交流	舞蹈背景知识基本了解；理解舞蹈文化与国家文化的联系；舞蹈风格特征掌握准确。	教授他人
审美趣味	学习舞蹈欣赏和评述的方法，提高审美能力，了解舞蹈及其对文化生活和社会发展的独特作用。	舞蹈欣赏	舞蹈着装搭配美观；赞赏他人学会尊重；欣赏舞蹈视频及资料，提升审美能力。	气质礼仪体现

二、课程特色

1. 在肢体训练的基础上，还可以通过学习不同种类的舞蹈掌握不同的风格特色，更能通过舞蹈了解该舞蹈的背景文化，如华尔兹、恰恰、斗牛舞、牛仔舞等。

2. 北京中学的舞蹈课程旨在通过双人、小组、班级等不同组织方式，锻炼学生的创新能力和团队意识。

3. 舞蹈作为新形式的艺术课程并未在其他学校达到普遍开设，而北京中学的舞蹈课程是必修课，并能够达到全校集体展示的程度。

4. 舞蹈课程设置视频作业，学生需要将所学知识教给家长、朋友、老师、学弟学妹等，帮助学生进一步了解舞蹈知识，并锻炼学生的沟通能力及合作能力。

5. 开展各种各样的展示活动，例如班级舞蹈微表演、舞会以及各种展示和舞蹈比赛等。

6. 学生每学期完成自评、个人感悟以及视频作业等环节，能够了解学生的心理动态并留存学生的翩翩舞姿。

课程原则：

1. 不为培养专业的舞蹈人才去设计课程，不做舞蹈教育课程，而是具有教育性的舞蹈课程。

2. 不只为学校的舞蹈演出和交流节目而准备，要让舞蹈表演这一素养，即体态、神态、言行、举止等成为学生日常生活的一部分。

3. 舞蹈学科不仅仅涉猎舞蹈专业知识，要将音、体、美、社会、表达、表演欣赏等多方面的知识融入进来，成为培养学生综合素养的一部分。

三、课程内容

1.实施途径及模块

（1）个人肢体技能。

（2）双人合作技巧。

（3）小组配合编创。

（4）集体舞蹈展示。

2.具体课时分配

学年	内容	模块	课时	评价
六年级 （上）	华尔兹、维也纳 华尔兹	升降摆荡训练	2	舞台展示、平时 表现及作业情况
		双人合作技巧	6	
		小组项目作业	2	
		集体舞蹈展示	4	
六年级 （下）	牛仔舞	弹动技术训练	4	微表演、平时表 现及作业情况
		基本步法教授	6	
		小组配合编创	4	
		微表演展示	2	
七年级 （上）	斗牛舞	个人肢体技能	4	微表演、平时表 现及作业情况
		双人步伐训练	6	
		小组配合编创	4	
		集体舞蹈编创	2	
七年级 （下）	恰恰	个人肢体技能	4	课间展示、平时 表现及作业情况
		双人合作技巧	6	
		小组配合编创	4	
		课间集体展示	2	

四、教与学方式

1.教师基本的教学方式

（1）课程通过基本元素、动律的练习完成简单的舞蹈套路。

（2）将所学知识交给家长、教师或校外朋友，促进学生与家人、朋友的沟通。

（3）根据所学动作，以班级为单位进行小组合作编创，再经过小组间的沟通整合成一个可供观赏的舞蹈作品，进行微表演的课间展示或校级展示。

（4）为舞蹈有极高兴趣且较有天赋的学生编创参赛舞蹈作品，定期进行舞蹈展示及舞蹈比赛。

（5）结合校级大型活动，开展冷餐舞会，可为家庭、学校和学生搭建一个休闲、娱乐且彼此沟通的平台，不仅给家长展示了学生所得，还能够促进家校的联络，为学生全面而自由的发展提供运动性、审美性、表演性于一身的交流机会。

2. 学习方式及学法指导

（1）将现代舞的技法以及即兴和编创的方法贯穿于每节舞蹈课程当中，让学生在学习舞蹈技术技巧的同时，运用较为自由的现代舞方法在游戏中认识肢体，在编创中掌握技能。

（2）以学生为主体，教师为主导，提供展示平台。根据舞蹈课所学习的内容，进行小组的配合和展示，编排集体舞蹈并进行校内外的展示，促进学生之间的合作与共享。

（3）换位体验。由于国标舞多以双人为主且男女生所处位置不同，定期进行舞伴交换或男女换位置体验，通过了解男生的引带和女生的跟随，懂得不同人需要用不同的合作方式，并通过教授对方而进一步学习舞蹈动作。

（4）研究表明，将所学知识教给他人是一种有效的学习方式，且能掌握知识的 85% 以上。学期评价除了学生以组或以对儿展示外，还需要学生将所学组合教给家长、老师或校外的朋友，以帮助其掌握和吸收知识，同时了解学习的方式和步骤，掌握属于适合自己的舞蹈方式。

（5）每学年组织国标舞舞会或者比赛，将一年来所学的舞蹈得以公开展示，并在期间强调学生的礼仪、气质等应具备的舞蹈素养和气质体态。根据学生的表现评选出最佳绅士和最佳淑女、最佳配合、最受欢迎、最佳服饰等奖项。

3. 重点培养的学习习惯、学习方法

（1）学会学习——智者不惑。

每门学科都有适合其特点的学习方式，每个学生也有其独特的智能（加德纳提出八大智能），学习同一知识时也会采取不一样的方式。舞蹈也不例外。但学习无外乎两种：一种是动脑，一种是动手（动肢体）。舞蹈是需要两者兼用的学科，需要的不仅是脑子的记忆，更需要学生掌握肌肉记忆，因此反复练习是必不可少的。但是如何练习学问就大了，有的学生喜欢自己学，有的学生喜欢和同学探讨，有的学生喜欢通过帮助或教导别人从而让自己的学习印记更清晰。所谓的智者不惑，不仅是聪明者不会被迷惑，更是聪明者的聪明在于知道如何获取知识，从而不会走弯路，绕原路地寻找知识或走上根本没有结果的学习之路。所以学习方法很重要，通过了解自己的身体，在学习过程中能够形成对自身学习方式、知识掌握等方面的深层认知并加以反思，也就是用对方法，这样的学习就可以事半功倍了。

（2）学会共处——仁者不忧。

舞蹈分为单人、双人、三人、团体等练习，尤其是国标舞这种以双人合作为主的舞蹈，学生必须要学会配合、合作。信任对方、团队合作等练习自然而然就囊括在舞蹈课程当中了，例如推拉练习、反相动作、肢体反应，等等。此外，舞蹈作为沟通方式，也可以结交更多有共同兴趣的朋友，在结识好友的基础上也锻炼了学生的社交能力，对于今后的团队合作能提供很大的帮助。人们生活在世界上就避免不了与他人的沟通。肢体是一种语言，舞蹈就是一种交流的途径。

（3）学会创新——勇者不惧。

舞蹈微表演是学校特有的一种舞蹈展现形式，需要学生一起参与编创、表演、制作等各个环节，极大地促进了孩子们对合作意识和自我管理的理解，并以此培养学生们的创造能力、自信心、组织才能和集体荣誉感。学会舞蹈编创只是帮助学生了解到编创、创新是随时出现在生活、学科中的，只需要处处留心，一定能够做出和他人不一样的有意义的创新。

（4）学会生活——乐者不疲。

一个不懂得生活的人是无趣味的，我们要找到空闲时间来享受，来感受生活带给我们的愉悦，来体会家人的温暖。艺术类课程就是通过无声的言语来影响学生感受真、善、美、爱等引人向上的事物，并通过学习影响身心，使艺术的种子长存在人们的心中。有了艺术的愉悦与快乐，相信生命会充满乐趣，生活也才会多姿多彩。

五、评价机制

过程评价量表示例：

序号	项目名称	评价内容	评价形式	评价时间	评价比例
1	小组合作	积极参与、提出意见、配合默契、编排新颖、礼仪礼貌	师评、班级互评	课内	根据学生实际情况而定
2	双人展示	礼仪、步伐、姿态、技术、节奏	师评、互评	课内	根据学生实际情况而定
3	视频作业	教授他人、礼仪气质、服装搭配、编排	师评	课外	根据学生实际情况而定
4	平时表现	着装整洁、准时上课、互相尊重、态度端正、合作意识	师评	课内	根据学生实际情况而定

每项满分 1 分，如因个人原因没有按要求完成或完成效果欠佳，每次扣除 0.1 分。

过程评价量表示例

平时表现		小组合作	
着装整洁		积极参与	
准时上课		提出意见	
互相尊重		集体配合	
态度端正		编排新颖	
合作意识		个人展示	
视频作业		舞蹈展示	
教授他人		礼仪	
礼仪气质		步伐	
服装搭配		姿态	
编排创意		技术	
加分项		节奏	

扫描二维码
获取更多相关信息

研究论文

艺术教学中的微课应用实践

◎吕　源

随着教学改革的推进和深入，微课成为近些年来风行的教学形式，"翻转课堂"、MOOC、可汗学院等新的以网络视频为载体的课程，以其短小精悍的特征深受学生喜爱，也考验着教师与时俱进的能力和水平。

然而，微课毕竟不同于常规的教学形式，如何设计微课，使它更能适应学生的需求，符合学生的认知规律，正是专家学者和一线教师们亟待研究和解决的问题。

作为一名艺术学科的一线教师，笔者在本校版画社团和选修课的教学实践中，尝试使用微课布置教学任务。这与常规的微课讲授知识点又有所不同，将研究的重点放在任务驱动和兴趣驱动的设计上，是一种新的研究领域和方向。已有专家学者证明，"练—评—讲"的教学模式更为符合学生的认知规律，于是笔者的研究就着眼于"练"。如何练？如何布置任务？如何设定目标？笔者进行了微课的两种设计，并对学生的兴趣度以及作品的面貌进行了问卷调查和统计，希望为后续的在前期布置任务的微课设计的研究领域奠定基础。

本文将从课前设想、实际过程和课后反思三部分进行阐述。

一、课前设想：微课应用试验的设计初衷

版画课是一门手工技术学习的课程，但又不同于纯粹的操作技能训练，版画

的创作是对学生动手能力、思维能力和审美水平的综合锻炼。

通过调研本校学生的实际情况和兴趣倾向，笔者为学生设定的课程是橡皮章刻制。橡皮砖质地柔软，便于雕刻，对印制要求较低，比较适合 12～13 岁的初学者学习掌握。就笔者了解，个别学生在课前已经接触过橡皮章的刻制，并且乐在其中，作品受到师生的关注和好评。可见橡皮章刻制的课程在学生当中比较受欢迎，也具有普及性。

笔者在思考如何为学生呈现版画的第一节课时颇费了一番脑筋。依据"练—评—讲"的模式，笔者希望学生能在没有条条框框限制的环境下亲身体验版画制作，这就要求老师不能限定过多，不能打击学生的创作热情和学习兴趣。在学生初体验的过程中，确切地说，是在"玩"中学的过程中，老师不应过多干涉，而是该"退居二线"。在学生尝试过操作有了一定的经验铺垫，同时又产生学习上的疑问时，老师的点评和解答方可起到让学生豁然开朗的效果，这正应了孔子的"不愤不启，不悱不发"的道理。因此，笔者也不认为教师应该在第一节课就"告诉"学生雕刻的步骤，而是让学生有自己发现的过程，于是，具体的操作示范不宜在开头就出现。抱着这样的设想，笔者认为，学生接触版画的第一节课的最好方式就是微课。教师用录制的视频交代学生可以使用的工具材料（介绍雕刻材料和尺寸，介绍几种常用的刻刀，鼓励学生在自己动手试验时发现什么刀适合刻什么部位），布置下雕刻任务及卫生环境保持的要求。在学生明确任务，体验新工具材料并动手操作的过程中，教师不出现在教室里，让学生把所有的精力和注意力都投入到版画体验和探索中。

对于这种开放性的设计，笔者起初既惴惴不安又充满期待，不安是由于担心没有教师在场把控的课堂会失去秩序，但更多的还是对学生最后呈现的作品面貌充满期待和好奇。笔者在研究生阶段有过教授本科生版画技法的经历，但是那是按照传统的"讲—评—练"的程序，因此学生作品面貌比较一致。而将这个程序颠倒过来，学生先做，作品完全是出于学生的本心，教师看到的将会是学生未加雕琢的原始状态，作品的面貌很有可能体现了学生原有的认知状态，反映了儿童的认知规律。能看到这个，对于教师来说，是十分期待和兴奋的。笔者忍住好奇在课程进行中没有打扰学生，只在课程将近结束时才出现在教室门口。

二、实际过程：意料之外的收获

出人意料的是课堂秩序并没有混乱，学生安安静静地在认真雕刻。学生开始尝试使用刻刀时，并不知道怎么刻，有的学生将刻刀的刀刃握反了，发现刻制不灵便，自觉调转了刀刃的角度，这就是发现学习的过程。有的同学用平刀铲底，发现橡皮底较韧，不易铲掉，就又尝试了三角刀，最后换成圆口刀，学生在学着自己解决问题。

下课时间到了，大家有条不紊地把作品按微课中说的摆在了教师桌子的右上角，又仔细读了一遍笔者课前留的任务板（微课中使用过），确认无误才收拾课桌卫生准备离开。学生的作品非常可爱，充满儿童情趣。学生对刀具的运用虽不尽相同，但都理解要把橡皮章刻得有凸凹，这算接触到了版画的本质。然而有个现象是笔者始料未及的，那就是作品几乎清一色地使用了阴刻，即把线条刻掉。课后通过询问同学得知，大家普遍选择阴刻的原因是阴刻好刻。于是笔者又重新录了微课，在版画选修课班的第一节课进行了试验。在新作的微课中，笔者介绍了阴刻和阳刻，并演示了印出的效果，于是该班的作品中出现了多幅阳刻作品。然而阴刻作品仍占较大比例，通过询问学生，原因还是阴刻好刻。那么如此用微课布置任务的练习收效怎样？学生是不是有兴趣呢？笔者总结了两节微课之后作品的面貌，并设计了问卷调查兴趣度。

1. 微课试验组与对照组的设计

笔者设计两节微课，用于版画社团和版画选修课课程之初的任务布置工作，并分别做了调查问卷，调查问卷内容相同（问卷见附件）。

表 1

班级	人数	微课	组别	参与调查问卷人数
社团	13	第一个	对照组	13
选修课	13	第二个	实验组	10（其余 3 人也是社团成员，已参与过问卷调查）

（1）两节微课的共同点。

①任务要求相同：

设计 10×10 厘米以内的图案画在橡皮砖上。

选择你认为合适的刻刀刻出图案。

橡皮砖刻好后，在背面写好姓名，放在台面右侧，清理好各自桌面后离开。

②介绍了所要使用的材料，即橡皮砖，且交代了材料的尺寸和分割的方法。

③介绍了四种刻刀，即斜刀、平刀、三角刀和圆口刀，要求同学们尝试不同刀的适用情况，了解特点，没有演示刻制方法。

④要求同学们作品背面写名字，并保证环境卫生。

（2）两节微课的不同点。

在第二节微课里，笔者展示了分别使用阳刻和阴刻方法刻制的橡皮章作品，并演示了印制过程，介绍了阳刻和阴刻的不同。而在第一节微课里没有展示橡皮章作品，也没有解释阳刻和阴刻。

如此设计对照组和试验组是希望了解微课对学生在"练—评—讲"的"练"前任务驱动的作用，了解教师作品示例对学生作品的分布倾向的影响，及由此现象引出的揭示学生认知规律的问题。

图 1　对照组微课截图，布置任务、介绍材料和刀具

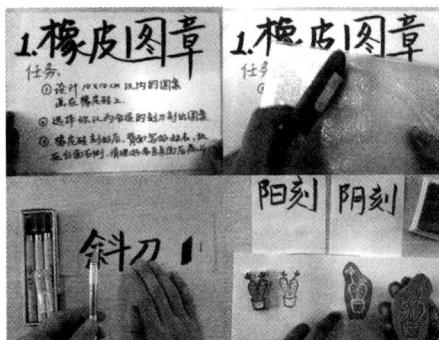

图 2　试验组微课截图，布置任务、介绍材料和刀具，阳刻阴刻的作品示例

2. 学生在微课的任务驱动下创作的作品面貌及原因分析

（1）作品面貌。

试验发现，在布置任务的时候，如果展示作业成品，那么"作品示例"会影响学生的作品面貌；但是从另一方面说，如果"作品示例"本身具有多样性和丰富性，也同样会引导学生作品的多样化分布；如果在布置任务阶段不展示作品成品，学生有更大的创作空间，但是作品可能会有"扎堆儿"的现象。

在笔者的试验中，第一节微课没有展示作品示例，绝大多数学生选择了阴刻；而第二节微课展示了阴刻和阳刻两种作品的示例，学生的作品则有阴刻和阳刻两种倾向。

作品呈现面貌结果的统计：

表 2

班级	作品数	微课	组别	作品呈现面貌		
				明显阳刻	明显阴刻	阴阳皆有
1	13	第一节	对照组	0	12	1
2	13	第二节	试验组	5	7	1

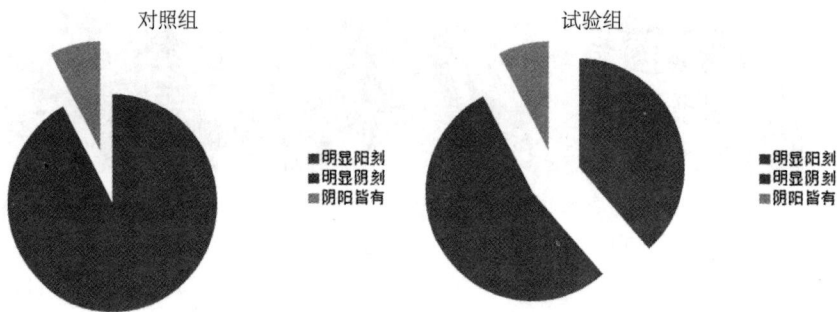

对照组　　　试验组
- 明显阳刻
- 明显阴刻
- 阴阳皆有

（2）原因分析。

通过调查学生反馈意见得知，没有展示作品示例的第一节微课播放后，大部分学生使用阴刻的原因是，阴刻比较简单。而展示了阳刻和阴刻作品的第二节微课播放后，阳刻作品明显增多，且同学们在刻制前讨论选择哪种刻法的时候也表示，阴刻简单。

由此可见，如果学生作品在制作方法上比较单一，手段上比较集中，那么在布置任务的微课中适当展示多样化的作品，会引导学生模仿范例，从而产生面貌较丰富的作品。

表3

问题	1. 你喜欢这种用视频布置任务的方式吗？				
	A. 很喜欢	B. 喜欢	C. 一般	D. 不喜欢	E. 很不喜欢
对照组（13人）	7（53.8%）	6（46.2%）	0	0	0
试验组（10人）	8（80%）	2（20%）	0	0	0
问题	2. 你在版画课上的兴趣高吗？				
	A. 兴趣非常高	B. 有兴趣	C. 一般	D. 没什么兴趣	E. 很没兴趣
对照组（13人）	12（92.3%）	1（7.7%）	0	0	0
试验组（10人）	9（90%）	1（10%）	0	0	0

3. 微课应用下的学生兴趣度调查

通过对学生的兴趣度调查可知，学生都喜欢用微课布置任务的方式，参与调查的同学都选择了喜欢或很喜欢，而且试验组的微课播放后，学生"很喜欢"的比例直线上升到80%。对于整个版画课的兴趣，选择"兴趣非常高"的学生比例在两节微课中也占到90%或以上。可见微课在艺术教学中的任务驱动和提高兴趣度的应用实践中不仅大有可为，而且如何使微课设计能更符合学生认知发展的规律，引导学生创作出面貌丰富的艺术作品方面为笔者今后的研究奠定了基础。

调查数据统计：

问题1.你喜欢这种用视频布置任务的方式吗?

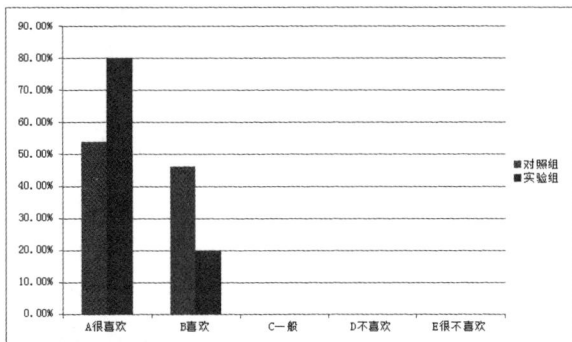

图3

问题2.你在版画课上的兴趣高吗?

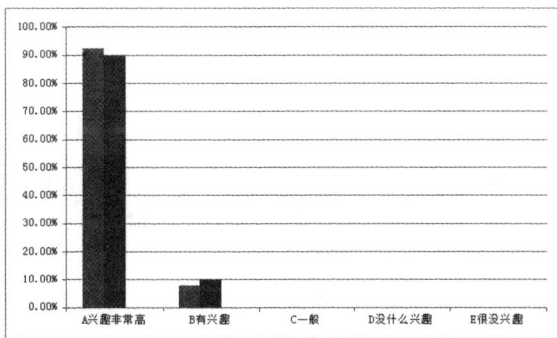

图4

三、课后反思：微课应用于艺术教学实践的启发

1.微课在任务驱动方面能够保持学生的注意力,并提高学生的学习兴趣

在微课视频中不出现教师,而是将镜头聚焦在任务目标、材料展示和操作示范上,有助于帮助学生看得更清晰,有如实物投影一般的优点,使学生集中注意力。明确课程任务也能够相应地提升学生的兴趣。

2.微课在"练—评—讲"模式中,用于练习前的任务布置,应当提供具有覆盖面的作品范例

教师在开头提供的范例一方面可能会影响学生的创作,但从另一方面说,也为学生的创作提供了可借鉴或模仿的范本,这对于刚刚接触版画的学生来说,无范本的创作不一定会出现"百花齐放",甚至还可能会出现作品"扎堆儿"现象,这是一个有趣的现象。而如果给学生提供范例,则要注意保证选取的范例在题材

或制作手段上具有一定的覆盖面。

微课作为一种新的教学手段，考验着教师设置教学任务、顺应学生发展规律、提高学生学习兴趣等多方面的能力和水平，艺术学科的教学也是如此。作为一线教师应当积极钻研探究，更好地促进学生发展，让课堂更好地服务于学生的学习。

【参考文献】

[1] 王觅，贺斌，祝智庭.微视频课程：演变、定位与应用领域 [J]. 中国电化教育，2013（4）.

[2] 吴秉健.国外微课资源开发和应用案例剖析 [J].中小学信息技术教育，2013(4).

[3] 黎加厚.微课的含义与发展 [J].中小学信息技术教育，2013（4）.

[4] 焦建利.微课及其应用与影响 [J].中小学信息技术教育，2013（4）.

[5] 钟晓流，宋述强，焦丽珍.信息化环境中基于翻转课堂理念的教学设计研究 [J].开放教育研究，2013（1）.

[6] 梁乐明，曹俏俏，张宝辉.微课程设计模式研究—— 基于国内外微课程的对比分析 [J].开放教育研究，2013（1）.

[7] 关中客.微课程 [J].中国信息技术教育，2011（17）.

[8] 龙海平."练评讲教学法行动研究"实践与成效 [J].广东教育：综合版，2012(Z1).

[9] 胡铁生.微课：区域教育信息资源发展的新趋势 [J].电化教育研究，2011(10).

[10] 胡铁生.中小学微课建设与应用难点问题透析 [J].中小学信息技术教育，2013（4）.

[11] 胡铁生，詹春青.中小学优质"微课"资源开发的区域实践与启示 [J].中国教育信息化，2012（22）.

作者简介

吕源：

中央美术学院硕士毕业，中国传统版画研究方向。开设《电影空间艺术设计》系列课程和版画选修课，组建社团，获评首届中华优秀传统文化教育优秀个人。致力于iPad电影拍摄体验式教学，翻转课堂和过程性评价的研究，参与多个课题研究项目，并有多篇论文发表于核心期刊。

附：

调查问卷

"版画"选修课

姓名： 性别： 班级（或导师组）： 年龄：

为了让同学们学得更好，老师对课程进行了改良，希望得到同学们的反馈。反馈没有好坏之分，希望同学们根据自己的实际情况如实填写，以便老师了解真实情况，从而更好地改进"版画"课程，谢谢同学们的配合。

1.你喜欢这种用视频布置任务的方式吗？（　）

A.很喜欢　B.喜欢　C.一般　D.不喜欢　E.很不喜欢

2.你在"版画"选修课上的兴趣高吗？（　）

A.兴趣非常高　B.有兴趣　C.一般　D.没什么兴趣　E.很没兴趣

3.你觉得这段视频是要让你做什么和怎么做呢？

4.除橡皮章、藏书票等之外，你还希望在"版画"选修课中做什么呢？

注：本调查问卷由北京中学美术老师吕源设计。

中学舞蹈课程开设意义之所在
——以北京中学国标舞课程为例

◎徐 瑶

摘 要：舞蹈作为艺术门类中的一分子，正逐步成为基础教育中的重要组成部分。在中小学，舞蹈社团及部分舞蹈课程正像雨后春笋，纷纷出现；在英美等发达国家，舞蹈课程早已纳入 K12（幼儿园到高中）的艺术课程中，可见其艺术性、教育性、综合性等学科特点以及情感、认知、机能、交往等艺术价值均获得了学生、家长、教师乃至教育机构的众多认可。北京中学作为国家教育改革、课程改革的示范校，率先设立舞蹈必修课程，试图研发一门适合于普通中小学生的艺术课程。该课程以国际标准舞为载体，通过小组合作、双人练习、家校沟通、舞会表演等多种方式，不仅提升了个人气质和合作交流水平，而且对西方文化知识、传统礼仪等方面有了进一步的亲身体验。本文从舞蹈教育的意义入手，结合北京中学国标舞课程的案例，试图阐释舞蹈这一艺术种类对教育的价值，并以此文抛砖引玉，寄望于舞蹈教育能够为提升我国中小学生综合素质而做出更大的贡献。

关键词：中小学舞蹈教育；综合素质；舞蹈课程；国标舞课程；北京中学

2011 年，国务院学位委员会通过决议，将艺术学从原文学门类中独立设置，成为艺术学门类，音乐与舞蹈等四大艺术相继成为国家一级学科。艺术教育的发展、价值和功能得到了新的定位，艺术学科内部的变化为艺术课程改革带来了春天。随着教育部人文社会科学研究专项委托项目《素质舞蹈与舞蹈美育研究》的深入研究与发展以及向欧美艺术教育发达国家的学习和借鉴，中国舞蹈普及教育也逐步纳入了中小学艺术课程中，并在短时间内获得了社会各界和教育专家的高度评价，取得了显著的艺术教育成效。

在英美等国家，舞蹈教育早已成为国家教育实施目标中的一项。国家舞蹈教育标准、国家舞蹈教育评估方案以及舞蹈教师资质储备库和资质要求等方面已经执行多年并趋于完善。可见，舞蹈作为在世界范围内都认可的课程，必然有它存在的价值和意义。本文将以北京中学舞蹈课程为例，试分析舞蹈课程开设的原因和意义。

一、舞蹈教育

前杨百翰大学艺术学院院长萨拉·李（Sara Lee）对舞蹈教育的定义是："舞蹈教育是一种提高少年、青年、成年人生活质量的媒介。舞蹈的形式和种类可以帮助人们认识某一特定社会和时期的历史，并且对了解外来文化知识有所帮助。舞蹈知识的积累是世界的历史，也是人类的历史。"这个定义给予舞蹈相当高的肯定，不仅因为舞蹈是最早产生的艺术形式之一，更是因为舞蹈与生活之间的密切关系延续至今。可见，舞蹈这一艺术形式承载了诸多的意义与价值。

1. 舞蹈的功能与作用

笔者曾是一名专业的舞者，十余年来的专业学习使得舞蹈成了笔者生命中不可或缺的一部分，同时舞蹈艺术本身也无时无刻不影响、督促笔者成为一名人民教师。根据个人的学习与教学经历，笔者认为舞蹈具有以下基本功能和作用。

（1）情感。

舞蹈是一种抒发和表达情感的方式。无论是个人情感的抒发还是与人沟通之间的表达，舞蹈可以说是一种沟通的媒介。就像美国现代舞大师玛莎·格莱姆（Martha Graham）所说："对于我而言，身体可以说出文字无法表达的东西。"而中国的《毛诗序》也早就提出："情动于中而形于言，言之不足，故嗟叹之，嗟叹之不足，故咏歌之，咏歌之不足，不知手之舞之，足之蹈之也。"这两句话都表明了舞蹈艺术形态是人的思想感情更高一层的表现。

（2）认知。

在学习舞蹈的过程中，除了学习舞蹈本身的技术技巧，还可以通过舞蹈学习到相关的知识。例如在舞蹈训练过程中，学生能够认识到自我空间和公共空间，舞蹈与音乐就像是一对姐妹，古代所说的"乐舞"就是如此。通过对某一地区舞蹈的学习，也可以加深对这一地区的地理、民俗、文化等知识的了解。舞蹈学习并不是单纯的学习过程，它能够与音乐、地理、服饰、人文环境等多方面相结合，从而使学生更加全面地了解相关知识。

（3）机能。

作为一种肢体运动，身体机能的任何锻炼，包括体力、耐力、柔韧性、持久力等舞蹈训练都可以满足，尤其对一个人的气质训练有着良好的作用。当然，它也不是一种无需动脑的艺术，相反，它需要舞者、编导将舞蹈的意识、对艺术的专心、对知识的探索等因素整合在一起，通过大脑的思考传输到各肌肉，从而形成身体的记忆。在观察美国小学舞蹈教育的时候，学生对于老师给出的口头指令反应迟钝，但经过 30～45 分钟的练习后，可以惊奇地发现，学生习惯了老师给予指令、学生做出身体反应这种方式，对老师给出的指令可以做到"言出即行"，由此可以证明舞蹈学习对培养学生的反应能力也有积极的效果。

（4）交往。

舞蹈可以帮助人们学习社会交往。舞蹈分为单人、双人、三人、团体等练习，除了单人舞之外，都涉及与他人的配合。有配合就涉及合作，信任对方、团队合作等练习自然而然就囊括在舞蹈课程当中了。此外，舞蹈作为沟通方式也可以使学生结交更多有共同兴趣的朋友。在社团、比赛中结识好友，也锻炼了学生的社交能力，为今后的团队合作提供了很大的帮助。

综上所述，舞蹈是一种集情感、认知、机能、社交作用于一身的、综合性很强的艺术。

2. 北京中学舞蹈课程

北京中学的课程按学习领域、基础课程与拓展课程构建内容结构，组成开发"学院课程""阅历课程""服务课程"与"雅趣课程"四个系列的拓展课程体系。舞蹈课程作为雅趣课程之一，承担着对学生进行艺术与审美的熏陶，培养高雅气质，形成个人爱好与健全人格的教学任务。

（1）教育性舞蹈与舞蹈教育共存。

在美国学习时得知两个十分相近却意义相悖的词语 Dance Education 和 Educational Dance。初到美国，因语言差异不能十分了解这两个词的词性以及意义的区分，但随着学习的深入和时间的积累，逐渐了解到两者的区别，后在《教育舞蹈原论》中读过"译者的话"更清楚了两者的异同。"舞蹈教育"一词多用于专业舞蹈教育机构，旨在培养专业的舞蹈从业者；而"教育性舞蹈"多用于舞蹈培训、提升学生综合素质乃至于了解舞蹈背景文化等。因此北京中学舞蹈课程设立之初便确立课程目标，将培养舞蹈人才与提高学生综合素质相结合，以提升学生体貌气质及了解舞蹈文化为目标。

（2）舞蹈是生活的一部分，而非功利性艺术。

英国社会改革家霭理士（Havelock Ellis）提出："舞蹈之所以是至高无上的、最动人、最美丽的艺术，是因为它不是生活的翻译品或是抽象的生活，它就是生活本身。"艺术即生活，因为艺术来源于生活，舞蹈更是如此。课程不能局限于教室中，要让舞会、快闪、微表演等活动形成常态，成为学生气质养成的重要部分，即体态、神态、言行、举止等，让舞蹈这一艺术素养成为学生日常生活的一部分。

（3）舞蹈学科不是孤立存在的。

哈佛大学教育学教授霍华德·加德纳（Howard Gardner）2003 年的著作《多元智能》一书提出，人类的智能包括语言智能、音乐智能、逻辑—数字智能、空间智能、身体运动智能、人际智能、自我认识智能 7 种，它们互相关联，不可分割。舞蹈作为身体运动智能中的一种形式，不仅让人们可以通过舞蹈学习其他的智能，也使得人们的 7 种智能得到全面提升。因此北中的舞蹈课程不应该仅仅涉猎舞蹈专业知识，要将音、体、美、社会、表达、表演欣赏等多方面的知识融入进来，通过舞蹈得知其背后的文化，也成为培养学生综合素质的课程。

二、国标舞的教学价值

国际标准舞（简称"国标舞"）由欧洲宫廷摩登舞和拉美风情拉丁舞共十支舞蹈共同组成。作为北京中学必修课程，学生们可以在每学期学习到特征明显且文化背景突出的舞蹈，并且在学习的过程中了解世界范围内的风土人情、礼仪礼貌等相关的知识，例如舞会皇后华尔兹、西班牙斗牛士之舞、俏皮的牛仔舞和恰恰等，国标舞的开设不仅遵循了舞蹈本身及北中舞蹈课程的原则和特点，在开设过程中也为学生带来了与众不同的体验。

1. 教学理念是教育的主导

"舞蹈是集身体、心理、感情和精神于一身的艺术形式，每个人都可以运用以上这些非语言的因素来表达或展示自身的想法和感触。无论是舞蹈的创作过程还是最终作品的展示，舞蹈这种形式有提炼神经肌肉技巧、拓宽理解能力、提高创造潜力并提升审美的灵敏度。"由此可见，舞蹈课程不仅是身体性训练，还通过技术性、创造力、分析能力及相关历史文化等综合能力的培养，让学生真正热爱舞蹈、享受舞蹈，从而感受到其中的快乐。

在国标舞课程中，笔者有意加入编创、即兴、合作、自学、总结规律等环节，将课堂交给学生，让学生有足够的空间展示自己。小组合作探究舞蹈背景知识、编创舞蹈作品等都成了学生展示自我的方法。在课程中，学生会共同探讨"华尔兹为什么是三拍子""国标舞的服饰要求""女生为什么要穿高跟鞋"，等等；学生合作编创的舞蹈片段也经过反复加工，成了班集体的"微表演"，也为班级凝聚力做出了贡献。学习的方法不可能只是老师教、学生学，共同探讨、相互交流、总结规律等都可以让学生对知识产生浓厚的兴趣，只要是围绕着教学内容进行的，有利于学生记住的任何方式都可能成为一种有效的学习方法。因此在课堂中，只要是有利于掌握舞蹈规律、掌握肢体运动规律、摸索到适合于自己的学习方法，都应该得到老师的支持。

2. 课程目标是教学的方向

以北京中学舞蹈课程的原则为基础，国标舞课程在授课过程中十分重视学生气质、礼仪、合作和彼此尊重等方面的培养，主要从以下四个方面进行课程的教学。

（1）提升学生肢体能力。

国标舞又称体育舞蹈，因为它本身不仅包含艺术展示，也有竞技元素在其中，因此该舞种在舞者体能、耐力、爆发力、反应能力等方面都有不同程度的训练效果。例如优美的华尔兹偏重的就是学生腿部及脊椎周边肌肉的控制能力，欢快的牛仔舞则偏重腿部肌肉的瞬间爆发力；华尔兹考验学生的耐力，牛仔舞考验的则是学生的体力。国标舞又是一种程式化较强的舞蹈，每一个舞步都有其固定的名称，经过训练的学生可以通过教师的口令变化动作，并和舞伴配合了解到引带与跟随等合作方面的技巧，可见该课程不仅教授国标舞的基本技术、技能，还能够促进学生肢体协调能力、控制能力以及合作互助等方面的提升。

（2）培养艺术气质礼仪。

该课程的开设起初并未得到学生的认可，因为处于青春期的学生们异常反感男女生共舞。但国标舞的本质就是要培养绅士和淑女的气质和素养，因此该原则成了课程的核心。在课堂上无论什么原因都不可以出现不尊重他人的举止和言语，每个人都必须以绅士和淑女的身份约束自己。在学期结束后，会以年级为单位举行舞会，当学生身着制服或正装时，学生逐渐体验到了王子与公主或者是一名表演者应有的气质和体态，不仅能够较好地运用西方社交礼仪，同时也可以得到观众的掌声鼓励，这也使得舞会成了学生较为期待的活动之一。

（3）加强家校之间沟通。

国标舞在当前社会中有一定的影响力，很多家长也会选择自己学习或送孩子参加业余班，因此该课程的开设也得到了家长们的大力支持。考虑到通过个人亲自动手及教授他人学习，可以掌握到80%的知识，课程中期到学期末之间都会给学生留出时间教家人或老师，这样不仅可以让身边的人了解到国标舞的魅力，提升个人的气质，同时也可以帮助学生更加清晰地掌握舞蹈的规律和技术技巧。

（4）正视学生交往问题。

中学生正处于青春期，因此对男女生交往问题呈现出模糊、好奇或抵触等不同的情绪。国标舞的开设如同将这层窗户纸捅破一般，让学生对男女生的正常接触不再另眼看待，通过共同的学习和配合，能够共同完成相关的作业，例如根据不同的基本动作编创不同排列顺序的舞蹈套路，男女生互换角色体验引带和跟随的技巧从而体会对方的不容易，等等。期末考试后学生的反馈证实，越来越多的学生能够比较正确地面对男女生共同完成学习任务的问题。

3. 评估体系是教育的辅助工具

中国的大多数学生们都讨厌考试，因为学生觉得考试就要有成绩，从而形成了一种压力。但笔者认为，考试只是辅助学生学习的工具。国标舞课程的评价主要由平时的课堂表现、期末的舞蹈展示、教授舞蹈成果、小组探究活动或表演以及学习感受等方面组成。过程性和终结性评价相结合，目的就是考查学生所学知识的程度，从而激励他们更好地学习，所以评估的方式可依实际情况进行相应的变通。

舞蹈展示和教授成果所要考查的是学生的技术技巧、礼仪礼貌、气质体态以及编排创造等部分，课堂表现和学习感受则偏重考查学生的学习态度以及个人情感表达的抒发，同时也可以通过学生的感受得知本门课程中，教师应注意及调整的方面。技术训练虽然是不可忽略的环节，但学生的创造力、自我感受、分析能力等也是考试的重要组成部分。

期末学习感悟是考评项目之一，无论是赞扬或者不满均可，仅作为了解学生心理活动并反思教师教学方式的重要依据。通过学习，学生们能够从最开始的"课程很新颖，还比较喜欢"一句话到逐渐深入思考自己学习时遇到的问题和对课程的期待等："我了解了合作的重要性，要倾听、要尊重，下学期我会做得更好！""希望可以多举办舞会""希望老师多讲一些关于舞蹈文化知识"等，学生们对舞蹈认识不断深入，对该课程的兴趣不断提升，同时也对教师的教授能力提出了更高的要求。

我国的舞蹈教育理念通过与世界先进国家接轨，正在不断地发展；舞蹈课程正逐步成为基础教育中的重要组成部分，其发展趋势也是不容小觑的。国标舞课程能够在北京中学得到发展，能够在教学成效、教学成果方面得到学生、教师以及家长的认可，笔者有着深切的感触和体悟，同时也深感肩负着推广舞蹈教育、探索育人有效方式的责任。舞蹈作为艺术课程中的重要组成部分，不再是训练专业舞者或演员的单一工具，而是培养一个全面发展人的重要教育手段之一，它的理论依据和实践证明正在得到更多人的认同。相信在我们的努力下，它的发展不仅会有利于我国中小学生的综合素质提高，更对增强国家的软实力、促进舞蹈文化的发展有着重大的意义。

【参考文献】

[1] 吕艺生. 素质教育舞蹈文集 [M]. 上海：上海音乐出版社，2014.

[2]Anne Green Gilbert. Creative Dance For All Ages[M]. Reston:National Dance Association, 2009.

[3] 徐瑶. 中美大学国际标准舞专门化教育比较研究——以中国北京舞蹈学院和美国杨柏翰大学为例 [D]. 北京：北京舞蹈学院，2012.

徐瑶：

中学舞蹈教师，北京舞蹈学院硕士毕业，美国杨佰翰大学访问学者。曾出演国际标准舞剧《长恨歌》女主角王琦瑶，多次参加国内外舞蹈研讨会、表演及比赛等大型活动。编创的《中学舞蹈课程的开发与实施》获得朝阳区教育教学成果提名奖，并在北京市首届京教杯青年教师基本功大赛中获得一等奖。

作者简介

中学音乐欣赏课程中"项目学习"初探

◎杨 琼

摘 要：多学科项目学习是未来学习的重要方向之一。主张小组合作的项目学习对学生的团队协作意识亦有所加强。音乐欣赏领域的项目学习需要根据项目学习的原则和学科的特色进行调整，从而体现其音乐化。音乐欣赏内容的丰富也让其在很多领域都可以实现项目学习。

关键词：音乐欣赏课程；项目学习

音乐欣赏课是当前中小学音乐课三大课型之一，其中感受与欣赏是音乐学习的重要领域，是整个音乐学习活动的基础，是培养学生音乐审美能力的有效途径。良好的音乐感受与欣赏能力的形成，对于丰富学生情感、提高学生的艺术素养、增进学生的身心健康具有重要意义。音乐是门"术科"，其音乐基础知识和基本技能(即"双基")从来不分家，对于文化背景的了解则更有助于"双基"的发展。这种情况下通过项目学习就比较容易将其整合起来。

一、项目学习释义

项目学习即 Programme Based Learning，又 Project-based Learning(台湾将之译为专题式学习)，简称 PBL。这是一种给学生提供高复杂且真实性的专题计划，让学生借此找出问题，设计题目，规划行动方案，收集资料，执行问题解决，建立决策行动，完成探究历程并呈现作品的学习方式。

项目学习不同于问题式学习(Problem-based Learning)，后者要求学习者专注于一个待解决的问题，集中学习某特定事物，前者则可能有范围较大的一些问题需要关注，是以行动研究为主的。

狭义的项目学习是为了解决现实生活中的某个真实问题，调动可以利用的一切资源，发挥团队中每个人的优势，在获得知识的同时形成某些技能的真实发展性学习方式。广义的项目学习是基于多学科、多主体、多元评价的问题式学习，它可以是对一个概念的思考和展演，也可以是对实际问题的处理。

项目学习是信息时代最重要的学习方式之一，其基本特点是"学习情景真实而具体，学习内容综合而开放，学习途径多样而协同，学习手段数字化、网络化，学习收获多面而富有个性。项目学习遵循自为性、生活化、整合性、最优化和创新性原则"。项目学习模块有主题式、行动式、问题式和自由式；学习方式主要有虚拟活动式、模拟实践式和现实活动式。"①项目学习将学习与生活、现实与虚拟、活动与行动整合，学生在动中学，在做中思，这种基于个人经验的学习效果是显著的。

二、音乐欣赏项目学习设计

项目学习在前期设计的时候需要针对项目做出专门的评估，音乐欣赏课程的项目学习更得思考其学科化的方式。

Steinberg（斯坦伯格）于 1998 年曾提出项目学习的六 A 原则，作为项目评估的工具，即"真实性（Authenticity）、学术的严谨性（Academic rigor）、应用性的学习（Applied learning）、主动探索（Active exploration）、成人真实世界的关系（Adult relationships）和评量实务（Assessment practices）"②。

1. 六原则与音乐欣赏项目学习

如果将项目评价的六原则与音乐项目结合，还需要进行相应的调整。下面结合"京剧项目学习"（以下简称"京项"）来展开。

（1）艺术性与真实性（Authenticity）。

真实性即学习情境真实具体，在生活中发现真实的问题，解决真实的问题。它要求设计者思考学生在项目中如何能解决真实世界的问题。

艺术来源于生活却又高于生活，此处学生们只要能发现某处在生活中的真实或者提炼、美化之后能让人看到生活中的真实情景就可以。在"京项"脸谱的学习中，可以就"包公的脸谱应该是黑的还是白色的"展开讨论。由于大部分孩子都去过包公祠，知道真实的包公是白脸书生。从生活中的白脸到京剧脸谱中的黑脸就是艺术的转化，理解了这个，就容易理解艺术项目对于生活的真实是如何理解运用的了。

（2）专业术语理解与学术的严谨性（Academic rigor）。

音乐是基于感性认识基础上的学习，项目设计需要考虑如何解决项目学习中关键的概念、标准或有助于培养学生的思维习惯和专业术语。

"京项"中的锣鼓经、西皮、二黄都有专门的所指，在感性体验的基础上植入概念学习，将概念运用起来才是音乐技能获取的最终目的。教师可以尝试让学生自己用一个"关键词"形容每件乐器的声音，然后在此基础上编创出节奏条，从单声部到多声部。在声部形成的过程中，"四大件"的配合关系和方式，锣鼓

---

① 参考刘云生：《项目学习——信息时代重要的学习方式》，《中国教育学刊》，2002 年 2 月第 1 期，第 36 页。

② Steinberg，A（1998）.Real Learning, Real Work. New York and London:Routledge.

经的诵念和乐器的使用方法也慢慢融于其中。此时再总结出专业名称，就是水到渠成的事了。

（3）技能训练与应用学习（Applied learning）。

项目学习是复合式的，前期、中期、后期都需要整体规划，同步推进，如何设计一个项目能够让学生在团队合作中更好地解决问题？京剧锣鼓经多声部练习和行腔学习的口传心授，以及表演中的观众反馈都需要很好的团队沟通合作和技能强化来实现。如锣鼓经学习，大锣、铙钹、小锣，铙钹、小锣的单击、轻击、闷击的配合，板鼓与多声部不同方式的配合，要求学生既有声部协作意识，又要通过练习对锣鼓经达到一定熟练程度，在磨合和练习中掌握技能，加强应用。

（4）多学科学习与积极探索（Active exploration）。

除了对知识、技能的学习掌握，音乐文化的学习和多学科融入有利于学生了解完整的社会生活。京剧这一中华传统文化的精髓囊括了文学、表演、音乐、唱腔、锣鼓、化妆、脸谱等各个方面，彼此相辅相成，对任何一些方面的了解都会加深对京剧的学习和认识。

（5）现实中的京剧与成人社会的连接（Adult relationships）。

这是一个回归现实，回归社会的步骤。如何让项目超出课堂，走进社区？如何让校内小项目与现实中京剧的发展联系起来，通过项目的学习发现京剧在当下传播过程中的一些问题，并找到解决办法呢？可以让学生发现身边爱京剧的朋友和长辈，看看他们是怎么学习京剧的。发现现实生活中的音乐，可以更好地提高学生的积极性。

（6）评价实践（Assessment practices）。

项目评价对项目发展有一定的导向作用。如何在做项目的过程中让每个学生都有发挥自己特点和展示的机会；如何让项目的展示促进学生的学习，这是在布置项目之前就需要思考的问题，可以和学生共同制定评价细则。

2. 基于网络的音乐能力开发

项目学习最初较多应用于科技学科，随着信息化时代的到来，信息来源不再局限于老师，学生从网络获取大量信息资源，学习方式整体上又呈现出网络化的倾向，依托于网络的科技项目学习很快推广开来。这个时候能否运用好网络资源就对项目学习起到了关键的作用。资讯科技在专题学习中的作用，也被 Simkins and Michael（1999）和 Carver（1992）归结为专案管理能力、资料收集能力、组织呈现技巧、简报发表能力、反省能力或者专题管理能力、研究能力、组织及表现的能力、表达能力、反省能力、团体合作能力、技术应用能力。音乐与网络的结合也有专项能力可以发展，如音频、视频清晰度、版本的辨别，视频内容与音乐吻合度，下载音视频技能与相关软件的使用，音视频截取、切割、抓取、编辑能力，用音乐表达情感和语言的能力。[③]

---

③ 徐新逸：《中小学网路专题式学习之教学设计》，第 462 页，台湾淡江大学教育科技学系，第六届全球华人计算机教育应用大会暨全国教育信息化论坛，2002.

三、音乐欣赏课的项目学习点

音乐欣赏课的内容含量相对较多，有对中外名家名作的聆听、演唱、欣赏，从音乐的表现手段、声乐、乐器与乐队、演奏类型和器乐体裁上了解音乐的基本常识，学习并掌握必要的音乐基础知识。通过对听、唱、写、创等技能的开发，发展音乐听觉、音乐记忆力、敏锐的观察力、音乐想象力、音乐表现力和创造力等基本能力，从而在整体上做到对音乐较为全面的认识，形成基本的音乐素养。

鉴于该课型的特点，其中的很多内容都可以引申出项目学习点。项目学习模块之主题式、行动式、问题式和自由式，在操作的时候也完全可以组合在同一个项目中，而不必彼此完全分开。

主题式中，如容纳多学科知识的音乐剧、京剧的学习，就可以音乐为中心，把其他学科知识串联起来。思考音乐剧中和京剧中，音乐和剧之间的关系，在此基础上，也可以将其设计成升级项目学习，即两种类型中乐与剧配合方式的对比。

问题式中，可以思考：音乐剧两次鼎盛时期的不同风格形成？京剧的行当"末"去哪儿了？脸谱在谁的脸上？文场、武场的不同乐器对于形象塑造的方式和意义有什么不同？

行动式中，可以将体裁的学习如变奏曲行为化，讲解基本的变奏方式，给出变奏主题和要求，由学生进行变化思考与创作。或将《贵妃醉酒》和《新贵妃醉酒》中贵妃的形象做对比，用至少两种形式来表现，看看哪一个更符合其身份？用学到的乐理知识制作乐器。不同乐器组合的学习，可以为音乐主题或者音乐故事片段选配乐器。对于音乐元素与音乐形象的关系，可以尝试创作出一些短小的乐句或者乐段，发现两者之间的关系等。

每一种方式都是为了增进学生与音乐的互动，缩短学生与音乐的距离，听、唱、写、创也可以穿插其中，以突出音乐的学习。还可以通过柯达伊音乐教学法、奥尔夫音乐教学法等训练，听觉与多感官的融合，大量视频、音频的视听，节奏训练、识谱练习，双语教学的尝试，培养学生对音乐的持久兴趣，和谐其身心，陶冶其情操，健全其人格，使学生形成高雅气质，在音乐中发现美，创造美。

四、音乐欣赏课程"项目学习"的设计与实施

1. 前期准备

课堂学习：教师对京剧行当、脸谱、京剧音乐组成，乐器、锣鼓象声谐音字节对照表、文字谱、锣鼓经、流行音乐与京剧等进行初步介绍，之后通过进一步的"项目学习"加深和检验学生对某些方面的认识，唤起学生对国粹艺术的情感。

分组：以5人为一个小组，建议男女搭配，有利于对京剧角色行当的理解

和分配，同时男女不同的思考方式和做事风格有利于学习。学生习惯于按照常规的玩伴为一组，但是这样并不一定利于他们的学习，基于多经验的学习，需要不断地更换新的小组成员来获取更多的学习方式和角度。

2. "京剧主题项目作业" 设计

（1）主题：可以是整个京剧的整体介绍，包括角色、行当、脸谱、乐器、唱腔、曲牌、锣鼓经、历史、名家名段，唱念作打、舞蹈等，也可以选取其中任意的部分，鼓励选择小的方向进行展开，但是必须以音乐的成分为主。

（2）形式：不限，上交制作成 MV 或者 IMOVIE，必须以小组合作方式完成。

MV（即 Music Video）是一种视觉文化，是建立在音乐结构上的流动视觉。视觉是音乐听觉的外在形式，音乐是视觉的潜在形态（有完整的构思和逻辑，偏重演绎，成品较为成熟，创作、创新性较强，以音乐或名家名段片段为中心进行解释演绎，如传媒上的音乐电视）。

IMOVIE 有相应的逻辑，但主要为简单的分段介绍，没有进行进一步的构思、加工和创作。

可以融入对剧情剧目的理解、再解释与演绎，如表演唱、模唱、剧情表演、乐器等，鼓励成员亲自模唱戏曲片段和表演单声部、多声部锣鼓经片段。此处为加分项。

3. 上交项目

视频和项目描述，300 ～ 500 字，包括项目名称，构思描述，小组分工，组员自评与互评（参照评价表，分别进行学科评价，通识性评价和特色评价），该项目作业设置与评价建议）。此处为加分项

4. 项目学习的评价与分析

项目名称	组员	学科评价	通识性评价	特色评价	自评与他评

学科评价：侧重真实性（Authenticity）和应用性的学习（Applied learning）。对视频中包含内容的种类，如唱段、锣鼓经等进行分别评价，须有成员唱段模仿、乐器的照片和视频片段。

通识性评价：侧重主动探索（Active exploration）与真实世界的关系（Adult relationships）。选题视角独特，有价值意义和探索性；团队责任感与分工协作；时间管理；资源利用最优化；研究方法的科学性，如作品组织体现了有效思考的能力，清晰沟通的能力，适切判断的能力，以及对多种价值的识别和选择能力。

特色评价：侧重评量实务（Assessment practices）准确。形式科学且多样，有创意。

五、小结

在音乐欣赏课程实施项目学习的过程中，要注意处理好原则与项目的关系和基于网络的音乐能力，设置合理的核心项目目标与分目标，聚焦真问题，想到真办法，尽可能将音乐"双基"的学习活动化，在团队协作中碰撞出音乐的火花。

【参考文献】

[1] 徐新逸.中小学网路专题式学习之教学设计 [DB/OL].台湾淡江大学教育科技学系，第六届全球华人计算机教育应用大会暨全国教育信息化论坛，2002:2.

[2] 刘云生.项目学习——信息时代重要的学习方式 [J].中国教育学刊，2002(1):36-38.

[3] Steinberg ,Real Learning, Real Work. New York and London:Routledge. 1998.

[4] Moursound, Project-based learning using information technology.1999.

作者简介

杨琼：

中中央民族大学音乐学院音乐博士，中国传统音乐学会会员，柯达伊音乐教学法学会会员，在校期间连续三年一等奖学金，优秀博士论文获得者，已被中国知网收录，优秀毕业生，独立主持十二五区规划课题，各级别论文获奖三十余项，指导学生获得国际、国家、市区级多项荣誉。

教学案例

合唱曲《小龙舟》教学设计

◎ 徐小艳

一、指导思想与理论依据

1. 指导思想

应用"体验—模仿—合作"理论,结合学情分析,组织教学资源,设计教学活动,引导学生在合唱中体验并初步理解学习中国民族音乐文化,进而喜爱传承中国民族音乐文化,这是本课教学设计的指导思想。

2. 理论依据

2011版《义务教育音乐课程标准》中指出,要"通过音乐艺术实践,有效提高音乐素养,增强学生音乐表现的自信心,培养学生良好的合作意识和团队精神"。"弘扬民族音乐,理解音乐文化多样性","应将我国各民族优秀的传统音乐作为音乐教学的重要内容。通过学习,学生熟悉并热爱祖国的音乐文化,增强民族意识、培养爱国主义情操"。

合唱正是以其要求均衡、协调、和谐、统一所产生的音响艺术效果,加上合唱作品本身的多元性和民族合唱音乐的特色来培养学生的艺术综合表现力,提高其音乐素养。以上是本课教学设计的理论依据。

二、教学背景

1. 教学内容分析

《小龙舟》是一首 D 羽调式的多声部童声合唱作品，蒋明初作词，万里、成洪平作曲。作品具有鲜明的中国云南地方音乐特色，歌词发音模仿云南方言，演唱形式活泼多变。作品为单三部曲式，ABA'结构，多采用轮唱和主题叠加的方式进行演唱，是一首典型的复调作品。演唱音域从 g 到 f2，适合变声期前及正在变声期的学生演唱。综合歌曲整体特点，此曲适合七年级学生学习。

2. 学生情况分析

（1）歌唱基础普遍较薄弱，缺乏规范的歌唱状态，歌唱声音比较"炸"，唱的同时倾听他人声音的能力不强。

（2）学生有一定的识谱能力与唱谱能力，但读谱速度较慢，缺乏复调作品歌唱经验。

（3）部分学生正处于变声期，增加了歌唱难度。

（4）学生喜爱合唱，有比较强烈的学习愿望。

3. 教学方式与手段说明

本节课是合唱课，音乐实践贯穿始终。教学中针对声音的音色、音量、音准、演唱的速度、节奏以及声部的配合，曲目的色彩变化等要求，采取了以下方法：

（1）讲授法：针对歌唱方法、气息运用等知识对学生进行讲解。

（2）示范演示法：教师进行演唱、歌词朗读等，对学生进行示范。

（3）参与体验法：在教师的引导下学生进行歌唱，参与到合唱中来。

（4）对比发现法：教师将排练中的录音播放给学生听，引导学生认识到歌唱时的听觉效果和录音后的听觉效果不同，发现问题，从而更好地认识合唱。

4. 技术准备

（1）精选演唱作品。从课内外合唱资料中选择适合七年级学生演唱的作品《小龙舟》。

（2）精选预备练习。依据学生现有水平以及歌唱中存在的问题，选择适合的热身练习、气息练习和音准练习等。

（3）精心制作课件。

5. 教学思路

（1）选择一首难度与音域适中又比较有趣的作品，借此提高学生识谱和演唱能力，激发学生的学习积极性。

（2）学习过程由慢到快，由单声部歌唱到多声部融合，从简单模仿到识谱歌唱再到多声部配合歌唱，循序渐进，引导学生充分参与合唱，逐一突破歌唱方法和节奏等难点，感受合唱的魅力。

6. 前期教学状况、问题与对策

（1）学生的歌唱状态不稳定，容易松懈。歌唱前的热身活动可以帮助学生养成积极的歌唱状态；歌唱的过程中强调积极的歌唱状态的重要性并对学生的歌唱状态进行及时调整。

（2）学生歌唱时的音高不够准确。采取柯达伊教学法中的柯尔文手势和字母谱帮助学生练习，固定音高位置。

（3）学生歌唱时的声音容易"炸"，没有倾听他人的习惯。采取学生与教师一起唱不同声部，然后模唱教师的声部的办法帮助学生练习"听"。

（4）学生缺乏多声部合唱经验，识谱慢，声部间不易融合。利用字母谱和柯尔文手势先引导学生唱出作品音高，再利用作品动机，采取游戏方式，将各个声部逐个引入，帮助学生建立多声部概念。

三、教学目标

1. 情感态度价值观

在学唱合唱作品中体会"和"的力量和人声的魅力，乐于参与到合唱这个集体表演艺术项目中，并发扬集体主义精神，牺牲个性的声音，融合到共性的声音当中去，理解作为合唱团员的"小我"和合唱团"大我"的关系。

2. 过程与方法

（1）体验法。

聆听教师范唱，体验自然积极的歌唱状态；与其他声部配合歌唱，体验多声部合唱的魅力。

（2）模仿法。

声部间相互模仿互换，提高多声部听唱能力。

（3）探究法。

听录音，找问题，探究合唱的特点和学习合唱时遇到的难点以及解决的方法。

（4）对比法。

将作为合唱团员"唱"和作为听众"听"时的不同感受做对比，从中发现演唱时的音准不够准谐和程度不够等问题并及时做出调整。

3. 知识与技能

（1）通过学唱中国作品了解云南少数民族文化。

（2）通过多种声音练习、变化节奏的气息练习和柯尔文手势辅助进行的字母谱音准练习，养成正确的歌唱状态，培养良好的歌唱习惯。

（3）通过学唱节奏音型多变的多旋律以及声部间的相互配合，了解多声部合唱特点。

四、教学重点与难点

1. 教学重点

(1) 用统一的音色和均衡的声部音量进行歌唱。

（2）完整地、有表现力地演唱《小龙舟》。

2. 教学难点

（1）保持积极的歌唱状态进行歌唱。

（2）歌唱时把握正确的音准和节奏。

（3）歌唱多声部时声部间的配合。

五、教学过程

教学阶段	教师活动	学生活动	设置意图
导入	1. 引导学生进行热身活动。	1. 接龙捏肩拍背，放松身体。 2. 一手够天，一手够地，拉伸身体。 3. 模拟伸懒腰，配合深呼吸。 4. "大张口"练习，活动下颌关节和面部肌肉。	引导学生进入歌唱状态。 针对教学难点(1)，保持正确的歌唱状态进行演唱。
	2. 调整学生站姿和歌唱状态，引导学生进行气息和声音练习。	1. 模拟高空抛物，高位置发出"yoho"声，伴随肢体活动拉长声音。 2. 用"shi"母音做气息练习： | | | | ⊓ ⊓ ⊓ ⊓	引导学生进入歌唱状态。 针对教学难点(1)，保持正确的歌唱状态进行演唱。
	3. 指挥学生唱作品主和弦三个音高，并用手势指挥调整音量的变化。	用"u"母音唱 l、d、m 三个音。	固定本节课即将学到的作品的主和弦音准，调整歌唱的音色、发声位置、音量，提醒学生看指挥。 针对教学难点(2)，歌唱时把握正确的音准和节奏。
新授课	1. 用字母谱和柯尔文手势引导学生唱音高。	唱字母谱，练习音高位置。 l s m d l, m r d l, l, m, r,	1. 固定学生音准，熟悉《小龙舟》调内音和音阶走向。 2. 引出《小龙舟》的三声部旋律。 针对教学难点(2)，歌唱时把握正确的音准和节奏。

续表

教学阶段	教师活动	学生活动	设置意图
新授课	2.用"bom"母音引导学生唱《小龙舟》的旋律,导入《小龙舟》的第二、三声部。		
	(1)用"bom"母音范唱《小龙舟》第三声部旋律。	聆听、模唱教师范唱的《小龙舟》第三声部旋律: l, l, r, m, l, l bom	"bom"母音易于统一合唱声音,也便于学生找到头腔共鸣。 针对教学难点(1),保持正确的歌唱状态进行歌唱。
	(2)在第三声部旋律上方唱第二声部的上声部音高,让学生听辨模仿。	唱《小龙舟》第三声部旋律,听辨教师歌唱的音高旋律。	从模唱声部旋律入手,借助教师的二声部配合,学生由听辨、模仿逐步学习各个声部,从慢到快,易于学生接受,也有利于学生唱准各声部的音准和节奏。 针对教学难点(2),歌唱时把握正确的音准和节奏。
	(3)在两个声部中间唱第二声部的下声部音高,让学生听辨。	分二声部歌唱,同时听辨教师歌唱的音高。	针对教学难点(3),歌唱多声部时声部间的配合。

续表

教学阶段	教师活动	学生活动	设置意图
新授课	3. 引导学生看《小龙舟》谱子并进行读谱练习。		
	（1）提问：刚才模唱的是哪个声部?	看谱回答提问：刚才模唱的是哪个声部?	考查学生的读谱能力，为后面展开学习做铺垫。针对教学难点(2)，歌唱时把握正确的音准和节奏；针对教学难点(3)，歌唱多声部时声部间的配合。
	（2）引导学生打拍子唱第三声部。	打拍子唱第三声部。	针对教学难点(2)，歌唱时把握正确的音准和节奏。
	（3）打拍子唱第二声部的上声部。	打拍子唱第三声部，听老师唱二声部。	针对教学难点(3)，歌唱时多声部间的配合。
	（4）引导学生唱第二声部的上声部。	打拍子唱二声部的上声部旋律。	这个声部的音的拍子为弱起拍，并有跨小节的连音线，比较难唱，所以要着重练习。针对教学难点(2)，歌唱时把握正确的音准和节奏。
	（5）打拍子唱第三声部。	打拍子唱第二声部的上声部。	学生和老师配合，并运用打拍子统一速度。针对教学难点(3)，歌唱多声部时声部间的配合。
	（6）打拍子唱第二声部的下声部	分成两个声部分别唱第三声部和第二声部的上声部，并聆听老师歌唱另一声部。	师生配合，边唱边听。针对教学难点(3)，歌唱多声部时声部间的配合。

续表

教学阶段	教师活动	学生活动	设置意图
新授课	（7）引导学生唱第二声部的下声部。	唱第二声部的下声部。	这个声部带有变化音，需要着重学唱。 针对教学难点(2)，歌唱时把握正确的音准和节奏。
	（8）打拍子唱第一声部。	分成三个声部打拍子唱第二声部（上、下）和第三声部，并聆听老师歌唱的第一声部旋律。	边唱边听，感受多声部合唱的音响效果。 针对教学难点(3)，歌唱多声部时声部间的配合。
	（9）打拍子引导学生唱第一声部。	打拍子齐唱第一声部。	针对教学难点(2)，歌唱时把握正确的音准和节奏。
	（10）引导学生分声部歌唱。	分声部歌唱《小龙舟》。	针对教学难点(3)，歌唱多声部时声部间的配合。
	（11）找一位学生唱带有切分节奏的乐句。	一位学生唱，其他学生听，看谱，分辨对错。 眼 睛 要 向 前 看 说 ；	考查学生识谱能力和对切分节奏的把握情况。 针对教学难点(2)，歌唱时把握正确的音准和节奏。
	（12）唱第一声部，引导学生唱其他两声部。	唱第二、三声部，聆听第一声部。 哦 伙 看 说 眼睛 要 向前 看 说； 眼睛 要 向前 看 说；	唱两声部，听一声部。 针对教学难点(3)，歌唱多声部时声部间的配合。

续表

教学阶段	教师活动	学生活动	设置意图
新授课	（13）柯尔文手势辅助引导学生唱最后两小节四声部音高；并提示咬字要圆，位置要高。	分声部→两个声部合唱→四个声部合唱最后两小节。 唉咳呀伙划！	柯尔文手势引导学生识谱。针对教学设计(2)，歌唱时把握正确的音准和节奏；两声部到四声部逐步推进；针对教学难点(3)，歌唱多声部时声部间的配合。
	（14）引导学生无伴奏唱本节课所学全部乐段并录音→播放录音→提问。	合唱本节课所学全部乐段→听录音→回答提问，找出歌唱中的问题。	鼓励学生自主发现问题并思考解决问题的办法，更有效地提高课堂效率，激发学生的学习动力。 针对教学难点(1)，保持积极的歌唱状态进行歌唱；针对教学难点(2)，歌唱时把握正确的音准和节奏；针对教学难点(3)，歌唱多声部时声部间的配合。
	4. 钢琴伴奏，引导学生完整展示。	全体学生完整演唱多声部作品《小龙舟》。	完整的作品展示，培养学生的歌唱兴趣，提升自信心。解决教学重点(1)，用统一的音色和均衡的声部音量进行歌唱；完整地有表现力地演唱《小龙舟》。
拓展及总结	介绍云南少数民族打击乐器——铓锣；提问并讲解《小龙舟》的调式和作品结构。	回答中国五声调式都有哪五声。	分析作品，为下节课做准备。

六、学习效果评价设计

1.评价方式

本课的学习评价方式采用教师评价和学生自评相结合的方法。教师评价贯穿整个学习过程。学生自评体现在两处：一是上课过程中听自己的录音时做出评价；二是在课程快结束时完整演唱，演绎是否到位。

2.评价量规

表1

评价内容＼评价标准	优秀	良好	合格	不合格
气息与发声 练习充分、到位				
歌唱音准、音量和音色练习 状态积极，调整有效				
关注声部配合				
歌唱表情状态积极、到位				

说明：按照优秀、良好、合格、不合格四个等级对学生的训练情况进行评价。

（1）导入环节的各项练习是否符合要求。

（2）歌唱环节是否状态积极，演唱音准、音量和音色是否到位。

（3）声部间的配合是否准确。

（4）合唱时表情状态是否积极到位。

七、教学设计的特点

1.作品选材范围广，结合学生实际情况有针对性地选择学习作品。

2.注重课堂效率，各项练习安排均与所学作品密切相关。

3.民族的就是世界的，精选民族合唱作品，让学生体验民族音乐之美。

八、教学反思

1.强调良好的歌唱状态训练，必须从常规课抓起

本节课是音乐课程中一次常规的合唱排练课。培养学生良好的歌唱状态，是音乐教学的长期目标。针对合唱中的歌唱状态、气息、音准节奏等方面的技能训练，让学生反复练习与体验，教师给予及时、有效的指导。重视技能训练发声练习、节奏和音准练习等技能练习，并且在作品练习中贯穿始终，这是不断提高学生合唱技能的有效手段。

2.优选合唱作品，要从学生的实际能力水平出发

如同教学目标的确定要依据学生实际水平一样，只有选择适合学生练习的合唱作品，才能促进学生合唱技能的提高。本节课的多声部民族合唱作品，恰恰是依据学生已有的歌唱能力进行选择的。从声部数量、和声配置特点、节奏进行、旋律线等方面的难易程度上分析，与学生能力对比，同时兼顾训练的循序渐进性。在本节课中，学生基本达到了教学目标，这说明所选曲目适合学生的能力训练。

3.把控教学时间，从果断推进教学环节入手

本节课为40分钟的唱歌课。为取得良好的教学效果，教师在教学时间的把控方面力求严谨。因此，在课程前半段的发声练习和节奏练习中，采用了合唱作品中的元素，更有效地帮助学生解决了演唱中的难点。同时，也使得各个教学环节衔接自然，环节推进更为顺畅。

4.适时使用特殊的教学手段，有助于提高学生的学习积极性，激发学生的学习兴趣

本节课采用了录音的办法，还原学生歌唱时的声音，使学生能够及时发现和更加客观地认识到歌唱时的优点以及存在的不足，可以更有效地提高课堂效率，在吸引学生注意力的同时激发学生学习的兴趣。

[课后点评]

朝阳区教育研究中心教研员刘娜： 徐小艳老师设计的这节合唱课，从教学目标的定位，到教学方法的选择、环节的逐一落实，无一不是围绕学生实际能力而行，突显了学生本位的特点。综合教学设计整体，体现了以下几个特点：

一是强调合唱双基教学。气息、音准、节奏等技能训练，以及声部均衡、和谐，声音的统一等，都是合唱技能中的重中之重。在设计中，徐老师不仅仅关注了技能训练，同时选择风格迥异的作品作为练习内容，有意融合了音乐文化的学习和体验。引导学生在练习中，理解作品表现出的文化，将知识学习与技能训练相结合，这是逐步提高学生学科综合素养的有效渠道。

二是精选学材力求高效。在合唱教学中，合唱技能训练素材浩如烟海，合唱作品更是曲目繁多。徐老师依据学生的综合能力水平，有针对性地选择了加入肢体配合的气息训练，以及融合了合唱作品的多声部练声曲训练，是提高合唱教学有效性的重要手段。科学、合理的环节安排，体现了教学层次的渐进性和紧凑性。

三是采取多样化教学手段。合唱课是技巧性较强的课，要求声音的和谐、统一，声部的均衡、表现力的到位是合唱技能训练的核心目标。有效激发学生的学习兴趣，是提高合唱教学效果的关键。针对学生在合唱技能方面的掌握情况，徐老师

采取了多种多样的训练方法。教学手段的多样化，不仅增强了合唱技能训练的有效性，而且丰富了学生的音乐体验，从而帮助学生提高了音乐表现力；更重要的是使学生获得了成功的愉悦，激发了学生追求合唱艺术的渴望与兴趣。

综上所述，在合唱教学中，教师应和学生一起，在丰富的音乐实践与体验中，共同追求音乐表现的精准、均衡、和谐、统一。

作者简介

徐小艳：

音乐学科一级教师，中国音乐学院合唱指挥硕士，北京中学合唱团指挥。曾指导多支合唱团多次获国家级以上奖项。带领北中合唱团参加第十三届中国国际合唱节获少年组银奖，并在北京音乐厅参加"天籁童声"优秀童声合唱专场音乐会，获得广泛好评。

学科特色活动

"画校园"写生与表现学习活动方案

◎高 艳

一、教材内容分析

　　校园不仅是一个学校的地理空间,同时也是学校精神的载体。校园的建设不仅仅是外在的景观、环境和建筑,也包括内在的人文积淀。校园处处是景,学生可通过校园写生活动的开展,发现和挖掘校园之美,进一步丰富校园文化的内涵,推进人文校园的建设,对促进教学具有积极的意义。

　　本课主要是对校园生活的写生与表现,以校园风景写生为主要研究内容与实践方向,设计过程围绕校园风景的速写展开探索。通过对校园环境、校园内各种活动的绘画表现,加深对校园丰富多彩的学习生活的体验以及自己与同学、老师之间的和谐关系,培养热爱校园生活的情感,并了解对相关环境的基本造型语言、透视关系和表现方法。将目光投向校园风光,在校园中选取适当的视角进行表现,既锻炼构图、画面安排的能力,也能培养学生热爱校园的情感。

二、学习者发展水平与教学现状分析

1.学生为九年级的孩子,通过初中几年的学习,对校园的了解认识度较强,并对学校有很深的感情。学生有过较多的探究学习的经验,具有较强的求知欲和好奇心。

学生已有一定的绘画基础,学过透视与构图的相关知识。

学生能够简单应用线条和明暗解决绘画问题。

2.多数常规学校,美术课一般为 40～45 分钟一节。如果上校园写生课,45 分钟时间有点儿紧迫,去掉准备阶段,所剩时间有限,所以我们采取两节课连上。(条件允许可以作为一次活动,把中午时间利用上,直接与下午课连上)之前需要与教务协调,尽量给学生充分的绘画时间,让学生更充分地表达自己对校园的感受。

三、教学目标及重难点

1. 教学目标

（1）知识与能力

①使学生基本了解绘画透视规律和风景写生的方法，并运用所学知识，以线描的形式进行校园风景写生。

②指导学生观察、分析景物和写生。

③使学生更加了解自己的校园，以艺术的眼光关注校园的各个角落，激发绘画表现愿望。

（2）过程与方法

①引导学生通过细致的观察，感受细节与校园整体环境的关系。

②通过学习方法的渗透，培养学生运用基本的透视来组成画面构图。

③鼓励学生运用不同的绘画技法体现创造性，表现张扬个性风格。

（3）情感态度价值观

①培养学生自主、合作、探究式学习的良好习惯。

②培养学生热爱校园的情感，用自己的绘画语言去表现生活的美。

2. 教学重、难点

教学重点：绘画透视知识及其运用，风景写生的基本方法。

教学难点：在风景写生过程中如何取景、构图，以及近景、中景、远景三个层次如何表现。

四、教学方法

1. 教学方法

（1）观察、分析、探究、讨论、交流、合作、示范讲解、实践练习等。

（2）情景创设：运用生活中与教学内容相关的情景，设计问题，组织教学内容，提出有启发性的引申问题，激发学生的学习兴趣，促使其积极地参与到写生实践中。

2. 教学准备

教具：风景图片、本校校园环境图片等资料，教师示范作品、取景框等。

学具：自己搜集的风景画图片、绘画铅笔。

五、教学内容量设计

1. 安排学生自选区域和位置。

2. 课前知识点讲授。

3. 作业布置：自选角度至少画一幅校园风景写生作品。

4. 写生实践体验。

5. 作业展示和互动评述。

六、活动组织与安排

1. 活动组织

北京中学艺术组。

2. 活动安排

写生周定于本学期4月14日开展。写生周总体活动安排由艺术组牵头，与其他部门协调配合。

3. 具体活动

（1）前期准备

①艺术组教师利用备课时间，计划、商讨校园写生的相关事宜。

a. 找书法老师写本次活动的课题悬挂在校园中。

b. 定好学生展示作品的位置。

c. 美术教师的指导地点分配。

d. 聘请学校的摄影老师进行课程记录。

e. 准备好学生的评价表等。

②我校美术课是下午两节连排，如加上中午 12:30—13:30 的 1 个小时，在时间上对于学生画写生是有一定保障的。对于当天只上一节美术课的学校，建议可与学校主管教学的部门联系，可作为一次活动课，进行课表的相关临时调整。尽量给学生更多的绘画时间，让学生更充分地表达对校园的感受。

③提前通知学生准备好写生画具；学生根据兴趣，自主选择作画的位置，课前报给老师，体现学生的自主性。

（2）中期实施

①室内授课

a. 组织教学，创设问题情境，激发学生兴趣。

b. 探讨透视的规律、工具及绘画技法，为写生做铺垫。

②室外授课

a. 学生根据自己的喜爱程度选择地点、角度写生。

b. 构图起稿（注意透视）、刻画（包括线描和上色，在此过程中注意线的粗细变化、虚实变化、前后关系、色彩关系等）、调整等。

c. 学生在绘画过程中，教师要根据学生的层次，给予相应的示范和指导。

d. 在课程结束前，学生本节课至少交一幅作品并展示，教师集中讲解。在评价上采取自评、他评、师评等形式。

e. 课后作业，写一段 200 字以内的校园写生感受。

f. 学生收拾画具，并准备其他课程。

（3）后期总结

①整理学生作品，拍照留存。

②教师组内总结、反思，为下届校园写生活动做准备。

③通过本次写生计划为学生举办小型展览，给学生带来成就感。

④本次活动由本组教师撰写新闻稿，投稿到校园网站，以图片和文字的形式展示学生的风采，从而激发学生的学习兴趣。

七、教学过程

教学过程	教师活动	学生活动	时间	设计意图
情景导入	一、组织教学 二、校园风景展示 可播放校园图片或视频资料。 展示校园风景写生作品。 导入要点：校园是同学们学习生活的地方，如果我们用审美的眼光去观察，就会发现校园中的很多景物都是一幅幅美丽的图画。今天，我们就一起感受校园的美，学习校园风景写生。 出示板书：我眼中的最美校园——北京中学校园写生。	学生准备。 学生通过欣赏图片视频，再一次感受熟悉的学习环境。	5 分钟	回味校园美景，感受校园之美。

续表

教学过程	教师活动	学生活动	时间	设计意图
教学过程（探讨透视的规律、工具及绘画技法，为对风景写生做铺垫）	三、新授内容 1. 感知质疑：什么是风景画？什么是风景写生？怎样才能画好风景写生作品？（辅助手段：大屏幕图片展示、实物出示等） 2. 出示教学楼效果图，让学生分析视平线和消失点各在什么位置，结合石膏立方体，师生共同总结平行透视图、成角透视规律。 3. 出示一组风景照片，请2～3位学生画出视平线和消失点，分析各符合什么透视规律，巩固所学知识。 作品欣赏： 欣赏课本14～15页实景照片、平行透视图、成角透视图、取景框和几幅速写风景照片图片。 欣赏方式：先由教师全程参与，以启发引导的方式加以补充、修正。 4. 画植物有哪些方法呢？请同学们到黑板前画一画。 5. 几种画笔介绍：铅笔、钢笔、毛笔。我们主要使用铅笔。教师在投影上演示灵活使用铅笔所产生的多变线条。 四、作业布置：自选角度画校园风景写生一幅。	观察图片，学生发言，发表对每张图片及作品的理解、对风景画的看法。 学生大胆实践，得出结论： （1）线条画法，直接用线条勾画树的轮廓。 （2）块面画法，观察树的光照关系，从体、面的角度来分析描绘。	15分钟	让学生了解画风景写生的知识、方法、技巧，描绘自然贵在直抒胸臆，贵在创造。
实践体验	室内教学活动结束，教师带领学生走出教室，到校园内事先选择某个位置，学生可用双手架成"口"字形进行取景。教师展示不同取景内容的不同写生范画，讲解合理取景和构图对表现校园景色的重要性。	学生选角度写生。写生过程中，学生可以提出问题，教师巡视指导。	130分钟	将自己对校园文化的理解融入创作中，培养创新精神、爱校意识。

八、教学评价设计						

校园写生五星评价表

星级		评分标准	权重（分）	自评	他评	师评
5★	知识点把握	课堂练习完成度高，构图合理，透视把握准确、造型美观有特色，有创意。	5			
	技能操作	多种绘画技巧组合合理，技法娴熟，有创新。	3			
	活动表现	绘画期间投入度高，发扬协作互助精神，能够很好地管理绘画用品。	2			
4★	知识点把握	完成作业构图合理，造型美观，透视把握较准确。	5			
	技能操作	能够掌握一些技巧，技法较娴熟。	3			
	活动表现	学习态度认真，发扬协作互助精神。	2			
3★	知识点把握	课堂练习能够完成，透视基本准确。	5			
	技能操作	有基本的绘画技巧。	3			
	活动表现	虚心求学，发扬协作互助精神。	2			
以下	知识点把握	课堂练习基本能够完成。	5			
	技能操作	绘画方法不恰当。	3			
	活动表现	不与他人交流或绘画期间不能投入。	2			

注：学生的成绩最后以星级评价的方式呈现
9分以上为5★；7～9分为4★；6～7分为3★；以此类推。

优点方面：

需要改进的方面：

九、教学反思

　　本次"画校园"《我眼中的最美校园——北京中学校园写生》活动，由艺术组牵头组织，旨在利用教学时间，带领学生走出教室，在熟悉的日常校园场景中发现美、感受美。活动伊始即获得了学校师生的广泛响应，许多老师和学生一起拿起了画笔，共同展现自己眼中的最美校园。同学们三三两两地坐在校园中，用手中的画笔，一笔一画地将自己心目中最美好的校园风景勾画在纸上。作品完成后，将自己的作品挂在教学楼前展示，并进行点评，这一切又形成了一道崭新的校园风景。

　　本课教学通过课件演示、知识点传授、课外实践、小组讨论评价等方法进行学习，突出重点，突破难点。多种教法的灵活运用，学生的思维活跃，恰到好处的激励性评价，使学生的情感得到升华，整个课堂的气氛民主、开放。通过这节课的教学，我感到每一堂课都会有不同的情况发生，这就要求老师具有应变能力，以学生为本，充分尊重学生的成长需求，体验需求和选择的需求。

作者简介

高艳：

　　美术学科一级教师，毕业于清华大学美术学院。曾参与或主持教育部、北京市教育学会课题研究，课堂实录被收入"课改新教学系列光盘"。撰写的论文、美术作品多次获全国、北京市一、二等奖，并发表。参编美术教材系列丛书《中学色彩　创意图案基础教学》，指导学生的参赛作品多次获国家、市、区级奖项。

教学随笔

You raise me up
——教之学，学之教

◎杨　琼

　　转眼间毕业三年了，从当初的学生妹变成了上班族，从学生变成了老师，现在回想起来，工作角色的转化、前辈的引领、具体教学实践、师生的互动等点点滴滴都汇聚成我人生的财富……

一、角色转化工作忙

　　虽然之前也一直从事与教育相关的工作，但是基础教育和大学教育、普及教育和专业化教育、技术性教育和理论教育等方面的区别还是很大的。当惯常的工作铺天盖地地涌来，又要求在较短时间内较高质量地完成的时候，我突然间觉得自己的时间和精力是那么有限，需要学习和应对的事情又是那么多。如何在重复、磨练的基础上，彰显创新是更高的要求。

　　作为一个音乐老师，基础音乐教育备课要考虑到课标、课程特点、课型、学生、教材、老师、教法、学法和学校教育理念以及学生能力培养的大方向。最开始，我还没有完全找到中学音乐课备课的基本路径，还是用研究生写论文的方式，先全面收集梳理资料。这种方式费时费力，效果一般，真正该好好设计呈现的过程没有时间仔细考虑，导致一些细节没有准备到位。后来在学习培训和教研员老师的帮助下，我下放整体备课重心，以学生的现实水平和接受能力为思考的起点，加上兴趣，反向备课，从思路到资料，时刻想到先让学生学会，再去考虑美不美、好不好的问题；在授课过程中尽量让语言通俗易懂、有声有色，少用特别专业的术语；在听评其他课的时候，及时迁移到自己的学科和课堂上。

二、优秀前辈是方向

学校重视青年教师的培养工作，在校内校外都请了很多专家、学者、特级老师为我们做讲座、培训。"行行出状元"是从小听到大的一句话，在一次次的学习后，我才发现这是多么有道理啊！术业有专攻，每一个领域、每一个行业都有那么多的学问，都有那么多勇于实践创新的智者和先行者。身边的特级老师也不例外，他们都是从教学一线数十年如一日慢慢成长起来的，既有教学经验，又有与众不同的智慧。虽然每一位特级老师都有独到的地方，或者洞察，或者灵敏，但有一点是共同的，那就是对教育事业的执着，在长期的工作生活中形成的以教育的眼光感受、观察身边事物的习惯，踏实积累，抓住一切适合自己的机会，勇往直前的精神……

慢慢地，我在查阅资料中，在学习老师们的教学经验中，对一些问题的认识越来越清晰。在比较中发掘不同文化背景和教育理念下的音乐教育的差异与共性，在"以审美为核心了吗？"的思考中，反思当前音乐课堂中的惯性，对审美的意识、方式、位置、层级的安排，对审美结合点的处理越来越有独特的感悟。

在参加《音乐艺术课的教学与创新》课程中，国际音乐大师对音乐的追求与表达也是自始至终的，对作品时代的了解，对作曲家音乐时期的把握，对音乐思想的表达时间与表达方式的判定，对作曲家创作理念与演奏者理解与表达程度的拿捏都是那么细致入微，看上去是最基本的逻辑，表达出来却能影响整个作品的音乐形象与性格，整个上了个台阶。意识到每个音都要不一样，每个乐句都要有指向，大部分时候如果没有表达出指向，主要原因还是我们不太知道要走向哪里，只能作为音符谱子的翻译机、弹奏机器，自然整体上就缺乏音乐感染力。这让我也反思自己在学习音乐和进行音乐教学的时候，要分配更多的精力和时间到情感激发，从音乐本身出发探究情感之路就显得尤为必要。当学生在音乐旋律中感受到音乐的美妙和对情感的表达，自然就会觉得音乐课有意义，有意思，学习的主动性也会提高，音乐尚美素养也会逐步累积！

三、互动学习乐其中

为延续学生们的乐器学习兴趣，我发起成立了课外活动社团，以学生所掌握的乐器为依托，集各种乐器于一身，有民乐和西洋乐的小型乐队和中西合璧的乐器组合形式。乐团里的孩子大部分有乐队排练和演出经验，但是真正让他们把自己的能动性调动起来，自己弄小乐队、小组合都有点儿束手无策。大家都只是对自己的乐器有部分了解，对其他人的乐器不了解，这就给合作带来了麻烦。根据这种情况，我安排学生先分别介绍自己的乐器给大家，重点关注彼此便于合作的乐器，同时安排一些常见乐器合奏曲来排练，如萨克斯合奏，民乐合奏，钢琴二重奏、三重奏，手风琴、萨克斯协作，单簧管、萨克斯重奏等。之后，让孩子们通过排演器乐小品把大家组织起来，每个同学几页谱子，判断是否适合自己的乐器，在哪些方面适合，哪些方面不适合，这些都写在谱子上并署名，下一次传给其他同学，如此几轮下来，大家对每个部分都有一定的了解，同时对自己的乐器是否适合演奏也有了初步的判断，对总谱、乐器音域、音色更有了认识，比起直接给谱子，看谱子演奏会发现更多的问题，更有长进。组织孩子们排演器乐小品，旨在给学习器乐的同学们一个活动的空间和小组编创的机会，希望他们在音乐中学会学习，学会合作，学会生活，学会创新！

四、You raise me up

《You Raise Me Up》的教学中我选择了四个版本，小女孩参加选秀版本，爱尔兰美声组合 Celtic Woman（凯尔特女人）演唱的版本，国外老者大街上演绎版本和 Danny Boy 版本。他们根据爱尔兰传统民歌 Danny Boy 获得了创作灵感进行了不同演绎。这首歌最初题为"无声的故事"（Silent Story），由 Secret Garden 成员 Lovland 作曲成为世界上最适合被钢琴和小提琴演奏的经典曲目之一，Lovland 在读了爱尔兰小说家和歌曲作家 Brendan Graham（布伦丹·格雷厄姆）的小说后，请他为该歌填词。

由爱尔兰美声组合 Celtic Woman（凯尔特女人）演唱的版本，是世界上公认的最好演唱的版本之一。该组合有名的天籁歌喉将歌曲最动人的旋律尽数勾勒出来，无论是动听程度还是感人程度都值得每一个心中有爱的人去仔细聆听。

最初我认为学生们应该对小女孩参加选秀节目版本比较有感觉，就先播放了这个版本。谁知道，当四个版本播放完毕后，问："如果让你们选择一个版本再听一遍，你们会选择哪个？"几乎所有同学都选择了老者大街演绎版，他们认为这个版本更感人。这正好是情感触发的关键点，因为寻找感人元素就是解开感人原因的切入点。同学们认为老人是在欧洲大雪纷飞的街头，他把自己一生的雨雪风霜都融入到这首歌中，人们能听出他的故事，他的过往，他的情感。他不是一个乞讨者，是一个用自己的歌声，让人们认识他，了解他的人，他通过这首歌在感恩，人们也通过这首歌感恩彼此，认识到彼此的价值。

正好这时，一位同学说："我爸爸给我发过这首歌！"我顺便就问了一句："那你听懂了吗？听懂你爸爸想告诉你的话了吗？！"学生顿时怔住了，想了想，摇了摇头。我赶紧说："I am strong, when I am on your shoulders;You raise me up... to more than I can be. 对于你来说，你爸爸就是成就你的肩膀，你可以站在他的肩膀上飞得更高更远。对于你爸爸来说，你也能成就他，让他成为一个好爸爸！"从这以后，此学生在课堂上都很好地融入课堂。

在前面的铺垫下，我继续进行背景植入，告诉孩子们这首歌实际上是一首赞美诗，给艰难中的人们以鼓励。间奏的风笛更是让人思绪飘荡，最后的合唱气势磅礴、坚定有力。其中有一句"You raise me up, to walk on stormy seas"是从《圣经》的典故而来——耶稣走在海面上。可翻译为"是你鼓舞了我"。

在教与学的路上，又何尝不是 You raise me up 呢，教中学，学中教，教学互动，教学相长，我思考着，忙碌着，快乐着……

作者简介

杨琼：

中央民族大学音乐学院音乐博士，中国传统音乐学会会员，柯达伊音乐教学法学会会员，在校期间连续三年一等奖学金，优秀博士论文获得者，已被中国知网收录，优秀毕业生，独立主持十二五区规划课题，各级别论文获奖三十余项，指导学生获得国际、国家、市区级多项荣誉。

艺术活动中北中学生的精彩瞬间

◎指导教师:高艳 李明 杨琼 徐瑶 王娟 徐小艳 孟然 吕源

北京中学"乐的 N 次方乐团——其乐无穷"主打钢琴协作和室内乐。目前已经参加过北京中学 -
辛辛那提大学音乐学院音乐艺术协作中心挂牌仪式演出、"玩转音乐"键盘重奏比赛、跨校交流音
乐会等。图为学员在"2016 勃拉姆斯国际钢琴大赛亚洲选拔赛"荣获金银奖。

北京中学"花样年华"社团是集不同器乐于一身的民族小乐队。旨在提高学生的艺术鉴赏能力和
创作能力，陶冶情操，营造校园文化氛围，培养学生的中国文艺气质与民族胸怀，使走进"花样年华"
的学生，享受花样的"艺术人生"。此图为"辛辛那提音乐学院与北京中学音乐艺术教育协作中心
揭牌仪式"中的现场演出。

北京中学合唱团成立于2014年，现有团员60人。成立至今演唱了大量中外优秀合唱作品。2016
年7月在第十三届中国国际合唱节比赛中获少年组银奖（B级），大赛期间应邀在北京音乐厅举办
北京市优秀童声合唱团专场音乐会。

北京中学开设舞蹈必修课程"国际标准舞"，学生在课堂中学习优美的华尔兹、欢快的牛仔舞、西班牙斗牛舞等舞蹈，研究舞蹈背后的文化特征并进行小组的合作编创，每年一次的国标舞舞会也会为师生提供展示的平台，学生还会在课余进行舞蹈微表演、快闪等活动，为学校生活添加了一道亮丽的风景线。

李明书法：邓子昊，北京中学学生。练习书法已经四年有余，选择了最为基础的楷书，也是很难写的一种书体。曾经获得过很多奖项，例如多届艺术节和黄胄杯等。这篇书法是他在学校的社团课上完成的。

北京中学综合学科教研组

综合篇

　　综合实践，是以生活实践、社会实践、科学实践为主题的课程，主要包括信息技术、通用技术、劳动技术、心理学和服务学习等领域。北京中学的综合实践活动内容丰富，充满创意，充分体现了北中"和而不同，乐在其中"的校训。

　　综合实践中的"和而不同"主要体现在：

　　●信息技术：融合其他学科，开展项目学习，强调组内合作，重视解决问题，让学生掌握信息技术，内化信息理论，实现终身学习和可持续发展；学生自主选择课程模块，教师充分挖掘学生潜力，实现学生的个性化发展。

　　●劳动技术：依托中国的传统文化，结合现代的信息技术，开发北中的创意手工课程，培养学生的动手实践能力和创新思维能力。

　　●通用技术：教师精选丰富的教学内容，学生采用多样的学习方式，综合STEM科学知识，融入STEM教学理念，全面提高学生的技术素养和人文素养，加强培养学生的实践能力和创新能力。

　　●心理学：开设心理咨询室和心理选修课，保证学生在学习和生活中，发展自己的优势，拥有积极的情绪，建立良好的人际关系，学会认识自我，了解世界并规划自己的人生，从而帮助学生学会学习、学会共处、学会生活、学会创新，为学生"享幸福人生，做中华栋梁"奠定基础。

　　●服务学习：将学校与社区结合、服务与课程结合、学习与反思结合，培养学生的服务意识、服务能力，提高学生的组织能力、管理能力、沟通能力、合作能力和解决问题的能力，从而锻炼培养学生的领导力。

课程方案

综合实践活动课程方案 [①]

（六至八年级）

一、学科方向

基于平板电脑的常态化教学，信息技术与其他学科已深度融合，并渗透到日常生活的方方面面。信息技术课程以项目学习和任务驱动的模式开展，强调通过合作解决实际问题，让学生在信息的获取、加工、管理、表达与交流的过程中，掌握信息技术，内化信息理伦，实现终身学习和可持续发展。

信息技术课程的教学关注学生差异，强调学生在学习过程中的自主选择和创新能力培养，提倡通过课程内容的整合、合理延伸和拓展，充分挖掘学生的潜力，实现学生的个性化发展。

兴趣特长	应用技能	信息素养	技术创新
激发、巩固兴趣，发现特长。	掌握常用软件和工具，初步具备一技之长。	自主选择、综合运用信息。	创新能力培养，改进方案，动手实践。

[①] 《综合实践活动课程方案》参编人员：

　　刘晓媛　邓珩　任志强　陈盼　许珂　刘海巍

二、课程目标

首先，学生应理解信息技术基础知识，会使用常用办公软件和工具软件，掌握信息技术学习的一般方法。

其次，学生从兴趣和需要出发，较为深入地掌握1个以上专门技术模块，为进一步学习打下基础。

对于确有信息技术天赋和特长的学生，学校给予专门的培养。

课程三维目标：

知识与技能	过程与方法	情感态度价值观
1. 通过初中信息技术水平测试，掌握信息技术相关基础概念和技能。 2. 修完相应学分，学习、参与、体验信息技术。	1. 能够正确收集、甄别、处理信息，具备一定的信息素养。 2. 对学习生活中常见的信息技术问题能够提出解决方案，能够对多媒体进行满足学习工作需求的处理。	1. 树立正确的信息观，了解信息的价值和意义。 2. 培养对信息技术的兴趣，培养关注前沿科技的习惯。 3. 发掘自身特长，为培养专长做准备。

三、实施路径

信息技术课程采取学分制：

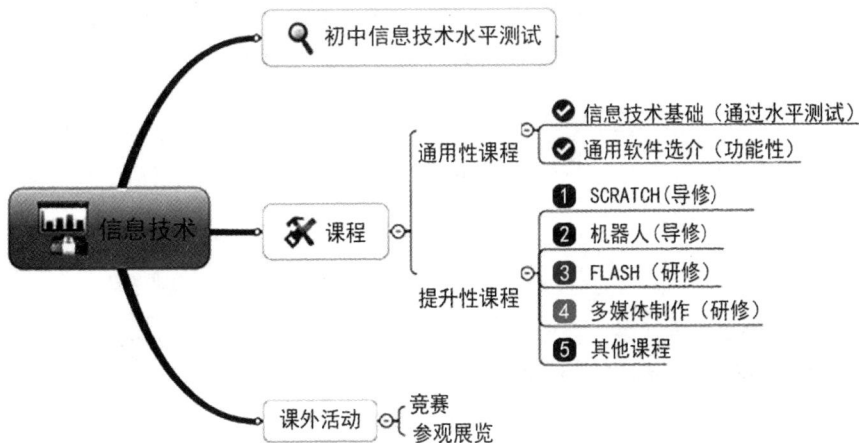

1. 学生必须通过信息技术水平测试，获得40%学分。

2. 选修任意一门或者一门以上课程，获得40%学分。

3. 参加相关竞赛或参与实践活动，获得20%学分。

四、课程内容

通用性课程：完成信息技术达标测试，测试内容覆盖北京版信息技术教材，主要内容为信息技术基本理论、网络应用、文字处理、数据处理等。

以达标测试为手段，促进自主学习，测试的过程即是学习。

学生也可以选修任意一门信息技术通用性课程后，再进行测试。通用性课程注重信息技术在学习生活中的应用，突出功能性和实用性。

提升性课程：参考课标和信息技术发展趋势和前沿，设置适合初中生学习的选修课程，学生社团活动取得相应成果的，视为选修课程。

时间	学习内容
六年级	第一学期：北京中学数字校园应用和信息技术基础 第二学期：scratch 图形化编程
七年级	智能硬件应用和制作
八年级	程序设计

五、教学方式

信息技术课程的教学将传统教学方法如讲解、观察、实验等与新兴的微视频、在线学习技术相结合，充分利用网络资源和校内外资源，为学生搭建实践和服务平台，让学生亲历处理信息、开展交流、相互合作、解决问题的过程。鼓励学生大胆想象、勇于创新，根据自身特点自主学习，成就个性化发展。

教师引导学生总结和归纳不同工具平台的使用方法、不同问题解决过程的共通之处，借助已有经验，通过合理的探索，发展完成对新工具和新任务的适应，为终身学习提供支撑。

教师引导学生学会自主学习。在给出任务之后，通过共同研讨、分析任务，尽可能自己提出解决问题的步骤、策略与方法，并尝试对结果进行评价，真正成为学习的主人。

六、主题活动

建立学生信息技术论坛，招募版主进行维护，板块有创意征集、作品展示、信息技术让校园更美好、APP 推荐等。

开展信息技术类社团活动，鼓励学生使用信息技术支持其他学科学习。

每年组织一次校外参观：信息技术相关的展览会或知名的 IT 企业、先进制造业，学生亲身体验信息技术在社会经济中的重要性，初步规划自己未来的职业。

七、评价机制

信息技术学习评价利用网络技术开展，注重过程性评价与终结性评价相结合，在坚持评价标准统一的前提下，设置一些开放性题目，全面考查学生信息素养的养成过程，及时引导学生情感、态度和价值观的形成。

学习评价方式包括学生自评、网络投票、小组互评、上机测试、教师评价等。通过填写课堂自评表、项目作业小组互评表、创新实践评价表和学期评价表，完成学习评价，留存学习档案。

学习评价以教学目标为依据，本着发展学生个性和培养创新精神的原则。评价重视教学效果的及时反馈，鼓励学生创新，主要采取考查学生实际操作或评价学生作品的方式。

参考评价表

序号	项目名称	评价内容	评价形式	评价时间	评价占比
1	课堂表现	积极参与小组合作	自评	课堂结束	10%
2	项目作业	综合性学习	课堂交流 + 过程性评价	每个项目一次， 共 4 次	60%
3	分享交流	合理、创新使用	自评 + 互评	学期中、学期末	20%
4	技术和创新	设备使用和创新制作	教师评价	学期末	10%

八、课程成果

1. 初中信息技术达标水平测试系统。
2. 选修课程方案。
3. 校内外主题活动方案。
4. 学生作品集、学生竞赛获奖。

九、教研机制

1. 积极参加相关学科进修，主动学习。
2. 关注信息技术发展趋势，建设信息技术论坛。
3. 每周组织教学研究讨论。

十、资源需求

1. 购买实验器材、设备。
2. 图书馆持续添置信息技术类书籍。
3. 与信息技术相关的校外资源单位。

附：

2015—2016 学年第一学期信息技术课程安排

年级	学习内容
六年级	1. 数字校园的认识与应用 2. 计算机软硬件的认识与维护 3. 五彩斑斓的信息世界（搜集、筛选、利用信息） 4. 常用的办公软件基础应用 5. 多媒体素材的收集和音频处理 6. 视频和图像的选材和编辑 7. 班级主页制作（1） 8. 班级主页制作（2）
七年级	智能硬件：arduino 机器人入门 1. 流水灯和继电器 2. 舵机 3. 超声波测距 4. 智能硬件设计和制作
八年级	程序设计 1. 顺序和选择结构 2. 循环结构 3. 数组 4. 函数

北京中学信息技术水平测试安排

六年级学生在学年结束时通过测试，达到初中课程的学习要求。

七、八年级学生通过在线学习，在教师的指导下查漏补缺，通过测试。

选修和社团：

1. 乐高机器人。

2. 网页制作：七、八年级班级主页。

劳动技术学科课程方案
—— 创意手工

一、学科方向

1. 以"创新"为核心,通过动手实践,培养学生的创新精神,开发学生的创造力。
2. 以中国传统文化为依托,开发出具有北中特点的创意手工课程。
3. 把信息技术应用在手工实践中。

二、课程目标

1. 培养学生持之以恒的意志、勇于开拓的精神和正确面对困难的心理品质。
2. 培养学生动手实践能力和创新思维能力。
3. 制造礼物和生活实用物品。

三、实施路径

1. 通过学校引进的技术课进行渗透。
2. 开发北中的创意手工选修课。
3. 利用多种现代教学手段逐步落实。
4. 与信息技术课教师合作,跨学科教学,发挥课程育人功能。

四、课程内容

1. 学校课程安排时间:每周 1 节。
2. 成果目标导向、学习方向清晰。
3. 采用集中授课、学生分组或独立操作的方式进行,授课地点选择在劳技教室(DIY 教室)。

（1）第一学期:不织布艺术、衍纸艺术。(不织布材料环保,价廉,便于学生动手利用。衍纸,美观、靓丽,视觉效果好,容易引起学生的兴趣)

（2）第二学期:碎布创意,纸杯、纸箱、饮料瓶、旧报纸再创造。(碎布材料易于获得,便于动手利用,成品实用性强。纸杯、纸箱、饮料瓶、旧报纸等,简洁、实用,材料易得,学生容易动手,倡导节约与环保,践行生活新理念)

五、教学方式

1. 传统方式和现代信息技术相结合:教师讲授,学生小组合作学习,充分利用各种现代教学媒体,利用微课等方式进行教学;学生充分动手实践,经历从作品设计到制作完成的全过程。

2.教师尊重学生的想法，注重平等协商，保证学生有自由思考的空间，注重引导学生形成时间观念和效率观念，充分利用课上时间。

3.充分利用学校各类课程中的手工资源，如阅历课程中皮影形象制作、标本装饰制作、折扇的制作等，从中感悟手工的魅力。

4.拓展欣赏：学生在参与学校组织的阅历课程或者自行前往的旅行活动中，吸收各不同地域文明中的手工成果，形成对比，感受不同地域的手工文化区别。

六、主题活动

1.每学期中期组织学生作品或成果展：依据社会环境和学校环境，确定展览主题，形成有目标、有教育意义的系列展览。

2.不定期举办手工创意工作坊。

3.结合学校其他大型活动，采用多种方式介绍或展示课程作品，加入演讲、表演等因素。

七、评价机制

学生学业成绩评估采用"五星级"标准：

1.上课认真听讲，积极实践，主动参与课堂活动。

2.尊重他人，尊敬老师，团结同学，珍惜物品，遵守纪律。

3.掌握基本手工技法，如针法、衍纸法、折叠法，掌握多类工具的使用方法等。

4.能够独立完成相应任务，也能与人合作完成更多任务。

5.能够对多种材料进行综合利用，充分体现自身的构思并能完整呈现自身及小组作品。

八、课程成果

1.布艺作品、衍纸作品、废物利用成果作品。

2.各种作品展示活动：展览、演示用法、表演等。

3.优秀作品对学校的宣传效应。

九、教研机制

1.借鉴、学习其他专业部门的成功经验，充分运用在"创意手工课"中。

2.关注身边生活，了解学校需求、学生需求，随时修改、完善课程计划。

3.动员多种校内外资源，发动学生、家长共同参与课程建设，定期组织与课程有关的创意体验、讲座宣传、参观等活动。

4.在校内综合实践组按时教研。

5. 与信息技术老师深度教研。

6. 积极参与区相关学科的教研活动。

7. 与相邻学科（如美术等）联合教研。

8. 其他方式教研。

十、 资源需求

1. 作品装饰：镜框、胶带、包装盒等。

2. 基本工具：手缝针、顶针、穿针器、彩线、衍纸工具套装、衍纸所用纸条等。

3. 创新研发：整合信息技术等学科知识，创造出全新的手工作品。

4. 建设作品展区，需要校外资源支撑。

心理学科课程方案

一、学科方向

北京中学的培养目标是鼓励学生"享幸福人生，做中华栋梁"，帮助学生"学会学习、学会共处、学会生活、学会创新"，这些目标的达成需要心理学的支持。

心理健康是学生享幸福人生的基础，只有保证学生的心理健康，才能让学生真正拥有幸福感。北京中学心理咨询室的设置、心理选修课的开展都是为学生享幸福人生奠基。保证学生在学习和生活中，发现自己的优势；更好地调试自己，拥有更多的积极情绪；建立有建设性的人际关系；学会更好地学习、生活以及对自己的明天充满希望。

在社会变化日益加速的今天，在学生享有更大自主权的今天，学生要充分认识自己，认识自己的兴趣、能力、价值观等。了解外部世界，了解外部世界的职业、专业。在认识自我和了解世界的基础上找到适合自己的发展方向，学习如何规划自己的人生，如何实现梦想，才能真正"做中华栋梁"。

二、课程目标

1. 总目标

帮助学生学会学习、学会共处、学会生活、学会创新，为学生"享幸福人生，做中华栋梁"奠基。

2. 学段目标

六年级：帮助学生更好地进行入学适应，重点帮助学生学会更好地与同学相处，适应中学阶段学习环境和学习要求，不断探索适合自己的学习方法，进行青春期早期教育，培养创新意识。

七年级：帮助学生更好地学习、生活，重点帮助学生学习和掌握更好地提高自己学业能力的方法，引导学生更好地把握自己的情绪以及由此产生的同学、亲子关系紧张等问题，对青春期男女生关系进行合理引导。

八年级：在六、七年级的基础上，重点帮助八年级同学确定学习目标，用梦想指引自己的行动，并在认识自我的基础上，提高规划自己人生的意识和能力。学会积极和创新性地面对生活中的压力和挑战。

三、实施路径

1. 心理测量及与知心姐姐聊心事

心理测量主要为学习、共处、生活、创新的内容及相应指标，对学生的发展进行动态监测，为学生发展及教育教学提供科学依据。根据学生需求、心理测量及班主任推荐，对学生进行个体及家庭辅导。

2. 心理选修课

（1）六年级《幸福像花儿一样》。

（2）八年级《生涯规划》。

3. 心理社团

学生心理社团"心聆社"，为对心理学感兴趣的学生提供心理学方面的指导和支持，并鼓励学生通过同伴互助的方式解决自己在生活中遇到的困扰等。

4. 心理与班会结合

为不同年级的学生提供不同的心理支持。

5. 心理讲座

（1）与教师培训相结合，为教师提供关于学生心理发展特点、学生辅导、教师心理调适等内容的讲座或培训。

（2）与家长学校结合，为不同年级的家长提供关于亲子关系、家庭教育等方面的讲座。

（3）与班主任培训相结合，帮助班主任更好地对学生进行指导。

6. 生涯参观实践

与其他学科进行整合，帮助学生认识及体验不同的职业，提高学生为梦想而努力的学习动机。具体参观可涉及报社、企业、法院等。

7. 心理健康节活动

在心理健康节举办心理相关活动，提高学生对心理的认识和对自己心理健康的重视程度。

四、课程内容

1. 知心姐姐聊心事

时间：周一至周五（除教研时间外）全天。

地点：心理活动室、心理咨询室。

2. 心理课程

（1）六年级选修课《幸福像花儿一样》。以积极心理学为基础，提升学生的幸福感，帮助学生以体验的形式建立积极自我、积极情绪、积极关系、积极投入、积极希望及积极意义。

（2）八年级《生涯规划》。心理测试结果，学生特别期望获得时间管理、学习能力和生涯发展方面的指导。主要目的在于提高学生的学习动力，提升学习的自主性，科学的学习方法指导以及用梦想激励学生规划自己的人生并不断努力行动。内容包括：认识自我、认识职业、科学规划、积极心态。

（3）心理社团。心理社团旨在为对心理感兴趣的同学提供支持，主要内容包括心理知识、心理活动、心理电影、心理剧等内容。

（4）心理班会课。

年级 主题	六年级	七年级	八年级
学会学习	集中注意力 提高自控力 算好时间账 学习风格揭秘	记忆的奥秘 如何复习及考试 学习方法分享会	我的学习我做主 我有我的目标 我的人生我规划
学会共处	积极交往 学会倾听 换位思考	我的情绪我做主 我有我朋友 勤于善于与父母沟通	认识我自己 积极表达自己
学会生活	青春期生理探索 青春期心理调适	不摘青涩果，拒绝性骚扰	课余生活规划
学会创新	创新思维大比拼	我有我的个性	梦想照进人生

五、教学方式

在充分调动学生积极性、主动性的前提下，采用讲授法、小组讨论法、活动体验法等多种形式。

六、主题活动

1. 讲座

（1）教师讲座/分享（每年2次）。

讲座内容：学生（发展心理方面）；教师心理（沟通/减压等方面）。

（2）家长讲座（每年2次）。

讲座内容：分年级进行学生心理特点的讲座。

六年级	七年级	八年级
青春期家长心理调适	如何进行良好的亲子沟通	如何培养自信的孩子
孩子良好心理品质培养	培养孩子良好的习惯	鼓励孩子有梦想

（3）班主任培训。

班主任培训内容可包括学生行为问题辅导、个性孤僻学生辅导、学习困难学生辅导、学生人际关系辅导、学生恋爱辅导等内容。

2. 生涯参观实践

走进金融、法律、IT、医疗、科研等单位参观见习，访谈相关职场人士，了解职业，了解进入这个职业的必备技能等。

3.心理健康节

心理老师主要负责调动学生资源，开展心理健康活动。结合当年心理健康的主题，采用多种形式，促进学生对心理健康的了解和重视。

七、评价机制

教师评价：学生对教师进行评价，教师自评。

学生评价：对学生的学习过程进行检测，过程性评价和终结性评价相结合。

课程评价：学生对课程进行评价，提出对课程或活动的意见建议。

八、课程成果

过程性成果：课程资料（课件/PPT/教学设计/照片/视频）。

终结性成果：学生的收获、感想、小报等。

九、教研机制

1.每周一次心理教研。

2.心理培训。

3.大型活动之前的集中头脑风暴、研究等。

十、资源需求

1.知心姐姐（咨询室）所需物资。

2.心理健康节及相关活动人力、物力。

3.聘请专家。

4.活动场地。

服务学习学科课程方案

一、学科方向

"服务学习"是 20 世纪 60 年代由美国教育专家们提出的，经过 30 年的实践，1993 年美国联邦制定了法律，使服务学习成为校内法定课程，在很多国家开展和实践。

服务学习通过学校和社会的合作，将提供的服务与课程联系起来，学生参与到有组织的服务行动中以满足社会需求，培养社会责任感，在其中学习以获得知识和技能，提高与同伴和其他社会成员合作、分析、评价及解决问题的能力。

服务学习强调学校与社区结合、服务与课程结合、学习的重要、重视自我的发展四个内容，强调通过计划性的服务活动与结构化的反思过程，满足被服务者的需要并促进服务者的发展。

随着人们生活水平的提高，现代社会服务也越来越引起社会和学校的重视，因此培养学生的服务意识、服务能力以及设计和实施服务项目过程中所锻炼的领导力势在必行。

二、课程目标

表 1

能力点	训练目标	评价标准
服务	服务意识	在认识自我的基础上，认识他人及社会，具备社会责任感
	服务方法	利用学科知识进行服务
	反思能力	在服务过程中，不断反思和改进自己的服务行动
研究方法	研究方法的掌握	能够运用问卷法、访谈法、行动研究等方法
	研究报告的撰写	掌握研究报告的项目构成，如调研原因、学科知识、调研数据、调研结论、调研提案等部分
领导力	服务项目管理	能够在服务课上学习设计服务项目，并进行项目管理
	学科知识掌握	学生能够掌握 80% 的学科知识内容
	解决问题能力	信息搜集、思考能力、计划能力、执行能力
	组织能力	授权能力、人力协调、资源分配、时间管理
	沟通能力	交流态度、聆听能力、表达能力
	合作能力	目标认同度、资源共享度、个人贡献度、过程配合度

三、实施路径

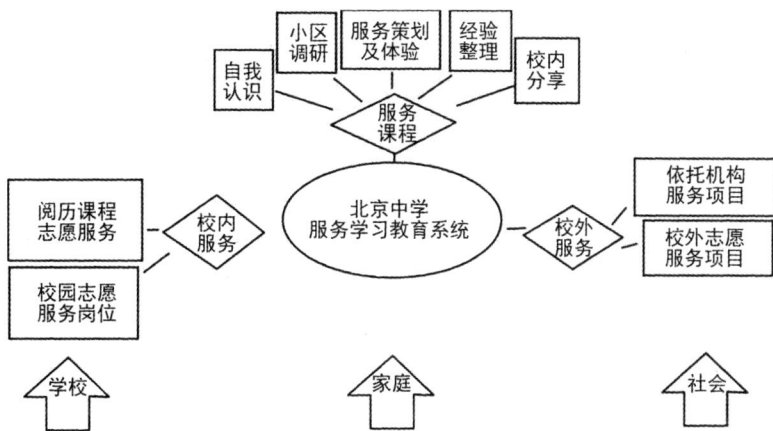

图1

四、课程内容

表2

年级	课程内容				
	9—11月	12—1月	3—4月	5月	6月
	自我认识	调研与报告	策划与体验	经验整理	校内分享
六年级	生命故事 全面的我 我的生命线 我的父母 我的生命树	身边故事 学科知识 调研探索 成果汇报	受众故事 了解受众需要 确定服务范围 讨论行动方案 技巧培训 彩排演练 行动实践	故事升华 个人成长 服务检讨	故事展示 展览制作 个人分享
七、八年级	校内服务		校外服务		
	申请、参与校内服务项目		策划、参与校外服务项目		

1.六年级课程内容说明

第一阶段以自我认识为主题，这是处于青春期的孩子最迫切的成长需求。自我认识，即认识自己的不同面，和"我"的长处短处，"我"的兴趣爱好，"我"的交友和梦想；了解过去对今天的意义；回顾父母家人对"我"有怎样的付出，对"我"产生怎样的影响。这些都是帮助学生建立完整的自我概念，提升学生的自信心和价值感，使其心灵得到全面健康的发展。

第二阶段结合其他学科的知识进行拓展性学习调研，完成调研报告。将学科的知识点和某个社会议题进行串联，知识点不再是被记忆的对象，它在社会议题中被赋予新的意义和价值，成为解决问题的有力工具，达到"学生因需要而学，知识因运用而活，老师因学生而动，社会因行动而变"的效果。

第三阶段是服务策划与体验，学生在这一阶段以服务社区为核心展开学习体验活动。在了解和回应社区需要的过程中，提升学生的社会意识、公民意识。在预设的服务平台上，学习项目管理技巧、人际沟通技巧，这两个技能是21世纪青年人必备的生存技能。

第四阶段是经验整理与分享，主要包括对学习与服务经历的反思和评价以及对学习和服务成果的分享和庆祝，经验在反思中得到升华。总结与分享是服务学习非常重要的组成部分。

2.七、八年级课程内容说明

★校内服务

（1）服务内容：食堂、图书馆、学科专用教室的校园志愿服务岗；阅历课程、开学典礼、结业式等校园大型活动会务组织。

（2）服务流程：招募志愿者→志愿者培训→选择志愿服务项目→志愿服务→志愿服务考核评估。

（3）管理机制。

①招募志愿者。

a.班级招募。

通过团支部、班级委员会、学生导师团，组织、动员、发动学生报名志愿服务，组成学校志愿服务总队，由学生志愿服务委员会统一管理。

b.校级招募。

学校重大活动由学校志愿服务总队组织、动员、发动学生，以个人或集体名义报名应招。志愿者服务委员会在深入了解服务需要、明确服务项目、明确服务任务后，发布需求信息，提出招募要求，接受志愿者报名。

②志愿者培训。

学生志愿者在服务前必须经过志愿者培训。

a.培训内容包括志愿服务宗旨、信念、志愿服务的有关规定；根据具体服务需要、服务任务对成员进行培训。

b.培训方式包括对于长期的、明确的服务项目应在安排服务任务之前进行集中的、统一的培训；对于突击性的、紧急的服务任务，可由志愿服务的组织者视需要决定培训内容、时间和方式。

★校外服务

校外的服务以学生自主开展社会公益项目为主。学生志愿者可以自由结合成3～5个小组，运用所学的知识，在进行社会调研的基础上确定本组服务项目，有序开展活动。

五、教学方式

1. 服务学习

服务学习是经验教育的一种形式,通过这种教学方法,学生运用新学到的学术知识和技能解决自己社区中的实际问题。

服务学习的具体行动步骤包括:需求调查与分析;确定学习目标、服务内容、计划行动;落实行动计划;反思;分享成果五部分。这几部分循环往复,构成一个环状结构。

图 2

2. 体验式学习

体验式学习理论在 20 世纪 80 年代由美国人大卫·科尔博完整提出。有效的学习应从体验开始,进而发表看法,然后进行反思,再总结形成理论,最后将理论应用于实践当中,形成一个体验式学习圈。

图 3

3. 项目学习

项目学习(Project Leaning)有助改变课室的学习模式,从传统以老师为主导转变为以学生为中心的学习模式,项目学习能提供启发学生主动学习的很多机会。

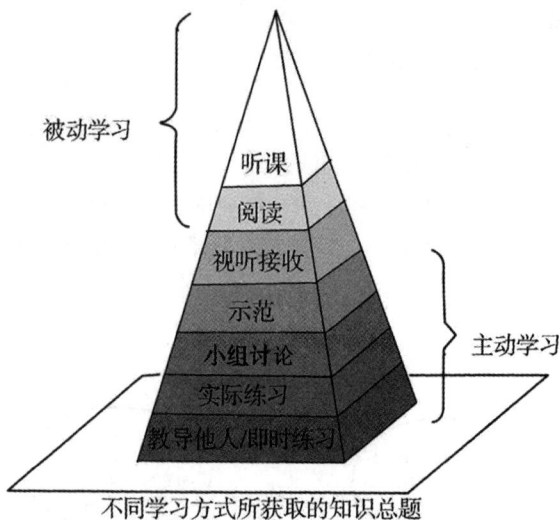

图 4

（注：美国学者、学习专家爱德加·戴尔在1946年提出了"经验金字塔"理论）

六、主题活动

1. 学生志愿者日

主要内容：一年志愿服务工作回顾，优秀志愿服务学生表彰、志愿服务意义推广等活动。

2. 学生志愿服务项目

主要内容：志愿服务项目开题答辩、项目资金创造（跳蚤市场）、项目结题。

七、评价机制

1. 服务学习评价体系

服务学习评价体系包括两个部分、四个角度、五项能力。

两个部分：学习过程中学生课堂表现和作业或报告等成果展现。

四个角度：教师、学生自己、学生之间、服务受众四个方面观察反馈综合运用。

五项能力：学科知识掌握能力、解决问题能力、合作能力、沟通能力、组织能力。

2. 学生服务的评价

根据志愿服务的时间、项目被评为不同等级。

表 3

形式 \ 时间	9—12 月	1 月底	3—6 月	7 月初
过程（60%）	教师评估 60% 自我评估 20% 生生互评 20%	评估	教师评估 60% 自我评估 20% 生生互评 20%	评估
成果（40%）	4 项作业 1 个研究报告		小组研究报告 个人服务反思 全年个人学习记录	

八、课程成果

1．服务学习课成果

（1）过程性成果：课程设计、PPT、照片、视频、海报、学生过程中的感想、准备资料等内容。

（2）终结性成果：服务项目设计、服务成果。

2．志愿服务成果

志愿服务学生的项目设计、PPT、照片、视频、感想等资料。

九、教研机制

1．课堂教研

根据课堂教学内容进行教研，上课前、课后随时进行。

2．课程教研

关于课程内容建设方面，在学期前进行教研，月度教研保证课程内容的科学有效。

十、资源需求

1．其他学科的教师对学生的服务项目进行监督、指导和安全保障。

2．社区为学生服务提供必要的支持。

中华文化寻根之旅
拓展学生成长空间

◎刘晓媛

　　北京中学创办一年多来，积极构建符合现代教育观念的新型教育模式，积极探索素质教育实施和国际化办学的有效途径，积极创造适合学生发展的特色课程，阅历课程之"中华文化寻根之旅"便应运而生了。

一、阅历课程之"中华文化寻根之旅"的背景

　　一是顺应国家发展之需。当今世界，文化在综合国力竞争中的地位和作用更加凸显，越来越成为民族凝聚力和创造力的重要源泉。博大精深的中华文化是我们在世界文化激荡中站稳脚跟的根基。青少年学生是祖国的未来，民族的希望，加强对青少年学生的中华优秀文化教育，对于培养中华优秀文化的继承者和弘扬者，推动文化传承创新，建设社会主义先进文化具有基础作用；对于引导青少年学生增强民族文化自信和价值观自信，自觉践行社会主义核心价值观具有重要作用。

　　二是顺应学校发展之需。课程的生成以学校的办学目标为依据，学校开设什么样的课程，就会培养出什么样的学生。我校是一所在万众瞩目下诞生的新校，承载着社会和家长太多的期待，他们希望孩子在丰富多彩的课程学习中快乐健康

地成长，因此，北京中学把"享幸福人生，做中华栋梁"作为培养目标，以"仁、智、勇、乐"为学生成长的核心素养，引导学生学会学习，学会共处，学会生活，学会创新，促进学生全面而自由的成长。中华优秀传统文化教育起着撬动这些核心素养达成的杠杆作用，具有不可替代性。

三是顺应学生发展之需。极具冲击力的新一轮课程改革明确提出，只有真正为学生经历、理解和接受的东西，才称得上课程。强调学习者是课程的主体，亲历性是学生身心发展极有价值的教育因素，它不仅是理解知识的需要，更是激发学生生命活力、促进学生成长的需要。体验探究是学生对学习活动的思考与体验，肯定学生以自己独特的方式认识和感悟世界的能力，强调动态化，改变学习方式，让学生在真实的生动的情境中进行探究，正所谓"纸上得来终觉浅，心中悟出始知深，绝知此事要躬行"。

因此，我校开发"中华文化寻根之旅"的阅历课程，让学生亲自踏上中华文化寻根之旅，零距离感触悠久的中华文化，消除神秘感，实现传统文化精神和现代科学精神的会通。

二、阅历课程之"中华文化寻根之旅"的目标

1.课程目标

"中华文化寻根之旅"课程的实施，使学生完整经历问题探究的过程，初步学会观察、社会调查与访问、文献收集与分析的基本研究方法；发展学生的问题意识、良好的思维品质，提高分析问题、解决问题的能力；增进学生对社会、对文化、对历史的了解与认识，增强学生文化底蕴，培养社交能力、与人共处能力，形成热爱文化、关心社会的意识和敢于负责的态度；通过文化寻根，把优秀文化成果内化为学生的思想内涵，升华为做人的行为。

2.具体目标

（1）"文化寻根——西安行"课程目标。

西安是举世闻名的古都之一，"文化寻根——西安行"，让学生们领略中国历史上建都最多的大都市风采；通过对千年古都的文化风情、建筑风情、民俗风情、饮食风情的学习、探究、参观、采访，学生比较全面地了解这座城市。通过这座城市的兴衰成败的缩影来感知我国历史的发展进程，学生真实感受中华民族摇篮、中华文化杰出代表、中华文明发祥地的魅力。

（2）"文化寻根——中原行"课程目标。

中原文化是中华民族传统文化的根源和主干，我们启动"文化寻根——中原行"，目的就是让学生实地感受中原文化中的汉字文化、农耕文化、科技文化、武术文化、民俗文化等，体会博大精深的中原文化的根源性、基础性和包容性，理解中原之所以在历史上能够长期成为中国的政治经济文化中心，成为中华崛起的高地，与根深叶茂的繁荣文化是分不开的深刻道理，从而明白一种优秀文化在

民族文明形成、民族精神传承上所起的巨大作用。

(3)"文化寻根——齐鲁行"课程目标。

"文化寻根——齐鲁行",让学生感知齐鲁文化,了解文化的融合、方言的魅力、儒学的影响;亲身接触具有民族精神象征的泰山,零距离体会关于孔圣人的文化遗产,从而明白齐鲁文化在中国传统文化中发挥的巨大作用,更重要的是让学生学习齐鲁文化自强不息的刚健精神、崇尚气节的爱国精神、厚德仁民的人道精神、大公无私的群体精神、勤谨睿智的创造精神。

三、阅历课程之"中华文化寻根之旅"的实施

北京中学的阅历课程绝不是带着学生去游山玩水,而是有目标、有计划地在课堂之外开展研究和学习,使学生丰富知识,拓展视野,增强文化底蕴。

1.精心的准备让阅历课程丰富而有序

(1)学习单的准备。

在阅历课程的准备阶段,北京中学的教师会依据行程,结合学科的教学内容设计制作学习单。在"齐鲁行"中共收到教师制作的31份学习单,每位学生根据自己的兴趣爱好可以选择其中的三份来完成。学习单上的题目有些是需要学生在行前通过文献搜集来进行知识储备,大部分是需要在参观的过程中与小组成员合作完成。例如,有的老师设计了《"招幌文化"学习单》,学生需要在台儿庄古城中的招幌博物馆里边参观边完成;有的老师设计了《"儒联"学习单》,这就需要学生在整个行程中寻找体现儒家文化的对联才能够完成;还有的老师设计了《"皮影戏"学习单》,学生在完成学习单的过程中就对中国的传统文化有了进一步的认识。

(2)课题研究的准备。

除了学习单之外,我们还把综合实践活动中的研究性学习引入活动中。对于六年级的学生而言,这是他们第一次参与阅历课程。对于如何进行课题研究还缺乏实践经验,因此,我们首先招募了课题学长,以课题学长为核心自愿组合成两名六年级学生、两名七年级学生的四人研究小组。小组成员可以在民族精神、自然景观、民俗文化这三个领域中选择感兴趣的领域,提出问题,确定主题,选择课题的指导教师。例如:有的小组进行了"日升昌记纸币票面"设计研究,有的小组进行了"台儿庄的招幌文化"探究,有的小组进行了"寻找泰山成为'双遗'的证据"的研究……准备工作就绪,接下来就是制订课题研究方案,进行开题答辩。

(3)志愿服务组的准备。

北京中学的每一名学生从进入学校的那一刻起就成了志愿者,在"文化寻根"的阅历课程中,"服务他人"无疑也是对学生的一种锻炼和培养。阅历课程中有四个志愿服务组,分别是:生活管理组、活动策划组、导游服务组、宣传报道组。服务组的成员是经过招募和选拔最终确定下来的,学生以能够参加志愿服务组为荣耀。生活管理组要设计评价表格,每晚查房,策划所住酒店每晚的安全演练。

活动策划组要结合行程设计相应的活动，例如：在台儿庄古城，他们设计了城市追踪活动，可以把容易忽略掉的景点设计到活动中，这样就可以通过活动促进学习；在泰山之巅，他们设计了泰山诗会，学生现场朗诵自创诗，有专家进行点评，还会获得奖励。导游服务组要对行程中需讲解的景点进行分工，并准备导游词。宣传报道组把所有的家长拉进微信群，他们在群中发文字报道、手绘报道、活动照片和视频，家长可以在群中实时地看到孩子活动的情景。因此，志愿服务组已经成为"中华文化寻根之旅"中的一道亮丽风景。

2.明确的实施使阅历课程实在而深入

在阅历课程实施的过程中，学生的任务非常明确。首先，他们要边参观边根据行程中的发现、体验、感悟，通过小组合作完成自己所选的三份学习单。为了完成《"山东饮食文化"学习单》，学生们围在做煎饼的手艺人身边又是拍照，又是品尝，又是提问。看到学生一手拿着煎饼，一手做着学习单的情景，真是感慨他们的天真与乐学。其次，小组成员要在行程中开展本组的课题研究。就拿"皮影你怎么了"这个课题小组来说，学生认为"传承"这个词经常被提到，但究竟应该如何理解呢？为了搞清楚这个问题，他们对世界非物质文化遗产——泰山皮影"十不闲"的传人范正安老先生进行了采访。

3.学生的展示让阅历课程完整而生动

短短的五天时间，学生经历了很多，也收获了很多。在成果汇报会上，方南山根据行程中同学们的经历编排了一个相声段子，笑声中孩子们爬泰山时的情景仿佛又在眼前。"皮影你怎么了"研究小组通过对范正安老人的采访，深刻地认识到中华传统文化的传承应该从他们做起。根据范老师的传授，他们把皮影的制作技术与现代元素相结合，制作出了机器猫等学生感兴趣的动漫人物。不仅如此，为了更好地宣传皮影事业，学生还亲手绘制了皮影宣传卡，并发放给同学、老师和路人，他们希望通过这种方式让更多的人认识皮影，认识中华优秀文化，希望更多的人自觉自愿地加入他们的队伍。"山东方言"研究小组的同学们通过对山东方言的研究，不仅了解了山东方言的特点，还模仿山东方言讲了一段笑话。看着孩子们卖力地表演山东方言的样子，我们能深深地感受到他们求知的心情。

四、阅历课程之"中华文化寻根之旅"的效果

1.学生收获无限

"中华文化寻根之旅"运用多种形式的活动方式，让学生在实实在在的体验探究中感悟中华文化的博大精深，既引发了思考，触动了灵魂，又产生了敬畏之情，学生的文化修养和人文修养也随之不断提高，从而对知识的获得也产生了更浓厚的兴趣。

（1）学会了研究。

第一次做调查问卷，学生把问卷中的很多问题设计成了开放式的问题，答案

五花八门，这给结论的归类整理带来了很大的困难。这时，学生们才终于体会到，调查问卷的设计与最后结论的整理息息相关。于是，他们尽量找出采访结论中的共同点，并将各部分的结论综合起来。再回过头来，看看最初的资料，孩子们从最初的毫无头绪，到辨析访谈结果的归类，从迟疑迷惑到坚定，从一个个独立的数字到一个个简单直观的图表，从个体事件到事件背后道理的总结，课题的结论逐渐清晰起来。孩子们虽然每一步都走得蹒跚，但还是很努力地和老师一起经历了完整的研究过程，虽然辛苦，但也在成长。

（2）学会了抗挫。

"武则天用人之道的现实意义"研究小组在大明宫的采访不怎么顺利。第一组采访的是晨练的人，遭到拒绝。第二组因为只问"你认识武则天吗"就遭到鄙视，没机会问其他问题。很显然，孩子们没有事先说明自己要干什么，真担心他们会因此而受打击。当天晚上在酒店房间的分享会上，小组的沈柳含、马宇瀛都谈道："面对轻蔑的嘲笑，失落的心情弄得我没兴趣再去采访。可毕竟我们也不对，所以我立刻打起精神，努力去找第二个游客。后来，被我们采访的人不是借口离开，就是一问三不知，但老师不断地鼓励着我们，为我们的问题提出新建议，我们并没有泄气，不断地改进着我们的问卷，继续着我们的采访。功夫不负有心人，通过我们不懈地努力，问卷调查终于顺利展开了。"

（3）学会了关爱。

美术小组去参观大唐芙蓉园，开始天有些阴，后来下起了雨，雨越下越大，还很冷。孩子们穿得很少，大风吹翻了雨伞，孩子们就用四把雨伞搭在一起，几个人紧贴着，一边参观一边躲雨，身上淋湿了都没有察觉到，继续记录着芙蓉园里的一景一物。孩子们的热情真感人，这不仅仅是一次阅历课程的学习，更是在学习的过程中，他们把团队合作、相互信任、相互关爱的精神很好地融入了自己的学习和生活中。有的同学在参观后写道："我感受最深的是在大唐芙蓉园，虽然天冷风大，但我们只要团结在一起，就没有什么可畏惧的。"

（4）学会了感恩。

这次阅历课程活动，孩子们的感恩之心被很好地激发出来了。采访别人时，个个面带笑容，及时送给对方一颗幸运星，并真诚地说声"谢谢"，谁说这不是感恩？感念农民伯伯接受访谈时，感觉屋子太暗主动使用手机照明，谁说这不是感恩？小小年纪能想起给亲人买礼物，谁说这不是感恩？尤其令人感动的是我们的同学在离开宾馆时，给宾馆的保洁阿姨留下了这样一张贺卡："谢谢您！您这几天给我们把屋子收拾得真干净，看到了摆好的拖鞋、衣服，我们很开心。"

（5）学会了自理。

十一二岁的独生子女们离开父母后，在阅历课程活动中学到了很多：学会了锁门与开门，学会了暖风的设置，学会了邮寄明信片，学会了烧开水，学会了使用浴室里的地垫，学会了整理行李、如何砍价，学会了使用单反相机，学会了不丢三落四。有的同学在活动后这样写道："这一次没有父母在我身边，我才感到，原来是父母一直照顾我，他们为我做了很多，我一定要提高自己的自理能力，也希望同学们不仅要学习文化知识，更要关注生活技能，在家里不能衣来伸手饭来张口。"

（6）学会了创作。

"户县农民画的发展与传承"研究小组的同学们通过户县农民画与上海农民画的对比，找到了户县农民画的特点，通过采访农民画馆的馆长，同学们对农民画的制作过程有了了解，还亲手制作了农民画。这么好的农民画如何传承呢？经过深入的研究，同学们把农民画中的元素与我们的生活相结合：把农民画中的小鸡啄米用到了 iPad 套上，把农民画中的青花瓷元素用到了小碗上，根据农民画的特点设计了具有北京中学特色的矿泉水瓶。所有这些创意使我们眼前一亮，看到了孩子们对农民画艺术的创新与传承。

2. 教师成长迅速

教师通过全程参与"中华文化寻根之旅"阅历课程的开发、实施与评价，树立了全新的课程观与教学观，提升了课程意识、课程素养和课程实施能力。教师的观念和行为不断转变，广大教师成了课程建设的受益者和重要的助推力量。正如夏校长所引用的那句话："未来不是一个我们要去的地方，而是一个要创造的地方，通向它的路不是找到的，而是创造出来的，走出这条路的过程，既改变着走出路的人，又改变着目的地本身。"短短一年半的时间，我校房树洪、徐瑶、王娟等十位教师指导的学生课题在社会大课堂、金鹏科技论坛、创新性学习成果等比赛中获得奖励，他们已经成了优秀的指导教师。

中华优秀文化是宝贵的精神财富，需要我们把它发扬光大，更需要我们用它去沉静我们的心灵，历练我们的品行，我校的"中华文化寻根之旅"阅历课程，与生活直接对话，与资源贴近交流，为孩子们创设了实践的舞台、体验的空间。人的成长是实实在在"体验"和"沉淀"的过程，一切空洞的说教都显得那么苍白无力，没有任何教育比孩子的眼睛看到的东西更直接、更有效，没有任何情感体验比孩子最真实地走过更刻骨铭心。"中华文化寻根"就像阳光一样为孩子们照亮着前进的道路！

刘晓媛：

中学高级教师，朝阳区骨干教师。曾获北京市第十九届中小学"紫禁杯"优秀班主任称号，参与录制了北京市义务教育阶段名师同步课程资源中综合实践活动课。擅长与学生沟通与交流，有较强的课堂组织能力，曾被评为区级德育先进个人。

作者简介

基于项目式学习的初中综合实践活动课程实践研究

◎邓 珩

摘 要：北京中学开发和实施的阅历课程之"中华文化寻根之旅"初中综合实践活动课程，立足于以学生学习成果为导向的项目式学习，推进学生深度开展综合实践活动，使学习成为学生自身的需要，激发学生的学习兴趣，帮助学生在项目实施过程中体验学习的成功和快乐，促进学生改变学习方式，学会学习，学会共处，学会创新，学会生活。

关键词：项目式学习；综合实践活动课程；实践研究

教育部《基础教育课程改革纲要（试行）》提出，"通过实践活动把知识、方法和技能融入个体从而建构自然、和谐的人"。由此，新课程改革中的综合实践活动课程被基础教育工作者广泛认可，并付诸教学实践中。综合实践活动课程的设计立足于"知识"和"经验"的融合，具有鲜明的实践性、开放性、自主性和生成性的特征，倡导建构主义范式的教学，力求帮助学习者改变学习方式，通过自主的学习历程来"挑战客观世界、发现其价值与意义，从而再建客观世界之意义"。

尽管综合实践活动课程被教育者广泛认可，但在具体实施中却困难重重。首先，这门课程跨学科实践性学习的特点受到传统学科组织体系和注重"知识传授"教学模式的束缚，在"系统知识习得"面前很容易碰壁。其次，作为一门新课程，授课内容、教学方式和评价标准的宽泛，使得课程实施出现很大偏差，既有脱离实际，过于专注前沿科技的"高精尖"现象；也有与学科教学混同，简单细化到传统各门学科中实施的"学科化"现象；还存在把综合实践与学生校外课余活动等同，为了活动搞活动，为了实践去实践，热热闹闹的"浅显化"现象。如何有效推进综合实践活动课程的开发与实施，成为我们基础教育者面临的重要课题。

北京中学作为基础教育课程改革实验的试验田，自2013年办学伊始，就将综合实践活动课程的实施作为学校特色课程建设，推进学生学习方式变革的重要途径，并基于以成果为导向的项目式学习方式，开发出初中阶段"中华文化寻根之旅"综合实践活动课程（以下简称"文化寻根"课程），有效推进了这门新课程的高效实施。

一、"中华文化寻根之旅"综合实践活动课程介绍

1. 课程目标

"文化寻根"课程通过组织学生深入具有中华文化代表性的地区，探寻民族文化本源，强化民族文化认同，传承中华优秀文化传统，践行立德树人的教育根本任务。学生以实践体验、课题研究、志愿服务等项目式学习为载体，通过个性化、联系性、体验式学习，采用个体学习与小组合作学习相结合的方式，在真实世界中开展跨学科、实践性的项目式学习，改变传统学习方式，实现个性化的深度学习。

2. 课程内容

见下表。

时间	主题	内容	地点
第一学年第一学期（11月）	三秦文化	通过科技、艺术和社会三条线路的设计，让学生领略千年古都的文化风情、建筑风情、民俗风情、饮食风情的魅力。	西安
第一学年第二学期（4月）	中原文化	感受中原文化中的汉字文化、农耕文化、科技文化、武术文化、民俗文化等，体会博大精深的中原文化的根源性、基础性和包容性。	洛阳、登封、开封、安阳
第二学年第一学期（11月）	齐鲁文化	在民族精神、民俗文化、自然景观三个领域中让学生感知齐鲁文化，了解文化的融合、方言的魅力、儒学的影响，亲身接触具有民族精神象征的泰山，零距离体会关于孔圣人的文化遗产。	台儿庄、曲阜、泰安
第二学年第二学期（4月）	吴越文化	在园林、古镇、名人故居、地方戏曲中让学生感受吴越文化的精雅，领略海纳百川、兼容并蓄的吴越文化之精髓。	苏州、乌镇、绍兴、杭州
第三学年第一学期（11月）	巴蜀文化	通过对四川、重庆两地雄险幽秀的自然景观的游历，让学生感受巴蜀地区人杰文昌的文化内涵，了解"神奇的自然世界、神秘的文化世界、神妙的心灵世界"的文化特征。	重庆、成都
第三学年第二学期（8月）	游牧文化	通过对蒙古族人家的深度探访与亲密接触，了解草原文化的精神实质，理解边疆民族发展与汉族历史文化的融合，感受中华文化的多样性。	呼伦贝尔草原
第四学年第二学期（11月）	岭南文化	在现代化的都市中感受改革开放的发展历史与成就，体会国家体制的创新与民族发展，坚定科学技术创新的信心。	深圳、香港、澳门

时间	主题	内容	地点
第四学年第二学期（待定）	敦煌文化	了解西北民俗文化,感受西部大开发的历史意义,研究探索中的民族开拓历史。	敦煌、丝绸之路

3. 课程实施

"文化寻根"课程的实施分为准备阶段、实施阶段和总结阶段。

（1）行前准备阶段。

行前准备包括了路线设计和学习小组编制两个部分。学校招募学生踩点"先行官"和教师一同前往课程实施地区，考察当地的生活和学习环境，设计行程线路。学习小组的编制则是由学生自主选择申报参加志愿服务组或课题研究组。志愿服务的内容包括宣传报道、导游服务、生活管理和活动策划。学生课题研究组是同学自发组成合作小组，在课题指导教师的指导下，开展各类课题研究。根据组别不同，学生以小组为单位，需要完成服务项目的策划或是课题研究方案编制，并要通过相关指导教师的审核。

（2）途中实施阶段。

全体同学在旅程中，都需要完成项目学习单、旅行日志和城市体验活动等任务。按照不同分组,志愿服务组的学生根据服务项目策划方案,结合旅途实际情况,全程为同学提供宣传、导游、督察和活动组织等服务。而课题研究组，则根据课题研究方案开展各类项目研究。

（3）返回总结阶段。

返校后，学生将就学习的过程和成果向全体同学进行汇报和评选。服务组会对所负责的服务项目进行总结和反思，并对下一次服务工作提出建议。课题研究组将展示在课程实施阶段已经完成的研究成果，对后续的研究进行设计和展望，并在规定的时间内完成结题，形成课题研究的成果。

4. 课程评价

"文化寻根"课程的评价立足于学生学习成果的展示，以发展性、多元性、激励性为原则，引导学生自我反思、自主评价和同伴互评，将准备、实施和总结等阶段当作一个整体，让学生在体验中收获，在研究中成长，关注学生的学习过程，侧重学生实践能力、综合素养的提升，鼓励学生自主选择、发展个性，帮助学生收获成功。

二、"中华文化寻根之旅"综合实践活动课程中的项目式学习

项目式学习属于建构主义学派的学习模式，它以学习者为中心，赋予学习者更多的权利和相应的职责，让学习者通过完成以解决现实问题为目标的项目，来构建自己的知识体系和对世界的认知。

"文化寻根"课程整体以项目式学习为基础，将路线设计、志愿服务、课题研究等形成与学生生活和学习密切相关的项目，给学生充分的选择权、自主权，让学生基于兴趣选择学习的项目，并全程参与到项目的文献研究、策划设计和具体实施中，从而帮助学生完成体验，通过融合"知识"和"经验"来解决问题的完整过程，实现学生基于生活实际的自我知识体系构建。下面以课程路线设计、活动策划和课题研究为例，对这些项目式学习进行说明。

1. 课程行程设计项目

在全体师生正式开展"文化寻根"之旅活动前，学校招募踩点"先行官"，在老师的陪同下先行对寻根之旅中的吃、住、行、游、学等进行实地考察，调整和完善行程设计，收集各类信息，为后续同学开展志愿服务和课题研究提供实地资讯服务。为此，学生"先行官"需要事先研究目的地的交通、饮食、气候、人文、历史等各类文献，预设课程最初路线设计存在的问题，调研其他同学所需要的实地信息，在与带队教师的沟通下设计踩点方案。确定方案后，学生"先行官"按照方案走一遍行程，在生活和学习实践中印证对原有课程行程的预设，向教师提出修改意见，共同完成并形成最终方案。返回学校后，学生"先行官"向全体参加课程实施的学生和教师进行行程介绍，包括交通状况、饮食情况、文化景观、地区历史和研究环境等各个方面，并向同学提出课程实施的物品准备、知识储备和旅途安全等方面的建议。

2. 活动策划项目

活动策划是志愿服务的重要组成部分，负责课程实施中各类集体活动的策划和组织。它贯穿了"文化寻根"课程的全过程，包括行前准备会议，旅程中高铁、大巴车上的活动，行程中特色地点的活动，中期成果汇报安排等。为此，活动策划组的同学们，需要认真研究课程实施方案，提前与学生"先行官"进行沟通，认真研究行程路线，找出旅途中可以利用的各个时段，调查学生感兴趣的旅途活动，策划特色地点的活动方案。旅途中，他们更是要提前做好活动的物品准备和组织准备，综合天气、交通、时间等因素，积极应对旅程中的各类突发事件，灵活组织相关活动。

3. 课题研究项目

课题研究是参与人数最多的项目，学生自主组成研究小组，自行选择研究课程，在教师指导下编制研究方案，开展研究活动。在行程准备阶段，学生需要根据课程设计方案以及行程路线安排，结合自己的学科兴趣，自行组成研究小组，确定研究主题，组织文献研究，制订研究方案，撰写开题报告并通过课题审核。同时，根据课题类型的不同，学生还要做好各类研究准备，需要提前根据行程路线，分解不同地点所需要完成的研究任务，做好小组任务分工，以便在行程中更好地实施研究。

三、基于项目式学习的综合实践活动课程改变了学生的学习态度与方式

"文化寻根"课程的实施，给予学生丰富的文化体验，让学生在领略祖国大好河山、感受优秀中华传统的同时，改变固有的学习态度与方式。在这些项目的实施中，学生不再认为学习是一种负担，而是自身的需要；学习不再仅仅是上课、作业和考试，而是生活和志趣；学习收获的不再仅仅是分数，而是他们亲身体验到的成果和快乐；学习不再是一个人背诵、思考和做题，而是在与同伴的交流与互助中发现问题并解决问题。

1. 基于项目式学习的综合实践活动课程让学生学会学习

在这些项目的策划和实施过程中，学生的学习方式发生了很大变化。第一，学生不再是教师传授知识的被动接受者，而是按照自身项目需要的主动学习者。比如，学生"先行官"会自主学习目的地的人文、历史、地理、气候等知识，为踩点和后续的汇报做好知识储备。第二，学生学习的中心不再是知识的认知和记忆，而是知识的实践运用。第三，学习不再是做题，更重要的是发现问题、提出问题并解决问题。在课题研究项目中，学生按照自己的兴趣总能提出很多问题，一改以往课堂教学中的"没有问题"。第四，学习不再是单一学科的独立学习，而是各个学科知识的综合运用。活动策划组在确定旅途活动时间时，需要结合交通状况、天气情况、旅程状况才能够测算出某个活动环节的时间预留，只有综合考虑各种因素才能安排好所有活动。

2. 基于项目式学习的综合实践活动课程让学生学会共处

"文化寻根"课程中几乎所有的实施环节和项目任务都是需要合作完成的，学生需要学会寻找有共同学习兴趣的同学组成学习小组，共同商讨确定研究方向和主题。而课题研究实地的顺利开展，更需要汇聚小组成员的所有智慧和力量。合作成为学生旅途中最重要的话题。为了更好地完成项目任务，学生协商做好工作分工，而在分工基础上的合作互助在实际操作中更显重要。同伴的朝夕相处，让几乎都是独生子女的学生们懂得了谦让和包容；项目学习的推进，让学生在实践活动中学会关爱他人，互相帮助，互相包容。

3. 基于项目式学习的综合实践活动课程让学生学会生活

每学期一周远离父母的"文化寻根"之旅，能帮助学生独立自主做好自己的时间管理、生活管理和财物管理。学生的每日行程就是最好的实践学习项目，从早晨起床、选择衣服、收拾行李、参加活动，到用餐、游玩、学习、洗漱、就寝，都要自主安排，自我管理。旅途中，学习安全设施使用，消除安全隐患，学会自我保护，关心同学伙伴，准时参加活动，科学合理消费等，这些都是我们传统课堂中所缺少的生活技能，却是现实生活中所必须学习的内容。"文化寻根"课程以学生旅行日志的方式，要求学生基于整体行程安排做好每日个人生活和活动的规划，及时梳理和总结个体学习所得，帮助学生学会生活。

4. 基于项目式学习的综合实践活动课程让学生学会创新

"文化寻根"课程中的项目式学习给学生提供了感兴趣的、具有实际意义的挑战，学生不再仅仅关注知识习得，而是运用已有的知识战胜他们自主选择的挑战。其一，学生无论是选择志愿服务项目还是课题研究项目，都是他们的兴趣所在，都能够激发他们的好奇心和想象力；其二，与学生密切相关的各类项目，能促进学生主动选择、主动学习和主动变化；其三，项目实施过程中持续调查研究、合作探究、方案策划，不断提高学生的研究能力和思维水平。这些都能够不断激发学生的创新思维，促进学生的创新能力。

【参考文献】

[1] 钟启泉. 综合实践活动课程的设计与实施 [J]. 教育发展研究，2007(3) :43-47.

[2] 管睿. 浅谈中小学综合实践活动课程的有效实施 [J]. 学周刊，2016，24(24) .

[3] 刘广平，陈立文，李嫄. 国外基于项目式学习的教学模式研究述评 [J]. 高等建筑教育，2014，23 (4) :44-50.

[4] 胡佳怡. 项目式学习的本质、模式与策略研究 [J]. 今日教育，2016 (4) :47-49.

作者简介

邓珩 :

　　北京师范大学信息技术与管理系本科毕业，加拿大布鲁克大学教育管理硕士，中学信息技术高级教师。曾从事学校教学、科研、国际教育、行政管理和教师工会等工作，熟悉学校各方面业务，成功主持了多项科研课题，所写论文多次在市、区评选中获奖。

教学案例

《我让心情亮起来》教学设计

◎陈　盼

一、设计说明

1. 设计思想

（1）理论背景。

美国心理学家埃利斯的情绪 ABC 理论认为，诱发事件 A（Activating Event）只是引发情绪和行为后果 C（Consequence）的间接原因，直接原因则是个体对激发事件 A 的认知和评价而产生的信念 B（Belief），通过对自己对原有不合理信念的辩驳，从而产生新的感觉及结果（Effect）。

合理情绪疗法可以让学生自己帮助自己，同时帮助他人进行心理自我调节。这种方法的主要目标是：帮助人们培养更实际的生活哲学，减少自己的情绪困扰与自我挫败行为，也就是减轻因生活中的错误而责备自己或别人的倾向（消极目标），并学会如何有效地处理未来的困难（积极目标）。

《中小学心理健康教育指导纲要》（2012 年修订）指出，在中小学的各阶段情绪调试都是重点内容。初中年级的心理健康教育主要包括鼓励学生进行积极的情绪体验与表达，并对自己的情绪进行有效的管理等内容，说明了合理认识、体验、表达情绪的重要性。

（2）实践背景。

六年级的学生正处于青春期，生理、心理都正在发生急剧变化。情绪的变化表现在：情绪状态的积极方面少，消极情绪较多；情绪的稳定性差，起伏变化较多（拉森），因此需要学习有关情绪及情绪调控的知识、方法。

在对全年级学生进行的心理普查中发现，学生对情绪管理及表达的指导需要是排在前面的，仅次于学习和生涯方面。

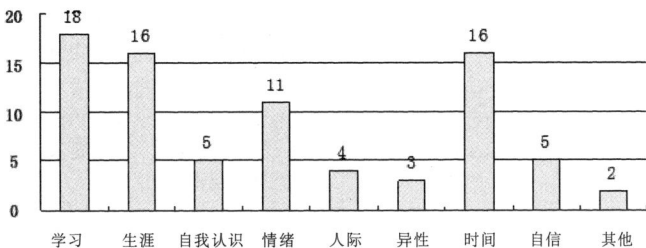

在教学前进行的调研发现，学生对《幸福课》中的需求之一是"让自己永远开心"，体现了这一阶段的学生对积极情绪的向往，但学生对情绪的认识较浅，学生需要学习的是如何调节自己的消极情绪。

我校学生思维活跃，表达能力也比较强，因此，课堂上应充分发挥学生的主动性，用体验式的方法教学，鼓励学生的体验、表达。

2. 活动目标

（1）认知目标。

学生了解情绪 ABC 理论以及其他一些调节情绪的方法。

学生可以用 ABC 理论解释为什么面对同一件事，不同的人有不同的情绪表现。

（2）行为目标。

学生可以运用 ABC 等方法调节自身情绪。

学生学会用分享好消息、感恩等方法培养自身的积极情绪。

（3）情感目标。

学生体验情绪的可调控性，认同情绪与个人的态度以及看问题的角度有关。

学生收获分享、感恩的生活态度及保持良好的情绪体验。

3. 活动准备

（1）教师准备。

电脑、多媒体课件、大白纸、彩笔、便利贴、情绪 ABC 课堂用纸等。

（2）学生准备。

上课状态准备。

二、活动过程

活动序号	环节名称	设计意图	活动内容	活动时间
1	捕捉心情	1. 引导学生集中注意力，活跃气氛。 2. 体验紧张、兴奋等情绪。 3. 认识各种各样的情绪。 4. 引出课程主题。	1. 组织学生围成一个圆圈，做出抓逃手指的姿势。 2. 介绍规则：老师念一篇文章，当说到"心情"两个字以及与心情有关的词汇，比如开心、难过等的时候，学生们开始抓逃手指。 3. 活动分享：同学们在这个过程中抓住了多少次别人的手指？在这个过程中听到老师说的有关心情的词语有多少？同学们在这个过程中自己的心情怎样？ 4. 引出主题：这节课我们就一起来认识和更好地把握自己的情绪。	5'
2	我和心情的故事	1. 认识到我们可以把情绪分为积极和消极两类。 2. 了解积极情绪和消极情绪的作用。	1. 组织同学们分享自己在生活中经历过的心情及其对自己学习和生活的影响。 2. 总结同学们的分享：根据同学们的故事，把人的心情即情绪分为两类：积极和消极。 3. 积极情绪和消极情绪的作用：积极情绪让我们更健康，做事更有效率；消极情绪影响我们的身体健康，不利于我们成功。	8'
3	"心晴"方法大甩卖	1. 启发学生思考处理情绪问题的方法。 2. 培养学生的分享及合作意识。	1. 将学生分为四个小组，四个小组内的同学分别分享自己处理坏心情的方法，并推选出本小组认为最有效的让自己的心情亮起来的方法，在纸上用关键字的形式体现。 2. 四个小组将自己的"心晴"方法甩卖（展示）给其他小组，看哪个小组赢得的票数最多，哪个小组就获胜。 3. 教师总结"心晴"方法：理智控制法；合理发泄法；注意转移法；运动法等。 4. 对学生在这个过程中表现出来的乐于分享及合作精神给予赞赏。	10'
4	情绪 ABC，让心情亮起来	1. 了解 ABC 理论。 2. 运用情绪 ABC 理论的知识和方法改善自己的情绪。	1. PPT 展示"双歧图形""伤痕实验"的内容，启发学生思考，自己是自己情绪的主人，改变想法可以改变情绪。 2. 介绍 ABC 理论，并举例说明。 3. 学生实践，根据 ABC 用纸，分享自己的经历，自己当时的想法、感受，并通过改变想法，改变自己的心情。 4. 教师总结分享，改变想法，改变不合理的信念和消极思维，收获晴朗。	15'

续表

活动序号	环节名称	设计意图	活动内容	活动时间
5	赠送格言	总结升华本节课内容。	• 你不能左右天气，但你可以改变心情。 • 你不能改变容貌，但你可以展现笑容。 • 你不能控制他人，但你可以改变自己。 • 你不能预知明天，但你可以充分利用今天。 • 你不会样样顺利，但你可以事事尽心。	2'
6	作业布置	1. 培养学生善于发现美好事物的眼睛。 2. 培养学生感恩的心。	1. 分享好消息：每天在朋友圈分享一件发生在自己身上的好的事情，经常与同学、家人、朋友分享好消息。 2. 感恩：每天记下一件感恩的事儿。可以感恩好事儿，也可以感恩坏事儿，发现坏事儿中好的一面，并感恩成长。	1'

三、活动课流程树状图

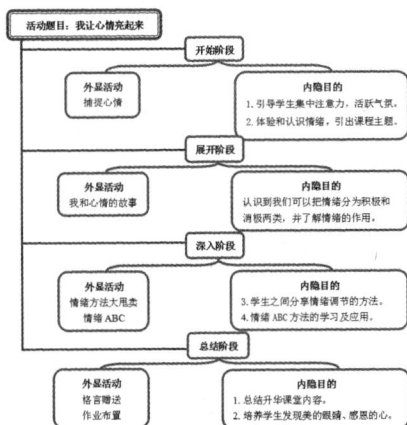

四、学生心得体会

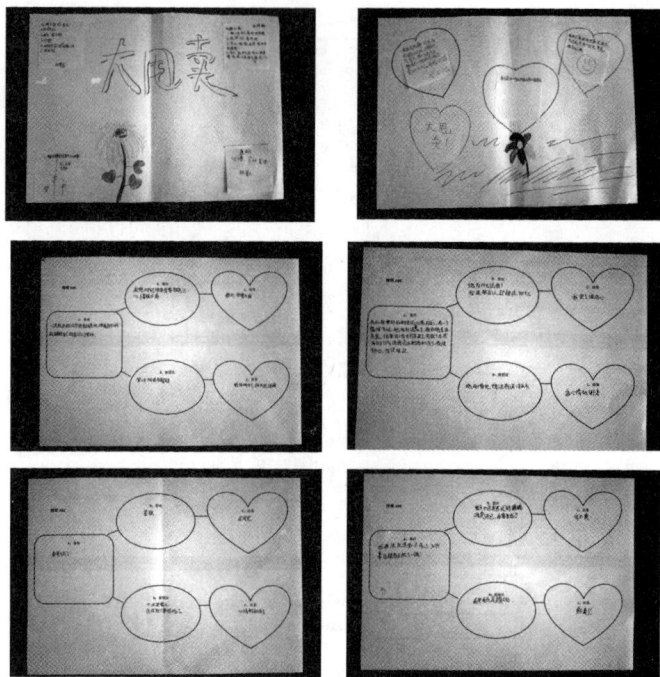

五、教师自我评价

　　反思整个课堂，我觉得自己做得比较好的方面是：第一，活动设计适合学情。情绪调节的内容是学生所需要的，所以学生的学习动机较强，符合最近发展区理论。情绪 ABC 理论的调节情绪的方法可以帮助学生更好地调节自己的情绪。适合学情是上好一堂课的关键和前提。第二，活动设计的条理性很强，由浅入深，从情绪是什么、为什么要调节情绪到怎样调节不良情绪这三个环节，让学生从思想到行动都有所收获。第三，心理学理论和应用在"伤痕实验"部分有一个很好的结合，运用音乐和图片相结合（小视频）的方法，激发学生的想象，注重学生的体验、感悟，让学生有所触动，进而有所行动。第四，在分享如何运用 ABC 理论的时候，运用自己真实的案例给学生引导，让学生从小事入手，发现如何调节自己的情绪。学生交上来的运用 ABC 的案例，也都是发生在学生身上的很生动的案例。第五，针对课堂情况调整上课内容，教学设计中让每一组分享一个方法，课堂实施过程中发现每个学生都想把自己调节情绪的方法分享给大家，所以及时调整，让每个同学都被看见。第六，给学生布置的作业贴近学生生活，让学生在每天的分享幸福及感恩中，增强自身的正能量，有效地强化教学效果。

　　需要改进的地方有：第一，板书有待于进一步改善。这堂课的板书内容随意性较强。板书是帮助学生理解内容的很重要的方式，可以在黑板上板书出课程的框架，帮助学生来进行总结和回想课堂内容。其中在学生分享"情绪大甩卖"的方法的时候可以有一些板书，帮助视觉型学生记忆。第二，对整个课堂的把握能力有待进一步提升。课堂上出现了学生随意下座位的现象，课堂规则的制定以及对规则的执行可以帮助学生更好地理解课堂内容，营造良好的课堂环境。第三，课堂时间的把握。课堂时间有限，课堂重点也是难点的情绪 ABC 理论及其应用部分可以适当地增加时间。

延伸教育设想：第一，在导入环节，男女生之间不愿意有肢体接触，也说明了这个阶段的学生开始进入敏感期，有必要对学生的异性关系进行辅导。第二，在"情绪大甩卖"环节发现学生之间互相倾听和学习的习惯并不是很好，所以在以后的课堂教学中要加强对学生倾听及尊重的引导。第三，情绪 ABC 方法还有进一步学习的空间，课下有学生询问自己的问题应该用什么样的思考才能让自己更快乐，所以在下节课会对情绪 ABC 的方法进行更多的练习和思考。

作者简介

陈盼：

2014 年毕业于北京师范大学心理健康教育专业，担任服务学习课教师、心理辅导教师。多次承担区级研究课，获得朝阳区新教师培训优秀学员、北京中学最受学生欢迎的教师等荣誉，主编《走进社会大课堂系列实践手册——参与公益服务》。爱心理，爱教育，愿用心陪伴每一个孩子成长。

学科特色活动

北京中学"5·25"心理健康关爱行动月工作方案

◎文 娟 陈 盼

一、主要活动内容

编号	活动时间	活动地点	活动主题
1	2016.05.06	北京中学	心理健康宣传（氛围营造）
2	2016.05.23	操场	国旗下演讲《学会与人相处》
3	2016.05.01-05.25	北京中学	学生瑞文及 AAT 测试数据分析
4	2016.06.01	教学楼前	"爱的礼物与抱抱"活动
5	2016.06.08	操场	"青春好朋友"主题活动
6	2016.06.09	教室	"为青春喝彩"主题班会
7	2016.06.15	北京中学	北京中学心理健康教育展示活动
8	2016.06.16	报告厅	"我的青春我做主"讲座

二、活动细则

1.心理健康宣传

宣传形式:电视视频。

宣传内容:学校心理健康相关内容;心理健康视频。

2.国旗下演讲

主题1:《悦纳他人,善于与人相处是心理健康的重要标志》。

主题2:《聊聊心理健康与人际交往》。

3.测试分析

内容:测试结果分析报告,为全体教师讲解和分析测试结果。

4.“爱的礼物与抱抱”活动

时间:2016年6月1日。

准备:需要提前准备礼物,如糖果等。

特点:将儿童节与心理健康结合起来。

一个哆啦A梦,一个大白,去买糖果;与张校医一起扮演,开发票;提前联系李帅;联系任总,大屏和音乐。

5.“青春好朋友”主题活动

活动时间:2016年6月8日12:00—12:30。

活动内容:

(1)知识问答。

负责人:陈盼。

活动规则:回答三个关于心理健康与人际交往心理效应的题,可积分,每题1分,最高分3分。

所需物资:关于朋友交往的相关知识的海报和有奖问答的纸条、桌子。

(2)微笑墙。

负责人:许珂。

活动规则:我和朋友的微笑,投稿即可给1分,后期进行持续展览,最高分2分。

所需物资:需要提前找李帅打印照片,布置展板。

(3)我想对你说,我的朋友。

负责人:张建芳。

活动规则:用便利贴写下“我与朋友的小纠结、小幸福”,贴到板子上,写下来给1分,最高分2分。

所需物资:提前布置展板、便利贴、笔。

(4)心理体验活动。

活动规则:体验1个给2分,最高分6分。

盲行(写感受——信任)——刘晓媛负责。

坐地起身（写感受——团结）——任志强负责。

针线情（写感受——配合）——刘海巍负责。

所需物资：眼罩、针线、感受纸。

总活动所需物资：

小礼物（10～15分，5～10分，0～5分三个层次的奖品）。

关于总规则的海报，分规则的海报。积分小纸。

6. "为青春喝彩"主题班会

活动时间：2016年6月9日。

活动地点：六、七、八年级各班教室。

7. 北京中学心理展示活动（朝阳区中学）

活动时间：2016年6月15日。

活动地点：北京中学报告厅及分会场。

活动主题：北京中学的心理成长故事。

活动目的：北京中学心理健康教育特色展示，通过本活动让入会者了解展示学校心理健康教育的设计思想与实践状态，并在学习的基础上对自己学校的心理健康教育工作进行梳理和提升。

活动流程：

（1）开幕（9:00—9:10）。

内容：主持人介绍会议设计目的及入会领导和专家。

活动地点：报告厅。

主持人：荆承红。

领导讲话（9:10—9:40）。

活动地点：报告厅。

主讲人：陈先豹。

（2）北京中学校长介绍学校心理教育工作经验与展望（9:40—10:00）。

活动地点：报告厅。

主讲人：荆承红。

（3）分会场活动（10:10—10:50）。

分会场一：报告厅。

主持人：学生。

活动主题：我的生涯故事。

活动内容：学生分享假期职业体验活动／我所了解的职业及感想。

分会场二：班级教室【七年级（1）班】。

主持人：陈盼。

活动主题：学习风格大比拼。

活动内容：根据学生的AAT测试，指导学生根据学习风格进行学习。

分会场三：班级教室【六年级（2）班】。

主持人：刘晓媛。

活动主题：沟通与合作。

活动内容：领导力提升系列——服务学习课团体活动展示。

参会人员：

主管领导：陈先豹、乔春江、王月胜、肖艳丽。

工作团队：荆承红、柳铭心、单洪雪。

参会人员：各校心理健康教育教师和心理主管领导。

8．"我的青春我做主"—— 青春期讲座

活动时间：2016年6月16日12：30—13：50。

活动地点：报告厅。

活动目的：北京中学六、七年级的学生参与本次讲座，了解青春期身体及心理的相关知识，为自身健康成长奠基。

活动内容：邀请中国人口宣传教育中心的高晶老师作为讲座老师，并进行团体活动。

作者简介

文娟：

中学英语高级教师，加拿大布鲁克大学教育管理硕士。曾获朝阳区优秀班主任、朝阳区青年岗位能手等荣誉称号。多次参加国际会议并曾在全球教育领导者项目（GELP），在芬兰会议上分享国际教育管理经验。

陈盼：

2014年毕业于北京师范大学心理健康教育专业，担任服务学习课教师、心理辅导教师。多次承担区级研究课，获得朝阳区新教师培训优秀学员、北京中学最受学生欢迎的教师等荣誉，主编《走进社会大课堂系列实践手册——参与公益服务》。爱心理，爱教育，愿用心陪伴每一个孩子成长。

成长·幸福

◎陈　盼

一直认为教师这个职业是幸福的，幸福在每天都能有所收获，有所给予；幸福在几乎每天都能看到自己的成长，看到学生的成长；幸福在每天的生活都是那么有希望，睁开眼睛，就能看到阳光……幸福在每天都是那么清楚地知道，每一天我都在茁壮成长，一天比一天更美好！

走出舒适区·成长·幸福

成长是一个破茧成蝶的过程，破茧需要一次又一次的努力与挣扎。前进的路上总是充满未知，也总是要接触自己不熟悉的领域，如果一旦熟悉，就会驾轻就熟。就像我们刚到一个地方，总会感觉这个地方特别大，甚至会转向，但是时间一长，原来很大的地方也会因为熟悉而变小了。

刚刚来到学校，一切都是新的，一切都是未知的。上课是新的，社团是新的，组织活动是新的，心理测试是新的，写新闻稿是新的……面对这些未知，总是会有一个痛苦熟悉的过程。

还记得第一次上课，备课花了好长好长时间，但是走向课堂，面对学生，我依然在担心，担心自己的表现，担心跟孩子的互动，所以课堂显得特别漫长……因为我的课跟其他老师的不同，其他老师一节课可以讲一周，我是完全不同的四门课，而且一周一节，所以就得认真备好所有的课，不知道经历了几次熬夜直到晚上十点、十一点，现在才慢慢适应和顺手。成长，需要不断克服担心和焦虑，直到长出翅膀……

还记得第一次写新闻稿，自己坐在电脑前，憋了一下午，总是不知道该如何写好，语气活泼一些，还是书面一些？措辞应该怎样使用？我这样写行不行？……甚至动用了书记的力量，才勉强把一篇新闻稿交上去。于是一次又一次，不断地写，不断地总结经验，渐渐地，新闻稿、随笔、反思，信手拈来。原来，写自己所想，是那么简单的一件事儿，所以，现在就算是出一本书，我都没有那么发怵了。成长，需要不退缩，虽然痛苦，也要继续前行……

还记得刚开始接手学校大讲堂的时候，各种事情总是占据我特别长的时间，做海报、训练学生主持人、准备礼物、准备活动场地、协调现场设备，等等。从知道有大讲堂就开始焦虑，一直焦虑到大讲堂结束，感觉有太多的事情需要想，需要做。也是在一次又一次的经历中，一次又一次的经验总结与整理中，我才发现，这些事情的协调顶多也就是两三天的事儿，所以，再大型的活动，我按照流程来梳理，也不怕了。成长，需要一次又一次，迎头搏击风浪……

成长需要我们走出自己的舒适区，走出舒适区之后就会发现自己渐渐地长大了，越来越有能力了，做什么事情越来越轻松了。心中的坦荡多了，恐惧少了，便越来越感到幸福。

同伴共行·成长·幸福

庆幸自己毕业后能来到这所学校任教，觉得这里的每一位教师都是奋斗路上的好伙伴。因为有了他们，所以觉得上班并没有那么可怕。有了这些同伴，我的心灵就有了更多的寄托，上班时的心情是欢乐的，我们互相鼓励，互相帮助，为了能够把学校这个家建设得更好而努力。

青年老师协会，是我们年轻老师共同发展的一处阵地。在这个协会里，我们一起看书，一起观影，一起学习，一起奋斗，一起成长，与年轻老师交流思想，让新的想法不断冲击自己的头脑。相似的背景，让我们更容易理解彼此，互相欣赏，也互相给彼此支着儿，遇到困难时，彼此支持，一起前进。

师徒结对以及众多的优秀教师资源，让我明确了身边的榜样——老教师。他们更明白学生，更能掌控课堂，对各种知识点也更加了解，岁月在他们身上沉淀，我看到了智慧的光芒。

学生，也是我成长路上的好伙伴，把他们视为伙伴，不仅仅因为我们的年龄差距没那么大，更因为从他们身上我看到了无穷的希望，也得到了好多的支持。有了他们的陪伴，更让我觉得工作是特别有奔头的！

无论是青年教师、老教师，抑或是学生，都是我不可缺少的好伙伴，感谢这些我生命中的贵人！

忘记自己·成长·幸福

"不看你的眼，不看你的眉，看得心里都是你，忘了我是谁……"一首貌似非常逗趣的歌儿，现在对它的理解却不限于此。

教师这个职业跟其他职业的不同在于其社会性，我们需要跟学生、家长以及其他教师打交道，如果陌生或者拘谨，我们势必会把焦点放在自己身上，但是无论是一段感情，还是一段关系，当我们把焦点放在自己身上的时候，这段关系应该不会太好，尤其是我们接触最多的孩子。

与孩子交往，忘记自己，才能全身心地投入一段关系中。当然，忘记自己并不是一件容易的事情，这需要强大的内心。来到工作岗位，心理老师的培训，青年教师的培训，学校的各种培训，都让我逐渐锻炼了自己的内心，把关注点更多地放在其他人、其他事上。有这样一句话："你要给别人一碗水，得自己有一桶水。"或许培训之类的事情就是不断给自己注水的过程，自己内心的丰盈，是给予爱、给予关怀的前提。

忘记自己的人不会经常忐忑，他的关注点在学生身上，在关系身上。刚开始给学生做心理咨询，我的关注点经常在自己身上。我担心自己记不住学生的话，担心不能帮助学生解决问题，经常一边听学生说，一边想自己怎么做才合适。此时，关系并没有真正地建立，因为我没有真正的关心。真正的关心是全身心地站在对方的角度来心疼对方。然而，随着自己内心的丰盈以及长时间与学生接触，随着知识和经验的积累，我不断忘记自己，更多地走进对方的生命，体察对方的人生，关爱这个肯向我倾诉，走进我生命的他（她）。因为如此，我快乐了，对方也快乐了。

走出舒适区，走近同伴，忘记自己……

成长·幸福，将继续……

学生作品

DI 和机器人比赛照片

◎指导教师：许　珂　任志强

北京中学参加 2016 世界机器人大赛，央视记者采访带队老师

中学组选手在 2016 世界机器人大赛赛场上

小学组选手在 2016 世界
机器人大赛中

北京中学选手接受央视记
者采访

DI 社员参加第十届创新思
维中国区总决赛

DI 社员参加 2016 年朝阳区"智慧十分钟"创新思维活动

岳鹏润同学向记者讲述自己的感受

小学组选手参加 2016 世界机器人大赛赛后合影

北京中学选手参加 2016
世界机器人大赛的赛前准
备

北京中学师生在 2016 世
界机器人大赛中获得佳绩

参加第十届 DI 创新思维
总决赛的师生合影

中学组选手在 2016 世界机器人大赛赛后合影

指导老师简介

许珂：

信息技术教师，首都师范大学教育技术学硕士。曾参与教育部"十一五"项目"基于网络的教师专业发展 COP 项目"并担任首席培训师；参与首都教育 2011 协同创新"基于大数据的北京市中小学课堂教学行为评价应用的研究"项目。

任志强：

信息技术教师，首都师范大学在职研究生毕业，朝阳教委信息中心高级网管员，多次带领学生参加机器人、计算机、物联网创新大赛并获奖。

云南西双版纳热带雨林与人工园林的土壤特性比较研究

◎六年级 布 澍 指导老师：岳 蕾 王 良

扫描二维码
获取更多相关信息

摘 要：土壤是植物赖以生存的要素之一，土壤特性的优劣直接影响着植物的生长状况。本文作者采用了文献法、观察法和实验法对热带雨林和人工园林土壤的特性进行比较研究。研究结果表明，热带雨林的土壤色调偏红，而人工园林的土壤偏黄；热带雨林土壤的含水量普遍高于人工园林的土壤；热带雨林和人工园林土壤的饱和度相差无几，土壤被烘干后，饱和度都变低了；热带雨林的明度比人工园林低了0.4，而土壤的颜色深浅是由该土壤中腐殖质的含量决定的，因此，热带雨林的土壤比人工园林的更肥沃。

关键词：热带雨林；人工园林；土壤颜色；土壤含水量；年均降水量

一、研究背景

20世纪中期，周总理把橡胶树引进我国，使我国不再从别的国家进口橡胶了。但当时的橡胶树只能种在热带雨林，所以云南西双版纳几乎把其他树种都砍光了，种上橡胶树，以增大橡胶的产量。但由于橡胶树吸水量过大，且蒸腾作用十分强烈，使西双版纳一带的许多水井都干涸了。由于地下水存储量不足，很多橡胶树都把根部伸出土表以吸取更多的养分，直至现在还存在这样的不良现象（如图1）。现在，免

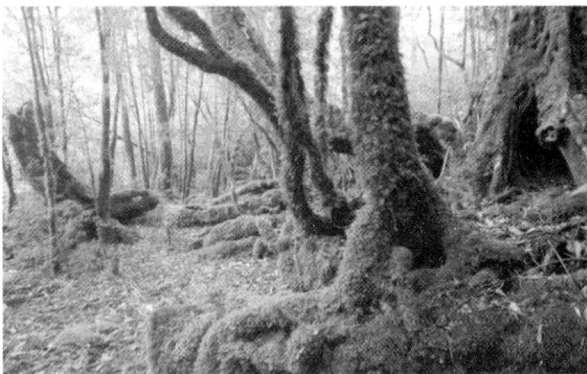

图1

遭破坏的只有西双版纳现存的那一片沟谷雨林，它是中国现存的最大的热带雨林，也是中国为数不多的热带雨林之一，但这片林子仍然或多或少地受到了人为的干预。那么，人为的干预对热带雨林的影响是怎样的呢？有很多不了解科学的记者、作家等呼吁我们去保护热带雨林，不要乱砍乱伐，好让这个世界的沙漠重现生机，让其他地方更加美好。这是真的吗？人工园林真的不如热带雨林吗？

土壤学家、植物学家和气候学家通过研究发现了出现这一现象的原因。为了解决这个问题，科学家们改造了人工园林，并建立了有利于植物共同发展的"生态友好型"的人工园林。但是，这些方法对于是否能有效解决地下水不足，以及人类是否应该干预热带雨林的发展存在质疑。所以我们将做一个探究实验。资料显示，土壤颜色与气候因素存在相关性，还证明了土壤颜色指标作为气候变化的代用指标是可靠的。所以我们进行了关于土壤特性比较的实验，若人工园林的土壤条件优于热带雨林的土壤，说明人类对热带雨林的开发其实没有错，而且还是对植物生存的一种帮助，应该加强对生态友好型人工园林的研究；反之，则说明人类对热带雨林的开发是对生态系统的破坏，应该停止对热带雨林的开发。

现在网上只有一些与人工园林或热带雨林以及土壤有关的报告和文章，为我们的研究提供依据和支撑，但并没有前人研究过这个课题，所以我们从最基础的部分入手，猜想热带雨林的土壤含水量更高，且土壤属性以及气候条件比人工园林更适合植物的生存与进化。于是，我们通过观察和实验对比热带雨林和人工园林的土壤特性，验证我们的猜想；希望通过这次研究能对西双版纳，乃至全中国的热带雨林开发业或者对热带雨林的保护提供良好的依据。

二、研究目的

1. 了解热带雨林和人工园林土壤的外观异同。
2. 比较热带雨林和人工园林土壤的含水量。
3. 分析热带雨林和人工园林土壤的特性差异。

三、研究方法

1. 研究进程

本课题的研究进程如表 1 所示。

表 1　课题研究进程

时间	地点	内容
2016.7	学校、家里	学习科学探究方法和技能
2016.8	西双版纳植物园	选取研究课题，采集人工园林土壤

续表

时间	地点	内容
2016.8	云南西双版纳热带雨林 植物园实验室	采集热带雨林土壤并测定相关指标
2016.8	植物园实验室	整理测定的相关数据
2016.8	植物园实验室	分析讨论相关数据并得出结论
2016.9—10	学校、家里	撰写并完善研究报告

2. 研究工具及仪器

铁锹、铝盒、计算机、电子天平、60cm×60cm 的塑料布、照相机、弹簧秤、土壤比色卡、电热恒温鼓风干燥箱、烧杯。

3. 研究材料

热带雨林土壤 5 份，标为 MF1、MF2、MF3、MF4、MF5；人工园林土壤 5 份，标为 RF1、RF2、RF3、RF4、RF5；蒸馏水。

4. 研究内容及步骤

（1）土壤的采集和保存。

① 从人工园林或热带雨林分别随机选取 5 个采样点采集土壤，在每个采样点处用铁锹垂直挖取 0 ~ 20cm 深的土壤约 1000g。

② 将每个采样点的土壤放入铝盒中密封，并将密封好的土壤放入冰箱的冷藏室内保鲜，待用。

（2）土壤外观的观测。

① 将人工园林（RF1 ~ RF5）和热带雨林（MF1 ~ MF5）的 10 盒土壤样本的照片和土壤颜色比色卡分别导入计算机中。

② 用蒙塞尔颜色体系测量土壤的颜色，使用 PS 软件在每盒土中取三个颜色比较适中的点得到颜色，计算平均颜色值并记录数据。

③ 按土壤红度的计算公式 RR=（K－H）×C/V（其中，K=12.5，H 为土壤颜色色调，C 为土壤颜色的饱和度，V 代表土壤颜色的明度）计算土壤红度。

④ 进一步计算该地区的年均降雨量（$y=543.35X^{0.4485}$，其中，y 代表年均降水量，X 代表该地区的土壤红度）。

⑤ 将土壤放入烘干箱中烘干后，再将干土和比色卡的照片导入电脑，校正颜色，提取颜色，记录数据。

（3）土壤含水率的测定。

① 将人工园林和热带雨林的 10 盒土壤分别放在塑料布上混合均匀，将混合好的土壤装入原来对应的铝盒中称重并记录数据。

② 将土壤倒入烧杯中，在恒温 105℃的烘箱中烘干 6 小时后，将烘干后的土壤转入原来对应的铝盒中，称重并记录数据。

③ 利用含水量计算公式计算出热带雨林和人工园林的土壤平均含水率。

含水率计算公式为：土壤含水率 = (x − y) ÷y×100%，其中，x 表示鲜土重量，y 表示干土重量。

四、研究结果与分析

1. 蒙塞尔系统简介

蒙塞尔的颜色立体模型由三个部分组成，它的中央轴代表颜色的明度值。从底部的黑色过渡到顶部的白色共分成 10 个灰度等级，如图 2 所示。

图中那个扇形代表饱和度，表示具有相同明度值的颜色离开中性色的程度。中央轴上的黑白色的彩度为 0，离开中央轴越远，彩度数值越大。最外圈的那个色环代表色调，它的各个中心角代表 10 种色调。其中包括 5 种主要色调红（R）、黄（Y）、绿（G）、蓝（B）、紫（P）和 5 种中间色调黄红（YR）、绿黄（GY）、蓝绿（BG）、紫蓝（PB）、红紫（RP）。每种色调又可分成 10 个等级，每种主要色调和中间色调的等级都定为 5。

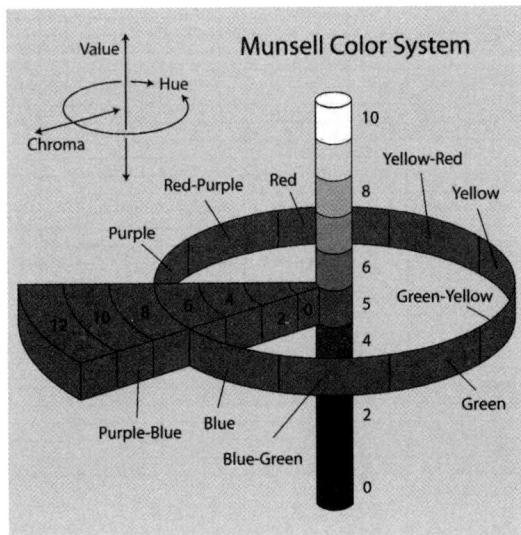

图 2　蒙塞尔颜色系统

2. 土壤外观的观测结果

从表 2 和表 3 中的数据和结果可以看出，热带雨林的土壤色调偏红，而人工园林的土壤偏黄。因为，表示颜色的字母 YR 代表黄红色，蒙塞尔色系的每种颜色格分为 10 个小格，字母前的数字表示此颜色在哪个小格内。所以字母前的数字越小，代表这种颜色越偏红，反之则表示这种颜色越偏黄。

对比两种树林的鲜土颜色。之前提到，热带雨林的土壤颜色偏红，而人工园林的土壤颜色偏黄。若土壤呈红色说明土壤中含有氧化铁等其他矿物质，而土壤呈黄色则说明土壤比较贫瘠，所含的矿物质较少，所以可以判断，人工园林的土壤相对热带雨林的土壤来说更贫瘠。而之前提到的，热带雨林的土壤颜色比人工园林的低，也说明了这一点。

再看两种林子的年均降雨量。热带雨林的降雨量已经比人工园林高出了300

表2 土壤外观的实测数据

		H	S	B					色调	明度	彩度	颜色	红度
MF1	1	34	63	36	1.444	0.444444	YR	4.4	4.4YR	3.6	6.3	4.4YR3.6/6.3	14.175
	2	29	60	28	1.306	0.305556	YR	3.1	3.1YR	2.8	6.0	3.1YR2.8/6	20.143
	3	33	60	29	1.417	0.416667	YR	4.2	4.2YR	2.9	6.0	4.2YR2.9/6	17.172
	平均值	32	61	31	1.389	0.388889	YR	3.9	3.9YR	3.1	6.1	3.9YR3.1/6.1	16.923
MF2	1	35	69	39	1.472	0.472222	YR	4.7	4.7YR	3.9	6.9	4.7YR3.9/6.9	13.8
	2	40	57	43	1.611	0.611111	YR	6.1	6.1YR	4.3	5.7	6.1YR4.3/5.7	8.484
	3	38	62	34	1.556	0.555556	YR	5.6	5.6YR	3.4	6.3	5.6YR3.4/6.2	12.582
	平均值	37.667	62.667	38.667	1.546	0.546296	YR	5.5	5.5YR	3.9	6.3	5.5YR3.9/6.3	11.308
MF3	1	37	67	51	1.528	0.527778	YR	5.3	5.3YR	5.1	6.1	5.3YR5.1/6.7	9.459
	2	34	57	54	1.444	0.444444	YR	4.4	4.4YR	5.4	5.7	4.4YR5.4/5.7	8.55
	3	37	68	44	1.528	0.527778	YR	5.3	5.3YR	4.4	6.1	5.3YR4.4/6.8	11.127
	平均值	36	64	49.667	1.5	0.5	YR	5	5YR	5.0	6.1	5YR5/6.4	9.6
MF4	1	43	42	29	1.694	0.694444	YR	6.9	6.9YR	2.9	4.2	6.9YR2.9/4.2	8.11
	2	32	42	24	1.389	0.388889	YR	3.9	3.9YR	2.4	4.2	3.9YR2.4/4.2	15.05
	3	35	48	24	1.472	0.472222	YR	4.7	4.7YR	2.4	4.8	4.7YR2.4/4.8	15.6
	平均值	36.667	44	26.667	1.519	0.518519	YR	5.2	5.2YR	2.6	4.4	5.2YR2.6/4.4	12.354
MF5	1	38	55	31	1.556	0.555556	YR	5.6	5.6YR	3.1	5.5	5.6YR3.1/5.5	12.242
	2	36	59	29	1.5	0.5	YR	5	5YR	2.9	5.9	5YR2.9/5.9	15.259
	3	29	53	22	1.306	0.305556	YR	3.1	3.1YR	2.2	5.3	3.1YR2.2/5.3	22.645
	平均值	34.333	55.667	27.333	1.454	0.453703	YR	4.5	4.5YR	2.7	5.6	4.5YR2.7/5.6	16.593
All MF	平均值	35.333	57.467	34.467	1.481	0.481481	YR	4.8	4.8YR	3.4	5.7	4.8YR3.4/5.7	12.909
RF1	1	35	68	38	1.472	0.472222	YR	4.7	4.7YR	3.8	6.8	4.7YR3.8/6.8	13.958
	2	35	67	35	1.472	0.472222	YR	4.7	4.7YR	3.5	6.7	4.7YR3.5/6.7	14.931
	3	34	64	36	1.444	0.444444	YR	4.4	4.4YR	3.6	6.6	4.4YR3.6/6.6	14.4
	平均值	34.667	66.333	36.333	1.463	0.462962	YR	4.6	4.6YR	3.6	6.6	4.6YR3.6/6.6	14.483
RF2	1	28	55	24	1.278	0.277778	YR	2.8	2.8YR	2.4	5.5	2.8YR2.4/5.5	22.229
	2	24	56	25	1.167	0.166667	YR	1.7	1.7YR	2.5	5.6	1.7YR2.5/5.6	24.192
	3	25	48	20	1.194	0.194444	YR	1.9	1.9YR	2.0	4.8	1.9YR2/4.8	25.44
	平均值	25.667	53	23	1.213	0.212963	YR	2.1	2.1YR	2.3	5.3	2.1YR2.3/5.3	23.965
RF3	1	36	64	42	1.5	0.5	YR	5	5YR	4.2	6.4	5YR4.2/6.4	11.429
	2	19	55	23	1.028	0.027778	YR	0.3	0.3YR	2.3	5.5	0.3YR2.3/5.5	29.174
	3	10	46	20	0.77778	0.777778	R	7.8	7.8YR	2.0	4.6	7.8YR2/4.6	33.81
	平均值	21.667	55	28.333	1.102	0.101852	YR	1	1YR	2.8	5.5	1YR2.8/5.5	22.589
RF4	1	26	54	25	1.222	0.222222	YR	2.2	2.2YR	2.5	5.4	2.2YR2.5/5.4	22.248
	2	17	49	23	0.97222	0.972222	R	9.7	9.7YR	2.3	5.4	9.7YR2.3/4.9	27.27
	3	26	54	30	1.222	0.222222	YR	2.2	2.2YR	3.0	5.4	2.2YR3/5.4	18.54
	平均值	23	52.333	26	1.139	0.138889	YR	2.2	2.2YR	2.6	5.2	1.4YR2.6/5.2	22.2
RF5	1	30	66	35	1.333	0.333333	YR	3.3	3.3YR	3.6	6.6	3.3YR3.6/6	17.349
	2	36	65	36	1.5	0.5	YR	5	5YR	3.6	6.5	5YR3.6/6.5	13.542
	3	36	67	36	1.5	0.5	YR	5	5YR	3.5	6.7	5YR3.5/6.7	14.357
	平均值	34	66	35.333	1.444	0.444444	YR	4.4	4.4YR	3.5	6.6	4.4YR3.5/6.6	15.274
All RF	平均值	27.8	58.513	29.8	1.272	0.272222	YR	2.7	2.7YR	3.0	5.9	2.7YR3/5.9	19.273

表3 土壤外观的观测结果

	湿土壤颜色	红度	降雨量	干土壤颜色	红度	质地	松紧度
MF1	3.9YR3.1/6.1	16.923	1932.18	7.4YR3.4/5.8	8.7	粘壤土	松
MF2	5.5YR3.9/6.3	11.308	1612.57	8YR4/5.1	5.738	粘壤土	散
MF3	5YR5/6.4	9.6	1498.4	7.3YR4.6/5	5.652	粘壤土	紧
MF4	5.2YR2.6/4.4	12.354	1677.85	7.9YR2.3/4.8	9.6	沙壤土	松
MF5	4.5YR2.7/5.6	16.593	1915.19	8.1YR3.9/5	5.641	粉沙壤土	紧
平均值	4.8YR3.4/5.7	12.909	1711.25	7.7YR3.6/5.1	6.8		
RF1	4.6YR3.6/6.6	14.483	1801.89	7.6YR4/5.5	6.738	壤土	紧
RF2	2.1YR2.3/5.3	23.965	2259.51	9.7YR5.2/4.1	2.208	壤土	松
RF3	1YR2.8/5.5	22.589	2199.4	7.8YR3.4/5	6.508	沙壤土	散
RF4	1.4YR2.6/5.2	22.2	2182.32	5.8YR3.2/4.5	9.422	沙壤土	松
RF5	4.4YR3.5/6.6	15.274	1845.38	8.5YR4.9/5	4.082	沙壤土	松
平均值	2.7YR3.9/5.9	19.273	2048.25	7.9YR4.2/4.9	5.367		

多毫米，相当于北京年均降雨量的四分之三。可以想象，如果热带雨林都被开发，那么西双版纳的地下水存储量以及降雨量会低多少。

通过对比两种树林中土壤的松紧度，得出热带雨林中的土壤普遍比人工园林中的松。土壤越松，代表土壤中的气孔越多、越大，这说明热带雨林中的土壤更能储存住地下水和养分，为植物与人类提供更好的生存条件。人工园林中土壤的质地更黏，并不能说明什么，因为我们去人工园林采样的那天上午刚刚下过雨。

3. 土壤含水率的测定结果

从表4和表5中的数据和结果可以明显看出，热带雨林土壤的含水量比人工园林土壤的含水量几乎高了98.94%，而这两种树林的土壤色调也有着显著的差异。两种树林土壤的饱和度都相差无几，但是热带雨林土壤的明度比人工园林低了0.4，而土壤的颜色深浅是由该土壤中腐殖质的含量决定的，虽然没有达到显著差异，但这是由于人们会给人工园林施肥。所以可以简单地判断，热带雨林的土壤比人工园林的更肥沃。通过对比原来的鲜土属性，可以看出：热带雨林和人工园林的土壤被烘干后，饱和度都变低了。

对比两种树林中的土壤烘干前和烘干后的饱和度，发现土壤在烘干的过程中，饱和度降低了。再加上烘干的过程中，土壤唯一变化的特性就是含水量，所以，可以判断出，土壤颜色的饱和度是由该土壤的含水量决定的。热带雨林中土壤的含水量也确实比人工园林中土壤的大，而热带雨林中土壤的饱和度也比人工园林的高，这一点也证明了我的观点。热带雨林中土壤的含水量更高，说明热带雨林的地下水存储量更大。

表 4 热带雨林和人工园林含水率的测定数据

	铝盒	铝盒+湿土	湿土	铝盒+干土	水	含水量
MF1	24.7	130.6	105.9	109.5	21.1	24.88%
MF2	24.5	161.8	137.3	134.4	27.4	24.93%
MF3	23.7	148.9	125.2	125.5	23.4	22.99%
MF4	27.3	126.7	99.4	104.2	22.5	29.26%
MF5	24.4	149.3	124.9	126.7	22.6	22.09%
平均值						24.83%
RF1	22.1	131.4	109.3	101.2	30.2	38.18%
RF2	23.6	163.2	139.6	126.4	36.8	35.80%
RF3	28	165.5	137.5	131	34.5	33.50%
RF4	28.6	140.1	111.5	117.4	22.7	25.56%
RF5	28.8	154	125.2	116.4	37.6	42.92%
平均值						35.19%

表5 热带雨林和人工园林含水率测定结果

	MF				含水量	RF			
	含水量	颜色			<*	含水量	颜色		
		H	S	B			H	S	B
1	24.88%	32	61	31	H	38.18%	34.667	66.333	36.333
2	24.93%	37.667	62.667	38.667	<*	35.80%	25.667	53	23
3	22.99%	36	64	49.667	S	33.50%	21.667	55	28.333
4	29.26%	36.667	44	25.667	=	25.56%	23	52.333	26
5	22.09%	34.333	55.667	27.333	B	42.92%	34	66	35.333
平均值	24.83%	35.333	57.467	34.467	=	35.19%	27.8	58.533	29.8
	含水量	H	S	B					
差异显著性P	0.0105895	0.03264	0.8304539	0.3890663					

注：P值是一个判断概率的参数。一个事件或几组数据的P值是这事件不发生的几率，即1-P=这一事件的发生概率。P值<0.05说明有显著差异，P值<0.01说明有极显著差异。

五、研究结论

人类对热带雨林的保护是相当重要的，人类不应该再继续干预热带雨林的发展，更不应该将其开发为人工园林。因为如果我们失去了热带雨林，气候就不会那么潮湿，地下水的存储量也会慢慢变小。人类除了停止对热带雨林的开发与干预之外，还应该按照热带雨林的生态结构尽量调整人工园林的生态结构，以改善人工园林的气候条件，使人工园林的生物更多样。

六、收获与体会

通过这次调查研究，我算是第一次接触并简单了解了科学研究。我还了解到了有关土壤和地下水的一些知识。总的来说，我的表现还可以，有优点也有需要改进的地方。针对这次研究结果，我想给人们提一条建议：请不要再砍伐和开发热带雨林了，不然等地下水枯竭了，我们就很难在这里生存了！

致谢：

感谢北京中学为我们提供了去云南进行科考的机会

感谢云南西双版纳热带雨林研究院老师的悉心指导

感谢学校科技老师和班主任在修改论文方面给予的指导

感谢家长的全程支持和帮助

【参考文献】

[1] 崔东，荣雪，王晓磊，等．中国土壤颜色与气候指标的定量研究[J].农业科技与装备，2011（10）．

[2] 陈一萌，陈兴盛，宫辉力，等.土壤颜色——一个可靠的气候变化代用指标 [J].
干旱区地理，2006（3）.

[3] 安利.八种有代表性的土壤颜色 [J].百科知识，2015（24）.

附：研究日志

提出猜想：热带雨林的土壤含水量更高，且土壤属性以及气候条件比人工园林更适合植物的生存与进化。

我们的实验需要对比人工园林和热带雨林的土壤属性，所以我们首先要采集两种园林的土壤。为了尽量减少实验中的误差，我们分别在热带雨林和人工园林各取五次样。

下面，我们用日记的形式记录了实验的过程。

第一天

我们研究组成员和导师在西双版纳植物园东部实验区附近取样。为保证实验的公平性以及随机性，我们一边走一边谈论关于课题的事情。每当我们走累了，或有人想喝水时就停下来进行一次取样。但是在前两次测量时，我们只对土壤的松紧度、土质及土壤的颜色进行简单的判断，没有取样。在我们做完三次取样测量之后又回到前两次测量的地点取了土样。回实验室后，我们把土样放入冰箱保鲜。

第二天

进入热带雨林进行土壤取样，并测量土壤的松紧度、质地和进行简单的颜色比较。回实验室后，把土样及其对应的铝盒进行称重、记录。然后把这 10 盒鲜土和比色卡的照片导入电脑。通过照片上比色卡的颜色校正电脑颜色后，使用 PS 软件在每盒土中取三个颜色比较适中的点得到颜色，记录数据并计算平均值，并把鲜土放入电热恒温鼓风干燥箱烘干。完成这些工作后，我们将得到的数据做了简单的处理。

第三天

这一天大部分时间是进行数据的整理和分析。土壤烘干完成了，所以我们又像第二天那样把干土和比色卡的照片导入电脑，校正颜色，提取颜色，并记录。然后，我们根据含水量计算公式计算出了这两种不同林子的土壤平均含水量。之后，我们将所有数据整合，制作了一张表格，并算出了两种林子的土壤的各项属性平均值的 P 值。

第四天

这一天主要进行的是数据的整理、分析以及研究结果的讨论。最终，我们整合所有实验中的数据，得出了研究结论。

图书在版编目（CIP）数据

启程：北京中学基于课程改革的育人模式创新研究：全2册 / 夏青峰，任炜东编著 . -- 北京：北京教育出版社，2017.5

ISBN 978-7-5522-9681-5

I.①启… Ⅱ.①夏… ②任… Ⅲ.①北京教育—研究 Ⅳ.① G63

中国版本图书馆 CIP 数据核字（2017）第 104525 号

启程

——北京中学基于课程改革的育人模式创新研究（全2册）

夏青峰　任炜东　编著

北京出版集团公司

北京教育出版社　　出版

（北京北三环中路6号）

邮政编码：100120

网　址：www.bph.com.cn

北京出版集团公司总发行

全国各地书店经销

北京市华审彩色印刷厂印刷

710×1000　16开本　36.5印张　800千字

2017年5月第1版　2017年5月第1次印刷

ISBN 978-7-5522-9681-5

定价：75.00元（全2册）

版权所有　翻印必究

质量监督电话：(010) 58572817　58572750　58572393　购书电话：(010) 57219869